汽车试验学

主　编　邓宝清　杨　卓
副主编　吴静波　李大琳
参　编　林小娟　栾　兰　刘卓娅　邓振雨

中南大学出版社
www.csupress.com.cn

应用型本科院校汽车服务工程专业"十三五"规划教材
编委会

主　任
张国方

副主任
（按姓氏笔画排序）

于春鹏　　王志洪　　邓宝清　　付东华

汤　沛　　邬志军　　李军政　　李晓雪

胡　林　　赵　伟　　高银桥　　尉庆国

龚建春　　蔡　云

前　言

汽车试验对于汽车设计、制造、检测维修服务行业具有重要作用，可以说，没有汽车试验的发展，就没有汽车工业的今天。近年来，随着汽车工业水平的提高以及测试试验理论、方法、手段的进步，汽车试验学也得到了快速发展。为适应汽车试验技术快速发展的步伐，编者基于国家和行业最新汽车试验标准，结合多年的汽车试验教学和科研试验经验，并参考相关资料编写了本书。

本书共分 11 章。第 1 章介绍汽车试验的发展与分类、汽车试验标准及汽车试验的计划与组织；第 2 章介绍汽车试验基础理论，包括测量系统的组成与特性、测量误差分析的基本理论、试验数据采集技术基础及实验数据的处理和现代的计算机数据采集的基本方法；第 3 章介绍汽车试验常用的传感器基本组成及工作原理，汽车试验中典型的实验设备、设施及汽车试验场相关的知识；第 4 章介绍汽车主要参数的测量，包括汽车几何参数和质量参数的测量方法及测量理论；第 5 章介绍汽车基本性能试验，包括汽车动力性试验、燃烧经济性试验、制动性试验、操纵稳定性试验、平顺性试验和通过性试验；第 6 章介绍汽车可靠性试验，包括常规可靠性试验和快速可靠性试验；第 7 章介绍整车碰撞安全性试验，包括碰撞试验假人技术、实车碰撞试验和碰撞试验测量系统；第 8 章介绍了汽车环境保护相关试验，包括汽车排气污染物和汽车噪声的测量及仪器测量原理；第 9 章介绍了汽车典型零部件及总成试验，主要介绍汽车发动机试验、离合器试验、变速器总成试验、驱动桥总成试验、车轮性能试验和减振器特性试验；第 10 章介绍汽车虚拟试验技术以及常用虚拟试验常用软件和虚拟试验的典型应用；第 11 章介绍了新能源汽车的相关试验，包括电池特性与管理、电池试验和新能源汽车安全相关试验。

本书所述及的试验均参考国家和行业最新汽车试验标准和经典教材案例，内容新颖丰富、图文并茂，并力求重点突出、系统、全面地介绍汽车试验技术及理论。从试验基础理论的介绍，到常用试验设备的认识，再到具体试验方法与试验数据处理的阐述，从整车试验到总成试验，从实车试验到虚拟试验，以及最新的新能源汽车试验等，整条主线有助于循序渐进地掌握汽车试验技术。

本书由吉林大学珠海学院邓宝清教授和杨卓副教授担任主编，由河南科技大学吴静波副教授和吉林大学珠海学院李大琳博士担任副主编。本书的编写具体分工为：第 1 章由邓宝清编写；第 2 章、第 3 章由李大琳编写；第 4 章由刘卓娅、邓振雨编写；第 5 章、第 7 章、第 8 章由杨卓编写；第 6 章由林小娟、栾兰编写；第 9 章、第 10 章、第 11 章由吴静波编写。全书由邓宝清统稿。

编者感谢方泳龙教授的仔细审阅和提出的宝贵建议，以及蔡健文老师对本书进行的认真的校对，感谢本书参考文献的所有编著者。

鉴于编者水平有限，书中不足或错漏之处在所难免，恳请广大读者批评指正。

编　者
2016 年 6 月

目　录

第 1 章　绪　论 ……………………………………………………………（1）

　1.1　汽车试验的发展与分类 ………………………………………………（1）

　1.2　汽车试验标准 …………………………………………………………（5）

　1.3　汽车试验的计划与组织 ………………………………………………（8）

　复习思考题 …………………………………………………………………（11）

第 2 章　汽车试验基础理论 …………………………………………………（12）

　2.1　测量系统的组成与特性 ………………………………………………（12）

　2.2　测量误差理论 …………………………………………………………（21）

　2.3　误差的分析与处理 ……………………………………………………（23）

　2.4　试验数据的处理 ………………………………………………………（32）

　2.5　数据采集技术基础 ……………………………………………………（48）

　复习思考题 …………………………………………………………………（50）

第 3 章　传感器与典型汽车试验设备 ………………………………………（52）

　3.1　电阻式传感器 …………………………………………………………（52）

　3.2　电感式传感器 …………………………………………………………（56）

　3.3　电容式传感器 …………………………………………………………（59）

　3.4　磁电式传感器 …………………………………………………………（63）

　3.5　压电式传感器 …………………………………………………………（70）

　3.6　热电式传感器 …………………………………………………………（76）

　3.7　典型试验仪器及设备 …………………………………………………（80）

　3.8　典型试验设施 …………………………………………………………（90）

　3.9　汽车试验场 ……………………………………………………………（107）

　复习思考题 …………………………………………………………………（111）

第 4 章　汽车主要参数测量 …………………………………………………（113）

　4.1　汽车几何参数测量 ……………………………………………………（113）

　4.2　汽车质量参数测量 ……………………………………………………（122）

　复习思考题 …………………………………………………………………（128）

第 5 章　汽车基本性能试验 …………………………………………………（129）

　5.1　动力性试验 ……………………………………………………………（129）

5.2　燃料经济性试验 ……………………………………………（138）
5.3　制动性试验 ……………………………………………………（144）
5.4　操纵稳定性试验 ………………………………………………（156）
5.5　平顺性试验 ……………………………………………………（170）
5.6　通过性试验 ……………………………………………………（177）
复习思考题 …………………………………………………………（182）

第6章　汽车可靠性试验 ………………………………………………（183）
6.1　概述 ……………………………………………………………（183）
6.2　常规可靠性试验 ………………………………………………（186）
6.3　快速可靠性试验 ………………………………………………（191）
复习思考题 …………………………………………………………（193）

第7章　整车碰撞安全性试验 …………………………………………（194）
7.1　概述 ……………………………………………………………（194）
7.2　碰撞试验假人技术 ……………………………………………（196）
7.3　实车碰撞试验 …………………………………………………（200）
7.4　碰撞试验测量系统 ……………………………………………（207）
复习思考题 …………………………………………………………（210）

第8章　汽车环境保护特性试验 ………………………………………（211）
8.1　汽车公害的分类 ………………………………………………（211）
8.2　汽车排气的检验与测量 ………………………………………（213）
8.3　噪声测量 ………………………………………………………（234）
复习思考题 …………………………………………………………（244）

第9章　典型总成与零部件试验 ………………………………………（245）
9.1　发动机试验介绍 ………………………………………………（245）
9.2　实验室环境系统 ………………………………………………（261）
9.3　发动机主要性能参数的测量 …………………………………（262）
9.4　发动机基本性能试验 …………………………………………（280）
9.5　发动机示功图 …………………………………………………（292）
9.6　离合器试验 ……………………………………………………（299）
9.7　变速器总成试验 ………………………………………………（305）
9.8　驱动桥总成试验 ………………………………………………（318）
9.9　车轮性能试验 …………………………………………………（320）
9.10　减振器特性试验 ………………………………………………（324）
复习思考题 …………………………………………………………（327）

第 10 章　汽车虚拟试验技术 ·· （328）

　10.1　概述 ··· （328）

　10.2　虚拟试验在汽车工程领域的应用 ·· （331）

　　复习思考题 ·· （339）

第 11 章　新能源汽车相关试验 ·· （340）

　11.1　动力电池特性与电池管理系统 ·· （340）

　11.2　电池试验的设计 ·· （342）

　11.3　整车安全试验 ·· （353）

　11.4　小结 ··· （361）

　　复习思考题 ·· （361）

参考文献 ··· （362）

第 1 章 绪 论

内容概要：本章主要介绍汽车试验的作用、发展历程和发展趋势，汽车试验的分类、标准及汽车试验的计划与组织等。

1.1 汽车试验的发展与分类

汽车试验是指在专用试验场、其他专用场地或试验室内，使用专用的仪器设备，依照试验大纲及有关标准，对整车或总成部件进行各种测试的过程，也可根据需要在常规道路或典型地域进行相关的试验，如限定工况的实际行驶试验和地区适应性试验等。

现代汽车是一种大批生产、产品性能质量要求高、结构复杂及使用条件多变的产品。影响汽车质量的因素很多，所涉及的技术领域也极为广泛。任何设计制造缺陷都可能造成严重的后果，即使在设计和制造过程中考虑得非常周密，也都必须经过试验来检验。通过试验可以发现汽车在制造和使用过程中的缺陷及薄弱环节，深入了解汽车在实际使用中各种现象的本质和规律，保证产品性能，提高汽车的品质和市场竞争力，并推动其技术进步。

可见，汽车试验对于汽车制造业、检测维修服务业具有举足轻重的作用。可以说，没有汽车试验的发展，就没有汽车工业的今天。因此，人们对汽车试验工程的重视程度越来越高，投入的人力、物力也越来越大，用于试验的设备、设施及手段也越来越先进。

1.1.1 汽车试验的发展历程

汽车试验是伴随着汽车工业的诞生和发展而逐渐成长起来的，其发展历经了以下四个阶段。

第一阶段，从第一辆汽车的研制开始，至福特公司建成"汽车流水生产线"，汽车试验以研发性试验和道路试验为主，主要方法是操作体验和主观评价。这时汽车主要以手工方式生产，导致产品数量不多，产品品质差且生产成本高。当时人们对汽车性能和品质的要求不高，因此汽车试验工作处于一种较原始的状态。尽管如此，汽车试验工作仍受到汽车制造商和用户的普遍重视，任何一辆汽车在出厂前都要进行道路试验；用户在购买前大多要上车体验一番，汽车制造商不时还会举行一些展示汽车性能的比赛活动。

第二阶段，从第一条"汽车流水生产线"建成至20世纪40年代，汽车工业劳动生产率显著提高，生产成本下降，产量增加，汽车使用范围扩大。这时产品的可靠性、寿命和性能方面的问题较为突出，要求通过试验研究加以解决，从而形成了汽车试验研究体系。在此期间，汽车试验除借助于其他行业较为成熟的技术和方法外，还制定了专业试验方法；为适应汽车高品质、低售价和专业化生产的需要，各厂家进行了大量有关材料、工艺、可靠性及性能等方面的试验研究；开发出了符合行业发展要求的试验仪器设备，如转鼓试验台、疲劳试验台等，这些设备除在结构和控制方向有所改进外，其基本原理沿用至今。

此外，道路试验在此阶段得到了足够的重视。有实力的汽车公司开始建设汽车试验场。汽车生产方式的变化带来了汽车试验方法的根本变革，汽车试验已由手工生产阶段的操作体验、主观评价发展为仪器检测、客观评价。汽车试验工作的基本方法在这一时期基本形成，且为后期的发展打下了良好的基础。

第三阶段，20世纪40—70年代，全世界汽车保有量剧增，汽车结构和性能有了大幅度的改善和提高。这一时期汽车工业的主要特点是，既保持着大规模生产，又有向多品种和高技术发展的趋势。由于汽车生产发展的需要，加之许多相邻工业、相邻学科的发展和渗透，汽车试验技术进入了一个新的发展时期，大量的基础性研究工作推动了试验技术的发展。由于电子技术的发展，出现了各种数据采集、变换、放大、存储、处理及控制等方面的高精度电子仪器。电测量测试技术的应用在现代汽车试验中占有十分重要的地位。

自20世纪60年代日本丰田公司创立精益生产方式以来，世界各大汽车公司便开始投入巨资，大规模建设汽车试验室和汽车试验场。国际上有影响的大公司几乎无一例外地都拥有自己的汽车试验场，一些跨国大公司长年都有数百辆整车在汽车整车试验室及汽车试验场进行试验，各总成部件的试验规模也相当大。

第四阶段，20世纪70年代以后，汽车工业发展不仅保持了大规模、多品种和高技术的特点，而且出台了一批更科学、更合理的生产组织管理制度，使汽车试验技术也得到了同步的提高和完善。在此阶段，电子计算机的应用对汽车试验起到了巨大的促进作用。电子计算机在汽车的性能预测、强度计算上提供了快速、准确的运算工具，如操纵稳定性预测、空气动力学特性预测及车身与车架的有限元计算等，从而代替了大量多方案比较试验。运用计算机虚拟仿真试验，在设计阶段就能对产品的运行性能进行评价或体验，缩短了汽车的开发设计周期，降低了研发成本，提高了工作效能，并且能在整车电气检测中开发适合自身特点且灵活性强的检测系统。

在此阶段，电子液压振动试验台和电控转鼓试验台等大型试验设备的广泛应用，以及汽车风洞、汽车试验场等大型试验设施的普遍建立，使汽车试验技术无论在方法上，还是在装备上都达到了空前完善的程度。

1.1.2 汽车试验的发展趋势

1. 试验内容逐年增加

一方面，为满足人们对汽车品质不断提高的要求，需不断地增加试验项目和试验内容。如近年来，人们认识到车体刚度对汽车操纵性能有着不可忽视的影响，因此，要求不仅要对车身的弯曲刚度、扭转刚度等骨架刚度进行评价，而且对悬架安装部位的局部刚度也要进行评价。

另一方面，汽车功能的扩展，新能源汽车的出现，以及各种新结构、新材料、新技术在汽车上的应用，必然要求增加新的试验内容和试验项目。

此外，高等级公路及高速公路飞速发展带来的汽车行驶速度的显著提高，轿车进入家庭进程的加快,以及大量新手驾车上路等现象,都不可避免地会带来许多新的问题,为此,需要更新和补充新的试验内容和试验方法。

2. 试验仪器设备更先进

为了适应新的汽车试验内容的增加,试验方法的不断更新,以及试验精度要求的提高,功能更强、精度与效率更高的仪器设备将陆续取代传统的仪器设备。汽车试验仪器设备将具有以下重要特性:

(1)自动化程度更高。现代汽车试验用仪器设备的开发,不仅包括仪器设备自身结构和功能的开发,还包括对被测试对象操控内容的开发。对这类仪器设备自身的操作控制现已完全实现了自动化,对试验中的车辆或总成部件的操作也将由计算机自动进行控制。

(2)功能集成化程度更高。功能集成包含两方面内容:其一是一机多功能,如近几年开发的汽车道路试验仪器已彻底改变了过去一套仪器一项性能的传统,如今一套仪器几乎可以完成所有的道路试验项目;其二是根据汽车试验要求的不同,将不同功能的仪器设备进行合理地组合,使之构成一个多功能的汽车试验系统,由计算机进行集中控制,以提高仪器设备的工作效率,降低试验成本。

(3)试验精度和效率更高。汽车试验内容和试验项目的复杂化、多样化,必然要求试验使用的仪器设备具有更高的测试精度和工作效率,以满足日渐严格的试验法规要求,缩短试验时间。

3. 虚拟试验与实车试验结合更紧密

由于控制技术和计算机的高速发展,使得汽车的部分试验能够在计算机上进行模拟测试和仿真分析,即能够开展虚拟试验技术。通过虚拟试验技术的使用,研发人员可以对车辆设计所需的各项技术指标和参数进行模拟测试,对汽车的各项性能进行仿真分析,在计算机模拟试验和实车道路试验之间建立一定的对应关系,为实车道路试验提供经济、有效的参考数据和方案。目前,许多发达国家都在积极开展这方面的研究。

当然,这并不意味着汽车试验场的作用在减小,恰恰相反,由于这些先进的试验手段应用的前提是汽车在实际道路上行驶的各种工况数据,而这些数据大部分是在试验场采集的,这就意味着计算机虚拟仿真技术与实车道路试验技术的关系将结合得更紧密。

1.1.3 汽车试验的分类

汽车试验可以按试验目的、试验对象和试验场所进行分类。

1. 按试验目的分类

按试验目的的不同,汽车试验可分为研究性试验、新产品定型试验和品质检查试验三大类。

研究性试验是指为了推进汽车的技术进步所开展的各项试验,如汽车新产品、新结构、新技术、新材料和新工艺等的验证试验及汽车试验新方法的探索性试验。研究性试验又分为产品研发试验、材料试验、工艺试验和试验研究试验四种。

新产品定型试验是指以考核新开发的汽车产品是否符合设计要求及是否满足汽车法规规定为目的的试验。

品质检查试验一般是指对汽车品质的定期检查试验。对目前生产的汽车产品,定期进行品质检查试验,考核产品品质的稳定性,以便及时检查出产品存在的问题。例如,汽车年度检验、产品抽查等。

2. 按试验对象分类

按试验对象的不同，汽车试验可分为整车性能试验、总成试验和零部件试验三大类。

整车性能试验的目的是考核整车的主要技术性能，测出各项技术性能指标，如动力性、燃油经济性、接近角、离去角、最小离地间隙及最小转弯半径等。

总成试验主要考核机构及总成的工作性能和耐久性，如发动机和变速器的机械效率、悬架装置的特性，以及它们的结构强度、疲劳寿命和耐久性等。

零部件试验主要考核汽车零部件设计和工艺的合理性，测试其精度、强度、磨损和疲劳寿命，以及研究材料的选择是否合适。

3. 按试验场所分类

按试验场所的不同，汽车试验可分为试验室台架试验、试验场试验和室外道路试验三大类。

试验室台架试验的重要特征在于试验不受环境的影响，且可24小时不停地进行试验，它特别适用于汽车性能的对比试验和可靠性、耐久性试验。室内台架试验的突出特点是试验效率高。它不仅适用于汽车的总成部件，也适用于汽车整车。

试验场试验是一种按照预先制订的试验项目、试验规范，在规定的行驶条件下进行的试验。在汽车试验场上可以设置各种不同的路面，如扭曲路面、比利时石砌路面、高速环道和汽车性能试验专用跑道等。在汽车试验场上不受道路交通影响的情况下完成汽车各项性能试验，尤其是汽车的可靠性、耐久性试验及环境适应性试验。由于在汽车试验场上可以进行高强化水平的试验，因此可以大大地缩短试验周期。

汽车产品最终都要交到用户手中，到不同气候、不同交通状况的地区，不同道路条件的各种路面上去行驶。要想汽车的各项性能全面满足实际使用要求，就必须到实际的道路上进行考核，即进行室外道路试验。

因此，任何一种新开发出来的汽车产品都必须要经历室内的台架试验、汽车试验场试验及室外道路试验这一复杂的试验过程。

由于试验场试验和实际道路试验均在道路上进行，因此业内人士常将这二者统称为道路试验。

对于汽车试验而言，无论是何种试验对象（整车、总成、零部件）与试验目的（质检、定型、科研），通常均需进行室内台架试验、汽车试验场试验和室外道路试验。其试验顺序是先进行室内台架试验，若台架试验达到了相关要求，则进行试验场试验，试验场试验的结果符合相关要求后，在汽车产品正式投放市场之前，必须要进行道路适应性试验。汽车总成及零部件的试验场试验无法独立进行，必须将其装在整车上进行试验；汽车总成及零部件室内台架试验均利用专用总成部件试验台架，独立进行试验。

因此，若要简化汽车试验的分类，可将汽车试验笼统地分为三类，即室内台架试验、汽车试验场试验和室外道路试验。

1.2 汽车试验标准

1.2.1 汽车试验标准的特点

1. 标准的技术性和权威性

由于标准作为一种依据和规范提出，其描述的内容详尽、完整且可靠，因此标准文献的技术成熟度很高。权威性，是指试验方法一经形成标准，在试验中就应严格遵照执行，不应随意改变。若在试验中未严格执行标准，则试验结果就失去了它的严肃性和可比性。因此，标准还具有一定的法律属性，使产品的生产、使用和组织管理等都有据可依。

2. 标准自成体系

标准文献无论是在编写格式、描述内容、遣词用字上，还是在审批程序、管理办法及使用范围等方面都不同于一般的文献，而是别具一格自成体系。标准文献的一个显著标志就是一个标准对应一个标准号。一个标准，即使仅有寥寥数页也单独成册出版，并一般只解决一个问题。

3. 标准的先进性

通常标准制定后，随着国民经济的发展和技术水平的提高，都要不断地进行修改、补充或以新代旧。国际标准化组织规定每 5 年将所有标准重新审订一次，个别情况下可以提前修订，以保证标准的先进性。所以，标准文献对于了解一个国家的工业发展情况和科学技术水平，具有很大的参考价值。试验标准的先进性有利于促进汽车试验技术和汽车制造水平的提高，而试验标准的稳定，则有利于试验方法的推广、执行。

4. 标准的交叉性

从企业标准到行业标准至国际标准之间并不意味着级别依次上升。许多国家的国家标准是由具有代表性的行业标准或企业标准升格而来的，所以在内容上有许多重复交叉的现象，且各国之间直接相互引用有关标准屡见不鲜。因此，判断标准的水平，不能以使用范围大小来盲目进行评价，而应以具体的技术参数和具体内容为依据。

5. 标准的通用性

标准的通用性是指以试验方法标准作为权威方法，在试验中有一定的指导作用，它应适用于不同部门、多种车型的汽车试验。目前，标准文献向国际化发展的一个很重要的原因就是贸易全球化、产品国际化，要想参与国际竞争，把产品打入国际市场，则必须执行国际标准。目前，各国都在纷纷制定与国际标准兼容的国家标准。

1.2.2 汽车试验标准的分类

1. 按试验标准适用范围分类

（1）国际标准（ISO）。国际标准是由国际标准化组织 ISO（International Standards Organization）制定的。ISO 是世界上最大的、非官方工业和技术合作国际组织，是联合国的高级咨询机构。我国于 1978 年 9 月加入 ISO，成为该组织的正式成员，其英文代号为 CSBS（China State Bureau of Standards——国家标准局）凡是由 ISO 制定的标准，开头都有"ISO"标记，如 ISO 2631—1985《人体承受全身振动的评价指南》。

（2）国际区域性标准。国际区域性标准由若干个成员国共同参与制定并共同遵守。最典型的如欧洲经济委员会（Economic Commission of Europe，ECE）和欧洲经济共同体（European Economic Community，EEC）。ECE 法规不是强制性法规，各成员国可选择采用，各国通常在 ECE 法规基本要求下制定本国法规。EEC 是联合国理事会的下属机构，1958 年开始制定汽车安全法规。EEC 汽车安全法规是由欧洲经济共同体成员国讨论制定的，具有绝对权威性，一旦发布，各成员国必须强制执行。EEC 标准号由年份、编号和 EEC 代号三部分组成，如 70/156EEC，即为 1970 年颁发的第 156 号 EEC 指令。

（3）国家标准。国家标准是各国依据自己的国情而制定的适用于本国的标准。我国国家标准简写为 GB，美国国家标准简写为 ANSI，日本国家标准简写为 JIS。

（4）行业标准。行业标准是指对没有国家标准而又需要在全国某个行业范围内统一技术要求所制定的标准。行业标准是对国家标准的补充，是专业性和技术性较强的标准。行业标准的制定不得与国家标准相抵触。国家标准公布实施后，相应的行业标准即行废止。我国汽车行业标准简写为 QC，交通行业标准简写为 JT 等。美国汽车工程师学会 SAE（Society of Automotive Engineers）制定的标准，简称为 SAE 标准，它在美国不同业界都具有很高的权威性。

（5）地方标准。对没有国家标准和行业标准而又需要在省、自治区、直辖市范围内统一的工业产品的安全、卫生要求，可以制定地方标准。地方标准由省、自治区、直辖市标准化行政主管部门制定，并报国务院标准化行政主管部门和国务院有关行政主管部门备案，在公布国家标准或者行业标准之后，该地方标准即应废止。例如，北京市地方标准 DB 11/121—2010《在用柴油车加载减速烟度排放限值及测量方法》。

（6）企业标准。企业标准是指各汽车生产企业、汽车试验场根据本身的特点，参考相应的国际、国家标准而制定的标准，它仅限于在本企业内使用。为提高本企业产品的品质，企业标准通常要严于国家标准和国际标准。

2. 按试验标准的性质分类

试验标准按性质的不同分为强制性试验标准和推荐性试验标准。

（1）强制性试验标准。强制性试验标准是指为了保障人身健康、安全，保护环境、节约能源而制定的强制执行的标准，这类标准一般称为法规。我国《标准化法》规定：强制性标准必须执行，不符合强制性标准的产品禁止生产、销售和进口。我国 GB 7258—2012《机动车运行安全技术条件》即为强制性标准。在我国，强制性汽车标准已有近百项。

（2）推荐性试验标准。推荐性试验标准无强制性，企业自愿采用，但一经采用就应严格执行，不得随意改动。在我国，凡标准代号带"T"的，均为推荐性试验标准，如 GB/T 12678—1990《汽车可靠性行驶试验方法》等。

推荐性试验标准还可细分为通用性试验标准和定型试验标准。通用性试验标准是车辆单项性能试验标准，一般不分车辆类型，即不管何种车辆，均可用此标准规定的方法进行某性能的试验。定型试验是车辆定型时进行的试验，定型试验标准因车辆类型的不同而不同，如载货汽车定型试验规程、越野汽车定型试验规程等。

1.2.3 汽车道路试验方法通则

汽车道路试验接近实际使用情况,试验结果具有真实性。但由于道路试验的影响因素很多,如气象条件、道路条件和驾驶操作等都会影响试验结果,从而导致试验结果比较离散。如果试验条件控制不好,试验结果的可比性和重复性将下降,严重时甚至会失真。因此,为保证试验结果的真实性、重复性和可比性,GB/T 12534—1990《汽车道路试验方法通则》(以下简称《通则》)对影响汽车试验结果的试验条件和车辆准备工作等方面作了统一规定。

1.试验条件

《通则》规定的试验条件包括汽车装载质量、轮胎气压、燃料、润滑油(脂)、制动液、气象条件、试验仪器设备和试验道路等。

(1)装载质量。

①当无特殊规定时,装载质量均为厂定最大装载质量或使试验车处于厂定最大总质量状态。

②装载质量应均匀分布,装载物应固定牢靠,试验过程中不得晃动和颠离;不应因潮湿、散失等条件的变化而改变质量,以保证装载质量的大小和分布不变。

③乘员平均质量按表1-1进行计算,可用相同质量的重物代替。

表1-1 乘员平均质量及分布

车型			人均质量/kg	行李质量/kg	代替重物分布位置			
					座椅/个	座椅前的地板/块	吊在车顶的拉手/个	行李箱/只
载货汽车、越野汽车、专用汽车、自卸汽车、牵引汽车			65	—	55	10	—	—
客车	公共	长途	60	13	50	10	—	13
		坐客	60	—	50	10	—	—
		站客	60	—	—	55(地板)	5	—
	旅游		60	22	50	10	—	22
轿车			60	5	50	10	—	5

(2)轮胎气压。轮胎气压对汽车各项性能有重要的影响,因此要求试验车轮胎的种类、型号规格、花纹深度和轮胎气压均应符合试验车技术条件的规定。试验车轮胎应使用新轮胎或磨损量不大于原花纹20%的轮胎,胎压偏差不超过±10 kPa。

(3)燃料、润滑油(脂)和制动液。试验汽车使用的燃料、润滑油(脂)和制动液的牌号及规格,应符合该车技术条件或现行国家标准的规定。除可靠性行驶试验、耐久性道路试验及使用试验外,同一次试验的各项性能测定必须使用同一批燃料、润滑油(脂)和制动液。

(4)气象、道路条件。试验时应是无雨、无雾天气,风速不大于3 m/s,相对湿度应小于95%,气温为0~40℃。对气象条件有特殊要求的试验项目,由相应的试验方法规定。

除另有规定外,各项性能试验应在清洁、干燥、平坦的沥青或混凝土铺装的直线道路上进行。道路长 2~3 km，宽不小于 8 m，纵向坡度在 0.1% 以内。

（5）试验仪器和设备。试验仪器和设备须经计量检定，在有效期内使用，并在使用前进行调整，确保功能正常，符合精度要求。如设备过重，应计入汽车载质量。当用汽车上安装的速度表、里程表测定车速和里程时，试验前必须按 GB/T 12548—1990《汽车速度表、里程表检验校正方法》进行误差校正。

2. 试验车辆准备

（1）试验前的车辆检查。试验前的车辆检查是指记录试验样车的生产厂名、牌号、型号、发动机号、底盘号、各主要总成号和出厂日期等，以检查车辆装备的完整性及调整情况，使之符合该车装配调整技术条件及 GB 7258—2012《机动车运行安全技术条件》的有关规定。

（2）车辆磨合。根据试验要求对车辆进行磨合，除另有规定外，磨合试验按该车使用说明的规定进行。

（3）行驶检查。行驶检查是在汽车磨合行驶之后、基本性能试验之前进行，主要检查汽车的技术状况，行驶里程不大于 100 km。

行驶道路为平坦的平原公路，交通流量小，有里程标志，单程行驶不少于 50 km，风速不大于 3 m/s，车速为汽车设计最高速度的 55%~65%，不允许空挡滑行，尽量保持匀速行驶。行驶前，应在出水管、发动机主油道（或曲轴箱放油螺塞）、变速器及后桥主减速器等的加油螺塞处安装 0~150℃ 量程的远程温度传感器（热电偶）；各总成冷却液及润滑油必须加到规定量。行驶检查时，每行驶 5 km 测 1 次各点温度并记录当前的时刻、里程及车速等试验数据，绘制温升曲线，找出各总成的平衡温度和达到平衡温度时的行驶里程和时间。

行驶中还应检查各总成的工作状况、噪声及温度。注意转向器、制动器等零部件的性能，发现异常应及时找出原因并排除，排除后方可继续行驶。

在进行行驶检查的同时，还可以进行里程表校正、平均技术车速测量及平均燃料消耗量测定等，这些内容可根据要求选做。

（4）预热行驶。试验前，试验车辆必须进行预热行驶，使汽车发动机、传动系及其他预热到规定温度。

1.3 汽车试验的计划与组织

汽车试验是一项技术性很强的工作，事先必须有周密的计划和组织，否则就不能达到预期的目的。汽车试验过程可分为试验准备、试验实施和试验总结三个阶段。

1.3.1 试验准备阶段

试验准备一般指按照试验的实际需要，对整个试验过程做出全面而系统的规划，即试验设计。其内容包括试验目的与条件、试验内容、试验场地与仪器、试验方法和试验数据的处理分析等。

（1）全面了解被试对象。全面、深入地了解被试对象是进行试验设计的前提。了解被试对象最直接且最有效的方法是从被试对象的设计研究者那里获取相关信息，或邀请设计研究者参与试验设计工作。若无法做到这一点，则试验设计人员应深入分析被试对象的全部技术资料。

(2)充分了解试验要求。充分了解试验要求是科学、合理设计试验的基础。试验要求通常包括两个层面：其一是试验精度要求；其二是通过试验获取必要的有用信息。

对于任何一项试验，根据要求的试验精度不同，所需的试验仪器、试验方法、试验周期和试验成本会存在很大的差异。一般来讲，试验精度要求越高，所需试验仪器系统会越复杂，试验周期会越长，试验成本也会越高。汽车试验是一项纯消耗性工作，试验成本是汽车生产及研发成本的重要组成部分。因此，无论什么类型的试验往往都遵循这样的一个原则，即在满足试验精度要求的前提下，应尽可能地降低试验成本。

(3)研究相关试验标准与试验规范。尽管所要进行的试验没有现成的试验标准或试验规范，但相近的产品或相近的研究可能已有了相关的试验标准或试验规范，其中或许绝大多数内容与本试验无关，但相近产品或相近研究的已有试验标准或试验规范的思想和内容一定会有可借鉴之处。广泛研究相关的试验标准或试验规范可以使试验时少走弯路，缩短试验设计的周期，但参照相关的试验标准及试验规范并不等于简单地照抄照搬。试验设计是一项创造性的工作，一定要充分反映本试验的特点。

(4)深入分析已有试验条件及试验仪器设备。充分利用已有的试验条件和设备，尽可能少用本单位没有的仪器设备，力争避免采用待开发的设备，是试验设计过程中应遵循的一项重要原则。但千万别指望所有的新试验都可借助于已有的试验仪器设备就能完成。进行科研性试验时，往往不可避免地需要不断补充一些新的试验仪器设备。

(5)明确试验目的。明确试验目的就是要解决为什么要进行该项试验的问题，即通过此次试验希望获取哪些信息，解决什么问题。对于一项全新的试验而言，试验目的可能需要一个逐步明确的过程。在开始进行试验之前，或许只有部分试验的目的是明确的。有些试验的目的需等到一些试验数据出来之后才能逐渐清楚。事实上这是科研试验的一种普遍规律，即科研性试验需要在试验过程中逐渐去完善。

(6)确定试验内容。根据试验目的确定试验内容就是要"对症下药"，既不要做一些无用的试验而浪费时间和金钱，也不要漏掉一些重要的试验项目而影响研究进展。

(7)选择试验用仪器设备。在选择试验用仪器设备时，首先应使其满足试验所必需的功能要求，即应保证能有效地检测出试验内容中所涉及的所有被测量。其次，应使其满足试验的精度要求，试验仪器设备的精度与仪器的复杂程度、价格直接相关，通常精度高的仪器设备，其结构也较复杂，价格也会较高。正确选择仪器设备的原则是：在满足试验要求的前提下，不要片面地追求高精度。工程实践表明，试验仪器设备的精度比试验所要求的精度高一个等级，就可以很好地满足上面所述的仪器设备选用原则。最后，对由多种不同功能的仪器组合而成的仪器系统应合理进行组建，充分注意传感器的接入对测试系统动态特性的影响及仪器设备级联所带来的负载效应。

(8)分析试验条件对试验结果可能的影响。对汽车试验而言，尤其是那些需要在室外进行的试验，由于室外的环境和气候条件不可控，且不同地区、不同季节和不同时段的环境气候条件差异很大。若所要进行的试验对环境和气候的变化敏感，则应对其做出严格的规定，以避免试验条件的变化对试验结果带来过大的影响。

(9)确定试验方法。试验方法需对下述内容做出明确而详细的规定，包括：试验对象的维修；试验过程中，试验对象出现异常情况的处理；试验前的磨合与预热；试验的实施，仪器和试验对象的操控；试验数据的处理和修正；试验结果的评价。

当然并不是所有的试验项目的试验方法均包括以上六项内容，试验目的不同，其试验方法所涉及的内容也会有些差异。

（10）制订试验大纲。试验大纲是指导试验工作的重要文献。大纲质量关系到试验工作质量，甚至影响到试验工作的成败。试验大纲的内容一般包括试验的任务和目的、试验的内容和条件、试验项目和测量参数、试验仪器、试验技术和方法、人员的组织与分工、试验进度计划等。

（11）准备试验仪器设备。根据大纲的要求，准备好试验所需的仪器设备。应注意的是，所有仪器设备均应满足试验要求的测量范围、容量和精度；试验前应对所用仪器设备进行标定，标定的数据应记录并填入试验报告中。

（12）人员配备和试验记录准备。根据试验项目测取数据，配备操作、监测、记录人员，明确每个人的任务和相互之间的配合关系，熟练掌握仪器设备的操作规程、车辆驾驶技术，并拟定试验记录表格和数据处理表格，对自动打印或记录的测试系统，要设计好打印格式、记录图形的方式与规格。

1.3.2 试验实施阶段

试验实施阶段是试验工作的中心环节，一般经历四个过程，即车辆设备的预热、工况的监测、读数采样和校核数据。

试验中，无论是车辆还是总成部件，除另有规定（如冷起动试验）外，都应经起动运转预热的过程，使试验设备和被试车辆部件均达到正常工作状态的温度，然后负荷由小到大，转速由低到高进行试验。在试验过程中，必须随时监测车辆和设备的运转工况（如发动机冷却液温度、机油温度等），需要加载荷试验的，应特别注意极限加载值，以防止发生破坏设备的事故；按试验大纲规定，在指定工况下进行读数采样。

另外，因为试验通常分为稳态试验和瞬态试验，所以读取数据时应注意，稳态值应是在一定时间（如5 s）内的值，而瞬态瞬时值应该与被试件的动作和记录同步。所以，瞬态瞬时值多采用自动采样记录系统，它可以快速记录大量准确数据，存储、输出记录的参数，必要时可以输出参数间的关系曲线或图形。数据测量结束后，应立即汇总主要的测试数据，校核各参数的测量值，并据此画出监督曲线，根据监督曲线尽快大致分析并做出试验是否有效的判定。若有数据互相矛盾或偏差过大，就应采取措施，必要时重新进行局部或全部的补救试验。

在具体试验实施阶段必须遵守以下原则：

（1）不得临时改变试验项目或内容，以免因考虑不周、准备不足而发生意外。

（2）发现故障，应立即停止试验，查找原因并进行维修。

（3）不应突破试验大纲中规定的各参数的极限值。

（4）测试同一项目要尽可能在相同的自然条件下进行。

（5）及时汇总并处理测试数据，发现问题应及时解决。

（6）确保参加试验人员的人身安全，做好安全保障措施。

1.3.3 试验总结阶段

试验总结包括对试验中发现的问题、观察到的现象进行定性的分析和研究,对测取的数据利用试验统计理论和误差分析方法进行处理,以确定实测所得的性能指标和各参数间的关系。对强度、疲劳磨损试验则应在试验完毕后,对被试车辆进行分解、检查和测量,获取试验后的数据。

在完成上述试验工作后,应按国家标准中试验报告的格式,编写试验报告及定型试验工作总结材料,上报主管定型委员会,并将试验报告提交研制单位和使用单位。

试验报告的主要内容包括:前言(介绍试验任务的来源、研制单位、试验单位及试验基本情况)、目录、能反映试验车基本外形特征的照片两张、试验仪器设备的相关信息、试验依据、试验车的技术指标、试验条件、试验内容和结果、试验结论与改进意见、附件(包括图表、曲线、照片和各种专项及台架试验报告,必要的技术资料,试验人员及职务等)、试验日期。

复习思考题

1-1 何为汽车试验? 简述汽车试验的必要性。

1-2 简述汽车试验的发展趋势。

1-3 简述汽车试验的类型。

1-4 简述汽车试验标准的分类和特点。

1-5 汽车试验一般分为哪几个阶段?

第2章 汽车试验基础理论

内容概要：测量系统是获得试验数据的基本途径，随着测试技术的发展，目前的测量系统主要是基于非电量电测思想进行设计的。一个测量系统，应具有对被测对象的特征量进行获取、检测、传输、处理、存储及显示等功能。本章从测量系统组成出发，分析测量误差，寻求测量误差的消除方法。

2.1 测量系统的组成与特性

测量系统是传感器、变送器(变换器)和其他变换装置的有机组合。

2.1.1 测量系统的基本组成及要求

1. 测量系统的基本组成

一个测量系统的组成如图2-1所示。

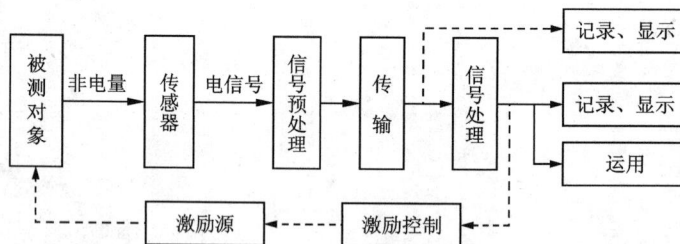

图2-1 测量系统的组成

(1)激励源

向被测对象输入能量，激发出能充分表征有关信息且又便于检测的信号。有些试验，被测对象在适当的工作状态下可产生所需的信号。而有些试验，则需用外部激励装置对被测对象进行激励。

(2)传感器

传感器是感受被测量(物理量、化学量、生物量等)的大小，并输出相对应的可用输出信号(一般多为电量)的器件或装置。它一般由敏感元件、转换元件和转换电路组成，敏感元件感受被测量，并输出与被测量成确定关系的某一种量的元件。转换元件把敏感元件输出的量转换成电路的参数（如电阻、电容、电感等），转换电路将转换元件的输出转换成电量，一般为电压或电流。

如变介质型电容式位移传感器，敏感元件为中间介质，它与被测件连接在一起，感受到被测件的位移变化，通过转换元件，使电参数——电容发生变化，再通过测量（转换）电路，输出一个电压或电流的变化。

（3）信号预处理

将传感器输出信号转换成便于传输和处理的规范信号。因为传感器输出信号一般是微弱且混有噪声的信号，不便于处理、传输或记录，所以一般要经过调制、放大、解调和滤波等处理，或作进一步变换，如将阻抗的变化转换为电压或频率的变化，将模拟信号转换为数字信号等。

（4）信号处理

信号处理环节将传感器输出信号进行处理和变换。如对信号进行放大、运算、线性化、数/模或模/数转换，使其输出信号便于显示、记录。这种信号处理环节可用于自动控制系统，也可与计算机系统连接，以便对测量信号进行信息处理。

（5）显示记录或运用

显示装置是将被测量信息变成人的感官能接受的形式，以完成监视、控制或分析的目的。测量结果可以采用模拟显示，也可采用数字显示或图形显示，也可以由记录装置进行自动记录或由打印机将数据打印出来。

若该测量系统就是某一控制系统中的一个环节，处理结果将直接被运用。

2. 对测量系统的要求

理想的测量仪器或系统应该具有单值的、确定的输入 – 输出关系，而且最好是一个单向线性系统。所谓单向系统，是指测量系统对被测量的反作用影响可以忽略。所谓线性系统，即输出与输入是线性关系。

按照被测量在测量系统中的状态，测量系统的基本特性可分为静态特性和动态特性两类。当被测量不随时间变化或变化很缓慢时，测量系统的输出与输入之间的关系称为静态特性；当被测量随时间变化时，测量系统的输出与输入之间的关系称为动态特性。

通常的工程测量问题就是处理输入量 $x(t)$、系统的传输特性 $h(t)$ 和输出量 $y(t)$ 三者之间的关系，如图 2 – 2 所示。

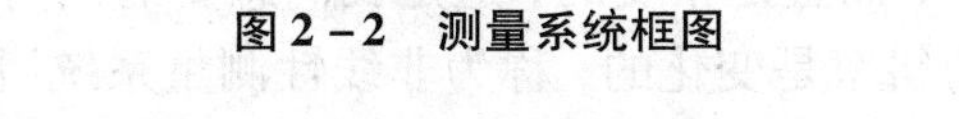

$$输入\,x(t) \longrightarrow \boxed{系统特性\,h(t)} \longrightarrow 输出\,y(t)$$

图 2 – 2　测量系统框图

（1）如果已知 $h(t)$，通过对 $y(t)$ 的观察分析，就能推断 $x(t)$。这就是通常所说的测量。

（2）如果已知 $x(t)$，通过对 $y(t)$ 的观察分析，就能推断出 $h(t)$。这就是通常所说的系统或仪器的定度过程。

（3）如果 $x(t)$ 和 $h(t)$ 已知，则可以推断和估计 $y(t)$。这就是通常所说的输出信号预测。

2.1.2　测量系统的静态特性

测量系统的静态特性是指被测量的值处于稳定状态时的输出与输入的关系。如果被测量是一个不随时间变化或随时间变化缓慢的量,可以只考虑其静态特性,这时测量系统的输入量与输出量之间在数值上一般具有一定的对应关系,关系式中不含有时间变量(如称量物体的质量时)。对静态特性而言,测量系统的输入量 x 与输出量 y 之间的关系通常可用如下的多项式表示:

$$y = a_0 + a_1 x + a_2 x^2 + \cdots + a_n x^n \qquad (2-1)$$

式中: x 为输入量; y 为输出量; a_0, a_1, $\cdots$, a_n 为常数。

当 $a_0 \neq 0$ 时,表示即使系统没有输入,但仍有输出,通常称为零点漂移(零漂)。

理想的静态量的测量系统,其应输出单值,与输入值成线性关系,即静态特性为 $y = a_1 x$。实际测量系统可以用一组性能指标来描述,如灵敏度、迟滞、线性度、重复性和漂移等。

1. 灵敏度

测量系统的组成灵敏度是测量系统静态特性的一个重要指标。其定义是输出量增量 Δy 与引起输出量增量 Δy 的相应输入量增量 Δx 之比。用 S 表示灵敏度,即:

$$S = \frac{\Delta y}{\Delta x} \qquad (2-2)$$

式(2-2)表示单位输入量的变化所引起传感器输出量的变化,很显然,灵敏度 S 值越大,表示测量系统越灵敏,如图 2-3 所示。

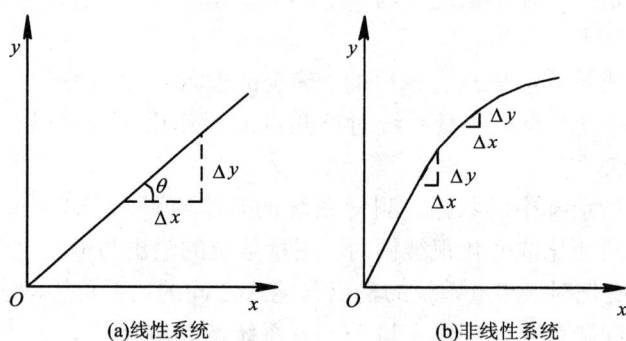

图 2-3　测量系统灵敏度

从图 2-3(a)可以看出,线性测量系统,也就是说输出与输入的关系的最高次幂是一次的,即灵敏度是直线的斜率,而且是不变的,这是我们想要的最简单的理想的测量系统模型。如果不是一次的,则各点的斜率是变化的,称为非线性测量系统[图 2-3(b)]。此时我们希望测量系统在工作的范围内是近似线性的。

在被测量不变的情况下,由于外界环境条件等因素的变化,引起的测量装置灵敏度的变化称为灵敏度漂移,常以输入不变情况下每小时输出的变化量来衡量,如图 2-4 所示。

一般来说,选择测量仪器时,灵敏度越高,测量范围往往越窄,稳定性往往越差。仪表常数 C 为灵敏度的倒数,即

$$C = \frac{1}{S} = \frac{\Delta x}{\Delta y} \tag{2-3}$$

其意义表示每一单位刻度的示值大小。

2. 线性度

测量系统的线性度是指测量系统的输出与输入之间数量关系的线性程度。输出与输入关系可分为线性特性和非线性特性。从测量系统的性能看，希望具有线性关系，也就是幂次最高为一次的，即理想的输入输出关系。但实际遇到的测量系统大多为非线性的，如图 2-5 所示。

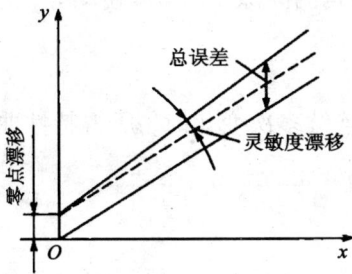

图 2-4　灵敏度及其漂移

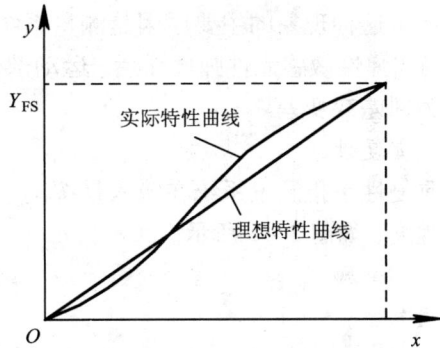

图 2-5　测量系统线性度

在实际使用中，为了标定和数据处理的方便，希望得到线性关系，有两种方法：一种为硬件补偿，另一种为软件补偿。因此引入各种非线性补偿环节，如采用非线性补偿电路或计算机软件进行线性化处理，从而使测量系统的输出与输入关系为线性或接近线性，但如果测量系统非线性的幂指数不高，输入量变化范围较小时，可用一条直线（切线或割线）近似地代表实际曲线的一段，使测量系统输入输出特性线性化，所采用的直线称为拟合直线。

测量系统的线性度是指在全量程范围内实际特性曲线与拟合直线之间的最大偏差值 ΔL_{max} 与满量程输出值 Y_{FS} 之比。线性度也称为非线性误差，用 γ_L 表示，即

$$\gamma_L = \pm \frac{\Delta L_{max}}{Y_{FS}} \times 100\% \tag{2-4}$$

拟合直线有各种拟合方法，如图 2-6 所示，一般用最小二乘法进行拟合。

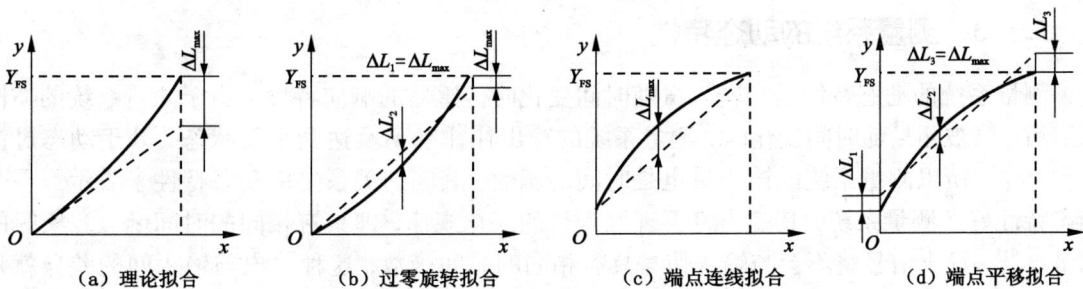

（a）理论拟合　　（b）过零旋转拟合　　（c）端点连线拟合　　（d）端点平移拟合

图 2-6　几种直线拟合方法

15

3. 迟滞

测量系统在输入量由小到大（正行程）及输入量由大到小（反行程）变化期间，其输入输出特性曲线不重合的现象称为迟滞，如图 2 - 7 所示。

也就是说，对于同一大小的输入信号，测量系统的正反行程输出信号大小不相等，这个差值称为迟滞差值。测量系统在全量程范围内最大的迟滞差值 ΔH_{max} 与满量程输出值 Y_{FS} 之比称为迟滞误差，用 γ_H 表示，即

$$\gamma_H = \frac{\Delta H_{max}}{Y_{FS}} \times 100\% \qquad (2-5)$$

产生这种现象的主要原因是测量系统信息采集敏感元件材料的物理性质和机械部件的缺陷，例如弹性敏感元件弹性滞后、运动部件摩擦、传动机构的间隙、紧固件松动等，迟滞误差又称为回差或变差。

4. 重复性

重复性是指测量系统在输入量按同一方向做全量程连续多次变化时，所得特性曲线不一致的程度，如图 2 - 8 所示。

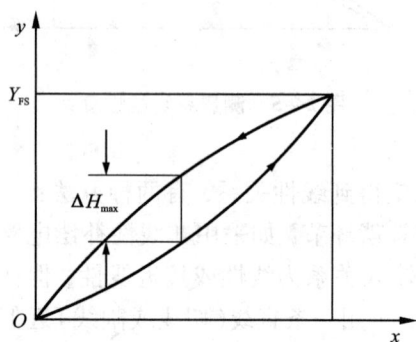

图 2 - 7　测量系统的迟滞特性

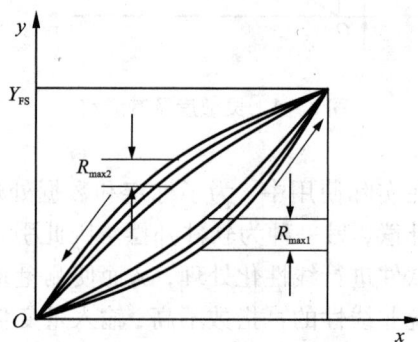

图 2 - 8　测量系统的重复性

5. 漂移

测量系统的漂移是指在输入量不变的情况下，测量系统输出量随着时间变化，此现象称为漂移。产生漂移的原因有两个，一是测量系统自身结构参数，二是周围环境（如温度、湿度等）。

2.1.3　测量系统的动态特性

测量系统的动态特性是指输入量随时间变化时传感器的响应特性。由于测量系统的惯性和滞后，当被测量随时间变化时，测量系统的输出往往来不及达到平衡状态，处于动态过渡过程之中，所以测量系统的输出量也是时间的函数，其间的关系要用动态特性来表示。一个动态特性好的测量系统，其输出将再现输入量的变化规律，即具有相同的时间函数。实际的测量系统，输出信号将不会与输入信号具有相同的时间函数，这种输出与输入间的差异就是所谓的动态误差。

例如动态测温的问题。把一支热电偶从温度为 t_0 环境中迅速插入一个温度为 t_1 的恒温水槽中(插入时间忽略不计),这时热电偶测量的介质温度从 t_0 突然上升到 t_1,而热电偶反映出来的温度从 t_0 变化到 t_1 需要经历一段时间,即有一段过渡过程,如图 2-9 所示。热电偶反映出来的温度与其介质温度的差值就称为动态误差。

造成热电偶输出波形失真和产生动态误差的原因,是热电偶有热惯性和传热热阻,使得在动态测温时热电偶输出总是滞后于被测介质的温度变化。

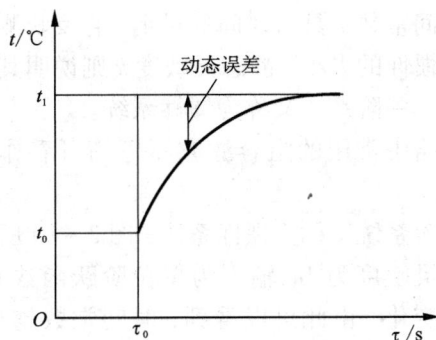

图 2-9　动态测温特性曲线

1. 测量系统的基本动态特性方程

测量系统的动态数学模型是指传感器受到随时间变化的输入量作用时,输出和输入之间的关系,通常称为响应特性。

要精确地建立测量系统的动态模型是比较困难的,要忽略一些影响不大的因素,一般来讲,可用一个线性常微分方程来表示,其通式为:

$$a_n \frac{\mathrm{d}^n y}{\mathrm{d} t^n} + a_{n-1} \frac{\mathrm{d}^{n-1} y}{\mathrm{d} t^{n-1}} + \cdots + a_1 \frac{\mathrm{d} y}{\mathrm{d} t} + a_0 y = b_m \frac{\mathrm{d}^m x}{\mathrm{d} t^m} + b_{m-1} \frac{\mathrm{d}^{m-1} x}{\mathrm{d} t^{m-1}} + \cdots + b_1 \frac{\mathrm{d} x}{\mathrm{d} t} + b_0 x \quad (2-6)$$

式(2-6)中的系数是与测量系统结构特性有关的常量。还包括系统输出和输入对时间的各阶微分。看起来比较复杂。我们把方程中的输出 Y 的最高次微分称为"阶",最高次微分是几次就称为几阶系统。大多数的传感器都为零阶、一阶和二阶系统或它们的组合,所以下面先来分析一下这三种情况。

(1)零阶系统

在方程式(2-6)中的系数除了 a_0 和 b_0 之外,其他的系数均为零,则微分方程就变成简单的代数方程,也就是说输出的最高阶为零,不含有微分量

$$a_0 y(t) = b_0 x(t) \quad (2-7)$$

可写成

$$y(t) = kx(t) \quad (2-8)$$

$k = b_0 / a_0$ 为测量系统的静态灵敏度或放大系数,这是一个理想的线性系统,输出与输入是同步的,没有任何的失真和滞后,又称为比例系统。

(2)一阶系统

系数除了 a_0,a_1 与 b_0 之外,其他的系数均为零,则微分方程为

$$a_1 \frac{\mathrm{d} y(t)}{\mathrm{d} t} + a_0 y(t) = b_0 x(t) \quad (2-9)$$

式(2-9)可改写成

$$\tau \frac{\mathrm{d} y(t)}{\mathrm{d} t} + y(t) = kx(t) \quad (2-10)$$

式中：τ 为测量系统的时间常数，$\tau = a_1/a_0$；k 为测量系统的静态灵敏度或放大系数，$k = b_0/a_0$。

时间常数 τ 具有时间的量纲，它反映测量系统的惯性的大小，静态灵敏度 k 则说明其静态特性。一阶系统又称为惯性系统。

电路中常用的阻容滤波器等均可看作一阶系统。

一阶系统又称为惯性系统，图 2 – 10 所示为静态灵敏度为 1，输入为单位阶跃函数时，输出的变化，由此可以看到，时间常数越小，则输出就越快地接近输入。

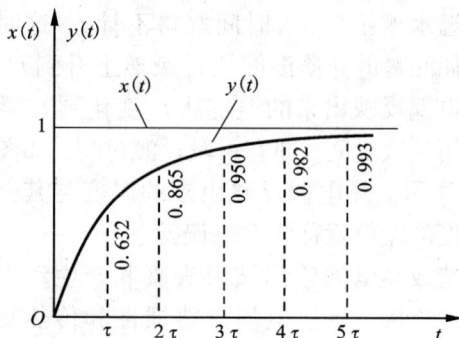

图 2 – 10   一阶系统

（3）二阶系统

二阶系统的微分方程为

$$a_2 \frac{d^2 y(t)}{d t^2} + a_1 \frac{dy(t)}{dt} + a_0 y(t) = b_0 x(t) \qquad (2-11)$$

通常改写为

$$\frac{d^2 y(t)}{d t^2} + 2\xi \omega_n \frac{dy(t)}{dt} + \omega_n^2 y(t) = \omega_n^2 k x(t) \qquad (2-12)$$

大家可以看一下，零阶系统和一阶系统都是将 $y(t)$ 项的系数变为 1，而二阶系统是将最高次的系数变为 1，其中：k 为传感器的静态灵敏度或放大系数，$k = b_0/a_0$；ξ 为传感器的阻尼系数；ω_n 为传感器的固有频率。

这里面的放大系数与零阶和一阶是一样的，固有频率可以很容易地得出，阻尼系数也不难得到。从图 2 – 11 中的单位阶跃响应可以看到阻尼对系统的响应的影响是非常大的，阻尼大，则类似于一阶系统（惯性），而阻尼小，则系统会振荡。

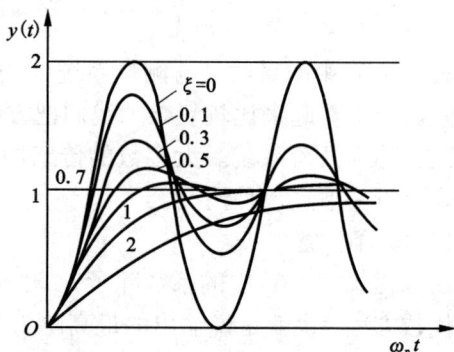

图 2 – 11   二阶系统

2. 测量系统的动态响应特性

对于一个系统来讲，一般由输入、系统变换、输出三个环节组成，知道其中的两个就知道第三个，当对传感器的特性进行分析时，一定是输入一个已知的量，测量得到输出量，从而得到中间的黑箱——测量系统的特性。这与控制系统正好相反，控制系统是已知控制系统的特性，给一个输入量，来得到一个我们想要的输出量（也就是控制系统的执行机构完成的功能）。

（1）瞬态响应特性

测量系统的瞬态响应是时间响应。在研究测量系统的动态特性时和测量系统在进行时域分析时，用得比较多的标准输入信号有阶跃信号和脉冲信号，传感器的输出瞬态响应分别称为阶跃响应和脉冲响应。

①一阶传感器的单位阶跃响应。

时域表达式为：

$$\tau \frac{\mathrm{d}y(t)}{\mathrm{d}t} + y(t) = kx(t) \tag{2-13}$$

当有单位阶跃输入时，其输出在时域比较难求，故进行频域分析，实际，就是为了简化求解的过程。数学家发现，对一个微分方程的求解是比较困难的，而用一种变换可以简化其求解的过程，即

$$H(s) = \frac{Y(s)}{X(s)} = \frac{1}{\tau s + 1} \tag{2-14}$$

式 (2-14) 与灵敏度的公式有异曲同工之妙。

拉普拉斯变换：一个系统的时域分析比较复杂，但是在频域中可以方便地表述，因此将输入也变为频域中表述，得到输出在频域中的表述，再进行逆变换，就得到了输出在时域中的表述，这是一个简单的做法。将其进行拉氏变换，得到传递函数。传递函数是输出的拉氏变换与输入的拉氏变换的比值，它代表了系统的特性。

而输入信号的拉氏变换可以写成：

$$X(s) = \frac{1}{s} \tag{2-15}$$

所以输出的拉氏变换就为：

$$Y(s) = H(s)X(s) = \frac{1}{\tau s + 1} \cdot \frac{1}{s} \tag{2-16}$$

再进行拉氏逆变换，得到了输出的时域表达式：

$$y(t) = 1 - \mathrm{e}^{-\frac{t}{\tau}} \tag{2-17}$$

相应的响应曲线如图 2-10 所示。

测量系统存在惯性，它的输出不能立即复现输入信号，而是从零开始，按指数规律上升，最终达到稳态值。理论上测量系统的响应只在 t 趋于无穷大时才达到稳态值，但通常认为 $t = (3 \sim 4)\tau$ 时，如当 $t = 4\tau$ 时其输出就可达到稳态值的 98.2%，可以认为已达到稳态。所以，一阶测量系统的时间常数 τ 越小，响应越快，响应曲线越接近于输入阶跃曲线，即动态误差小。因此，τ 值是一阶测量系统重要的性能参数。

②二阶传感器的单位阶跃响应。

$$\frac{\mathrm{d}^2 y(t)}{\mathrm{d}t^2} + 2\xi \omega_n \frac{\mathrm{d}y(t)}{\mathrm{d}t} + \omega_n^2 y(t) = \omega_n^2 kx(t) \tag{2-18}$$

其传递函数为：

$$H(s) = \frac{\omega_n^2}{s^2 + 2\xi \omega_n s + \omega_n^2} \tag{2-19}$$

将 $X(s) = \frac{1}{s}$ 代入上式，则可得到：

$$Y(s) = H(s)X(s) = \frac{\omega_n^2}{s(s^2 + 2\xi \omega_n s + \omega_n^2)} \tag{2-20}$$

图形如图 2-11 所示。

二阶测量系统对阶跃信号的响应在很大程度上取决于阻尼比 ξ 和固有角频率 ω_n。$\xi = 0$ 时，阶跃响应是一个等幅振荡过程，这种等幅振荡状态又称为无阻尼状态；当 $\xi > 1$ 时，阶跃响应是一个不振荡的衰减过程，这种状态又称为过阻尼状态（类似一阶系统）；当 $0 < \xi < 1$ 时，阶跃响应是一个衰减振荡过程，在这一过程中 ξ 不同，衰减速率也不同，这种衰减振荡状态又称为欠阻尼状态。阻尼比 ξ 直接影响超调量和振荡次数，为了获得满意的瞬态响应特性，实际使用中常按稍欠阻尼调整，对于二阶传感器 $\xi = 0.6 \sim 0.7$，则最大超调量不超过 10%，趋于稳态的调整时间也最短，为 $(3 \sim 4)/(\xi\omega_n)$，固有频率 ω_n 由传感器的结构参数决定，固有频率 ω_n 即等幅振荡的频率，ω_n 越高，传感器的响应速度也越快。

（2）频率响应特性

频率保持性：当系统输入某一个频率信号时，其输出为同一频率的信号。只是与输入端正弦信号的幅值和相位不同。任何一个信号，根据泰勒展开式，均可以写成无数个正弦信号的叠加，如果任何一个频率的输入信号，其对应的输出都是已知的话，则任何一个输入信号其对应的输出也就是已知的了。

测量系统对不同频率成分的正弦输入信号的响应特性，称为频率响应特性。频率响应法是从测量系统的频率特性出发研究测量系统的输出与输入的幅值比和两者相位差的变化。

求任意频率的正弦输入对应的输出方法很简单，就是将系统的传递函数中的 s 换为 $j\omega$ 即可。

①一阶测量系统的频率响应。

将一阶测量系统传递函数式（2 - 14）中的 s 用 $j\omega$ 代替后，即可得如下的频率特性表达式：

$$H(j\omega) = \frac{1}{j\omega\tau + 1} = \frac{1}{1 + (\omega\tau)^2} - j\frac{\omega\tau}{1 + (\omega\tau)^2} \qquad (2 - 21)$$

这是一个复数，其幅值、相位就是系统的幅频特性和相频特性。它是与 ω 相关的量，也就是说不同频率的正弦信号给系统输入，其对应的输出的幅值和相位的变化是不同的。

对于一阶系统，由图可以看出：时间常数 τ 越小，频率响应特性越好。当 $\omega\tau \gg 1$ 时，$A(\omega) \approx 1$，$\varPhi(\omega) \approx 0$，表明测量系统输出与输入成线性关系，且相位差也很小，输出 $y(t)$ 比较真实地反映了输入 $x(t)$ 的变化规律。因此减小 τ 可改善测量系统的频率特性。

②二阶测量系统的频率响应。

从图 2 - 11 可以看出：测量系统的频率响应特性好坏主要取决于测量系统的固有频率 ω_n 和阻尼比 ξ。当 $\xi < 1$，$\omega_n \gg \omega$ 时，$A(\omega) \approx 1$，$\varPhi(\omega)$ 很小，此时，测量系统的输出 $y(t)$ 再现了输入 $x(t)$ 的波形，通常固有频率 ω_n 至少应为被测信号频率 ω 的 3 ~ 5 倍，即 $\omega_n \geqslant (3 \sim 5)\omega$。阻尼比为 0.6 ~ 0.7 为好。

为了减小动态误差和扩大频率响应范围，一般是提高测量系统固有频率 ω_n。

③脉冲响应函数。

任何一个输入信号，均可以看作是无数个小的脉冲信号的叠加，所以当我们知道了一个单位脉冲信号输入时系统的输出的话，就可以求得任意信号输入时，系统的输出。任何一个时间点的输出，实际上等于它之前的所有脉冲输入在该点处产生的输出的叠加。

2.2　测量误差理论

测量是以确定被测量的值或获取测量结果为目的的一系列操作。所以，测量也就是将被测量与同种性质的标准量进行比较，确定被测量对标准量的倍数。它可由下式表示：

$$x = nu \tag{2-22}$$

式中：x 为被测量值；u 为标准量，即测量单位；n 为比值（纯数），含有测量误差。

由此可以看到，测量结果包括两个部分，一个是测量单位，另一个是比值。当然任何测量都是有误差的，测量结果应包括比值和测量单位。测量结果仅仅是被测量的最佳估计值，并非真值，所以还应给出测量结果的质量，即测量结果的可信程度。这个可信程度用测量不确定度表示，测量不确定度表征测量值的分散程度。因此测量结果的完整表述应包括估计值、测量单位及测量不确定度。

误差分析是将试验所得到的原始数据经过数值修约、换算、统计及归纳演绎等处理，最后以图表及公式等方式表达试验结果。

1. 误差的定义

各种科学研究中所涉及的每一项参数的测量，都是测试人员使用一定的仪器在特定的环境下按某种测试方法进行的。这些待测的物理量虽然其数值是未知的，但在一定条件下它们是客观存在的确定值。这个值称为真值，利用各种测量方法而得到的值就是测量值。

由于受到测量仪表、环境条件、测量方法及测试者的观察能力等因素的影响，测量值与真值之间都存在着一定的差值，这个差值称为测量误差。任何测量都存在误差，因此说误差是绝对的，不可避免的。

2. 误差的表示方法

误差的表示方法有多种形式，最常用的是绝对误差、相对误差及允许误差。

（1）绝对误差

绝对误差又称绝对真误差，表示为：

$$\Delta = x - x_0 \tag{2-23}$$

式中：Δ 为绝对误差；x 为测量值；x_0 为真值。测量值是广义的测量值。它既包括仪表的示值、量具或元件的标称值，也包括近似计算的近似值。

真值是被测物理量客观存在的值，它是一个理论概念。由于各种因素的影响，通过测量永远得不到真值，因此实际中常把下面几种情况规定为真值。

①理论真值：比如平面三角形的内角和恒为 180°。

②规定真值：通常是由国际会议约定的，比如单位时间秒（s）是铯原子基态的两个超精细能级之间辐射周期的 9192631770 倍的持续时间。

③相对真值：高一级标准仪器的误差是低一级标准仪器的误差的 1/20 ~ 1/3，则可认为前者是后者的相对真值。

绝对误差可为正值或负值。

（2）相对误差

绝对误差无法确切地反映出测量的准确程度，因此需要引入相对误差的概念。相对误差是绝对误差与真值之比,实际中真值无法准确获得,而测量值与真值接近时,可近似用绝对误差与测量值之比作为相对误差,通常用百分比表示,即

$$\delta = \frac{\Delta}{x_0} \approx \frac{\Delta}{x} \qquad\qquad (2-24)$$

由于绝对误差为正值或负值,故相对误差也可正可负。相对误差通常用于衡量测量的准确度。

(3)允许误差

允许误差也称应用误差。它是一种简化和实用方便的相对误差,通常用于划分仪表准确度等级。允许误差的定义为测量值的最大绝对误差与仪表的量程之比,即

$$\delta_j = \frac{\Delta_{max}}{A_a - A_b} \times 100\% \qquad\qquad (2-25)$$

式中:A_a 和 A_b 分别为仪表量程的上、下限。

由允许误差的定义可知,对于某一确定的仪表,它的允许误差是确定的,这为仪器的准确度划分提供了方便,如允许误差为 ±2.5% 的仪器即为 2.5 级。通常工程用仪表为 0.5~4 级,实验室用仪表为 0.2~0.5 级。

3. 误差的分类

根据测量数据中的误差所呈现的规律及产生的原因可将其分为系统误差、随机误差和粗大误差。

(1)随机误差

在同一测量条件下,多次测量被测量时,其绝对值和符号以不可预定方式变化着的误差称为随机误差。

(2)系统误差

在同一测量条件下,多次测量被测量时,绝对值和符号保持不变,或在条件改变时,按一定规律(如线性、多项式、周期性等函数规律)变化的误差称为系统误差。前者为恒值系统误差,后者为变值系统误差。

引起系统误差的原因较复杂,如测量方法不完善、零点未调整、采用近似的计算公式、测量者的经验不足等。对于系统误差,首先要查找误差根源,并设法减小和消除,而对于无法消除的恒值系统误差,可以在测量结果中加以修正。

(3)粗大误差

超出在规定条件下预期的误差称为粗大误差,粗大误差又称疏忽误差。

这类误差的发生是由于测量者疏忽大意、测错、读错或环境条件的突然变化等引起的。含有粗大误差的测量值明显地歪曲了客观现象,故含有粗大误差的测量值称为坏值或异常值。

在数据处理时,要采用的测量值不应该包含有粗大误差,即所有的坏值都应当剔除。所以进行误差分析时,要估计的误差只有系统误差和随机误差两类。

4. 误差间的联系

上述三类误差的划分不是绝对的,而是具有一定的相对性。在实际测量中,三类误差并非一成不变,而是在一定条件下可以相互转化。较大的系统误差或随机误差可当作过失误差来处理,即使判断同一因素对测量结果的影响,也要视其影响的大小及对这种影响规律掌握

的程度而定。比如环境温度对测量的影响，当温度影响较小，与其他因素的影响不易区分时，这种影响产生的误差可当作随机误差处理；当温度对测量结果影响较明显或该影响规律便于掌握时，可将这种影响产生的误差视为系统误差；当温度的影响较大，测量值严重偏离真值时，则这种影响造成的误差就视为过失误差。

任何一次有意义的测量，其结果都存在一定的误差，称之为误差公理。也就是说，由于上述三类误差的存在，测量结果与真值之间必然存在偏差。为了便于分析误差，通常采用测量装置的精密度、准确度和精确度来衡量测量值与真值的接近程度。

(1)精密度表示对同一输入量进行多次测量，各测量值之间的接近程度或分散程度，反映了随机误差对测量值影响的大小，与系统误差无关。随机误差波动范围越大，测量值越离散，测量的精密度越低。

(2)准确度是指测量值与真值接近的程度，它反映了系统误差对测量值影响的大小。系统误差越大，测量的准确度越低。

(3)精确度简称为精度，是精密度和准确度的综合反映，表示测量装置的总误差，即随机误差与系统误差的大小。

为了形象化，常用打靶事例来区分精密度、准确度和精确度。如图 2 - 12 所示。

图 2 - 12(a)表示随机误差大而系统误差小，故精密度低；图 2 - 12(b)表示随机误差小而系统误差大，故精密度高而准确度低；图 2 - 12(c)表示随机误差和系统误差均小，故精确度高，这也是实际测量中希望获得的结果。

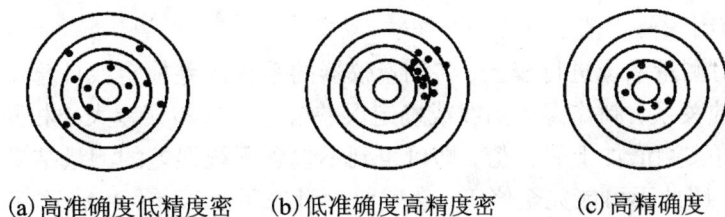

(a)高准确度低精度密　　　(b)低准确度高精度密　　　(c)高精确度

图 2 - 12　精密度、准确度和精确度三者关系图

2.3　误差的分析与处理

测量中，既然误差不可避免地存在，那么试验所得到的测量结果就必须指出其误差范围，否则测量结果毫无意义。

2.3.1　系统误差

在实际测量中系统误差和随机误差往往同时存在于测量数据中，不易被发现，多次测量无法减小它对测量结果的影响，可见系统误差较随机误差对测量精度的影响更大。为此，有必要研究系统误差的特征及规律性，从而能够及时发现和减小、消除系统误差。

1. 系统误差的分类

系统误差按其来源可分为以下 5 种。

（1）仪器误差：仪器本身不完善或老化所产生的误差，如等臂天平的臂不等、仪器随时间不稳定等。

（2）安装误差：测量仪器的安装、调整及使用不当等引起的误差。

（3）环境误差：环境因素（如温度、湿度、磁场等）引起的误差，如测量时实际温度对标准温度有偏差而引起的误差。

（4）方法误差：测量方法的不正确或不完善及被测量定义不明确等引起的误差，如采用近似的测量方法或近似的计算公式等。

（5）人为误差：测量人员先天缺陷或观察习惯等引起的误差，如测量者对刻度上估计读数的习惯（偏大或偏小）等。

上述分类并不十分严格，但重要的是系统误差的出现是有一定规律的，是可以发现的。为了提高测量精度，应尽可能设法预知系统误差产生的原因并采取措施来减小或消除。

2. 消除系统误差的方法

为使测量结果准确，应尽力把系统误差消除。消除系统误差有以下几个基本方法。

（1）消除产生系统误差的根源

采用完善的测量方法，正确地安装和使用仪器设备，保持稳定的测量条件，防止外界的干扰，测量人员应具备较高的素质并严格按照操作规范使用仪器，定期检查标定仪器设备等，可避免系统误差的产生。

（2）对测量值引入修正值

测量前预先对测量系统进行校正，将测量仪器的系统误差检定或计算出来，取得仪器示值与准确值之间的关系，制作误差曲线或确定误差公式。取与误差大小相同、符号相反的数值作为修正值，将实测值加上修正值，即可得到不包含系统误差的测量结果。由于修正值本身也会带有误差，因此不可能完全修正，会残留少量的系统误差，可将这部分误差按随机误差处理。

（3）利用抵消法补偿系统误差

在测量中，选择适当的方法使系统误差相互抵消。可以改变某些测量条件（如测量位置、测量方向等），使两次测量的误差大小相等、符号相反，取其平均值可消除系统误差。

3. 系统误差的计算

（1）代数综合法

若各系统误差分量的大小、符号均已知，就可采用各分量的代数和来求得总系统误差。绝对误差为：

$$\Delta = \Delta_1 + \Delta_2 + \Delta_3 + \cdots + \Delta_n = \sum_{i=0}^{n} \Delta_i$$

相对误差为：

$$\delta = \delta_1 + \delta_2 + \delta_3 + \cdots + \delta_n = \sum_{i=0}^{n} \delta_i$$

（2）算术综合法

若各系统误差分量的大小已知、符号未知，就可采用各分量的代数和来求得总系统误差。

绝对误差为：

$$\Delta = \pm (|\Delta_1| + |\Delta_2| + |\Delta_3| + \cdots + |\Delta_n|) = \pm \sum_{i=0}^{n} |\Delta_i|$$

相对误差为：

$$\delta = \pm (|\delta_1| + |\delta_2| + |\delta_3| + \cdots + |\delta_n|) = \pm \sum_{i=0}^{n} |\delta_i|$$

（3）几何综合法

若各系统误差分量的大小、符号均未知，就可采用各分量的代数和来求得总系统误差。

绝对误差为：

$$\Delta = \pm \sqrt{\Delta_1^2 + \Delta_2^2 + \cdots + \Delta_i^2} = \pm \sqrt{\sum_{i=0}^{n} \Delta_i^2}$$

相对误差为：

$$\delta = \pm \sqrt{\delta_1^2 + \delta_2^2 + \cdots + \delta_i^2} = \pm \sqrt{\sum_{i=0}^{n} \delta_i^2}$$

2.3.2　随机误差

1. 随机误差的统计特性

随机误差就整体而言服从正态分布的统计规律，具有正态分布的特点，具体表现如下：

（1）单峰性：绝对值小的误差出现的概率大，绝对值大的误差出现的概率小。

（2）对称性：绝对值相等的正负误差出现的概率相同。

（3）有限性：在一定条件下，绝对值无限大的误差出现的概率近于0，即误差的绝对值实际上不会超过一定的界限。

（4）抵偿性：对同一被测量的多次等精度测量中，随机误差的代数和趋近于0，即具有相互抵消的特性。抵偿性是随机误差最本质的性质，也就是说凡具有抵偿性的误差，原则上都可认为是随机误差。

以上4点性质均是从大量的观察统计中获得，已经被人们公认，称为随机误差分布的4条公理。

1795 年高斯(C. F. Gauss)提出了正态分布的随机误差及测量值概率密度函数的表达式为：

$$p(\delta) = \frac{1}{\sigma(\delta)\sqrt{2\pi}} e^{-\frac{\delta^2}{2\sigma^2}} \qquad (2-26)$$

或

$$p(x) = \frac{1}{\sigma(x)\sqrt{2\pi}} e^{-\frac{(x-\overline{X})^2}{2\sigma^2}} \qquad (2-27)$$

式中：$p(\delta)$为随机误差为δ的概率密度；δ为随机误差；$\overline{X}$为测量值的均值；σ为标准误差（或称均方根误差），$\sigma = \sqrt{\dfrac{\sum\limits_{i=1}^{n}(x_i - \overline{X})^2}{n}}$；$p(x)$为测量值的概率密度。

式(2-26)和式(2-27)描述的两种概率密度分布曲线图如图2-13所示。由图2-13可知，当测量数据的随机误差呈正态分布时，测量值对称地分布在被测量的均值两侧，绝对值小的随机误差出现的概率大，绝对值大的随机误差出现的概率小，即测量值存在一个实际界限，而测量数据分散的程度与标准误差 σ 有关，如图2-14所示。

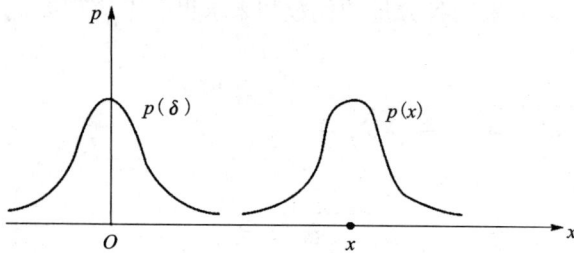

图2-13 不同值的误差分析曲线

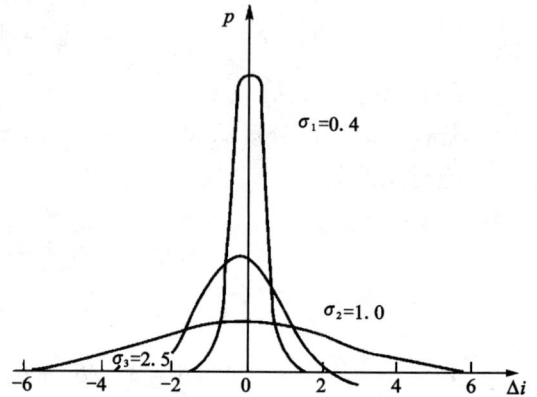

图2-14 概率密度分布曲线图

由图2-14可知，σ 越小，概率密度曲线越尖锐，意味着小误差出现的概率大，即测量装置的精度越高，反之，曲线越平坦，测量精度越低，需要说明的是：σ 并非一个具体的误差，它的大小仅说明在一定条件下进行一系列等精度测量时随机误差曲现的概率密度分布情况。

在实际中，人们感兴趣的并不是某一误差出现的概率的大小，而是误差的取值范围或该取值范围内分布的概率密度的多少。为此，提出了某误差区间$(-\Delta, +\Delta)$内的分布概率，即

$$p(-\Delta, +\Delta) = \int_{-\Delta}^{+\Delta} \frac{1}{\sigma(\delta)\sqrt{2\pi}} e^{-\frac{\delta^2}{2\sigma^2}} d\Delta \qquad (2-28)$$

这一积分表示在$(-\Delta, +\Delta)$区间范围内概率曲线下的面积，如图2-15所示。由以上分析可知，误差 Δ 在某区间的概率与标准误差 σ 密切相关，为此常把区间界限取为 σ 的倍数，即

$$\Delta = k\sigma \qquad (2-29)$$

将式(2-29)代入式(2-28)，计算结果见表2-1。

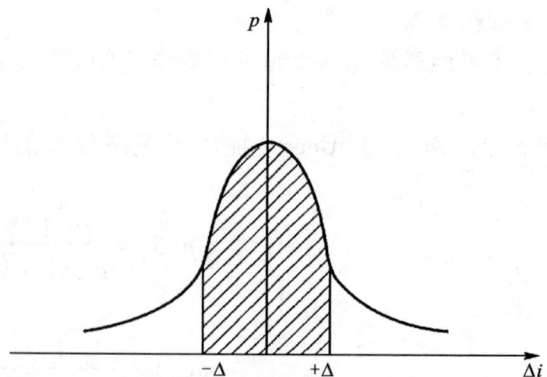

图2-15 正态分布概率密度分布曲线

表 2 – 1　计算结果

k	p
0. 6745	0. 5 = 50%
1. 0000	0. 6827 = 68. 27%
2. 0000	0. 9545 = 95. 45%
3. 0000	0. 9973 = 99. 73%

由表 2 – 1 可以看出,当 $k = 3$ 时,对应于置信区间 $\pm 3\sigma$ 的概率为 99. 73%,也就是说被测量值落在 $[-3\sigma,+3\sigma]$ 范围之内的概率已接近 100%,而落在这个范围之外的概率极小,可以认为不存在,因此将误差 $\pm 3\sigma$ 定义为极限误差,即

$$\Delta_{\text{lim}} = \pm 3\sigma \qquad (2-30)$$

2. 随机误差的表示方法

(1)有限次测量的标准误差

根据统计学理论,当测量次数无限多时,测量值的最佳值(即最接近真值的数值)为算术平均值。但是由于在实际测量中,无法进行无限次测量,因而有必要分析有限次测量的误差。以后在无特别说明时均为有限次测量。有限次测量的标准误差可表示为:

$$\hat{\sigma} = \sqrt{\frac{\sum_{i=1}^{n} v_i^2}{n-1}} \qquad (2-31)$$

式中: n 为有限次测量的测量次数。

(2)算术平均值的标准误差

按同样的测试方法、测量手段、测量条件以及测试者按同样的仔细程度,对某被测量进行的重复测量称为等精度测量。对于 m 列 n 次等精度测量,则有 m 个标准误差 $\hat{\sigma}_j$ 和算术平均值 $X_i(j = 1,2,\cdots,m)$,则有 $\hat{\sigma}_1 = \hat{\sigma}_2 = \cdots\hat{\sigma}_m = \hat{\sigma}$。由于随机误差的存在,各列算数平均值 X_j 不等,当 m 足够大时, X_j 也服从正态分布。根据统计学理论可以证明,算术平均值的标准误差 S 与标准误差 $\hat{\sigma}$ 存在以下关系:

$$S = \frac{\hat{\sigma}}{\sqrt{n}} = \sqrt{\frac{1}{n(n-1)}\sum_{i=1}^{n} v_i^2} \qquad (2-32)$$

式(2 – 32)表明,算术平均值 X 的标准误差是一列测量值标准误差 $\hat{\sigma}$ 的 $1/\sqrt{n}$,即增加测量次数可以减小随机误差对测量结果的影响。

(3)算术平均值的极限误差

与式(2 – 30)类似,算术平均值的极限误差 λ_{lim} 为其标准误差 S 的 3 倍,即

$$\lambda_{\text{lim}} = \pm 3S \qquad (2-33)$$

3. 直接测量误差的计算

测量中,对某一物理量进行 n 次等精度测量后,得到 n 个测定值,即 $x_1',x_2',\cdots,x_n'$,这些测量值可能同时含有系统误差、随机误差和疏忽误差,首先根据 2. 3. 1 节中系统误差的处理方法修正后,得到不存在系统误差的 n 个值 $x_1,x_2,\cdots,x_n$,然后按照下述步骤计算被测量的值,并给出误差范围。

（1）计算算术平均值为：

$$X = \frac{\sum\limits_{i=1}^{n} x_i}{n} \qquad (2-34)$$

（2）计算偏差为：

$$v_i = x_i - X \qquad (2-35)$$

（3）计算标准误差和极限误差为：

$$\sigma = \sqrt{\frac{\sum\limits_{i=1}^{n} v_i^2}{(n-1)}}, \ \Delta_{\text{lim}} = \pm 3S \qquad (2-36)$$

（4）计算算术平均值的标准误差和极限误差为：

$$S = \frac{\hat{\sigma}}{\sqrt{n}} = \sqrt{\frac{\sum\limits_{i=1}^{n} v_i^2}{(n-1)n}} \qquad (2-37)$$

$$\Delta_{\text{lim}} = \pm 3S \qquad (2-38)$$

$$\delta_{\text{lim}} = \Delta_{\text{lim}}/X \times 100\% \qquad (2-39)$$

（5）得出被测量的值为：

$$X \pm \Delta_{\text{lim}} \quad 或 \quad X \pm \delta_{\text{lim}}$$

（6）检测 v_i 中大于 Δ_{lim} 者，则认为该测量值含有过失误差，予以剔除，然后按上述步骤重新计算。

4. 间接测量误差的计算

间接测量误差的大小不仅与各直接测量值的误差有关，还与两者之间的函数关系有关。那么，直接测量对象的误差如何影响间接测量对象的误差，这就是间接测量误差分析的任务。

（1）单次测量时，间接误差的计算

受各种条件的限制，试验时经常遇到对被测量只进行一次测量的情况，这时只能根据所采用的测量仪表的允许误差来估算测量结果中所包含的极限误差，看其是否超过所规定的误差范围。测量值可能出现的最大相对误差为：

$$\delta_{\text{max}} = S \times \frac{A_0}{A} \qquad (2-40)$$

式中：S 为仪器的等级；A_0 为仪表的量程；A 为实测时仪表所示的读数。

由式（2-40）可知，采用同一量程的仪器测量小示值的相对误差要大于测量大示值的相对误差，在选择测量仪器的量程时，应尽量使示值接近于满刻度，通常取满刻度的 2/3 以上。

间接测量中，各直接测量值的误差如何影响测量结果的误差称为误差传递，下面推导误差传递的基本公式。

设间接测量中的被测量为 Y，随机误差为 y；直接测量的被测量为 X_1，X_2，…，X_n，随机误差为 x_1，x_1，…，x_n，Y 与 X_1，X_2，…，X_n 之间存在下列函数关系：

$$Y = f(X_1, X_2, \cdots, X_n) \qquad (2-41)$$

考虑到误差后，则有：

$$Y + y = f[(X_1 + x_1), (X_2 + x_2), \cdots, (X_n + x_n)] \qquad (2-42)$$

将式(2-42)用泰勒级数展开并忽略高阶项后有:

$$f[(X_1 + x_1), (X_2 + x_2), \cdots, (X_n + x_n)] =$$
$$f(X_1, X_2, \cdots, X_n) + \frac{\partial Y}{\partial X_1}x_1 + \frac{\partial Y}{\partial X_2}x_2 + \cdots + \frac{\partial Y}{\partial X_n}x_n \qquad (2-43)$$

比较式(2-41)、式(2-42)和式(2-43)可得:

$$y = \frac{\partial Y}{\partial X_1}x_1 + \frac{\partial Y}{\partial X_2}x_2 + \cdots + \frac{\partial Y}{\partial X_n}x_n \qquad (2-44)$$

式(2-44)为间接测量的误差传递公式。

利用误差传递公式可实现间接测量值的误差计算,同时也可根据被测量的允许误差来分配各直接测量值的误差,并以此进行测量仪表的选择。为了方便,将常用函数的绝对误差和相对误差列于表 2-2 中。

表 2-2　常见函数的绝对误差和相对误差

序号	函数	绝对误差 Δy	相对误差 δ_y
1	$y = u_1 + u_2$	$\pm(\Delta u_1 + \Delta u_2)$	$\pm\dfrac{\Delta u_1 + \Delta u_2}{u_1 + u_2}$
2	$y = u_1 - u_2$	$\pm(\Delta u_1 + \Delta u_2)$	$\pm\dfrac{\Delta u_1 + \Delta u_2}{u_1 + u_2}$
3	$y = u_1 u_2$	$\pm(u_1\Delta u_2 + u_2\Delta u_1)$	$\pm\left(\dfrac{\Delta u_1}{u_1} + \dfrac{\Delta u_2}{u_2}\right)$
4	$y = u_1 u_2 u_3$	$\pm(u_1 u_2\Delta u_3 + u_2 u_3\Delta u_1 + u_1 u_3\Delta u_2)$	$\pm\left(\dfrac{\Delta u_1}{u_1} + \dfrac{\Delta u_2}{u_2} + \dfrac{\Delta u_3}{u_3}\right)$
5	$y = u^n$	$\pm n u^{n-1}\Delta u$	$\pm n\dfrac{\Delta u}{u}$
6	$y = \sqrt[n]{u}$	$\pm\dfrac{1}{n}u^{\frac{1}{n}-1}\Delta u$	$\pm\dfrac{1}{n}\dfrac{\Delta u}{u}$
7	$y = \dfrac{u_2}{u_1}$	$\pm\dfrac{u_1\Delta u_2 + u_2\Delta u_1}{u_1^2}$	$\pm\left(\dfrac{\Delta u_1}{u_1} + \dfrac{\Delta u_2}{u_2}\right)$
8	$y = au$	$\pm a\Delta u$	$\pm\dfrac{\Delta u}{u}$
9	$y = \lg u$	$\pm 0.43429\dfrac{\Delta u}{u}$	$\pm 0.43429\dfrac{1}{u}\dfrac{\Delta u}{y}$
10	$y = \sin u$	$\pm\cos u\Delta u$	$\pm\cot u\Delta u$
11	$y = \cos u$	$\pm\sin u\Delta u$	$\pm\tan u\Delta u$
12	$y = \tan u$	$\pm\dfrac{\Delta u}{\cos^2 u}$	$\pm\dfrac{2\Delta u}{\sin 2u}$
13	$y = \cot u$	$\pm\dfrac{\Delta u}{\sin^2 u}$	$\pm\dfrac{2\Delta u}{\sin 2u}$

（2）多次测量时，间接误差的计算

设函数：

$$Y = f(X_1, X_2, \cdots, X_n)$$

式中：Y 为间接测量值；X_1，X_2，$\cdots$，X_n 为直接测量值，它们之间相互独立。

设在测量中对 X_1，X_2，$\cdots$，X_n 进行了 m 次测量，则可算出 m 个 Y 值为：

$$\begin{cases} Y_1 = f(X_{11}, X_{21}, \cdots, X_{n1}) \\ Y_2 = f(X_{12}, X_{22}, \cdots, X_{n2}) \\ \quad\quad\quad \vdots \\ Y_m = f(X_{1m}, X_{2m}, \cdots, X_{nm}) \end{cases} \tag{2-45}$$

则每次的测量误差分别为：

$$\begin{cases} y_1 = \dfrac{\partial Y}{\partial X_1}x_{11} + \dfrac{\partial Y}{\partial X_2}x_{21} + \cdots + \dfrac{\partial Y}{\partial X_n}x_{n1} \\ y_2 = \dfrac{\partial Y}{\partial X_1}x_{12} + \dfrac{\partial Y}{\partial X_2}x_{22} + \cdots + \dfrac{\partial Y}{\partial X_n}x_{n2} \\ \quad\quad\quad\quad\quad\quad \vdots \\ y_m = \dfrac{\partial Y}{\partial X_1}x_{1m} + \dfrac{\partial Y}{\partial X_2}x_{2m} + \cdots + \dfrac{\partial Y}{\partial X_n}x_{nm} \end{cases} \tag{2-46}$$

根据误差的分布规律，等值的正、负误差分布相等，故式（2-46）各项平方和的非平方式可以抵消，得：

$$\sum y_i^2 = \left(\frac{\partial Y}{\partial X_1}\right)^2 \sum_{i=1}^n x_{1i}^2 + \left(\frac{\partial Y}{\partial X_2}\right)^2 \sum_{i=1}^n x_{2i}^2 + \cdots + \left(\frac{\partial Y}{\partial X_n}\right)^2 \sum_{i=1}^n x_{ni}^2 \tag{2-47}$$

上式左右两边同除以 m，得：

$$\frac{\sum y_i^2}{m} = \left(\frac{\partial Y}{\partial X_1}\right)^2 \frac{\sum_{i=1}^n x_{1i}^2}{m} + \left(\frac{\partial Y}{\partial X_2}\right)^2 \frac{\sum_{i=1}^n x_{2i}^2}{m} + \cdots + \left(\frac{\partial Y}{\partial X_n}\right)^2 \frac{\sum_{i=1}^n x_{ni}^2}{m} \tag{2-48}$$

即

$$\sigma_y^2 = \left(\frac{\partial Y}{\partial X_1}\right)^2 \sigma_1^2 + \left(\frac{\partial Y}{\partial X_2}\right)^2 \sigma_2^2 + \cdots + \left(\frac{\partial Y}{\partial X_n}\right)^2 \sigma_n^2 \tag{2-49}$$

$$\sigma_y = \sqrt{\left(\frac{\partial Y}{\partial X_1}\right)^2 \sigma_1^2 + \left(\frac{\partial Y}{\partial X_2}\right)^2 \sigma_2^2 + \cdots + \left(\frac{\partial Y}{\partial X_n}\right)^2 \sigma_n^2} \tag{2-50}$$

式中：σ_1，σ_2，$\cdots$，σ_n 为各直接测量值的标准误差。

则间接测量值单次测量值的极限误差为：

$$(\Delta_{\lim})_y = \pm 3\,\sigma_y \tag{2-51}$$

同理可推导出下列用以计算间接测量值的最佳值，即算术平均值 X_y 的标准误差 S_y、算术平均值的极限误差 $(\lambda_{\lim})_y$、相对误差的 $(\delta_{\lim})_y$ 公式，即：

$$S_y = \sqrt{\left(\frac{\partial Y}{\partial X_1}\right)^2 S_1^2 + \left(\frac{\partial Y}{\partial X_2}\right)^2 S_2^2 + \cdots + \left(\frac{\partial Y}{\partial X_n}\right)^2 S_n^2} \tag{2-52}$$

$$(\lambda_{\lim})_y = \pm 3\,S_y \tag{2-53}$$

$$(\delta_{\lim})_y = \frac{(\lambda_{\lim})_y}{X_y} \tag{2-54}$$

【例 2.1】 在等精度测量条件下，对某管道内压力进行了 7 次测量，数据见表 2-3，试进行必要的数据分析和处理，并写出最后结果。

表 2-3　例 2.1 测量数据表

测量序号	1	2	3	4	5	6	7
测量值/MPa	0.665	0.678	0.60	0.660	0.672	0.682	0.675

解：本题属于直接测量误差的计算问题。

由于是等精度测量，所以数据 3 为坏值，应剔除。

算术平均值为：

$$X = \frac{1}{6} \sum_{i=1}^{6} x_i = 0.672 \ (MPa)$$

标准误差为：

$$\hat{\sigma} = \sqrt{\frac{\sum_{i=1}^{6} v_i^2}{6-1}} = 0.018 \ (MPa)$$

由于 $|v_i| < 3\hat{\sigma}$，该 6 次数据无坏值。

算术平均值的标准误差为：

$$S = \frac{\hat{\sigma}}{\sqrt{6}} = 0.0073 \ (MPa)$$

算术平均值的极限误差为：

$$\lambda_{lim} = \pm 3S = 0.022 \ (MPa)$$

最后测得结果为：

$$X = 0.672 \pm 0.022 \ (MPa)$$

【例 2.2】 某柴油机负荷特性试验中，同时对标定工况下的转矩 T 及转速 n 各进行了 6 次等精度测量，所测数据列于表 2-4 中，试求该工况下的有效功率 P 及其误差（已知 $P = T_n/9550$）。

表 2-4　例 2.2 测量数据表

项　目	各次测量值					
$n/(r \cdot min^{-1})$	3002	3000	3005	3002	2998	3000
$T/(N \cdot m)$	15.2	15	15.3	15	15.4	15.1

解：本题属于间接测量误差的计算问题。

$$L_n = 3001 \ r/min \qquad L_T = 15.1 \ N \cdot m$$

$$S_n = 0.97 \ r/min \qquad S_T = 0.07 \ N \cdot m$$

$$(\lambda_{lim})_n = 2.91 \ r/min \qquad (\lambda_{lim})_T = 0.21 \ r/min$$

由 $P = \dfrac{T_\mathrm{n}}{9550}$，得：

$$\frac{\partial P}{\partial T} = \frac{n}{9550}, \ \frac{\partial P}{\partial n} = \frac{T}{9550}$$

$$L_\mathrm{P} = \frac{L_\mathrm{T} L_\mathrm{n}}{9550} = \frac{15.1 \times 3001}{9550} = 4.74 \ (\mathrm{kW})$$

$$S_\mathrm{P} = \sqrt{\left(\frac{\partial P}{\partial T}\right)^2 S_\mathrm{T}^2 + \left(\frac{\partial P}{\partial n}\right)^2 S_\mathrm{n}^2} = \sqrt{\left(\frac{3001}{9550}\right)^2 \times 0.07^2 + \left(\frac{15.1}{9550}\right)^2 \times 0.97^2}$$

$$= 0.022 \ (\mathrm{kW})$$

$$(\lambda_{\lim}) = \pm 3 S_\mathrm{P} = \pm (3 \times 0.022) = \pm 0.066 \ (\mathrm{kW})$$

所以结果为：

$$P = 4.74 \pm 0.066 \ (\mathrm{kW})$$

2.4　试验数据的处理

试验中所采集到的原始数据往往无法直接说明试验结果或解答试验所提出的问题，需要将原始数据经过数值修约、换算、统计分析及归纳演绎等处理，最后得到能够反映试验目的的数据、公式、图表等，这一系列的过程就是数据处理。

2.4.1　有效数字

在测量和数据计算中，正确地确定有效数字即确定测量值或计算结果的位数是数据处理的基础，它直接影响试验结果的准确度。

1. 概念

有效数字是指在测量中所得到的有实际意义的数字，它取决于测量的方法和仪器的精度，可见计算结果不能把准确度提高到超过测量所能达到的限度。测量值正确的表示方法为：除末位数字是可疑或不确定外，其余各数字应该是准确的。除特殊规定外，通常认为有效数字可疑不超过正、负一个单位的偏差。

2. 运算规则

（1）数值的舍入修约规则

在处理数据的过程中，涉及的各测量数据的有效数字位数往往不同，需要按照某些运算规则来确定各数据的有效数字位数，并舍弃后面多余的数字。舍弃后面多余数字的过程称为数字修约。目前一般采用"四舍六入五成双"的规则。

"四舍六入五成双"的规则规定：当测量数据中被修约的那个数字等于或小于4时，该数字舍去，等于或大于6时进位；等于5时，如进位后末位数为偶数则进位，进位后末位数为奇数则舍去。根据这一规则，将下列数字修约为两位有效数字，结果见表2–5。

表 2 - 5　数据修约规则

测量值	32.66	3.22	3.258	3.257
修约值	33	3.2	3.3	3.2

(2)计算规则

在数据处理中,常常需要运算一些有效数字位数不一致的数据,此时需要按照一定规则计算,这样,既可节约时间,又可避免因计算过繁引起的错误,其基本计算规则如下:

①进行加减时,和与差的有效数字位数的保留与小数点后位数最少的那个数相同。

②进行乘除时,乘与除的有效数字位数的保留与各数据中相对误差最大或有效数字位数最少的那个数相同。

③在对数运算中,所取对数的尾数应与其真数的有效数字位数相同。

④进行乘方与开方运算时,有效数字位数与其底数的有效数字位数相同。

⑤在多步计算中,中间各步可暂时多保留一位数字,以免多次四舍五入造成误差的积累,最终结果只能保留应有的位数。

2.4.2　可疑数据的剔除

含有疏失误差的测量值称坏值,这种数据会歪曲实验的结果,必须将其剔除。发现坏值的方法有物理判别法和统计判别法。在实验过程中读错、记错、仪器突然跳动、振动等现象发生时,可随时发现随时剔除,这就是物理判别法。有时整个实验做完后也无法确定坏值,这时可用统计判别法去检验各测量数据。

统计判别法的基本思路是:给定一个置信概率和一个置信区间,凡超过该界限的误差就认为不属于随机误差范畴,而是疏失误差,应予以舍弃。下面介绍两种常用的统计判别法。

1. 3 倍标准误差(3σ)准则

前面已经讲过,当误差 $\delta \geq 3\sigma$ 时,在 $\pm 3\sigma$ 范围内,误差出现的概率 $P = 99.7\%$,即误差 $\delta > 3\sigma$ 的概率为 $1 - P = 0.3\%$,也就是说 300 次测量中才有可能出现一次。在大量的试验中,当某个测量值的绝对值大于 3σ 时,该数据即可舍去。

3σ 准则适用于测量次数 n 足够大的情况。如果测量次数比较少(如少于 20 次)其结果就不一定可靠,这种情况下可采用格拉布斯(Grubbs)准则。

2. 格拉布斯准则

格拉布斯准则按照数理统计理论计算出危险率及利用子样容量求得的格拉布斯准则用表,若子样某个体的 T 函数超过标准表中的值,该数据即该剔除,否则就该保留。判定异常数据的步骤简述如下。

(1)将实验数据按其从小到大重新排列得 x_1,x_2,$x_3 \cdots$,x_n,求其子样平均值 $\overline{X}$、子样标准误差 σ。

(2)计算 T 值,若 X_i 为可疑值,则:

$$T_{xi} = \left| \frac{x_i - X}{\sigma} \right| \tag{2-55}$$

(3)选定危险率。危险率是指按本准则判定为异常数据而实际上并非异常数据,这种犯错误(即误剔除)的概率。危险率 α 也不应太小,因为 α 太小时,虽然能够使非可疑数据判为可疑数据的概率减小,但也可能使可疑数据判为非可疑数据的错判概率增大。危险率 α 也不应太大,一般可取 5%、2.5% 和 1.0%。

(4)根据 n 和 α 在表 2-6 中查出相应的 $T(n,\alpha)$ 值。

(5)判断 T_{xi} 是否大于 $T(n,\alpha)$,当 $T_{xi} \geqslant T(n,\alpha)$,则数据 x_i 为可疑数据需予以剔除。

表 2-6 $T(n,\alpha)$ 值

α \ n	3	4	5	6	7	8	9	10	11	12
5%	1.15	1.46	1.67	1.82	1.94	2.03	2.11	2.18	2.23	2.29
2.5%	1.15	1.48	1.71	1.89	2.02	2.13	2.21	2.29	2.36	2.41
1.5%	1.15	1.49	1.75	1.94	2.10	2.22	2.32	2.41	2.48	2.55

2.4.3 试验数据表示法

为了对试验数据进行更深入地分析,以便获得各参数之间的联系,通常采用列表法、图示法和经验公式法等,来表达试验结果,工程中,可以根据需要选取任意一种。

1. 列表法

列表法是根据测试的预期目的和内容,设计合理的数表的规格和形式,以能够清晰表达重要数据和计算结果。表格应具有明确的名称和标题,有清楚的分项栏目、必要的说明和备注等。

列表法的优点是简单易操作,数据易于参考比较,形式紧凑,在同一表格内可以清楚地同时表示若干变量的变化;缺点是数据变化的趋势不够直观,在求列表相邻两数据的中间值时,需利用插值公式进行计算。

2. 图示法

图示法是在选定的坐标系中,根据测量数据绘出几何图形来表示测量结果,其优点是能够直观、形象地反映出数据变化的趋向;缺点是超过 3 个变量时难以用图形来表示,且绘图过程中主观因素较多。根据同一原始数据绘制的图形,可能会出现因人而异的情况。

3. 经验公式法

经验公式法是通过对测量数据的整理、计算,求出表示各变量之间关系的经验公式或回归方程式,其优点是具有结果的统一性,形式紧凑,便于进行数学运算,克服了图解法存在的主观因素影响。尤其在应用计算机测试数据时,经验公式法具有其他方法不可比拟的优势。

对于实际应用来说,上述 3 种方法中,经验公式法往往是最方便的,一旦找到了合适的经验公式,即可为进一步剖析研究变量之间的相互关系创造有利的条件。经验公式法常需要进行较多地计算工作,但计算机的迅速发展为经验公式法的推广提供了有力条件。

一般来说,建立经验公式应大致分两步来进行。

(1)根据试验数据分布的特点,选择适当类型的函数关系式作为经验公式,其中包含有

限个待定的未知参数，也就是说，令

$$y = f(x_1, x_2, \cdots, x_p ; \theta_1, \theta_2, \cdots, \theta_m) \tag{2-56}$$

式中：f 为已知函数；$\theta_1, \theta_2, \cdots, \theta_m$ 为 m 个待定的参数。

(2)根据试验数据 $x_{1k}, x_{2k}, \cdots, x_{nk}(k = 1, 2, \cdots, N)$ 来确定实验公式中的待定参数 θ_1，$\theta_2, \cdots, \theta_m$。

确定待定参数的方法很多，目前最常用的是最小二乘法。最小二乘法的基本原理是在具有等精度的多次测定数据中求最优值，即当各测定值的残差平方和为最小时所求得的值。比如 n 对实验数据 $(x_i, y_i)(i = 1, 2, \cdots, n)$，利用最小二乘法获得自变量和因变量之间存在的函数关系 $y = f(x)$，则有：

$$\sum_{i=1}^{n} v_i^2 = \sum_{i=1}^{n} [y_i - f(x_i)]^2 \rightarrow 最小值 \tag{2-57}$$

最小二乘法的几何意义可用图 2 - 16 表示。

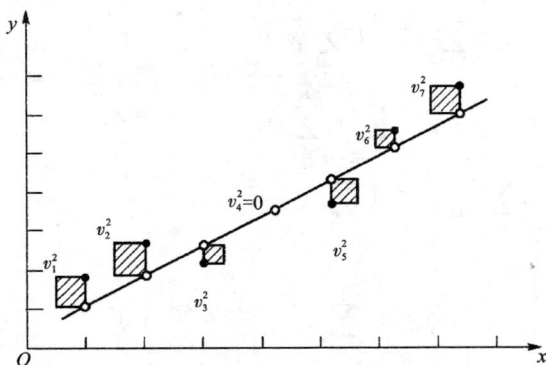

图 2 - 16　最小二乘法的几何意义

图 2 - 16 中实心点代表测量数据点，实线为最小二乘法拟合的经验直线，实心点与拟合直线之间在 y 方向的距离代表残差。根据式(2 - 57)和最小二乘法拟合原理，图 2 - 16 中以残差为边长的各正方形面积的总和应为最小。

工程中，常见的经验公式是 n 次多项式，其中一元线性方程是最简单的形式，下面以此为例介绍最小二乘法的基本原理。

对于线性方程 $y = a_0 + a_1 x$（其中 a_0、a_1 为待定的未知数），按式(2 - 57)偏差平方和为最小，则根据试验数据可得：

$$u = \sum_{i=1}^{n} [y_i - (a_0 + a_1 x_i)]^2 \rightarrow 最小值 \tag{2-58}$$

将式(2 - 58)分别对 a_0、a_1 求导得：

$$\frac{\partial u}{\partial a_0} = -2(y_1 - a_0 - a_1 x_1) - 2(y_2 - a_0 - a_1 x_2) - \cdots - 2(y_n - a_0 - a_1 x_n) \tag{2-59}$$

$$\frac{\partial u}{\partial a_1} = -2x_1(y_1 - a_0 - a_1 x_1) - 2x_2(y_2 - a_0 - a_1 x_2) - \cdots - 2x_n(y_n - a_0 - a_1 x_n) \tag{2-60}$$

为满足式(2 - 58)，则必有：

$$\frac{\partial u}{\partial a_0} = 0, \quad \frac{\partial u}{\partial a_1} = 0 \qquad\qquad (2-61)$$

即

$$-2(y_1 - a_0 - a_1 x_1) - 2(y_2 - a_0 - a_1 x_2) - \cdots - 2(y_n - a_0 - a_1 x_n) = 0$$

$$-2x_1(y_1 - a_0 - a_1 x_1) - 2x_2(y_2 - a_0 - a_1 x_2) - \cdots - 2x_n(y_n - a_0 - a_1 x_n) = 0$$

整理得：

$$na_0 + \left(\sum_{i=1}^{n} x_i\right) a_1 = \sum_{i=1}^{n} y_i$$

$$\left(\sum_{i=1}^{n} x_i\right) a_0 + \left(\sum_{i=1}^{n} x_i^2\right) = \sum_{i=1}^{n} x_i y_i$$

上面两式联立求得：

$$\begin{cases} a_0 = \dfrac{\displaystyle\sum_{i=1}^{n} y_i \sum_{i=1}^{n} x_i^2 - \sum_{i=1}^{n} x_i \sum_{i=1}^{n} x_i y_i}{n \displaystyle\sum_{i=1}^{n} x_i^2 - \left(\sum_{i=1}^{n} x_i\right)^2} \\[4mm] a_1 = \dfrac{n \displaystyle\sum_{i=1}^{n} x_i y_i - \sum_{i=1}^{n} y_i \sum_{i=1}^{n} x_i}{n \displaystyle\sum_{i=1}^{n} x_i^2 - \left(\sum_{i=1}^{n} x_i\right)^2} \end{cases} \quad 或 \quad a_0 = \overline{y} - a_1 \overline{x} \qquad (2-62)$$

若取：

$$\begin{cases} S_{xx} = \displaystyle\sum_{i=1}^{n} x_i^2 - \frac{1}{n}\left(\sum_{i=1}^{n} x_i\right)^2 \\[3mm] S_{yy} = \displaystyle\sum_{i=1}^{n} y_i^2 - \frac{1}{n}\left(\sum_{i=1}^{n} y_i\right)^2 \\[3mm] S_{xy} = \displaystyle\sum_{i=1}^{n} x_i y_i - \frac{1}{n}\sum_{i=1}^{n} x_i \sum_{i=1}^{n} y_i \end{cases} \qquad (2-63)$$

则有：

$$\begin{cases} a_0 = \overline{y} - a_1 \overline{x} \\[2mm] a_1 = \dfrac{S_{xy}}{S_{xx}} \end{cases} \qquad (2-64)$$

将式(2-64)代入到 $y = a_0 + a_1 x$ 中，即可得到试验数据的经验公式。通常情况下，实验数据中两个变量并非服从线性关系，但可通过适当的变换，设法将其转换为线性关系。比如，指数关系可通过求对数的方式将其转变为线性关系。需要说明的是：曲线（或直线）拟合并非要求拟合曲线一定通过所有的实验数据点，这主要是由于试验数据本身存在误差，若强行要求曲线通过实验数据点，反而会影响曲线精度。

以上确定的直线方程 $y = a_0 + a_1 x$ 用以表示变量 x、y 的函数关系是近似的，有必要对它的拟合程度也就是直线方程（经验公式）与实测数据的近似程度进行检验。在数学中把描述两个变量线性关系拟合程度的数量性指标称为相关系数，根据概率论理论，相关系数 ρ 可由下式计算：

$$\rho = \frac{\sum_{i=1}^{n}(x_i - \bar{x})(y_i - \bar{y})}{\sqrt{\sum_{i=1}^{n}\left[(x_i - \bar{x})^2\right]\left[(y_i - \bar{y})^2\right]}} \tag{2-65}$$

结合式(2-63)，将式(2-65)展开，可进一步转化为：

$$\rho = \frac{S_{xy}}{\sqrt{S_{xx}S_{yy}}} \tag{2-66}$$

ρ 在(-1~1)间变化，ρ 的绝对值越接近于1，经验公式与试验数据点拟合得越好。当 $\rho = 1$ 时，两变量为正相关，即 y 随 x 增大而增大；当 $\rho = -1$ 时，两变量为负相关，即 y 随 x 增大而减小；当 $\rho \approx 0$ 时，两变量为不相关，即试验数据点沿经验公式两侧分散，也就是说经验公式毫无意义。

2.4.4　静态试验数据的处理

1. 试验数据结果的表达

静态测量数据是指不随时间变化的测量数据。其数据一般是在等精密度或不等精密度测量条件下获得的离散的带有误差的测量列。

测量的结果通常用数字、图形和经验公式三种方式表达。数字表达可以采用测量误差分析理论写出测量结果；图形表达是根据试验结果作出尽可能反映真实情况的曲线，该表达形象直观，可显示出数据变化的趋势和特征，便于找出数学模型和预测某种现象；经验公式表达是利用回归分析的方法确定经验公式的函数类型及其参数。该表达能够比较客观地反映数据的内在规律性，形式紧凑，便于用数学分析方法进一步从理论上进行研究。

试验数据结果的图形表达形象直观，易显示出数据变化的趋势和特征，便于找出数学模型和预测某种现象，但若在作图过程中对某些问题处理不当，则会造成一些假象而得出错误的结论。因此，正确地用图形法表达试验数据，必须对坐标选择、分度和数据描点等问题进行认真的考虑。

(1) 坐标的选择与分度

常用的作图坐标有直角坐标和极坐标两种。在直角坐标中，又可分为均匀分度的和非均匀分度的，后者如对数坐标、三角函数坐标等。作图时应根据具体情况合理选择。工程上多采用直角坐标。在数据变化具有指数特征时，用对数坐标可压缩图幅。

通常 x 作为自变量，以横坐标表示，y 作为因变量，以纵坐标表示。在直角坐标中，线性分度应用较多，一般分1，2，5；坐标分度取值应与测量精密度相吻合。分度值过小会人为地夸大测量精度，造成错觉；反之，分度值过大会人为地降低原有的测量精度。坐标线的标度值不一定从零开始，在分度值与测量精度相适应的前提下，坐标线标度值的起点可取低于试验数据最小值的某一整数，终点可取高于最大值的某一整数，以便使试验数据的图像占满整个幅面。两坐标轴的比例尺不一定相同，可根据具体情况进行选择。坐标线标度值标出的有效数字应与测量数据的有效数字相同，每个坐标轴都应注明名称与单位。

(2) 数据描点与曲线描绘

在一般情况下，根据试验数据可以在坐标线上标出数据点。如果考虑到试验的误差，通常采用空心圆、三角形、矩形、正方形、十字形以及叉号等表示不同的试验数据，其中心代表算术平均值，半径或边长代表测量误差。如图2-17所示，矩形的一边等于自变量标准误差的两倍，即 $2\sigma_x$；另一边则等于因变量标准误差的两倍，即 $2\sigma_y$。若自变量与因变量的标准误差相等，则习惯用空心圆代表各数据点，圆心为算数平均值，半径为标准误差值。

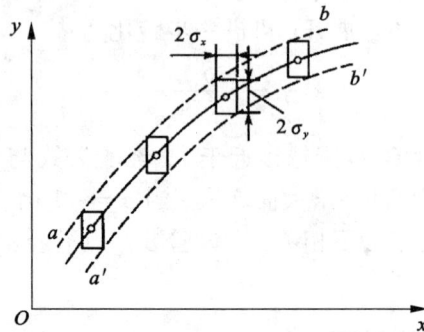

图 2 – 17　在坐标纸上标出试验数据点

在曲线描绘中，数据点不可能全部落在一条光滑的曲线上。一般绘制曲线的原则是：曲线应光滑匀整，所有数据点要靠近曲线，大体上随机地分布在曲线两侧并落在误差范围内，但不必都在曲线上。在曲线急剧变化的地方，数据点应选密一些，如图 2 – 18 所示。

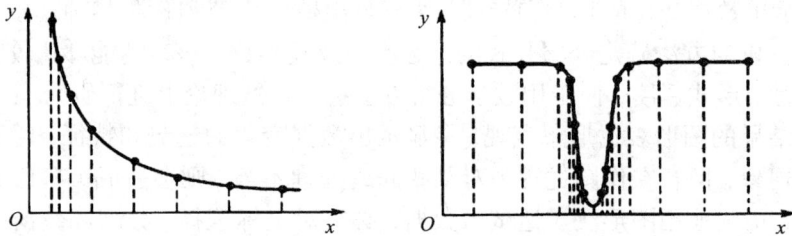

图 2 – 18　试验数据点的曲线描绘

当数据的分散度较大时，徒手绘制曲线较困难，在要求不太高时，可采用下面两种简便方法。

①分组平均法。该方法是将试验数据点分成若干组，每组包含 2~4 个数据点，然后分别求出各组数据点几何质心的坐标 $(\overline{x_1}, \overline{y_1})$，$(\overline{x_2}, \overline{y_2})$，$(\overline{x_m}, \overline{y_m})$，按其几何质心坐标描绘曲线的方法。利用分组平均法描绘的曲线，由于进行了数据平均，因此在一定程度上减小了测量过程中随机误差的影响。各几何质心点的分散程度显著减少，从而使作图较为方便和准确。分组的数目应视具体情况而定。分组太细，平均效果不明显；分组太粗，将因平均点过少而给作图增加困难，还可能掩盖住函数本来的特性。因此，曲线斜率较大或变化规律重要的部分可分细些，曲线较平坦部分可分粗些。

②残差图法。若试验数据服从某一直线关系，最佳的直线应具有以下特征：残差和 $\sum v_i \approx 0$，残差平方和 $\sum v_i^2$ 趋向最小值。作出 $v_i \sim x_i$ 的残差图，分析其变化规律然后修正，这就是利用残差图法修正直线的基本思想。

设试验数据服从一条理想的直线 AA'，如图 2 – 17(a) 所示。图中 BB' 代表有偏差的直线。

对这样有偏差的直线,其修正过程如下:

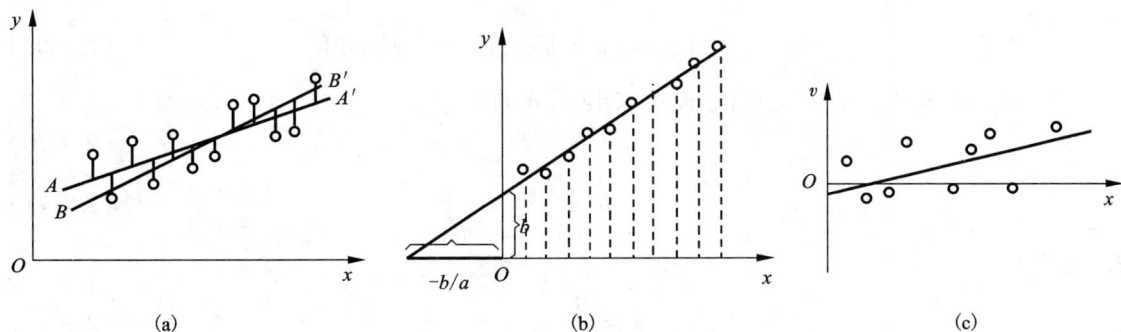

图 2 - 19　利用残差图法修正直线

a. 将试验数据的 (x_i, y_i) 值标注在坐标纸上,根据坐标点作出一条直线,如图 2 - 17(b)所示,并求出此直线的方程 $y = ax + b$。

b. 求出各 x_i 对应的残差 $v_i = y_i - (ax_i + b)$,并作残差图 2 - 17(c),求出残差直线方程 $v = a'x + b'$。v_i 的分布表现了所描绘直线的偏差程度。

c. 根据修正值的定义,对直线 $y = ax + b$ 修正后的直线方程为 $y = a_1 x + b_1$,其中 $a_1 = a + a'$,$b_1 = a + b'$。

修正后的直线方程参数 a_1 和 b_1 值并不是理想的最佳直线方程参数值,只是比 a 和 b 更接近实际值。通常修正一次可满足一般要求,若要求特别高,则可进行多次修正。

2. 回归分析与曲线拟合

在静态测量数据处理中,用简便的经验公式表达各变量之间的关系是很重要的。根据最小二乘法原理确定经验公式的数理统计方法称为回归分析。处理两个变量之间关系的方法为一元回归分析。处理多个变量之间关系的方法称为多元回归分析。

通过回归分析寻求经验公式,需要解决以下三个问题:确定经验公式的函数类型;确定函数中的各参数值;对该经验公式的精度作出评价。

(1)一元线性回归

若两个变量之间的关系是线性的,则称为一元线性回归,它是工程和科研中常见的直线拟合问题。

①回归方程的确定。将两个变量的各个试验数据点画在坐标纸上,若各点的分布近似于一条直线,则可考虑采用线性回归。设线性回归方程为:

$$\hat{y} = a + bx \tag{2-67}$$

式中:$\hat{y}$ 为计算出的因变量值;x 为自变量值;a,b 分别为线性回归系数。

实测值 y 与平均值 $\hat{y}$ 之差 $v = y - \hat{y}$ 代表残差。残差越小,说明回归直线越接近理想的最佳直线。因此,确定回归直线的原则是找出一条直线与实测数据之间的误差,比任何其他直线与实测数据之间的误差都小,即残差的平方和最小,这就是最小二乘法的基本思想。可写作:

$$Q_y = \sum_{i=1}^{n} v_i^2 = \sum_{i=1}^{n} (y_i - \hat{y}_i)^2 \longrightarrow 最小值 \tag{2-68}$$

式中：Q_y 为残差的平方和；y_i 为实测值；$\hat{y}_i$ 为回归直线上的理论计算值。将式（2-67）代入式（2-68），则有：

$$Q_y = \sum_{i=1}^{n} [y_i - (a + b x_i)]^2 \longrightarrow 最小值 \qquad (2-69)$$

令 $\partial Q_y / \partial a = 0$，$\partial Q_y / \partial b = 0$，即可求出 a、b 的数值为

$$a = \bar{y} - b\bar{x} \qquad (2-70)$$

$$b = \frac{l_{xy}}{l_{xx}} \qquad (2-71)$$

式中：

$$\bar{x} = \frac{1}{n} \sum_{i=1}^{n} x_i \qquad (2-72)$$

$$\bar{y} = \frac{1}{n} \sum_{i=1}^{n} y_i \qquad (2-73)$$

$$l_{xx} = \sum_{i=1}^{n} (x_i - \bar{x})^2 = \sum_{i=1}^{n} x_i^2 - \frac{1}{n} \left(\sum_{i=1}^{n} x_i \right)^2 \qquad (2-74)$$

$$l_{xy} = \sum_{i=1}^{n} (x_i - \bar{x})(y_i - \bar{y}) = \sum_{i=1}^{n} x_i y_i - \frac{1}{n} \sum_{i=1}^{n} x_i \sum_{i=1}^{n} y_i \qquad (2-75)$$

式中：n 为试验数据个数。

【例 2.3】 某车辆在水平的直路上行驶，在不同的距离 s 测出车辆行驶的时间 t，对应的数据见表 2-7。试确定其回归方程。

表 2-7 例 2.3 数据测量表

序号	1	2	3	4	5	6	7	8
距离 s/m	700	900	1160	1190	1270	1490	1620	2130
时间 t/min	3.8	4.2	4.7	4.8	4.9	5.4	5.6	6.7

解：取距离 s 为自变量，用横坐标表示；时间 t 为因变量，用纵坐标表示。将上表数据画在坐标纸上，如图 2-18 所示。

从图中可以看出，这些点近似于一条直线，可以利用一条直线来代表变量之间的关系，即

$$\hat{y} = a + bx$$

式中 $\hat{y}$ 为计算出的因变量值；x 为自变量值；a，b 分别为线性回归系数。根据表中的数据式（2-70）和式（2-71）可以求出回归系数 a 和 b，并确定车辆行驶时间和距离之间关系的回归方程为

$$\hat{y} = 2.47 + 0.00195x$$

②回归方程的精度与显著性检验。确定回归直线后，可根据自变量 x 预报或控制因变量 y 值。预报或控制的效果即回归方程的精度问题。通常采用方差分析来检验回归直线的回归效果，确定回归方程的精度。在一组试验数据中，变量 y 的变动情况可以用各测量值 y_i 与其平均值之差的平方和来表示，称为总离差平方和，记为 Q_z。

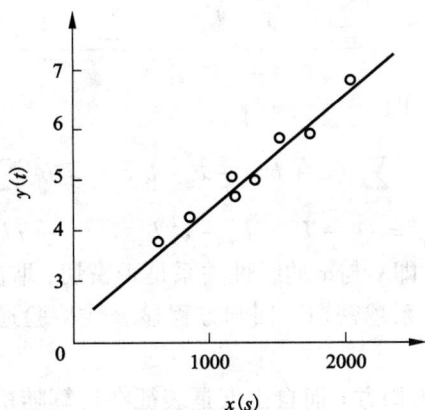

图 2－18　时间 t 与距离 s 的关系曲线

$$Q_z = l_{yy} = \sum_{i=1}^{n} (y_i - \overline{y})^2 = \sum_{i=1}^{n} \left[(y_i - \hat{y}_i) + (\hat{y}_i - \overline{y}) \right]^2$$

$$= \sum_{i=1}^{n} (y_i - \hat{y}_i)^2 + \sum_{i=1}^{n} (\hat{y}_i - \overline{y})^2 + 2\sum_{i=1}^{n} (y_i - \hat{y}_i)(\hat{y}_i - \overline{y}) \quad (2-76)$$

由于 y_i 随机地分布在估计值 $\hat{y}_i$ 的两边,当试验点数很多时,式(2 - 76)中第三项为零,则

$$Q_z = \sum_{i=1}^{n} (y_i - \hat{y}_i)^2 + \sum_{i=1}^{n} (\hat{y}_i - \overline{y})^2 = Q_y + U$$

式中: $Q_y = \sum\limits_{i=1}^{n} (y_i - \hat{y}_i)^2$; $U = \sum\limits_{i=1}^{n} (\hat{y}_i - \overline{y})^2$。$U$ 称为回归平方和,它反映了回归直线上的点 $\hat{y}_i$ 对平均值 $\overline{y}$ 的变动,如图 2 - 19 所示。

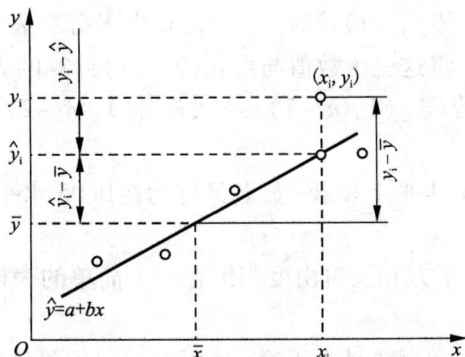

图 2－19　确定回归方程精度的示意图

Q_y 为残差平方和,它反映了试验数据 y_i 与回归直线的偏离程度。Q_y 的均方根值 $\hat{\sigma}$ 称为残差标准误差,它可以用来衡量所有随机因素对 y 的一次性观测的平均变差的大小。残差标准误差越小,回归直线的精度越高。

$$\hat{\sigma} = \sqrt{\frac{Q_y}{n-2}} = \sqrt{\frac{\sum_{i=1}^{n}(y_i - \hat{y}_i)^2}{n-2}} = \sqrt{\frac{\sum_{i=1}^{n}[y_i - (a+b_i)]^2}{n-2}}$$

U 和 Q_y 可以按下式计算，即

$$U = \sum_{i=1}^{n}(\hat{y}_i - \bar{y})^2 = \sum_{i=1}^{n}(a + bx_i - a - b\bar{x})^2 = b^2\sum_{i=1}^{n}(x_i - \bar{x})^2 = b^2 l_{xx}$$

$$Q_y = Q_z - U = l_{yy} - b^2 l_{xx} = l_{yy} - b l_{xy}$$

一个回归方程是否显著，即 y 与 x 的线性关系是否密切，取决于 U 及 Q_y 的大小。U 越大，Q_y 越小，说明 y 与 x 的线性关系越密切。回归方程显著性检验通常采用 F 检验法（即方差分析法）和相关分析法。

a. F 检验法。方差又称为均方，而自由度是表征在计算随机变量平方和时，有多少个随机变量独立线性函数要考虑的数。因此，方差分析的关键是在正确计算平方和的基础上，决定其自由度。

总离差平方和 Q_z 的自由度 f 为 $n-1$。由于平方和相对应的自由度具有可叠加性，因此总的自由度 f 也等于回归平方和自由度 f_u 与残差平方和的自由度 f_{Q_y} 之和，即

$$f = f_U + f_{Q_y}$$

回归平方和的自由度 f_U 对应自变量的个数，在一元线性回归中，$f_U = 1$，因此

$$f_{Q_y} = f - f_U = n - 2$$

令统计量 F 为

$$F = \frac{U/f_U}{Q_y/f_{Q_y}}$$

对于一元线性回归，则

$$F = \frac{U/1}{Q_y/(n-2)} \tag{2-77}$$

根据显著性水平 α 及自由度 f_U、f_{Q_y}，查 F 分布表得到 $F_\alpha(1, n-2)$ 值，F 分布表中两个自由度 f_1 和 f_2 分别对应于 f_U 和 f_{Q_y}。检验时，一般需查出 F 分布表中所对应的三种显著水平 α 的数值，记为 $F_\alpha(1, n-2)$，将这三个数值与由式（2-77）计算的 F 进行比较：若 $F \geq F_{0.01}(1, n-2)$，则回归高度显著；若 $F_{0.05}(1, n-2) \leq F \leq F_{0.01}(1, n-2)$，则回归显著；若 $F < F_{0.10}(1, n-2)$，则回归不显著。

高度显著又称为在 0.01 水平上显著；显著又称为在 0.05 水平上显著；不显著是指 y 与 x 的线性关系不密切。

将上述方差分析的所有平方和及自由度归纳在一个简单的表格中，这种表称为方差分析表，见表 2-8。

b. 相关分析法。检查回归直线是否正确，还可以采用相关分析方法。由于回归平方和 U 与总离差平方和 Q_z 的比值反映了回归的效果，该比值越大，即 U 越大，Q_z 越小，则两变量的线性关系越密切。因此，令

$$r = \sqrt{\frac{U}{Q_z}} = \sqrt{\frac{bl_{xy}}{l_{yy}}} = \frac{l_{xy}}{\sqrt{l_{xx}l_{yy}}} \tag{2-78}$$

式中：r 称为相关系数，$0 \leq |r| \leq 1$。若 $|r| = 1$，表示所有的试验点都严格地分布在同一条直

线上，即其有确定的线性关系。若 $|r|$ 趋近于零，则认为 x 和 y 之间没有线性关系。

表 2 - 8　方差分析表

变差来源	平方和	自由度	方差	F 值	显著性
回归	$U = bl_{xy}$	1		$F = \dfrac{U/1}{Q_y/(n-2)}$	
残差	$Q_y = l_{yy} - b\, l_{xy}$	$n-2$	$\hat{\sigma}^2 = \dfrac{Q_y}{n-2}$		
总计	$Q_z = l_{yy}$	$n-1$			

（2）一元线非性回归

在实际问题中，当两个变量之间不符合线性关系时，一般分两步求得所需的回归方程，即选取合适的函数类型，然后求解相关函数中的回归系数和常数项。一元非线性回归分析是试验数据处理中的曲线拟合问题，通常是通过变量转换把回归曲线转换成直线，然后用一元线性回归方法求解，或者直线用回归多项式来描述两变量之间的关系。

①化曲线为直线的回归。化曲线为直线的回归需通过四个步骤来完成：将试验数据作图与典型曲线比较，选取合适的函数类型；通过变量转换把非线性函数关系转化为线性函数关系；进行一元线性回归分析，求出回归系数；通过变量反转换，将求出的线性关系还原成非线性关系，得到所要求的拟合曲线。

在选取并确定合适的函数类型时，可以采取比较法，将试验数据作图后与典型曲线比较，以确定曲线类型；也可以根据专业知识，从理论推导或根据试验经验确定两变量之间的函数类型。

典型曲线通过变量转换化成直线的经验公式如下：

a. 双曲线 $\dfrac{1}{y} = a + \dfrac{b}{x}$：令 $Y = \dfrac{1}{y}$，$X = \dfrac{1}{x}$，$A = a$，$B = b$，则 $Y = A + BX$。

b. 对数曲线 $y = a + b\lg x$：令 $Y = y$，$X = \lg x$，$A = a$，$B = b$，则 $Y = A + BX$。

c. 指数曲线 $y = a\,e^{bx}$：令 $Y = \ln y$，$X = x$，$A = \ln a$，$B = b$，则 $Y = A + BX$。

d. 幂函数曲线 $y = a\,x^b$：令 $Y = \lg y$，$X = \lg x$，$A = \lg a$，$B = b$，则 $Y = A + BX$。

必须指出，回归方程 $Y = A + BX$ 是对变量转换后的数据所作的最佳拟合，经过逆转换后的方程 $\hat{y} = f(x)$，虽然在一般情况下，对原始试验数据具有较好的拟合精度，但不一定是最佳的拟合。因此，在可能的情况下，最好用不同类型的方程进行拟合并比较其精度，择优选用。

②多项式回归。当一组试验数据不能用典型函数曲线描述时，可用多项式来逼近。设多项式为

$$y = a_0 + a_1 x + a_2 x^2 + \cdots + a_m x^m \qquad (2-79)$$

对试验数据进行多项式回归，首先要确定多项式的次数，然后再求出系数值。多项式次数的确定一般采用差分法，多项式系数的确定常采用最小二乘法。

回归曲线拟合的效果可用相关系数 R 来评定。

$$R = 1 - \frac{\sum (y_i - \hat{y}_i)^2}{\sum (y_i - \bar{y}_i)^2} \qquad i = 1, 2, \cdots, n \qquad (2-80)$$

应当注意，R 与将曲线函数转换后所求得的直线回归的相关系数 r 绝非一回事，不能混淆。R 越接近于 1，表明曲线拟合的效果越好，其回归越显著。曲线拟合的精度也可用残差标准误差 $\hat{\sigma}$ 来表示，$\hat{\sigma}$ 越小，说明回归曲线的精度越高。$\hat{\sigma}$ 的计算式为

$$\hat{\sigma} = \sqrt{\frac{Q_y}{n-q}} = \sqrt{\frac{\sum_{i=1}^{n}(y_i - \hat{y}_i)^2}{n-q}} \tag{2-81}$$

式中：q 为回归方程中待定系数的个数。

③多远线性回归。若因变量 y 与多个变量有关，则为多元回归问题。多元回归中最简单的是多元线性回归。许多非线性回归和多项式回归都可化为多元线性回归问题来研究。

多元线性回归模型为

$$y = b_0 + b_1 x_1 + b_2 x_2 + \cdots + b_m x_m + \varepsilon \tag{2-82}$$

式中：b_0，b_1，b_2，$\cdots$，b_m 为未知参数；ε 为随机误差。

设有 n 组试验测量数据 $[(y_i, x_{i1}, x_{i2}, \cdots, x_{im})]$，$i = 1, 2, \cdots, n(n > m)$，其回归关系方程为

$$Y = BX + \varepsilon \tag{2-83}$$

式中：$Y = (y_1 y_2 \cdots y_n)^{\mathrm{T}}$；$B = [b_0 b_1 b_2 \cdots b_m]$；$X = \begin{bmatrix} 1 & x_{11} & \cdots & x_{1m} \\ 1 & x_{21} & \cdots & x_{2m} \\ \vdots & \vdots & & \vdots \\ 1 & x_{n1} & \cdots & x_{nm} \end{bmatrix}^{\mathrm{T}}$；$\varepsilon = (\varepsilon_1 \varepsilon_2 \cdots \varepsilon_n)^{\mathrm{T}}$。

求回归方程，实际上是对模型中的参数 B 进行估计，可用高斯消元法、迭代法等数值计算法进行求解。

2.4.5 动态试验数据的处理

1. 数据的分类

动态测量数据指的是随时间变化的测量数据。试验数据以时间为自变量，通常为连续函数 $x(t)$。根据试验数据所表征的变化特点，试验数据分为确定性数据和随机性数据两类。

（1）确定性数据

能够用明确的数学关系式描述的数据称为确定性数据，它可以分为周期性数据和非周期性数据两种。周期性数据包括正弦周期性数据和复杂周期性数据；而非周期性数据包括准周期性数据和瞬变数据。

①正弦周期性数据。正弦周期性数据有单一频率 f_0 组成，可表示为：

$$x(t) = X\sin(2\pi f_0 t + \varphi_0) \tag{2-84}$$

式中：X 为振幅；f_0 为频率；φ_0 为初始相位角。

②复杂周期性数据。复杂周期性数据的时间历程和频谱如图 2-20 所示。

由傅里叶级数理论可知，任何一个满足于狄利克雷条件的周期性函数都可以展开成若干简谐函数之和，即

$$x(t) = X_0 + \sum_{i=1}^{\infty} X_n \sin(2\pi n f_1 t + \varphi_n) \tag{2-85}$$

式中：

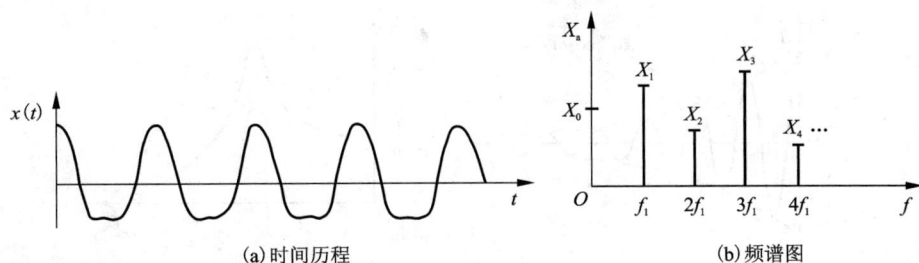

(a) 时间历程　　　　　　　　　　　　(b) 频谱图

图 2-20　复杂周期性数据的时间历程和频谱图

$$X_0 = \frac{1}{T}\int_{-\frac{\pi}{2}}^{\frac{\pi}{2}} x(t)\,\mathrm{d}t$$

$$X_n = \sqrt{a_n^2 + b_n^2}\,(n = 1, 2, 3, \cdots)$$

$$a_n = \frac{2}{T}\int_{-\frac{\pi}{2}}^{\frac{\pi}{2}} x(t)\cos(2\pi n f_1 t)\,\mathrm{d}t$$

$$b_n = \frac{2}{T}\int_{-\frac{\pi}{2}}^{\frac{\pi}{2}} x(t)\sin(2\pi n f_1 t)\,\mathrm{d}t$$

式中：φ_n 为相位角，$\varphi_n = \arctan\dfrac{a_n}{b_n}$；$T$ 为周期，$f_1 = \dfrac{1}{T}$。

③ 准周期性数据。准周期性数据的时间历程由几个频率之比为无理数的正弦波叠加而成，可表达为

$$x(t) = \sum_{n=1}^{\infty} X_n \sin(2\pi f_n t + \varphi_n) \tag{2-86}$$

式中：频率比 f_n/f_{n+1} 为无理数。在频谱图上，呈现为间隔不等且间隔之比为无理数的离散谱线，如图 2-21 所示。

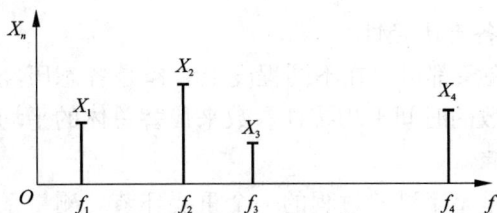

图 2-21　准周期性数据的频谱

④瞬变数据。下式为一瞬变数据，其图形如 2-22(a) 所示。频率图不能用离散谱线表示，而呈现为连续谱。如图 2-22(b) 所示。

$$x(t) = \begin{cases} A\mathrm{e}^{-at}\cos bt & t \geq 0 \\ 0 & t < 0 \end{cases} \tag{2-87}$$

(2) 随机性数据

不能用明确的数学关系式描述的数据，称为随机性数据。随机性数据在每个瞬时的值是

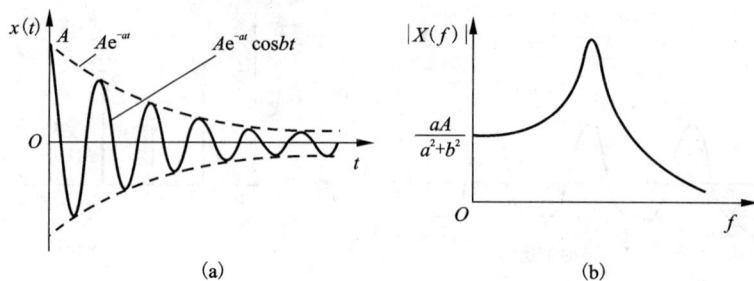

图 2-22 瞬变数据的时间历程和频谱

不确定的，而且永远不会重复出现，只能用数理统计的方法来分析其统计特性。随机性数据是由随机现象产生的，随机现象的进行过程可用随机过程来描述。随机过程可分为平稳过程和非平稳过程两类。

平稳过程就是指它的统计特性(概率密度、方差、均方值)不随时间的推移而变化的随机过程。具体地说，随机过程在任一组时间 $t_1, t_2, \cdots, t_n$ 的概率密度与 $t_1 + \Delta t, t_2 + \Delta t, \cdots, t_n + \Delta t$ 的概率密度相同。

平稳过程的均值、方差、均方值是与时间无关的常量，其相关函数及协方差仅是时移 τ 的函数，而与过程的起止时刻 t 无关。因此，平稳过程最重要的特点是过程在不同时刻具有相同的统计特征。与平稳过程相反，非平稳过程的统计特性是随着时间的推移变化的。

平稳过程又分为各态历经过程和非各态历经过程。若随机过程的总体平均参数可用任一时间历程按时间平均所求得的统计参数来代替，则这类随机过程称为各态历经随机过程。若满足

$$\begin{cases} E[x(t)] = \lim_{T \to \infty} \dfrac{1}{2T} \int_{-T}^{T} x(t)\,\mathrm{d}t \\ E[x(t) \cdot x(t + \tau)] = \lim_{T \to \infty} \dfrac{1}{2T} \int_{-T}^{T} x(t) \cdot x(t + \tau)\,\mathrm{d}t \end{cases} \qquad (2-88)$$

则说明平稳过程 $x(t)$ 具有各态历经性。

实践证明，许多随机现象都可以在不同程度上看作是各态历经随机过程。因此，可以用时间充分长的单个样本函数的时间平均统计参数来代替总体的平均统计值。

2. 数据分析处理的步骤

试验数据的分析处理是整个试验过程的一个重要环节。测量系统所提供的数据，通常以电压时间历程的形式出现，它是隐含事物内在规律的原始资料，只有经过一定的处理和分析，才能从原始记录中获取有用的信息。数据分析的项目及步骤与数据的最终用途有关，也与数据本身的类型有关。数据处理的步骤大体包括：数据准备、数据检验以及数据分析等工作。

（1）数据准备

为使数据适用于分析与处理，首先要对数据进行预处理，目的是检测和剔除在测量过程中由于严重的噪声、信号丢失等原因造成的异常数据。

经数据预处理后，若采用模拟处理法分析，则要进行数据标定，即将电压信号换算成被

测量的工程单位。若采用数字处理法分析，则要进行波形采样、数据标定、均值零化以及消除趋势项等工作。

在动态测量数据处理中，有时还需进行过滤干扰噪声。

（2）数据检验

数据检验首先判断试验数据是确定性的还是随机性的。频谱分析是一种最有效的判断方法。若频谱是离散的，则为确定性的试验数据。若频谱是连续的，但多次重复测量能得到相同的结果，则是确定性的瞬变数据，否则为随机性试验数据。

对于随机性数据，一般要对试验数据进行平稳性、周期性和正态性的检验。

①平稳性检验。判断随机过程数据是否平稳，最简单的办法是根据产生此数据的现象和物理特征，结合时间历程的图形做出分析。如果产生此数据的基本物理因素不随时间变化而变化，那么就可以认为数据是平稳的；反之，认为数据是非平稳的。采用这种直观分析方法进行平稳性检验，需要一定的实践经验。在不能做出直观判断时，可以运用统计检验原理——轮次（游程）检验法进行，这种检验法的基本思想是指把一个时间历程记录分成相等的 m 段，计算每一段的均值、方差和自相关函数，然后根据轮次检验法判断是否存在非平稳的趋势，若没有非平稳的趋势存在，则数据是平稳的。

②周期性检验。周期性检验主要是判断数据中是否含有周期分量。最有效的方法是通过数据分析，再根据样本的概率密度函数、自相关函数和自功率谱图形来判断。根据表2-9给出的四种典型数据时间历程及统计特性图可知，周期性数据的概率密度函数呈碗形，而一般随机性数据的概率密度函数呈钟形；周期性数据的功率谱是 δ 函数，它的自相关函数是周期函数。当随机性数据中混有周期分量时，概率密度函数呈驼峰形，自相关函数呈现连续振荡形，功率谱函数图形会出现一个尖峰。

③正态性检验。正态性检验的办法是利用计算机进行概率密度函数处理，然后与正态分布密度函数比较来判断，也可用 χ^2 检验法进行处理分析。

（3）数据分析

试验数据的类型不同，分析方法也不同。对确定性数据，可用数学函数式或经验公式来表达。而对随机性数据，一般从以下三个方面进行描述：

①时间域描述：自相关函数、互相关函数。

②幅值域描述：均值、均方值、方差以及概率密度函数等。

③频率域描述：自功率谱密度函数和互功率谱密度函数等。

在工程技术测量中，有些随机性试验数据可简化成各态历经随机过程予以处理，因此其统计特征可用单个样本函数上的时间平均值来描述。

表 2 –9　四种典型数据时间历程及统计特性图

类别	时间历程	概率密度	自相关函数	功率谱密度函数
1. 正弦波				
2. 正弦波加随机过程				
3. 窄带随机过程				
4. 宽带随机过程				

2.5　数据采集技术基础

汽车试验中所需采集的信号，大多是在时间和幅值上均连续变化的模拟量。试验信号的处理绝大多数由数字计算机完成，而处理的结果又常以模拟量形式"反馈"给外部的试验系统。这就需要解决模拟量与数字量之间的互相转换问题，即采样与重构(恢复)。

2.5.1　采样与采样定理

为将传感器输出的模拟信号送至计算机中进行处理，需将其转换成数字量。将连续的模拟信号转换成数字量的过程称为采样，A/D 转换器是采样的常用工具。

连续的模拟信号 $x(t)$ 经过采样过程后变换为离散的信号(或简称为采样信号) $x_s(t)$。离散信号相邻两个采样值之间的时间间隔 Δt，称为采样周期，用 T_s 表示。

采样周期 T_s 决定了采样信号的质量与数量：T_s 太小，会使 $x_s(t)$ 的数量剧增，占用大量的计算机内存；T_s 太大，会使模拟信号的某些信息丢失，这样，若将采样后的信号恢复成原来的信号，就会出现失真现象，影响数据处理的精度。因此，必须有一个选择采样周期 T_s 的依据，以确保 $x_s(t)$ 能不失真地恢复成原信号 $x(t)$，这就是香浓(Shannon)采样定理。

设传感器输出的连续信号为 $x(t)$，其傅里叶变换为 $X(f)$，如果 $X(f)$ 和采样周期 T_s 满足下列条件：

（1）频谱 $X(f)$ 为有限频谱，即当 $|f| > f_c$（f_c 为最高分析频率，又称截止频率）时，$X(f) = 0$；

（2）$T_s \leqslant \dfrac{1}{2f_c}$。

那么由采样信号 $x_s(t)$ 可以唯一地确定 $X(f)$ 和 $x(t)$，具体写作

$$x(t) = \frac{\Delta t}{\pi} x(n\Delta t) \frac{\sin\left[\dfrac{\pi}{\Delta t}(t - n\Delta t)\right]}{t - n\Delta t} \qquad (2-89)$$

式中：$n = 0$，± 1，± 2，…；$x(n\Delta t)$ 为第 n 点（即 $t = n\Delta t$）的函数值 x_n。

采样定理表明，$x(t)$ 只要满足 $|f| > f_c$ 时有 $X(f) = 0$，则以 $T_s \leqslant \dfrac{1}{2f_c}$ 采得的离散序列 $\{x_n\}$ 就能完全表征连续函数 $x(t)$。因此，采样定理提供了选择采样间隔的准则。若以 f_s 表示采样频率，则有

$$f_s = 1/T_s \geqslant 2f_c \qquad (2-90)$$

2.5.2 采样方式

采样方式有实时采样（real-time sampling）和等效时间采样（equivalent-time sampling）两种。对实时采样，当数字化一开始，信号波形的第一个采样点就被采样并数字化。然后，经过一个采样间隔，再采入第二个子样，这样一直将整个信号波形数字化后存入波形存储器。实时采样的优点在于信号波形一到就采入，因此适应于任何形式的信号波形，重复的或不重复的，单次的或连续的。又由于所有采样点是以时间为顺序，因而易于实现波形显示功能。实时采样的主要缺点是时间分辨率较差，每个采样点的采入、量化、存储等必须在小于采样间隔的时间内完成。若对信号的时间分辨率要求很高，那么实现起来就比较困难。

等效时间采样技术可以实现很高的数字化转换速率，但这种采样方式的应用前提是信号波形是可以重复产生的。由于波形可以重复取得，故采样可以用较慢的速度进行。采样的样本可以是时序的（步进、步退、差额），也可以是随机的。这样就可以把许多采集的样本合成一个采样密度较高的波形。一般也常将"等效时间采样"称为"变换采样"。

2.5.3 计算机数据采集系统

数据采集系统主要由传感器、信号调理器、多路模拟开关、放大器、A/D 转换器、采样保持器、控制器和数据记录装置等组成。

1. 多路模拟开关（MUX）

在工程测试中，经常会遇到多路数据采集的问题，如果每一路都单独采用各自的输入回路，即每一路都采用放大、采样/保持和 A/D 转换等环节，不仅成本会成倍增加，还会导致系统体积庞大以致于从结构上无法实现。因此，除少数特殊情况外，常采用公共的采样保持器及 A/D 转换电路，而要实现这种设计，就需采用多路模拟开关。多路模拟开关的主要作用是把多个模拟量参数分时地接通并送到 A/D 转换器，即完成由多到一的转换。

2. 采样保持器（SHA）

如果直接用 A/D 转换器对模拟量进行转换，则应考虑到任何一种 A/D 转换器都需要有

一定的时间来完成量化及编码的操作。在转换过程中，模拟量的变化，将直接影响转换精度。特别是在同步系统中，几个并联的量均需要取同一瞬时值，若仍直接送入 A/D 转换器进行转换（共用一个 A/D 转换器），则所得到的几个量就不是同一时刻的值，无法进行计算和比较。所以要求输入到 A/D 转换器的模拟量在整个转换过程中保持不变，但转换后，又要求A/D 转换器的输入信号能够跟随模拟量变化。能够完成上述任务的器件，称为采样保持放大器（SHA）。

3. 模数（A/D）转换器

A/D 转换器的作用是对每一个由采样保持电路在时间上离散的模拟电压值输出一个 n 位二进制数字量。A/D 转换技术有很多种，但只有少数几种能以单片集成的形式来实现。最常用的两种 A/D 转换技术是计数器式和逐次逼近式 A/D 转换器。常用的有计数器式 A/D 转换器 和 逐次逼近式 A/D 转换器。计数器式 A/D 转换器和逐次逼近式 A/D 转换器都属于负反馈式比较型 A/D 转换器。但对于一个 n 位 A/D 转换器，逐次逼近式只需 n 次比较就可以完成 A/D 转换；而计数器式的比较次数却不固定，最多可能需 2^n 次。逐次逼近式 A/D 转换器是中速（转换时间 1 ms ~ 1 μs）8 ~ 16 位 A/D 转换器的主流产品。

4. 数据采集系统控制

整个数据采集系统由控制器控制。控制器使系统的各个部件以适当的时间执行自己的功能。它以此给出一系列脉冲，使多路模拟开关选择通道、采样保持放大器进行采样保持、启动 A/D 转换器和数字记录装置投入工作。简单的数据采集系统常由计算机控制，如图 2 – 23 所示。

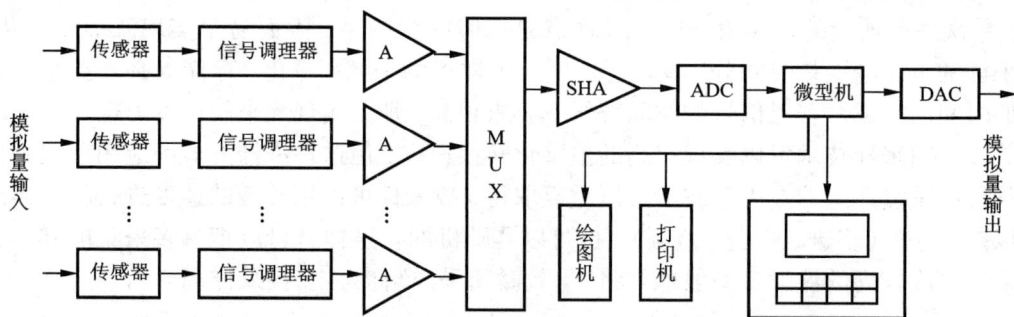

图 2 – 23   数据采集系统

复习思考题

2 – 1   测量误差主要分哪 3 类？各有什么特点？

2 – 2   简述测量系统的基本组成及各组成的功用。

2 – 3   简述系统误差的产生原因及如何消除系统误差。

2 – 4   随机误差的 4 条公理有什么含义？

2 – 5   何为测量系统的静态特性和动态特性？静态特性指标有哪些？

2 – 6   随机误差有什么特点？常见的产生随机误差的原因有哪些？

2 - 7　简述测量误差根据其性质可分为哪几类, 测量误差的来源有哪些?

2 - 8　简述系统误差的分类和消除系统误差的方法。

2 - 9　何为残差? 简述用残差分析法发现系统误差的基本思想。

2 - 10　用统计学的方法决定异常数据的取舍时, 其基本思想是什么?

2 - 11　某试验对某量进行 8 次等精度测量, 测量值分别为 802. 40, 802. 50, 802. 39, 802. 48, 802. 42, 802. 46, 802. 45, 802. 43, 试求测量结果的误差。

2 - 12　有两个变量 x, y 的测量数据见下表, 试求 x, y 的关系曲线方程。

x_i	1.0	2.0	3.0	4.0	5.0	6.0	7.0	8.0	9.0	10.0
y_i	3.0	4.0	5.0	6.0	7.0	8.0	9.0	10.0	11.0	12.0

2 - 13　动态试验数据可分为哪几类? 简述各自的特点。

2 - 14　简述动态试验数据分析与处理的步骤。

2 - 15　随机性数据一般可从哪些方面进行描述?

第3章 传感器与典型汽车试验设备

传感器是测量仪表的重要组成。针对不同的测量物理量,传感器的种类繁多。本章主要介绍电阻式、电容式、电感式、磁电式、压电式、热电式等传感器。

3.1 电阻式传感器

电阻式传感器的基本原理是将被测的非电量转换成电阻值的变化,再经过转换电路变成电量输出。电阻式传感器可以测量力、压力、位移、应变、加速度、温度等非电量参数,一般来说,电阻式传感器的结构简单、性能稳定、灵敏度高,有的还适合于动态测量。

3.1.1 应变式传感器

由材料力学可知,任何材料受到力的作用时,都会产生变形,而单位面积上的变形就是应变。电阻应变式传感器将应变转换为电阻变化。作为传感器,为了使输入的应变信号较大,也就是说应变较大,以利于转换,所以一般都有一个弹性元件(刚度相对差,故力作用时,变形相对较大),故电阻应变式传感器由弹性元件和电阻应变片构成。

1. 工作原理

电阻应变片的工作原理是基于应变效应,即导体或半导体材料在外界力的作用下产生机械变形时,其电阻值相应发生变化。

一根金属电阻丝,在其未受力时,原始电阻值为:

$$R = \frac{\rho l}{A} \qquad (3-1)$$

式中:ρ 为电阻丝的电阻率;l 为电阻丝的长度;A 为电阻丝的截面积。

也就是说,电阻的大小与电阻率及电阻丝的长度成正比,与其截面积成反比。

当电阻丝受到拉力 F 作用时,将伸长 Δl,横截面积相应减小 ΔA,电阻率因材料晶格发生变形等因素影响而改变了 $\mathrm{d}\rho$,从而引起电阻值相对变化量为:

$$\varepsilon = \frac{\mathrm{d}l}{l} \qquad (3-2)$$

也就是对电阻的公式求全微分。

式中:$\mathrm{d}l/l$ 为长度相对变化量,用应变 ε 表示;$\mathrm{d}A/A$ 为圆形电阻丝的截面积相对变化量,设 r 为电阻丝的半径,微分后可得 $\mathrm{d}A = 2\pi r\mathrm{d}r$,

则得到：

$$\frac{\mathrm{d}A}{A} = 2\frac{\mathrm{d}r}{r} \tag{3-3}$$

$$\frac{\mathrm{d}R}{R} = \frac{\mathrm{d}l}{l} - \frac{\mathrm{d}A}{A} + \frac{\mathrm{d}\rho}{\rho} \tag{3-4}$$

由材料力学可知，在弹性范围内，金属丝受拉力时，沿轴向伸长，沿径向缩短，令 $\mathrm{d}l/l = \varepsilon$ 为金属电阻丝的轴向应变，那么轴向应变和径向应变的关系可表示为：

$$\frac{\frac{\mathrm{d}R}{R}}{\varepsilon} = (1+2\mu) + \frac{\frac{\mathrm{d}\rho}{\rho}}{\varepsilon} \tag{3-5}$$

式中：μ 为电阻丝材料的泊松比，负号表示应变方向相反。

将上述公式代入电阻的全微分方程中，可得：

$$\frac{\mathrm{d}r}{r} = -\mu\frac{\mathrm{d}l}{l} = -\mu\varepsilon \tag{3-6}$$

通常把单位应变能引起的电阻值变化称为电阻丝的灵敏系数（不要忘记灵敏系数就是输入与输出变化的比）。其物理意义是单位应变所引起的电阻相对变化量，其表达式为：

$$K = \frac{\frac{\mathrm{d}R}{R}}{\varepsilon} = 1 + 2\mu + \frac{\frac{\mathrm{d}\rho}{\rho}}{\varepsilon} \tag{3-7}$$

式中：$\frac{\mathrm{d}\rho}{\rho}$ 为半导体应变片的电阻率相对变化量，其值与敏感元件在轴向所受的应变力有关，其关系为：

$$\frac{\frac{\mathrm{d}\rho}{\rho}}{\rho} = \pi \cdot \sigma = \pi \cdot E \cdot \varepsilon \tag{3-8}$$

式中：π 为材料的压阻系数（注意，并不是常数）；σ 为材料的所受应变力；E 为材料的弹性模量；ε 为材料的应变。

$$\frac{\mathrm{d}R}{R} = (1 + 2\mu + \pi E)\varepsilon \tag{3-9}$$

由上式可以看出，电阻的变化受两个因素影响：一个是应变片受力后材料几何尺寸的变化，即 $(1+2\mu)\varepsilon$；另一个是应变片受力后材料的电阻率发生的变化，对金属材料来说，电阻丝灵敏度系数表达式中 $1+2\mu$ 的值要比 $\pi\varepsilon$ 大得多，一般泊松比 μ 为 $0.25 \sim 0.5$，故 $1+2\mu$ 为 $1 \sim 2$。

而半导体材料的 $\pi\varepsilon$ 项的值比 $1+2\mu$ 大得多，一般为 $50 \sim 100$，这种传感器（受力后电阻率发生变化）叫压阻传感器。但半导体材料的温度系数大，应变时非线性比较严重，使它的应用范围受到一定的限制。本章我们只讲金属应变片。

用应变片测量应变或应力时，根据上述特点，在外力作用下，被测对象产生微小机械变形，应变片随之发生相同的变化，同时应变片电阻值也发生相应变化。当测得应变片电阻值变化量为 ΔR 时，便可得到被测对象的应变值，根据应力与应变的关系，得到应力值 σ 为

$$\sigma = E \cdot \varepsilon \tag{3-10}$$

2. 应变片的种类及材料

应变片的种类很多，主要有丝式和箔式电阻应变片。以图 3 - 1 所示丝式应变片为例，其

构成有四部分：合金电阻丝、基底、覆盖层、引出线。

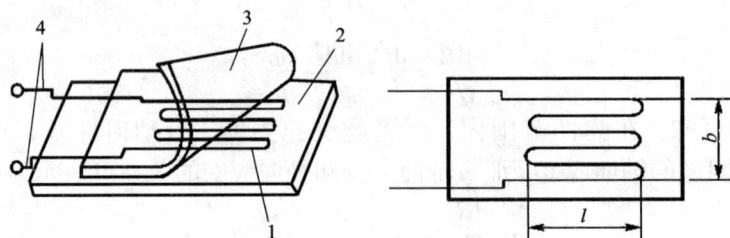

图 3 – 1　电阻应变片基本结构

1—合金电阻丝；2—基底；3—覆盖层；4—引出线

合金电阻丝是应变片的核心部分，它黏贴在绝缘的基片上，其上再黏贴起保护作用的覆盖层，两端焊接引出导线。金属电阻应变片的敏感栅有丝式和箔式两种形式。丝式金属电阻应变片的敏感栅由直径 $0.01 \sim 0.05$ mm 的电阻丝平行排列而成。箔式金属电阻应变片是利用光刻、腐蚀等工艺制成的一种很薄的金属箔栅，其厚度一般为 $0.003 \sim 0.01$ mm，可制成各种形状的敏感栅（即应变花），其优点是表面积和截面积之比大，散热性能好，允许通过的电流较大，可制成各种所需的形状，便于批量生产。覆盖层与基片将敏感栅紧密地黏贴在中间，对敏感栅起几何形状固定和绝缘、保护作用，基片要将被测体的应变准确地传递到敏感栅上，因此它很薄，一般为 $0.03 \sim 0.06$ mm，使它与被测体及敏感栅能牢固地黏合在一起，此外它还应有良好的绝缘性能、抗潮性能和耐热性能。基片和覆盖层的材料有胶膜、纸、玻璃纤维布等。

对电阻丝材料有如下要求：

①灵敏系数大，且在相当大的应变范围内保持常数；

②ρ 值大，即在同样长度、同样横截面积的电阻丝中具有较大的电阻值；

③电阻温度系数小，否则因环境温度变化也会改变其阻值；

④与铜线的焊接性能好，与其他金属的接触电势小；

⑤机械强度高，具有优良的机械加工性能。

3.1.2　滑变电阻式传感器

滑变电阻式传感器又称电位计式传感器，其工作原理是通过滑动触点改变电阻丝的长度来改变电阻值的大小，进而将电阻值的变化转变为电压或电流的变化。

滑变电阻式传感器主要用于位置、位移的测量。图 3 – 2(a) 所示用于直线位移或者位置的测量，称为线位移型滑变电阻式传感器；图 3 – 2(b) 所示用于角位移的测量，称为角位移型滑变电阻式传感器。图 3 – 2 中变阻器的活动触点 C 的滑动量分别为 x 和 α，固定触点 A 和活动触点 C 之间的电阻值分别为：

$$R_1 = k_1 x \tag{3 – 11}$$

$$R_\alpha = k_w \alpha \tag{3 – 12}$$

式中：R_1、R_α 分别为线位移型和角位移型滑变电阻式传感器的输出电阻；k_1、k_w 分别为单位长度和单位弧度的电阻值；x、α 分别是线位移和角位移。

滑变电阻式传感器的输出(电阻)与输入(位移)呈线性关系。传感器的灵敏度 E 就是该直线的斜率。即：

$$E_1 = dR_1/dx = k_t \tag{3-13}$$

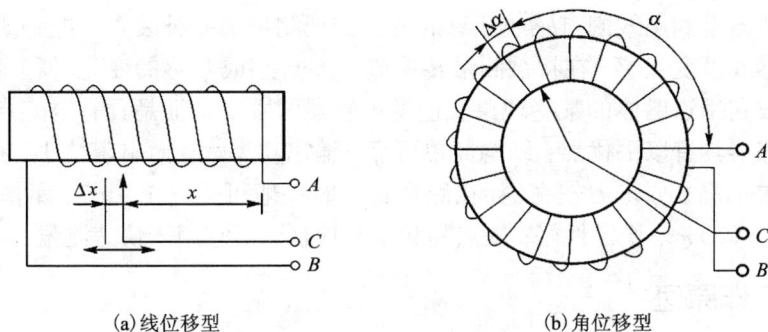

(a)线位移型　　　　　　　(b)角位移型

图 3-2　滑动电阻式传感器

$$E_\alpha = dR_\alpha/dx = k_w \tag{3-14}$$

若滑变电阻式传感器与后继设备相连，由于两者之间有能量交换，因此必然存在负荷效应(负荷效应对测量结果的影响由后继设备的阻抗性质决定)，其结果是使得传感器的输出与输入之间的线性关系变为非线性。为了补偿这种非线性，在实际测试工作中常采用滑动触点的距离与电阻值呈非线性关系的变阻器，如图 3-3 所示。

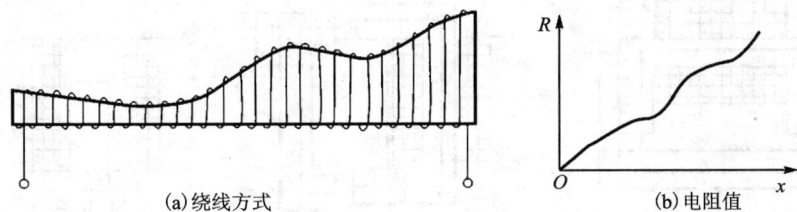

(a)绕线方式　　　　　　　(b)电阻值

图 3-3　非线性滑变电阻式传感器

分辨率是滑变电阻式传感器的一个重要指标，为了获得高的分辨率，常采用绕线式结构，如图 3-2 所示。但绕线式滑变电阻式传感器存在如下两大缺点：

①电阻的变化呈台阶状。

②呈现出电感式阻抗。

为了克服上述缺点，现在常用碳膜或导电塑料制作滑变电阻式传感器。

滑变电阻式传感器的优点是结构简单、性能稳定、使用方便，故在汽车领域得到了广泛的应用，如汽车发动机的节气门位置传感器、汽车侧滑试验台上的线位移传感器等都是滑变电阻式传感器。

3.2 电感式传感器

电感式传感器是利用线圈自感或互感的变化实现测量的一种装置。电感式传感器的核心部分是可变自感或可变互感，在将被测量转换成线圈自感或互感的变化过程中，一般要利用磁场作为媒介或利用铁磁体的某些现象。这类传感器的主要特征是具有电感绕阻。

电感式传感器具有以下优点：结构简单可靠、输出功率大、输出阻抗小、抗干扰能力强、对工作环境要求不高、分辨力较高（如在测量长度时一般可达 0.1 μm）、示值误差一般为示值范围的 0.1%~0.5%、稳定性好；缺点是频率响应低，不宜用于快速测量。

3.2.1 工作原理

1. 自感式传感器

图 3 - 4 是自感式传感器的原理图。在图 3 - 4(a)和图 3 - 4(b)中，尽管在铁芯与衔铁之间有一个空气隙，但由于其值不大，所以磁路是封闭的。根据磁路的基本知识，线圈自感可按下式计算：

$$L = N^2 / R_{\mathrm{m}} \tag{3-15}$$

式中：N 为线圈匝数；R_{m} 为磁路总磁阻。

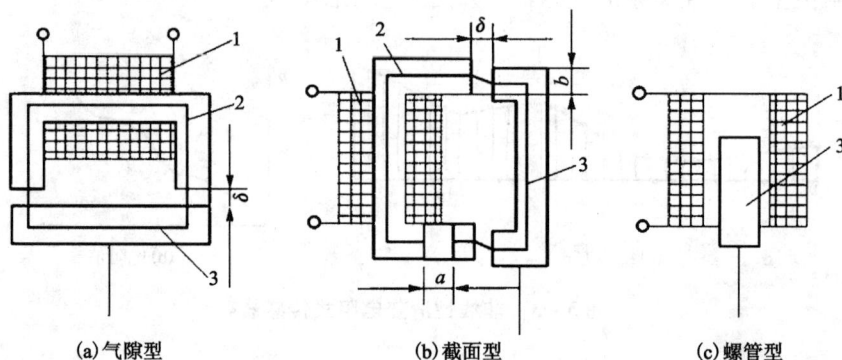

(a)气隙型　　　　(b)截面型　　　　(c)螺管型

图 3 - 4　自感式传感器的原理图

1—线圈；2—铁芯；3—衔铁

对如图 3 - 4 所示情况，因为气隙厚度 δ 较小，可以认为气隙磁场是均匀的，若忽略磁路铁损，则总磁阻为：

$$R_{\mathrm{m}} = \sum l_i / \mu_i S_i + 2\delta / \mu_0 S \tag{3-16}$$

式中：l_i 为各段导磁体的长度；μ_i 为各段导磁体的磁导率；S_i 为各段导磁体的截面积；δ 为空气隙的厚度；μ_0 为真空磁导率，$\mu_0 = 4\pi \times 10^{-7}$ H/m；S 为空气隙截面积[图 3 - 4(b)中，$S = a \times b$]。

将 R_{m} 代入式(3-15)可得：

$$L = N^2 / (\sum l_i / \mu_i S_i + 2\delta / \mu_0 S) \tag{3-17}$$

在铁芯的结构和材料确定之后,式(3-17)分母第一项为常数,此时自感 L 是气隙厚度 δ 和气隙截面积 S 的函数,即 $L = f(\delta, S)$。如果保持 S 不变,则 L 为单值函数,可构成变气隙型传感器;如果 δ 保持不变,使 S 随位移而变,则可构成变截面型传感器。它们分别如图 3-4(a)、图 3-4(b)所示。

同时,如图 3-4(c)所示,线圈中放入圆柱形衔铁,也是一个可变自感。使衔铁上下位移、自感量相应变化。这就可构成螺管型传感器。

2. 互感式传感器

互感式传感器本身是其互感系数可变的变压器,当一次线圈接入激励电压后,二次线圈将产生感应电压输出,互感变化,输出电压将作相应变化。一般情况下,这种传感器的二次线圈有两个,界限方式又是差动的,故常称之为差动变压器式传感器。这种传感器的工作原理如图 3-5 所示。

设在磁芯上绕有两个线圈 N_1,N_2,则当匝数为 N_1 的一次线圈通入激励电流 I_1 时它将产生磁通 Φ_{11},其中将有一部分磁通 Φ_{12} 将穿过匝数为 N_2 的二次线圈,从而在线圈 N_2 中产生互感电动势 E,其表达式为:

$$\dot{E} = \mathrm{d}\,\dot{\varphi}_{12}/\mathrm{d}t = M\mathrm{d}\,\dot{I}_1/\mathrm{d}t \qquad (3-18)$$

式中: $\dot{\varphi}_{12}$ 为穿过 N_2 的磁链, $\dot{\varphi}_{12} = N_2\dot{\Phi}_{12}$; M 为线圈 N_1 对 N_2 的互感系数, $M = \mathrm{d}\,\varphi_{12}/\mathrm{d}\,I_1$。

设 $\dot{I}_1 = I_{1M}\mathrm{e}^{-j\omega t}$,其中 I_{1M} 为电流模量, ω 为电源角频率,则:

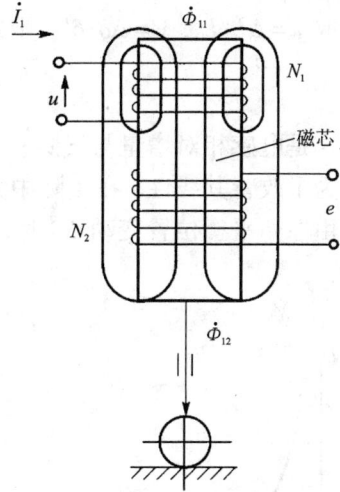

图 3-5　互感原理图

$$\mathrm{d}\,\dot{I}/\mathrm{d}t = -j\omega\,I_{1M}\mathrm{e}^{-j\omega t} \qquad (3-19)$$

$$E = -j\omega\,M\,\dot{I}_1 \qquad (3-20)$$

因为 $\dot{I} = \dot{U}/(R_1 + j\omega\,L_1)$,其中 $\dot{U}$ 为激励电压, R_1 为一次线圈的有效电阻, L_1 为一次线圈的电感,则二次线圈开始输出电压 U_0 及其有效值为:

$$\dot{U}_0 = \dot{E} = -j\omega M\,\dot{U}/(R_1 + j\omega\,L_1) \qquad (3-20)$$

$$U_0 = \omega MU/\sqrt{R_1^2 + (\omega\,L_1)^2} \qquad (3-21)$$

由式(3-20)、式(3-21)可知,输出电压信号将随互感变化而变化。

传感器工作时,被测量的变化将使磁芯发生位移,后者引起磁链 $\dot{\varphi}_{12}$ 和互感系数 M 变化,最终使输出电压变化。

3.2.2　自感计算及特性分析

对于气隙型自感传感器,其自感值为:

$$L = N^2\mu_0 S/2\delta' \qquad (3-22)$$

式中: δ' 为折合气隙, $\delta' = \delta + [\mu_0 S \sum (l_i/\mu_i S_i)]/2$,考虑到导磁体的磁导率 μ_i 比空气磁导率 μ_0 大得多,实际上 δ' 与 δ 接近。

由式(3-22)可知, L 与 δ' 的关系为双曲线,如图 3-6 所示。若工作点选在 δ'_0(原始折

合气隙 $\delta'_0 = \delta_0 + \left[\mu_0 S \sum (l_i / \mu_i S_i) \right] / 2$，$\delta_0$ 为原始气隙），感应的自感为 L_0，则衔铁移动使气隙减小 $\Delta\delta$ 时，自感增加 ΔL，其值为：

$$\Delta L = N^2 \mu_0 S / \left[2(\delta'_0 - \Delta\delta) \right] - N^2 \mu_0 S / (2\delta'_0) = L_0 \left[\Delta\delta / (\delta'_0 - \Delta\delta) \right] \qquad (3-23)$$

由式(3-23)也可以看出 $L-\delta'$ 特性曲线不是线性的，粗略地作线性化处理，可忽略式(3-23)分母中的 $\Delta\delta$，则得：

$$\Delta L = \frac{L_0 \Delta\delta}{\delta'_0} \qquad (3-24)$$

取 $y = \Delta L / L_0$，$x = \Delta\delta / \delta'_0$，则式(3-23)可写成：

$$y = \frac{x}{1-x} \qquad (3-25)$$

这是电感相对增量与气隙相对增量之间的关系方程式。

为了改善其线性，在实际中大都采用差动式。如图 3-7 所示，这里有两个电感线圈，当衔铁由原始平衡位置变动 $\Delta\delta$ 时，一个线圈电感量增加，另一个线圈电感量减少，电感总变化量为：

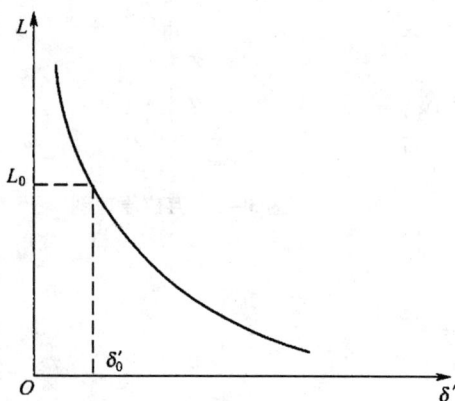

图 3-6　$L-\delta'$ 特性曲线

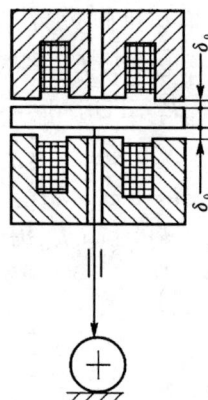

图 3-7　气隙型差动传感器

$$\Delta L_Z = L_1 - L_2 = \left[\frac{N^2 \mu_0 S}{2(\delta'_0 - \Delta\delta)} - \frac{N^2 \mu_0 S}{2(\delta'_0 + \Delta\delta)} \right] = 2L_0 \frac{\Delta\delta}{\delta'_0 - \frac{(\Delta\delta)^2}{\delta'_0}} \qquad (3-26)$$

令 $y = \Delta L_Z / (2L_0)$，$x = \Delta\delta / \delta'_0$，则式(3-26)可写成：

$$y = \frac{x}{1-x^2} \qquad (3-27)$$

利用上述类似的方法求解，可得下列关系：

$$x_M = 2\sqrt{\gamma} \qquad (3-28)$$

若选取 $\gamma = 0.01$，则 $x_M = 0.2 = 1/5$，即 $\Delta\delta_{max} = \delta'_0 / 5$。

差动式与单线圈的传感器相比，有下列优点：①线性好；②灵敏度提高了 1 倍，即衔铁位移相同时，输出信号大了 1 倍；③温度变化、电源波动、外界干扰等对传感器的影响，由于能够相互抵消而减小；④电磁吸力对测力变化的影响也由于能够相互抵消而减少。

3.3　电容式传感器

电容式传感器是将被测的非电量转换为电容量变化的一种传感器。可以测压力、液位、位移、加速度、成分含量等。在非接触测量和自动检测中应用广泛,但测量范围较小。

3.3.1　电容式传感器的工作原理和结构

由绝缘介质分开的两个平行金属板组成的平板电容器,如果不考虑边缘效应,其电容量为:

$$C = \frac{\varepsilon S}{d} \tag{3-29}$$

式中:ε 为电容极板间介质的介电常数,$\varepsilon = \varepsilon_0 \varepsilon_r$,其中 ε_0 为真空介电常数,$\varepsilon_0 = 8.85 \times 10^{-12}\ \text{m}^{-1}$,$\varepsilon_r$ 为极板间介质的相对介电常数;S 为两平行板所覆盖的面积;d 为两平板之间的距离。

当被测参数变化使得 S,d 或 ε 发生变化时,电容量 C 也随之变化。如果保持其中两个参数不变,而仅改变其中一个参数,就可把该参数的变化转换为电容量的变化,通过测量电路就可转换为电量输出。因此,电容式传感器可分为变极距型、变面积型和变介电常数型三种。

图 3-8 中所示为常用电容器的结构形式。

图 3-8 中(b)~(h)为变面积型,图(a)和(e)为变极距型,而图(i)~(l)则为变介电常数型。

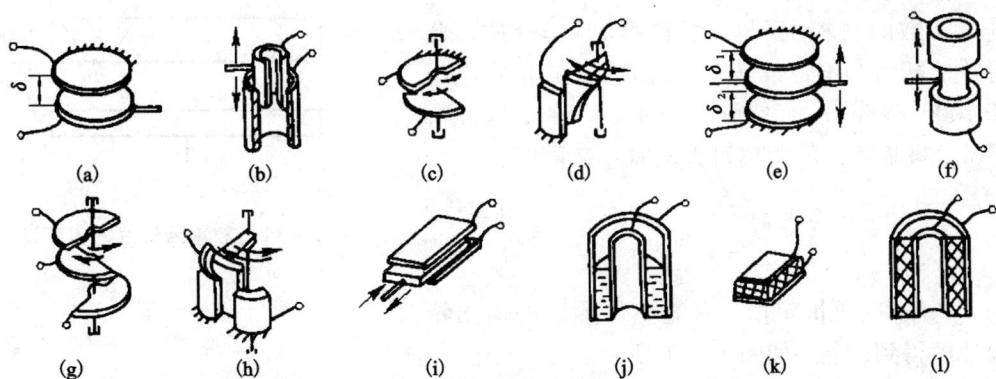

(a)　　　(b)　　　(c)　　　(d)　　　(e)　　　(f)

(g)　　　(h)　　　(i)　　　(j)　　　(k)　　　(l)

图 3-8　常用电容传感器

1. 变极距型电容传感器

如图 3-9 所示,当传感器的 ε_r 和 S 为常数,初始极距为 d_0 时,其初始电容量 C_0 为:

$$C_0 = \frac{\varepsilon_0 \varepsilon_r S}{d_0} \tag{3-30}$$

若电容器极板间距离由初始值 d_0 缩小了 Δd,电容量增大了 ΔC,则根据泰勒级数展开式有:

$$C = C_0 + \Delta C = \frac{\varepsilon_0 \varepsilon_r S}{d_0 - \Delta d} = \frac{C_0}{1 - \frac{\Delta d}{d_0}} = C_0 \left[1 + \frac{\Delta d}{d_0} + \left(\frac{\Delta d}{d_0} \right)^2 + \cdots \right] \qquad (3-31)$$

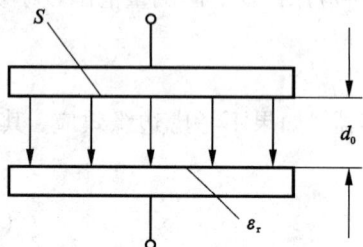

图 3 – 9　变极距型传感器

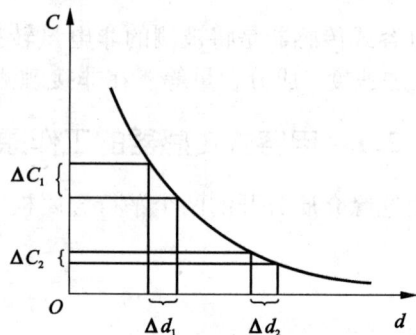

图 3 – 10　电容量与极板间距离的关系

若 $\Delta d / d_0 \ll 1$ 时，则有：

$$C = C_0 + C_0 \frac{\Delta d}{d_0} \qquad (3-32)$$

此时 C 与 Δd 近似呈线性关系，所以变极距型电容式传感器只有在 $\Delta d / d_0$ 很小时，才有近似的线性关系。

另外，在 d_0 较小时，对于同样的 Δd 变化所引起的 ΔC 可以增大，从而使传感器灵敏度提高。但 d_0 过小，容易引起电容器击穿或短路。为此，极板间可采用高介电常数的材料（云母、塑料膜等）作介质。此时云母片的相对介电常数是空气的 7 倍，其击穿电压不小于 1000 kV/mm，而空气仅为 3 kV/mm。因此有了云母片，极板间起始距离可大大减小。同时，

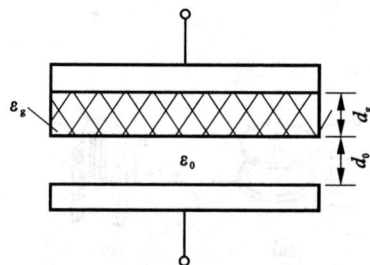

图 3 – 11　放置云母片的电容器

$$C = \frac{S}{\dfrac{d_g}{\varepsilon_0 \varepsilon_g} + \dfrac{d_0}{\varepsilon_0}} \qquad (3-33)$$

式中的 $d_g / \varepsilon_0 \varepsilon_r$ 项是恒定值，它能使传感器的输出特性的线性度得到改善。如图 3 – 11 所示。

一般变极板间距离电容式传感器的起始电容为 20～100 pF，极板间距离为 25～200 μm。最大位移应小于间距的 1/10，故在微位移测量中应用最广。

2. 变面积型电容式传感器

被测量通过动极板移动引起两极板有效覆盖面积 S 改变，从而得到电容量的变化。如图 3 – 12 所示。

当动极板相对于定极板沿长度方向平移 Δx 时，则电容变化量为：

$$\Delta C = C - C_0 = \frac{\varepsilon_0 \varepsilon_r (a - \Delta x) b}{d} \qquad (3-34)$$

60

式中：$C_0 = \varepsilon_0 \varepsilon_r ba/d$ 为初始电容。

电容相对变化量为：

$$\frac{\Delta C}{C_0} = \frac{\Delta x}{a} \tag{3-34}$$

很明显，这种形式的传感器其电容量 C 与水平位移 Δx 呈线性关系。

电容式角位移传感器（图 3-13）中，当动极板有一个角位移 θ 时，与定极板间的有效覆盖面积就发生改变，从而改变了两极板间的电容量。当 $\theta = 0$ 时，则有：

$$C_0 = \frac{\varepsilon_0 \varepsilon_r S_0}{d_0} \tag{3-35}$$

当 $\theta \neq 0$ 时，则有：

$$C = \frac{\varepsilon_0 \varepsilon_r S_0 \left(1 - \dfrac{\theta}{\pi}\right)}{d_0} = C_0 - C_0 \frac{\theta}{\pi} \tag{3-36}$$

可以看出，传感器的电容量 C 与角位移 θ 呈线性关系。

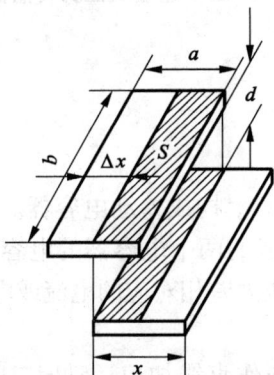

图 3-12　变面积型位移电容传感器　　　　图 3-13　变面积型角位移电容传感器

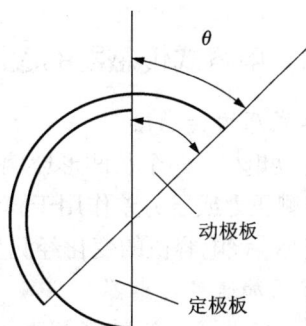

3. 变介质型电容式传感器

变极板间介质的电容式传感器用于测量液位高低，其结构原理如图 3-14 所示。变换器的电容增量正比于被测液位高度 h，变介质型电容传感器有较多的结构形式，可以用来测量纸张、绝缘薄膜等的厚度，也可用来测量粮食、纺织品、木材或煤等非导电固体介质的湿度。

其常用的结构形式，两平行电极固定不动，极距为 d_0，相对介电常数为 ε_{r2} 的电介质以不同深度插入电容器中，从而改变两种介质的极板覆盖面积。电容量的变化与电介质 ε_{r2} 的移动量 L 成线性关系：

$$\frac{\Delta C}{C_0} = \frac{1}{1 - \dfrac{\Delta d}{d_0}} \tag{3-37}$$

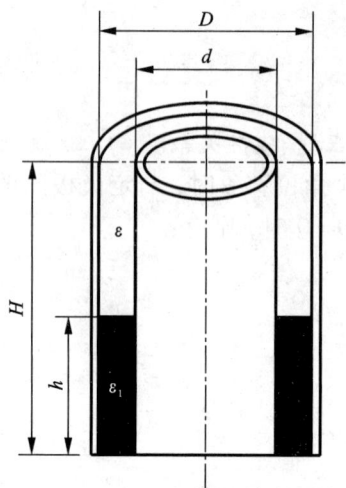

图 3 – 14　变极板间介质的电容式传感器

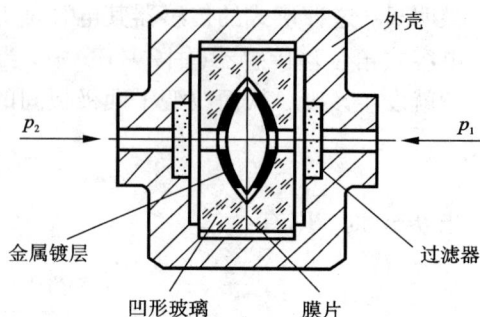

图 3 – 15　电容式压力传感器

3.3.2　电容式传感器的应用

1. 电容式压力传感器

膜片为动电极，两个在凹形玻璃上的金属镀层为固定电极，构成差动电容器。如图 3 – 15 所示，当被测压力或压力差作用于膜片并产生位移时，所形成的两个电容器的电容量，一个增大，一个减小。该电容值的变化经测量电路转换成与压力或压力差相对应的电流或电压的变化。

2. 电容式加速度传感器

如图 3 – 16 所示，当传感器壳体随被测对象沿垂直方向作直线加速运动时，质量块在惯性空间中相对静止，两个固定电极将相对于质量块在垂直方向产生大小正比于被测加速度的位移。此位移使两电容的间隙发生变化，一个增加，一个减小，从而使 C_1、C_2 产生大小相等、符号相反的增量，此增量正比于被测加速度。

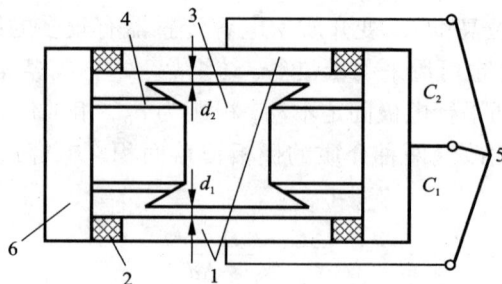

图 3 – 16　电容式加速度传感器

1—固定电极；2—绝缘垫；3—质量块；4—弹簧；5—输出端；6—壳体

电容式加速度传感器的主要特点是频率响应快和量程范围大，大多采用空气或其他气体作阻尼物质。

3. 差动式电容测厚传感器

如图 3 - 17 所示，电容测厚传感器是用来对金属带材在轧制过程中厚度的检测，其工作原理是在被测带材的上下两侧各放置一块面积相等、与带材距离相等的极板，这样极板与带材就构成了两个电容器 C_1，C_2。把两块极板用导线连接起来成为一个极，而带材就是电容的另一个极，其总电容为 $C_1 + C_2$，如果带材的厚度发生变化，将引起电容量的变化，用交流电桥将电容的变化测出来，经过放大即可由电表指示测量结果。

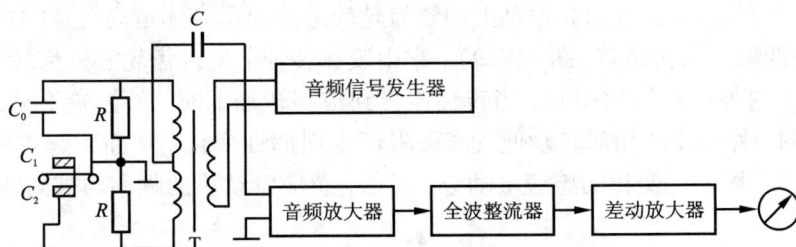

图 3 - 17　差动式电容测厚传感器

音频信号发生器产生的音频信号，接入变压器 T 的原边线圈，变压器副边的两个线圈作为测量电桥的两臂，电桥的另外两桥臂由标准电容 C_0 和带材与极板形成的被测电容 C_x（$C_x = C_1 + C_2$）组成。电桥的输出电压经放大器放大后整流为直流，再经差动放大，即可用指示电表指示出带材厚度的变化。

3.4　磁电式传感器

磁电式传感器是通过磁电作用将被测量转换成电信号的传感器。

3.4.1　磁电感应式传感器

磁电感应式传感器又称磁电式传感器，是利用电磁感应原理将被测量（如振动、位移、转速等）转换成电信号的一种传感器。它不需要辅助电源，就能把被测对象的机械量转换成易于测量的电信号，是一种有源传感器。由于它输出功率大，且性能稳定，具有一定的工作带宽（10 ～ 1000 Hz），所以得到普遍应用。

1. 磁电感应式传感器工作原理

根据电磁感应定律，有两种情况：

（1）当导体在稳恒均匀磁场中，沿垂直磁场方向运动时，导体内产生的感应电势为：

$$e = \left| \frac{\mathrm{d}\varphi}{\mathrm{d}t} \right| = Bt \frac{\mathrm{d}x}{\mathrm{d}t} = Blv \tag{3 - 38}$$

式中：B 为稳恒均匀磁场的磁感应强度；l 为导体有效长度；v 为导体相对磁场的运动速度。

（2）当一个 W 匝线圈相对静止地处于随时间变化的磁场中时，设穿过线圈的磁通为 $\mathrm{d}\varphi$，则线圈内的感应电势 e 与磁通变化率 $\mathrm{d}\varphi/\mathrm{d}t$ 有如下关系：

$$e = -W \frac{\mathrm{d}\varphi}{\mathrm{d}t} \tag{3-39}$$

根据以上两种情况,人们设计出两种磁电式传感器结构:变磁通式和恒磁通式,其中变磁通式分为开磁路与闭磁路两种。

- 开磁路变磁通式传感器(图3-18):线圈、磁铁静止不动,测量齿轮安装在被测旋转体上,随被测体一起转动。每转动一个齿,齿的凹凸引起磁路磁阻变化一次,磁通也就变化一次,线圈中产生感应电势,其变化频率等于被测转速与测量齿轮上齿数的乘积。特点:结构简单,但输出信号较小,且因高速轴上加装齿轮较危险而不宜测量高转速的场合。

- 闭磁路变磁通式传感器(图3-19):它由装在转轴上的内齿轮和外齿轮、永久磁铁和感应线圈组成,内外齿轮齿数相同。当转轴连接到被测转轴上时,外齿轮不动,内齿轮随被测轴而转动,内、外齿轮的相对转动使气隙磁阻产生周期性变化,从而引起磁路中磁通的变化,使线圈内产生周期性变化的感应电动势。显然,感应电动势的频率与被测转速成正比。

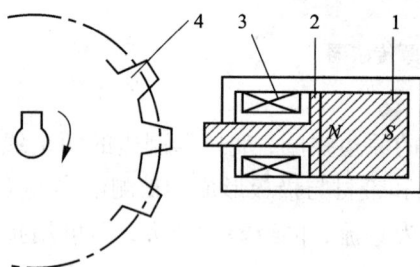

图3-18 开磁路变磁通式传感器

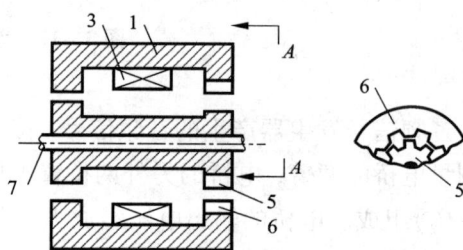

图3-19 闭磁路变磁通式传感器

- 恒磁通式磁电传感器(图3-20):磁路系统产生恒定的直流磁场,磁路中的工作气隙固定不变,因而气隙中磁通也是恒定不变的。其运动部件可以是线圈(动圈式),也可以是磁铁(动铁式)。

$$e = B_0 lWv \tag{3-40}$$

式中:B_0为工作气隙磁感应强度;l为每匝线圈平均长度;W为线圈在工作气隙磁场中的匝数;v为相对运动速度。

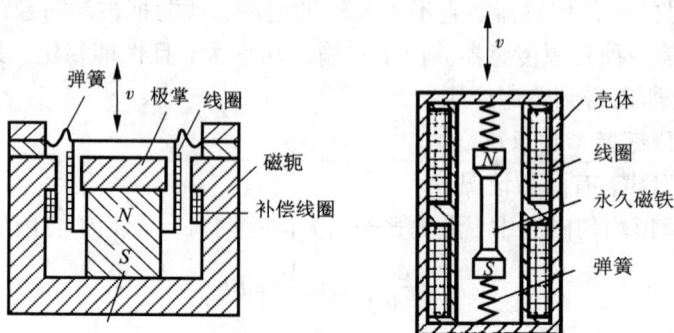

图3-20 恒磁通式磁电传感器

动圈式和动铁式的工作原理是完全相同的。当壳体随被测振动体一起振动时,由于弹簧较软,运动部件质量相对较大,当振动频率足够高(远大于传感器固有频率)时,运动部件惯性很大,来不及随振动体一起振动,近乎静止不动,振动能量几乎全被弹簧吸收,永久磁铁与线圈之间的相对运动速度接近于振动体振动速度,磁铁与线圈的相对运动切割磁力线,从而产生感应电势。

2. 磁电感应式传感器的应用

(1)动圈式振动速度传感器

如图 3-21 所示,其结构主要特点是,钢制圆形外壳,里面用铝支架将圆柱形永久磁铁与外壳固定成一体,永久磁铁中间有一小孔,穿过小孔的芯轴两端架起线圈和阻尼环,芯轴两端通过圆形膜片支撑架空且与外壳相连。工作时,传感器与被测物体刚性连接,当物体振动时,传感器外壳和永久磁铁随之振动,而架空的芯轴、线圈和阻尼环因惯性而不随之振动。因而,磁路空气隙中的线圈切割磁力线而产生正比于振动速度的感应电动势。该传感器测量的是振动速度参数,若在测量电路中接入积分电路,则输出电势与位移成正比;若在测量电路中接入微分电路,则其输出与加速度成正比。

(2)磁电式扭矩传感器

在驱动源和负载之间的扭转轴的两侧安装有齿形圆盘。它们旁边装有相应的两个磁电传感器。传感器的检测元件由永久磁铁、感应线圈和铁芯组成。永久磁铁产生的磁力线与齿形圆盘交连。当齿形圆盘旋转时,圆盘齿凸凹引起磁路气隙的变化,于是磁通量也发生变化,在线圈中感应出交流电压,其频率在数值上等于圆盘上齿数与转数的乘积。

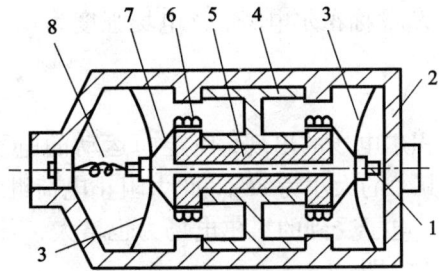

图 3-21　动圈式振动速度传感器

1—芯轴;2—外壳;3—弹簧片;4—支架;
5—永磁铁;6—线圈;7—阻尼环;8—连线

当扭矩作用在扭转轴上时,两个磁电传感器输出的感应电压 u_1 和 u_2 存在相位差。这个相位差与扭转轴的扭转角成正比。这样,传感器就可以把扭矩引起的扭转角转换成相位差的电信号。如图 3-22 所示。

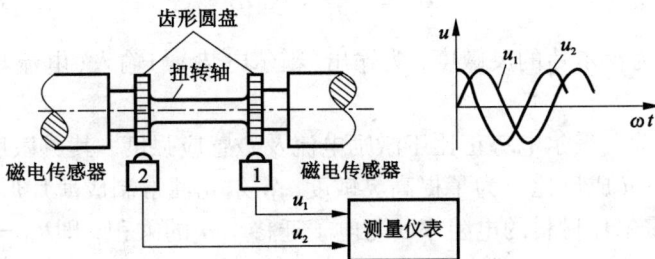

图 3-22　磁电式扭矩传感器

3.4.2 霍尔式传感器

1. 霍尔效应及霍尔元件

（1）霍尔效应

置于磁场中的静止载流导体，当它的电流方向与磁场方向不一致时，载流导体上平行于电流和磁场方向上的两个面之间产生电动势，这种现象称霍尔效应。该电势称霍尔电势。如图 3 - 23 所示。

在垂直于外磁场 B 的方向上放置一导电板，导电板中通以电流 I，导电板中的电流使金属中自由电子在电场作用下做定向运动。此时，每个电子受洛伦兹力 f_1 的作用，f_1 的大小为：

$$f_1 = eBv \qquad (3-41)$$

f_1 的方向是向内的，此时电子除了沿电流反方向作定向运动外，还在 f_1 的作用下漂移，结果使金属导电板内侧积累电子，而外侧积累正电荷，从而形成了附加内电场 E_H，称霍尔电场，该电场强度为

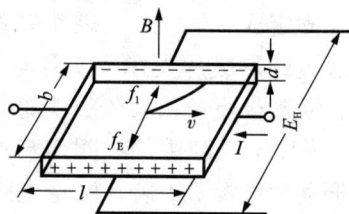

图 3 - 23 霍尔效应及霍尔元件

$$E_H = \frac{U_H}{b} \qquad (3-42)$$

霍尔电场的出现，使定向运动的电子除了受洛伦兹力作用外，还受到霍尔电场力的作用，其力的大小为 eE_H，此力阻止电荷继续积累。随着内、外侧面积累电荷的增加，霍尔电场增大，电子受到的霍尔电场力也增大，当电子所受洛伦磁力与霍尔电场作用力大小相等方向相反时，即：

$$e\,E_H = eBv$$

则

$$E_H = Bv$$

此时电荷不再向两侧面积累，达到平衡状态。

若金属导电板单位体积内电子数为 n，电子定向运动平均速度为 v，则激励电流 $I = nevbd$，（电流为单位时间内通过的电子的电量）则霍尔电势：

$$U_H = \frac{R_H IB}{d} = K_H IB \qquad (3-43)$$

式中：$K_H = R_H/d$ 称为霍尔片的灵敏度，为输出（霍尔电势）与输入（电流与磁场强度的乘积）之比。

由式（3 - 43）可见，霍尔电势正比于激励电流及磁感应强度，其灵敏度与霍尔系数 R_H 成正比而与霍尔片厚度 d 成反比。为了提高灵敏度，霍尔元件常制成薄片形状。

霍尔常数等于霍尔片材料的电阻率 ρ 与电子迁移率 μ 的乘积，即 $R_H = \rho\mu$。若要霍尔效应强，则希望有较大的霍尔系数 R_H，因此要求霍尔片材料有较大的电阻率和载流子迁移率。

一般金属材料载流子迁移率很高，但电阻率很小；而绝缘材料电阻率极高，但载流子迁移率极低。半导体材料才适于制造霍尔片。

（2）霍尔元件基本结构

如图 3 - 24 所示，霍尔元件的结构很简单，它是由霍尔片、四根引线和壳体组成的，霍

尔片是一块矩形半导体单晶薄片,引出四根引线:1、1′两根引线加激励电压或电流,称激励电极(控制电极);2、2′引线为霍尔输出引线,称霍尔电极。霍尔元件的壳体是用非导磁金属、陶瓷或环氧树脂封装的。在电路中,霍尔元件一般可用两种符号表示,如图 3－24 所示。

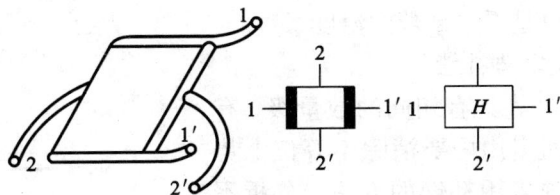

图 3－24　霍尔元件及其基本结构

1、1′—激励电极;2、2′—霍尔电极

(3)霍尔元件基本特性

①额定激励电流和最大允许激励电流。

当霍尔元件自身温升为 10℃ 时所流过的激励电流称为额定激励电流。以元件允许最大温升为限制所对应的激励电流称为最大允许激励电流。因霍尔电势随激励电流增加而线性增加,所以使用中希望选用尽可能大的激励电流,因而需要知道元件的最大允许激励电流。改善霍尔元件的散热条件,可以使激励电流增加。

②输入电阻和输出电阻。

激励电极间的电阻值称为输入电阻。霍尔电极输出电势对电路外部来说相当于一个电压源,其电源内阻即为输出电阻。以上电阻值是在磁感应强度为零,且环境温度在 (20 ± 5)℃ 时所确定的。

③不等位电势和不等位电阻。

当霍尔元件的激励电流为 I 时,若元件所处位置磁感应强度为零,则它的霍尔电势应该为零,但实际不为零。这时测得的空载霍尔电势称为不等位电势,产生这一现象的原因有:霍尔电极安装位置不对称或不在同一等电位面上;半导体材料不均匀造成了电阻率不均匀或是几何尺寸不均匀;激励电极接触不良造成激励电流不均匀分布等。

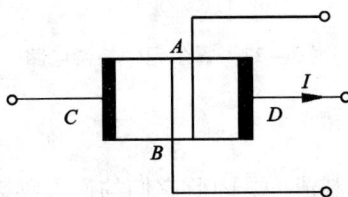

图 3－25　霍尔元件不等位电势示意图

④寄生直流电势。

在外加磁场为零、霍尔元件用交流激励时,霍尔电极输出除了交流不等位电势外,还有一直流电势,称为寄生直流电势。其产生的原因有:激励电极与霍尔电极接触不良,形成非欧姆接触,造成整流效果;两个霍尔电极大小不对称,则两个电极点的热容不同,散热状态不同而形成极间温差电势。

寄生直流电势一般在 1 mV 以下，它是影响霍尔片温漂的原因之一。

⑤霍尔电势温度系数。

在一定磁感应强度和激励电流下，温度每变化 1℃ 时，霍尔电势变化的百分率称为霍尔电势温度系数。它同时也是霍尔系数的温度系数。

（4）霍尔元件不等位电势补偿

不等位电势与霍尔电势具有相同的数量级，有时甚至超过霍尔电势，而实用中要消除不等位电势是极其困难的，因而必须采用补偿的方法。分析不等位电势时，可以把霍尔元件等效为一个电桥，用分析电桥平衡来补偿不等位电势。

霍尔元件的等效电路，其中 A, B 为霍尔电极，C, D 为激励电极，电极分布电阻分别用 r_1, r_2, r_3, r_4 表示，把它们看作电桥的四个桥臂。理想情况下，电极 A, B 处于同一等位面上，$r_1 = r_2 = r_3 = r_4$，电桥平衡，不等位电势 U_0 为 0。

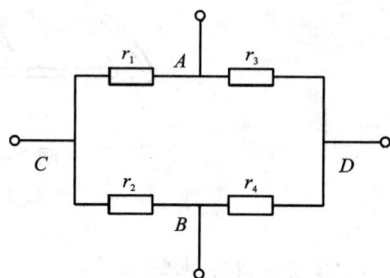

图 3 - 26　霍尔元件等效电路图

实际上，由于 A, B 电极不在同一等位面上，此四个电阻阻值不相等，电桥不平衡，不等位电势不等于零。此时可根据 A, B 两点电位的高低，判断应在某一桥臂上并联一定的电阻，使电桥达到平衡，从而使不等位电势为零。几种补偿线路如图 3 - 27 所示。图 3 - 27(a)、图 3 - 27(b) 为常见的补偿电路，图 3 - 27(b)、图 3 - 27(c) 相当于在等效电桥的两个桥臂上同时并联电阻，图 3 - 27(d) 用于交流供电的情况。

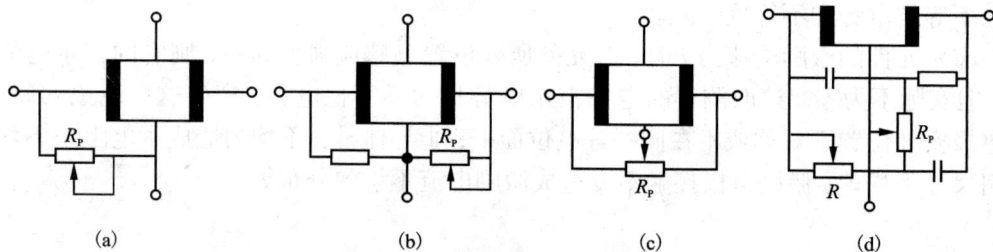

图 3 - 27　霍尔元件补偿电路

（5）霍尔元件温度补偿

霍尔元件是采用半导体材料制成的，因此它们的许多参数都具有较大的温度系数。当温度变化时，霍尔元件的载流子浓度、迁移率、电阻率及霍尔系数都将发生变化，从而使霍尔元件产生温度误差。

为了减小霍尔元件的温度误差，除选用温度系数小的元件或采用恒温措施外，由 $U_H = K_H I B$ 可看出：采用恒流源供电是个有效措施，可以使霍尔电势稳定。但也只能是减小由于输入电阻随温度变化所引起的激励电流 I 的变化的影响。

大多数霍尔元件的温度系数 K_H 是正值，它们的霍尔电势随温度升高而增加 $\alpha \Delta T$ 倍。但如果同时让激励电流 I_s 相应地减小，并能保持 $K_H I_s$ 乘积不变，也就抵消了灵敏系数 K_H 增加的影响。图 3 - 28 就是按此思路设计的一个既简单，补偿效果又较好的补偿电路。

电路中 I_s 为恒流源，分流电阻 R_p 与霍尔元件的激励电极相并联。当霍尔元件的输入电阻随温度升高而增加时，旁路分流电阻 R_p 自动地增大分流，减小了霍尔元件的激励电流 I_H，从而达到补偿的目的。

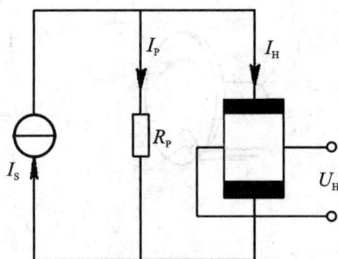

图 3 - 28　霍尔元件温度补偿电路

2. 霍尔传感器的应用

霍尔元件具有结构简单、体积小、动态特性好和寿命长的优点，它不仅用于磁感应强度、有功功率及电能参数的测量，也在位移测量中得到广泛应用。

(1)霍尔式微位移传感器

图 3 - 29(a)是磁场强度相同的两块永久磁铁，同极性相对地放置，霍尔元件处在两块磁铁的中间。由于磁铁中间的磁感应强度 $B = 0$，因此霍尔元件输出的霍尔电势 U_H 也等于零，此时位移 $\Delta x = 0$。若霍尔元件在两磁铁中产生相对位移，霍尔元件感受到的磁感应强度也随之改变，这时 U_H 不为零，其量值大小反映出霍尔元件与磁铁之间相对位置的变化量。这种结构的传感器，其动态范围可达 5 mm，分辨率为 0.001 mm。

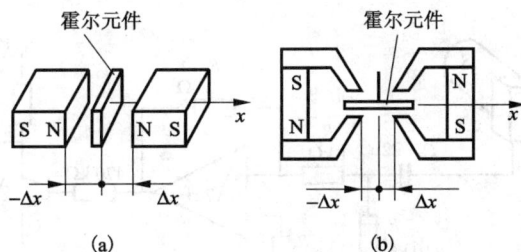

图 3 - 29　霍尔式微位移传感器

图 3 - 29(b)是一个由两个结构相同的磁路组成的霍尔式位移传感器，为了获得较好的线性分布，在磁极端面装有极靴，霍尔元件调整好初始位置时，可以使霍尔电势 $U_H = 0$。这种传感器灵敏度很高，但它所能检测的位移量较小，适合于微位移量及振动的测量。

(2)霍尔式转速传感器

图 3 - 30 是几种不同结构的霍尔式转速传感器。转盘的输入轴与被测转轴相连，当被测转轴转动时，转盘随之转动，固定在转盘附近的霍尔传感器便可在每一个小磁铁通过时产生一个相应的脉冲，检测出单位时间的脉冲数，便可知被测转速。根据磁性转盘上小磁铁数目多少就可确定传感器测量转速的分辨率。

(3)霍尔计数装置

霍尔开关传感器 SL3501 是具有较高灵敏度的集成霍尔元件，能感受到很小的磁场变化，因而可对黑色金属零件进行计数检测。图 3 - 31 是对钢球进行计数的工作示意图和电路图。当钢球通过霍尔开关传感器时，传感器可输出峰值 20 mV 的脉冲电压，该电压经运算放大器

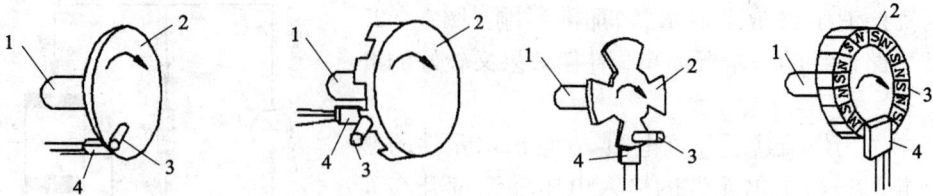

图 3 – 30　霍尔式转速传感器
1—输入轴；2—转盘；3—小磁铁；4—霍尔传感器

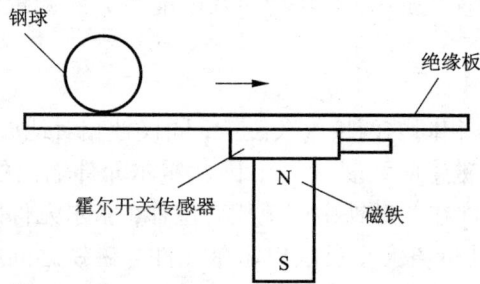

（a）工作示意图

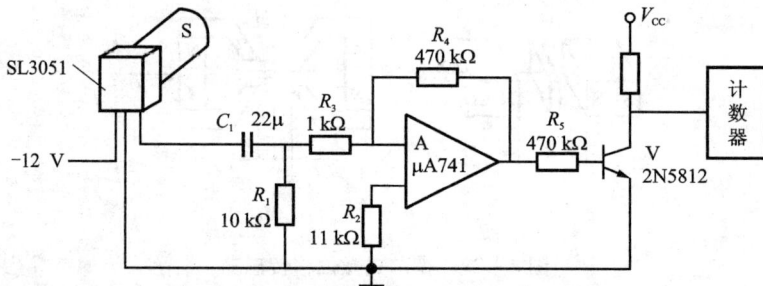

（b）电路图

图 3 – 31　霍尔计数装置

（μA741）放大后，驱动半导体三极管 V（2N5812）工作，V 输出端便可接计数器进行计数，并由显示器显示检测数值。

3.5　压电式传感器

压电式传感器的工作原理是以某些物质的压电效应为基础的，它是一种发电式传感器。压电效应是可逆的，因此，压电式传感器是一种典型的"双同传感器"。

由于压电转换元件具有自发电和可逆两种重要性能，加上它具有体积小、重量轻、结构简单、工作可靠、固有频率高、灵敏度和信噪比高等优点，因此，30 多年来压电式传感器的应用获得了飞跃式的发展。

压电转换元件的主要缺点是无静态输出，阻抗高，需要低电容的低噪声电缆，很多压电材料的工作温度只有 250℃ 。

3.5.1 压电效应及压电材料

压电效应：某些电介质，当沿着一定方向对其施力而使它变形时，内部就产生极化现象，同时在它的两个表面上便产生符号相反的电荷，当外力去掉后，又重新恢复到不带电状态。这种现象称压电效应。

逆压电效应：当在电介质极化方向施加电场时，这些电介质也会产生几何变形，这种现象称为"逆压电效应"（电致伸缩效应）。

压电材料可以分为两大类：压电晶体（单晶）和压电陶瓷（多晶）。

压电材料的主要特性参数有：

①压电常数。压电常数是衡量材料压电效应强弱的参数，它直接关系到压电输出灵敏度。

②弹性常数。压电材料的弹性常数、刚度决定着压电器件的固有频率和动态特性。

③介电常数。对于一定形状、尺寸的压电元件，其固有电容与介电常数有关；而固有电容又影响着压电传感器的频率下限。

④机械耦合系数。它的意义是，在压电效应中，转换输出能量（如电能）与输入的能量（如机械能）之比的平方根，这是衡量压电材料机—电能量转换效率的一个重要参数。

⑤电阻。压电材料的绝缘电阻将减少电荷泄漏，从而改善压电传感器的低频特性。

⑥居里点温度。它是指压电材料开始丧失压电特性的温度。

1. 石英晶体

石英晶体化学式为 SiO_2 ，是单晶体结构，如图 3 - 32 所示。

图 3 - 32 石英

它是一个正六面体。石英晶体各个方向的特性是不同的。其中纵向轴 z 称为光轴，经过六面体棱线并垂直于光轴的 x 称为电轴，与 x 和 z 轴同时垂直的轴 y 称为机械轴。如图 3 - 33 所示。

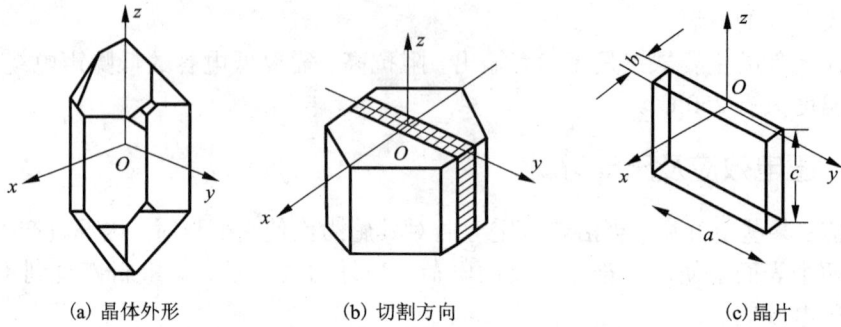

(a) 晶体外形　　　　　　　(b) 切割方向　　　　　　　(c) 晶片

图 3 – 33　石英晶体

通常把沿电轴 x 方向的力作用下产生电荷的压电效应称为"纵向压电效应"，而把沿机械轴 y 方向的力作用下产生电荷的压电效应称为"横向压电效应"。而沿光轴 z 方向的力作用时不产生压电效应。

当沿电轴方向施加作用力 F_x 时，在与电轴 x 垂直的平面上将产生电荷，其大小为：

$$q_x = d_x F_x \qquad\qquad (3-44)$$

式中：d_x 为 x 方向压电子数。

若在同一切片上，沿机械轴 y 方向施加作用力 F_y，则仍在与 x 轴垂直的平面上产生电荷 q_y，其大小为：

$$q_y = d_y \frac{a}{b} F_y \qquad\qquad (3-45)$$

式中：d_y 为 y 方向压电子数。

2. 压电陶瓷

压电陶瓷是人工制造的多晶体压电材料，如图 3 – 34 所示。

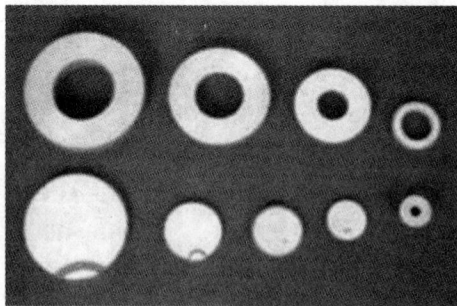

图 3 – 34　压电陶瓷

材料内部的晶粒有许多自发极化的电畴，它有一定的极化方向，从而存在电场（图 3 – 35）。在无外电场作用时，电畴在晶体中杂乱分布，它们各自的极化效应被相互抵消，压电陶瓷内极化强度为零。因此原始的压电陶瓷呈中性，不具有压电性质。在陶瓷上施加外电场时，电畴的极化方向发生转动，趋向于按外电场方向的排列，从而使材料得到极化。外电场愈强，

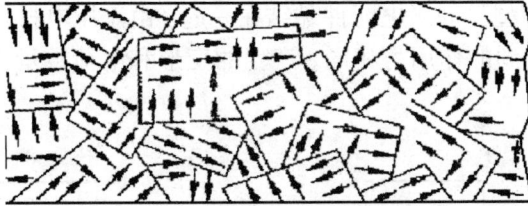

图 3 − 35 压电陶瓷电畴

就有更多的电畴更完全地转向外电场方向。让外电场强度大到使材料的极化达到饱和的程度，即所有电畴极化方向都整齐地与外电场方向一致时，当外电场去掉后，电畴的极化方向基本不变化，即剩余极化强度很大，这时的材料才具有压电特性。

极化处理后陶瓷材料内部存在有很强的剩余极化，当陶瓷材料受到外力作用时，电畴的界限发生移动，电畴发生偏转，从而引起剩余极化强度的变化，因而在垂直于极化方向的平面上将出现极化电荷的变化。这种因受力而产生的由机械效应转变为电效应，将机械能转变为电能的现象，就是压电陶瓷的正压电效应。电荷量的大小与外力成如下的正比关系：

$$q = dF \tag{3-46}$$

式中：d 为压电系数。

压电陶瓷的压电系数比石英晶体的大得多，所以采用压电陶瓷制作的压电式传感器的灵敏度较高。极化处理后的压电陶瓷材料的剩余极化强度和特性与温度有关，它的参数也随时间变化，从而使其压电特性减弱。

3. 压电式传感器

压电式传感器（图 3 − 36）的基本原理就是利用压电材料的压电效应这个特性，即当有力作用在压电材料上时，传感器就有电荷（或电压）输出。

图 3 − 36 压电传感器

由于外力作用而在压电材料上产生的电荷只有在无泄漏的情况下才能保存，即需要测量回路具有无限大的输入阻抗，这实际上是不可能的，因此压电式传感器不能用于静态测量。压电材料在交变力的作用下，电荷可以不断补充，以供给测量回路一定的电流，故适用于动态测量。

单片压电元件产生的电荷量甚微，为了提高压电传感器的输出灵敏度，在实际应用中常采用两片（或两片以上）同型号的压电元件黏结在一起。由于压电材料的电荷是有极性的，因此接法也有两种。每片受到的作用力相同，产生的变形和电荷数量大小都与单片时相同，如图 3－37 所示。

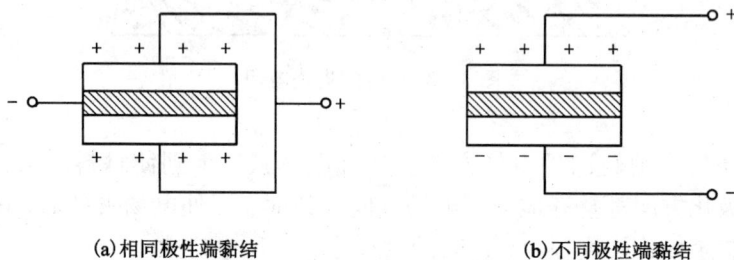

(a)相同极性端黏结   (b)不同极性端黏结

图 3－37　压电元件连接方式

图 3－37(a)是两个压电片的负端黏结在一起，中间插入的金属电极成为压电片的负极，正电极在两边的电极上。从电路上看，这是并联接法，类似两个电容的并联。所以，外力作用下正负电极上的电荷量增加了 1 倍，电容量也增加了 1 倍，输出电压与单片时相同。

图 3－37(b)是两压电片不同极性端黏结在一起，从电路上看是串联的，两压电片中间黏结处正负电荷中和，上、下极板的电荷量与单片时相同，总电容量为单片的一半，输出电压增大了 1 倍。

两种接法中，并联接法输出电荷大，本身电容大，时间常数大，适宜用在测量慢变信号并且以电荷作为输出量的场合（电荷源）。而串联接法输出电压大，本身电容小，适宜用于以电压作输出信号（电压源），并且测量电路输入阻抗很高的场合。

压电式传感器中的压电元件，按其受力和变形方式不同，大致有厚度变形、长度变形、体积变形和厚度剪切变形等几种形式，目前最常使用的是厚度变形的压缩式和剪切变形的剪切式两种。

压电式传感器在测量低压力时线性度不好，这主要是传感器受力系统中力传递系数为非线性所致，即低压力下力的传递损失较大。为此，在力传递系统中加入预加力，称为预载。这除了消除低压力使用中的非线性外，还可以消除传感器内外接触表面的间隙，提高刚度。特别是，它只有在加预载后才能用压电传感器测量拉力和拉、压交变力及剪力和扭矩。

3.5.2　压电式传感器测量电路

1. 压电式传感器的等效电路

由压电元件的工作原理可知，压电式传感器可以看作是一个电荷发生器。同时，它也是一个电容器，晶体上聚集正负电荷的两表面相当于电容的两个极板，极板间物质等效于一种介质，则其电容量为：

$$C_{\mathrm{a}} = \frac{\varepsilon_{\mathrm{r}}\varepsilon_0 A}{d} \tag{3-47}$$

因此，压电传感器可以等效为一个与电容相串联的电压源。如图 3－38(a)所示，电容器

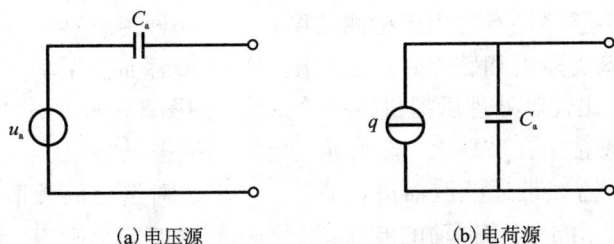

(a)电压源　　　　　　　　　　(b)电荷源

图 3 – 38　压电元件等效电路

上的电压 U_a、电荷量 q 和电容量 C_a 三者关系为：

$$U_a = \frac{q}{C_a} \qquad\qquad (3-48)$$

压电传感器也可以等效为一个电荷源(用电荷放大器放大)。

压电传感器在实际使用时总要与测量仪器或测量电路相连接,因此还需考虑连接电缆的等效电容 C_c、放大器的输入电阻 R_i、输入电容 C_i 以及压电传感器的泄漏电阻 R_a。

2. 压电式传感器的测量电路

压电传感器本身的内阻抗很高,而输出能量较小,因此它的测量电路通常需要接入一个高输入阻抗前置放大器。其作用为:一是把它的高输出阻抗变换为低输出阻抗;二是放大传感器输出的微弱信号。压电传感器的输出可以是电压信号,也可以是电荷信号,因此前置放大器也有两种形式:电压放大器和电荷放大器。

3.5.3　压电式传感器的应用

1. 压电式测力传感器

如图 3 – 39 所示,传感器上盖为传力元件,它的外缘壁厚为 0.1 ~ 0.5 mm,当外力作用时,它将产生弹性变形,将力传递到石英晶片上。石英晶片采用 xy 切型,利用其纵向压电效应,通过 d_{11} 实现力—电转换。石英晶片的尺寸为 $\phi 8$ mm × 1 mm。该传感器的测力范围为 0 ~ 50 N,最小分辨率为 0.01 N,固有频率为 50 ~ 60 kHz,整个传感器重为 10 g。

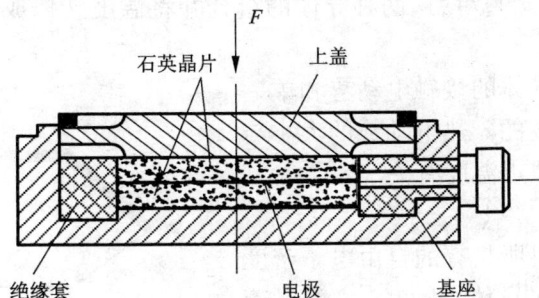

图 3 – 39　压电式单向测力传感器

2. 压电式玻璃破碎传感器

压电式玻璃破碎传感器是专门用于检测玻璃破碎的一种传感器，它利用压电元件对振动敏感的特性来感知玻璃受撞击和破碎时产生的振动波。传感器把振动波转换成电压输出，输出电压经放大、滤波、比较等处理后提供给报警系统，如图 3-40 所示。

使用时传感器用胶粘贴在玻璃上，然后通过电缆和报警电路相连。为了提高报警器的灵敏度，信号经放大后，需经带通滤波器进行滤波，要求它对选定的频谱通带的衰减要小，而频带外衰减要尽量大。由于玻璃振动的波长在音频和超声波的范围内，这就使滤波器成为电路中的关键。只有当传感器输出信号高于设定的阈值时，才会输出报警信号，驱动报警执行机构工作。

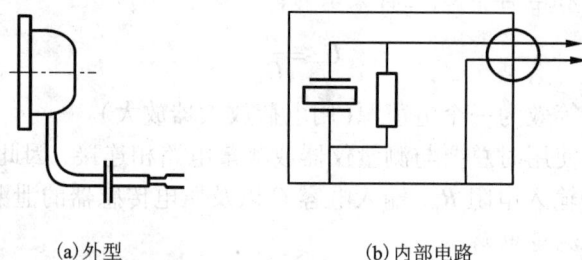

(a)外型   (b)内部电路

图 3-40   压电式玻璃破碎传感器

3.6   热电式传感器

3.6.1   热电偶传感器

将两种不同材料的导体 A，B 串接成一个闭合电路，如图 3-41 所示，如果两接合点处的温度不同($T_0 \neq T$)，则在两导体间产生热电动势，并在同路中有一定大小的电流，这种现象称为热电效应，在此闭合同路中两种导体叫热电极；两个节点中，一个称工作端或热端(T)，另一个叫参比端或冷端(T_0)。由这两种导体的组合并将温度转换成热电动势的传感器叫做热电偶。

热电动势是由两种导体的接触电动势和单一导体的温差电动势所组成的。热电动势的大小与两种导体材料的性质及节点温度有关。

（1）接触电动势

由于不同的金属材料所具有的自由电子密度不同，当两种不同的金属导体接触时，在接触面上就会发生电子扩散。电子的扩散速率与两导体的电子密度有关并和接触区的温度成正比。设导

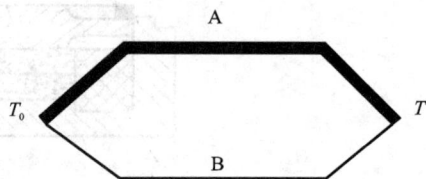

图 3-41   热电效应

体 A 和 B 的自由电子密度分别为 N_A 和 N_B，且有 $N_A > N_B$，电子扩散的结果使导体 A 失去电

子而带正电。导体 B 则因获得热电子而带负电，在接触面形成电场。这个电场阻碍了电子继续扩散，达到动态平衡时，在接触区形成一个稳定的电位差，即接触电动势，其大小可表示为：

$$e_{AB}(T) = \frac{kT}{e}\ln\frac{N_A}{N_B} \qquad (3-49)$$

式中：$e_{AB}(T)$ 为导体 A、B 的节点在温度 T 时形成的接触电动势；e 为电子电荷，$e = 1.6 \times 10^{-19}$ C；k 为玻尔兹曼常数，$k = 1.38 \times 10^{-23}$ J/K；N_A 和 N_B 分别为导体 A、B 的自由电子密度。

（2）同一导体中的温差电动势

对于单一导体，如果两端温度不同，在两端间会产生电动势，即单一导体的温差电动势。这是由于导体内自由电子在高温端具有较大的动能，因而向低温端扩散的结果。高温端因失去电子而带正电，低温端由于获得电子而带负电，在高、低温端之间形成一个电位差。温差电动势的大小与导体的性质和两端的温差有关，可表示为：

$$e_A(T, T_0) = \int_{T_0}^{T}\sigma_A dT \qquad (3-50)$$

式中：$e_A(T, T_0)$ 为导体 A 两端温度为 T_0，T 时形成的温差电动势；T_0，T 分别为高、低温端的绝对温度；σ_A 为汤姆逊系数，表示导体 A 两端的温度差为 1℃ 时所产生的温差电动势，例如在 0℃ 时，铜的 $\sigma = 2$ μV/℃。

对于图 3-42 中导体 A，B 组成的热电偶回路，当 $T > T_0$ 时，回路总的热电动势可表示为：

$$E_{AB}(T, T_0) = e_{AB}(T) - e_{AB}(T_0) - e_A(T, T_0) + e_B(T, T_0)$$

$$= \frac{kT}{e}\ln\frac{N_{AT}}{N_{BT}} - \frac{kT_0}{e}\ln\frac{N_{AT_0}}{N_{BT_0}} + \int_{T_0}^{T}(-\sigma_A + \sigma_B)dT \qquad (3-51)$$

式中：N_{AT_0}，N_{AT} 为导体 A 在节电温度为 T_0 和 T 时的电子密度；N_{BT_0}，N_{BT} 分别为导体 B 在节点温度为 T_0 和 T 时的电子密度；σ_A，σ_B 为导体 A 和 B 的汤姆逊系数。

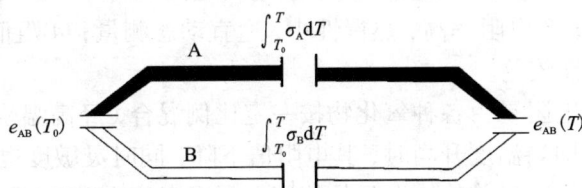

图 3-42　闭合回路温差电动势

由此可得出有关热电偶回路的几点结沦。

①如果构成热电偶的两个热电极为材料相同的均质导体，即 $\sigma_A = \sigma_B$，$N_A = N_B$，则无论两节点温度如何，热电偶回路内的总热电动势为零。因此，热电偶必须采用两种不同的材料作为热电极。

②如果热电偶两节点温度相等，即 $T = T_0$，则尽管导体 A，B 的材料不同，热电偶回路内的总电动势亦为零。

③热电偶 A，B 的热电动势与 A，B 材料的中间温度无关，只与节点温度有关。

3.6.2 热电阻传感器

1. 概述

热电阻传感器是利用导体的电阻随温度变化的特性，对温度和温度有关的参数进行检测的装置。实践证明，大多数电阻在温度升高 1℃ 时电阻值将增加 0.4%～0.6%。热电阻传感器的主要优点是：①测量精度高；②有较大的测量范围，尤其在低温方面；③易于在自动测量和远距离测量中使用。热电阻传感器之所以有较高的测量精度，主要是因为一些材料的电阻温度特性稳定，复现性好；其次，与热电偶相比，它没有参比端误差问题。

热电阻传感器一般常用于 -200～500℃ 的温度测量，随着技术的发展，热电阻传感器的测温范围也在不断地扩展，低温方面已成功应用于 1～3 K 的温度测量中，高温方面也出现了多种用于 1000～1300℃ 的热电阻传感器。

2. 热电阻材料和常用热电阻

作为测量温度用的热电阻材料必须具有以下特点：①高且稳定的温度系数和大的电阻率，以便提高灵敏度和保证测量精度；②良好的输出特性，即电阻温度的变化接近于线性关系；③在使用范围内，其化学、物理性能应保持稳定；④良好的工艺性，以便于批量生产、降低成本。

根据上述要求，纯金属是制造热电阻的主要材料。目前，广泛应用的热电阻材料有铂、铜、镍、铁等，这些材料的电阻率与温度的关系一般都可近似用一个二次方程描述，即

$$\rho = a + bt + ct^2 \tag{3-52}$$

式中：ρ 为电阻率；t 为温度；a、b、c 为由试验确定的常量。

3.6.3 热敏电阻传感器

1. 热敏电阻的特点

热敏电阻是用半导体材料制成的热敏器件，相对于一般的金属热电阻而言，它主要有如下特点：①电阻温度系数大，灵敏度高，比一般金属电阻大 10～100 倍；②结构简单，体积小，可以测量节点温度；③电阻率高，热惯性小，适宜动态测量；④阻值与温度变化呈非线性关系；⑤稳定性和互换性较差。

大部分半导体热敏电阻是由各种氧化物按一定比例混合，经高温烧结而成的。多数热敏电阻具有负的温度系数即当温度升高时，其电阻值下降，同时灵敏度也下降，由于这个原因，限制了它在高温下的使用。目前热敏电阻的使用上限温度约为 300℃。

2. 热敏电阻的结构与材料

热敏电阻主要由热敏探头、引线、壳体构成，如图 3-43 所示。热敏电阻一般做成二端

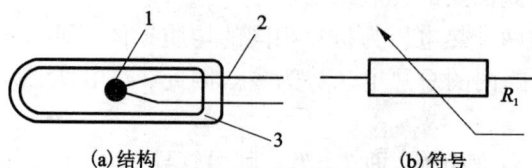

(a) 结构　　　　　　　(b) 符号

图 3-43　热敏电阻的结构及符号

1—热敏探头；2—引线；3—壳体

器件，但也有构成三端或四端的。二端和三端器件为直热式，即直接由电路中获得功率；四端器件则是旁热式的。根据不同的要求，可以把热电阻做成不同的形状结构，其典型结构如图 3 - 44 所示。

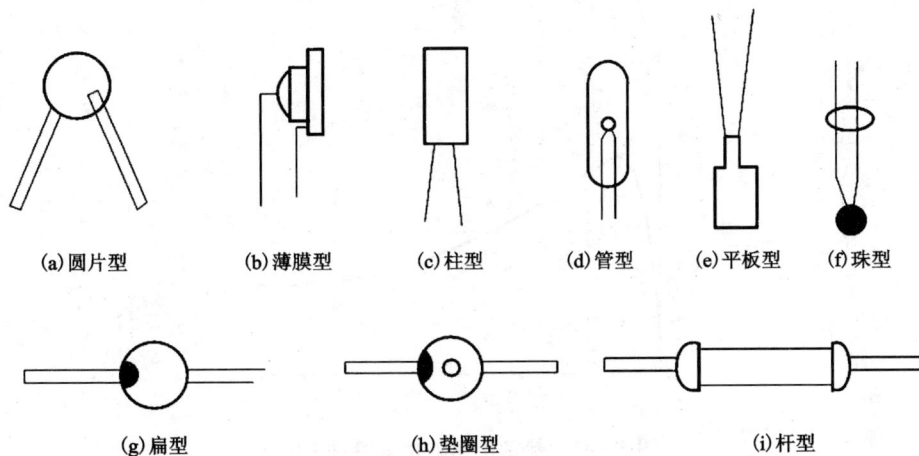

| (a)圆片型 | (b)薄膜型 | (c)柱型 | (d)管型 | (e)平板型 | (f)珠型 |

| (g)扁型 | (h)垫圈型 | (i)杆型 |

图 3 - 44　热敏电阻的结构形式

3. 负温度系数热敏电阻的特性

图 3 - 45 为负温度系数热敏电阻的电阻 - 温度特性曲线，可用如下经验公式描述：

$$R_{\mathrm{T}} = A(T - 1)\exp\left(\frac{B}{T}\right) \tag{3 - 53}$$

式中：R_{T} 为温度为 T 时的电阻值；A 为与材料和几何尺寸有关的常数；B 为热敏电阻常数。

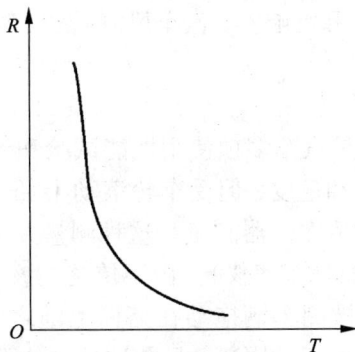

图 3 - 45　负温度系数热敏电阻的电阻 - 温度特性曲线

若已知 T_1 和 T_2 时的电阻为 R_{T1} 和 R_{T2}，则可通过公式求取 A，B 的值，即

$$A = R_{\mathrm{T1}}\exp\left(\frac{B}{T}\right) \tag{3 - 54}$$

$$B = \frac{R_{\mathrm{T1}}R_{\mathrm{T2}}}{R_{\mathrm{T1}} - R_{\mathrm{T2}}}\ln\frac{R_{\mathrm{T1}}}{R_{\mathrm{T2}}} \tag{3 - 55}$$

如图 3-46 所示为热敏电阻的伏安特性曲线。由图 3-46 可见，当流过热敏电阻的电流较小时，曲线呈直线状，服从欧姆定律；当电流增加时，热敏电阻自身温度明显增加，由于负温度系数的关系，阻值下降，电压上升速度减慢，出现了非线性；当电流继续增加时，热敏电阻自身温度上升更快，阻值大幅度下降，于是出现了电压随电流增长而下降的现象。

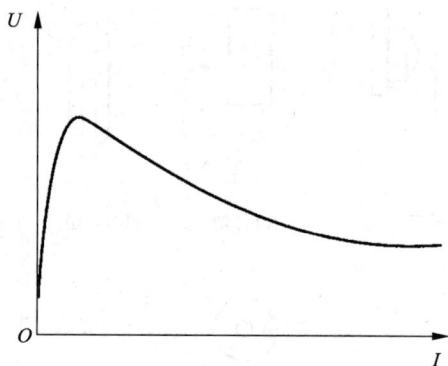

图 3-46　热敏电阻的伏安特性曲线

热敏电阻的应用很广泛，如在家用电器、汽车、测量仪器、农业等方面。

3.7　典型试验仪器及设备

本节主要介绍汽车试验用典型试验仪器及设备(包括车速测量仪、燃油消耗量测量仪、陀螺仪、负荷拖车)、典型试验设施(转鼓试验台、道路模拟试验机、内燃机高海拔模拟试验台、高/低温模拟试验室、消声室和混响室、汽车风洞)及汽车试验场的相关知识。

3.7.1　车速测量仪

汽车行驶速度、时间和位移是汽车多项使用性能试验和评价中必不可少的测量参数，虽然车辆里程表能够指示行驶里程和速度，但受车轮滚动半径、机械传递系统磨损、指示仪表精度等影响，仍然需要专用的高精度仪器测量。这种测量并记录汽车行驶过程的速度、时间和位移的仪器称为车速测量仪(简称车速仪)。由于传统上该仪器为带有传感器的小轮子，试验时与被测车辆固定连接，并由被测车辆拖动在路面上随之滚动，因此常被称为第五轮仪。由于安装便捷和测量精度等影响因素的限制，目前这种与地面接触的接地式车速仪已较少使用，在实际车速测量中常使用非接地式车速仪。非接地式车速仪根据测量原理的不同，比较有代表性的主要有光电式车速测量仪和 GPS 定位车速测量系统。

1. 第五轮仪

第五轮仪，简称五轮仪，是早前用于汽车加速性能、滑行性能及燃油经济性等试验的一种常用仪器。第五轮仪一般由第五轮、传感器、显示器及脚踏开关等组成。图 3-47 所示为 AM2020 型第五轮仪的组成和安装示意图。

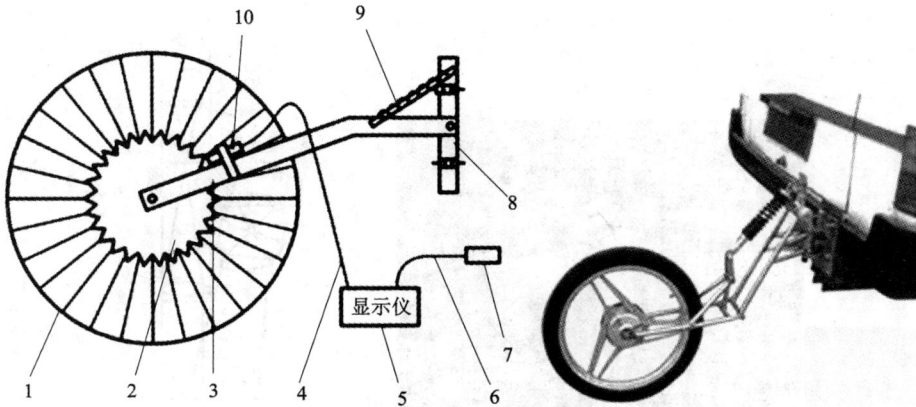

图 3 - 47　AM2020 型第五轮仪的组成和安装示意图

1—第五轮；2—齿盘；3—连接臂；4—导线；5—显示仪；
6—开关导线；7—脚踏开关；8—安装盘；9—加力弹簧；10—传感器

试验时，五轮仪固定在试验车尾部或侧面，当其随汽车运动而转动时，磁电传感器由于齿盘的齿顶、齿谷的交替变化，产生电脉冲，脉冲数量与齿数成比例。脉冲数与汽车行驶距离成正比，脉冲频率与车速成正比，这一比例关系是一个常量，通常称之为"传递系数"，或"传感器系统"。当显示器收到由传感器传递过来的一定频率和数量的脉冲信号时，其自动与"传递系数"相乘得到相应的距离，同时将距离与由晶体振荡器控制的时间相比得出车速，并显示、存储或打印出来。以上过程，在试验中每隔一定时间进行一次，直到试验结束，从而完成试验过程中车速、距离、时间的实时测量。

传递系数与第五轮的周长和齿盘齿数有关。若第五轮实际周长 $L(m)$，齿盘齿数为 n。传感器每感受到一次齿顶齿谷的变化，发送 2 个脉冲信号，则传递系数为 $L/(2n)$（m/脉冲）。由于第五轮的周长随胎压和接地压力变化，因此每次试验前都应进行传递系数的标定。传递系数为固定值，在标定时，应使第五轮实际周长尽可能符合使用说明书的"标准值"。传递系数可变的五轮仪，传递系数一旦标定并输入内存后，试验过程中不允许关机，否则重新标定。

试验过程中要求第五轮必须时刻与地面接触，不能出现打滑，因而限制了试验道路种类的选择范围，不利于非公路车辆对应试验的实施。由于设备精度的限制，这种接地式车速仪不适用于大于 180 km/h 的车速测量。此外，由于设备体积相对较大，不利于携带，仪器安装的便捷性也不好，目前已较少使用。

2. 光电式车速测量仪

光电式车速仪是利用空间滤波原理检测车速的非接地式车速仪。以下以日本小野公司的 LC - 6765 车速测量仪为例说明光电式车速测量仪的原理。

光电式车速测量仪由空间频率传感器和信号处理装置组成。空间频率传感器（图 3 - 48）主要由投光器和受光器组成。投光器将强光射于地面，由于地面凹凸不平，形成明暗对比不同的反射，由受光器中梳状光电管接收。随着车辆的移动，光电管接收地面反射光的明暗变化脉冲，此脉冲频率与车速成正比。明暗交替变化的频率信号经过一定的信号处理即可获得车辆行驶速度。

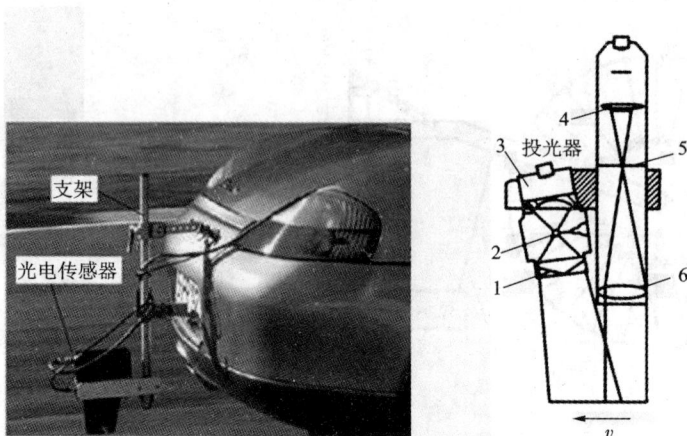

图 3 – 48　空间频率传感器

1—透镜；2—灯；3—反射镜；4—梳状光电管；5—光栅；6—聚光透镜

空间频率传感器的工作原理：以一定间距 P 排列的一排透光格子，当点光源以一定速度相对格子移动时，经过格子列后光的强度就变成了忽明忽暗、反复出现的脉冲状态，此脉冲与光穿过格子的次数相对应，即每移动一个 P 距离变换一次。假设点光源移动速度为 v，光学系统的放大率为 m，则在格子列上移动的光点速度为 mv。这样，一明一暗的脉冲列的周期为 P/mv，即频率 $f = mv/P$，与速度 v 成正比。速度 v 的变化则通过频率 f 的变化表现出来。

与点光源相比，一般的光学投影稍有差异。这种光学投影（凹凸不均的形状）可以看作是许多不同强度的点光源不规则地集中，不改变相互位置，向着一定的方向平行移动的状况。

由此得来的光量，就是从这些点光源一个一个地测量的光量总和。然而，由于点光源的分布和强度都不同，其结果导致相位和亮度全然不同。但因频率完全相同，结果组成了许多仅仅相位和振幅不同的信号，其平均频率为 mv/P。从而可得到相位和振幅均随机平稳变化的信号（窄带随机信号）。通过推测此中心频率可解出移动速度和移动距离。

与接地式五轮仪相比，光电式车速仪安装方便、测量精度高，适用于高速测量，最高测量车速可达 250 km/h。但其光源耗电量大，并且在车速很低时，测量误差大，车速小于1.5 km/h时不能测量。此外，在冰雪路面和潮湿的 ABS 性能测试路面上，由于光电式车速仪是靠内部的空间滤光片传感器接受地面反射来的光进行信号采集，而湿的低附着系数路面无法实现光线的良好反射，导致信号丢失，仪器失效。

3. GPS 定位车速测量系统

GPS 定位车速测量系统主要包括 GPS 接收器和一套数据采集系统。它使用高性能的卫星接收器，利用位置已知的卫星（不少于 4 个）的三维坐标来确定被测目标的三维坐标 (x, y, z)，根据卫星发射的无线信号的传播延时建立三维位置量和时间量的方程，结合测量得到的各卫星与目标位置的距离确定被测目标在地面上的位置，然后计算被测目标的位移和速度。

VBOX（Velocity Box）是基于 GPS 定位系统进行车速测量的典型设备，由英国 Racelogic 公司设计制造，是一套专业测量、记录和分析显示车辆行驶数据的综合性能便携式测量设备。该系统由卫星接收器、主机和多种外接模块及传感器组成，如图 3 – 49 所示。主机可直接获得汽车的速度和移动距离、横(纵)向加/减速度值、充分发出的平均减速度(MFDD)、时间以及制动、滑行、加速等距离。系统附加模块和传感器,可采集油耗、温度、加速度、角速度及角度、转向角速度及角度、转向力矩、制动踏板力、制动踏板位移、制动风管压力等,完成动力性、燃油经济性和操纵稳定性等试验内容。

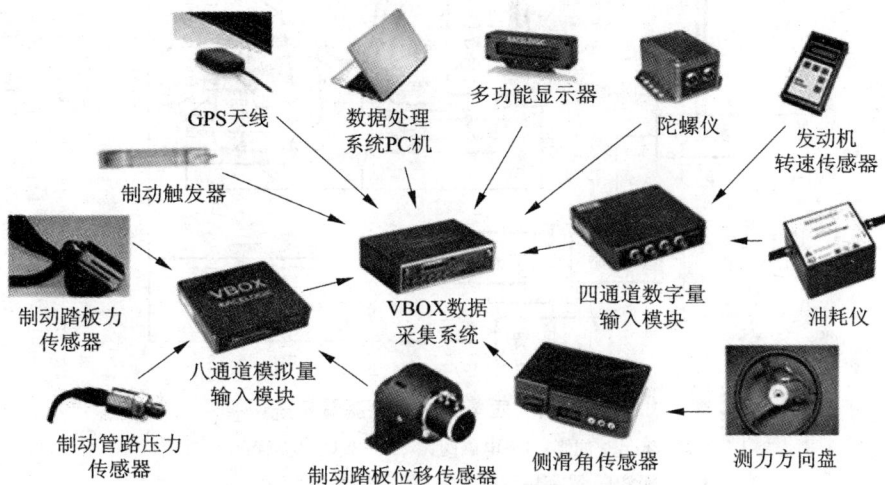

图 3 - 49　VBOX 整车试验数据采集系统

基于 GPS 定位的测量系统的测量精度与光电式车速测量仪相当,且安装便捷,对试验道路环境的要求较低,非常适合汽车综合测试使用。但整套试验设备价格昂贵,一般只有专业检测机构和科研院所采用。

3.7.2　燃油消耗量测量仪

燃油消耗量测量仪又称油耗仪,它可测量某一段时间间隔或某一里程内流体通过管道的总体积或总质量。油耗仪按其测量方法不同,可分为质量式油耗仪和容积式油耗仪。这两种油耗仪都能连续、累计地测量油耗,也都可用于汽车燃料消耗量台架试验。

1. 质量式油耗仪

质量式油耗仪通过测定消耗一定质量燃料所用的时间或测量规定时间内消耗的燃油质量来计算耗油量,测量准确度不受发动机供油系燃油回流的影响。在测量具有回油管路供油系的汽车时,只要使发动机回油管路中的燃油流入称量容器,即可排除发动机回油管路中的燃油蒸气或空气对油量准确度的影响。但质量式油耗仪不适用于动态测试,一般不能用于道路试验,多用于台架试验。

质量式油耗仪由称重装置、计数装置、控制装置组成,如图 3 - 50 所示。

燃油从燃油箱经电磁阀 3 和油管 4 注入称重装置秤盘上的油杯 1 中,通过油管 2 供给被测定的发动机。电磁阀的开闭由两个微型限位开关 10 和 11 来控制,而微型限位开关装在平衡块行程限位器 9 和微型限位开关 10 的继电器上。需要测量的油量由两个光敏二极管以及装在指针上的光源来控制。光敏二极管 5 是固定的,可用于控制记录装置。光敏二极管 6 装在活动滑块上,滑块通过齿轮齿条移动,齿轮轴与鼓轮 7 相连,鼓轮带有以"g"为单位的分度

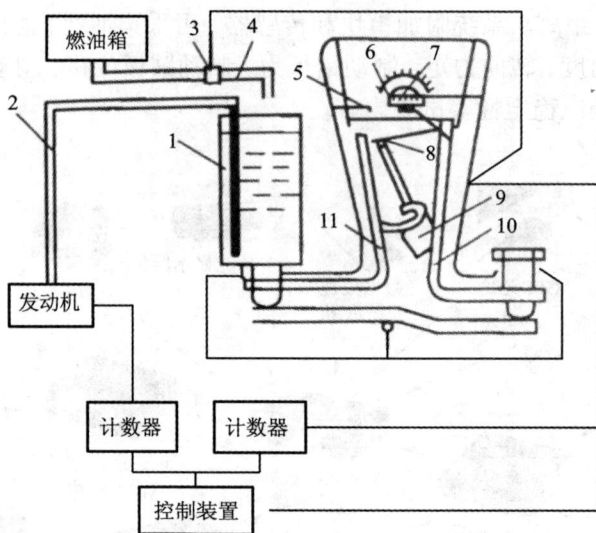

图 3 - 50　质量式油耗仪测量系统

1—油杯；2，4—油管；3—电磁阀；5，6—光敏二极管；7—鼓轮；
8—光源；9—平衡块行程限位器；10，11—微型限位开关

盘。燃料消耗量通过鼓轮的转动可显示在分度盘上。

用这种油耗仪自动测量燃料消耗时，首先给油杯 1 充油，称量称左端下沉。当平衡块行程限位器 9 到达微型限位开关 10 的位置时（微型限位开关 10 起挡块作用），微型限位开关 10 将关闭电磁阀 3 而停止充油。当油杯 1 中燃油流向被测量发动机时，由于质量减轻而使称量称左端上升，通过杠杆机构推动指针摆动，当光源 8 的光束射到光敏二极管 5 上时发出信号，记录仪开始工作。当油杯中燃油耗尽，光束便射到光敏二极管 6 上，它便发出信号使记录仪停止工作。记录仪由两个带数字显示的半导体计数器组成，一个用于计算发动机曲轴的转速，另一个计数器起秒表作用。

注意：质量式油耗仪存在系统误差，即测量时油杯油面发生变化，伸入油杯中的油管浮力的反作用力也变化，造成称量时的系统误差，此项系统误差必须根据汽车油耗量及油杯液面高度变化进行修正。此外，油耗量单位采用 $L/100\ km$ 时，在换算中必须考虑燃油密度与温度之间的关系。

在测量消耗一定质量的燃油所需时间后，按下式计算单位时间内发动机的燃油消耗量。

$$G = 3.6 \times \frac{m}{t} \qquad (3-56)$$

式中：G 为燃油消耗量（kg/h）；m 为燃油质量（g）；t 为测量时间（s）。

2. 容积式油耗仪

容积式油耗仪测量燃油消耗量常用的仪器，通过测定消耗一定容积的燃油所需时间来计算容积耗油量。容积式油耗仪在用于多工况循环试验时可能会出现的问题有：高燃油流量时，过大的压力降可能会影响发动机的供油性能；流速低时，由于通过传感器元件泄漏，测量准确度有下降的趋势，尤其是怠速泄漏，将导致测量准确度下降。

容积式油耗仪按结构可分为活塞式、膜片式、齿轮式和涡轮式，其中活塞式油耗仪应用最广泛。

活塞式油耗仪由油耗传感器和信号转换器组成，如图 3 - 51 所示。转换器将燃油的体积转换为便于计量的旋转件的转动圈数，它由在同一水平面内的 4 个活塞中心曲柄连杆机构组成，如图 3 - 52 所示。四个活塞夹角均为 90°，共用一个曲柄，每个活塞均开有环形槽，用来控制相邻缸的进油和排油。

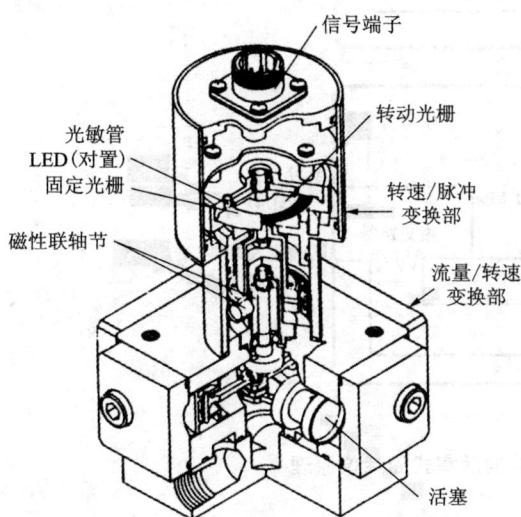

图 3 - 51　活塞式油耗仪结构示意图

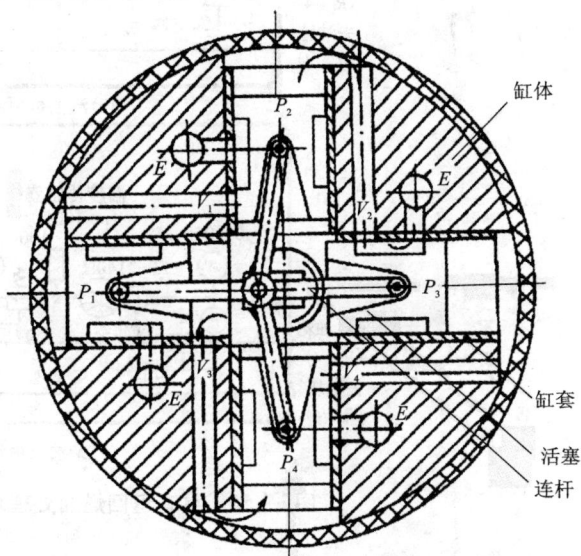

图 3 - 52　活塞式油耗仪结构原理简图

测量时，将传感器串接在发动机供油系燃油泵和喷油器之间，燃油在油泵压力作用下进入转换器的内腔，并推动活塞向上运动，其外腔的燃油经济管道 P_2、活塞上的环槽、出油道 E 和耐油胶管流入高压泵；活塞向上运动的同时，通过连杆带动曲柄轴旋转，曲柄又带动其他三个活塞运动，从而实现曲柄轴的连续转动，各缸按顺序进油、排油。曲柄轴旋转 1 周，各缸分别工作 1 次。由于每个气缸的直径和活塞的行程一定，因此每缸工作 1 次排出的燃油容积是一定的，即曲柄轴旋转 1 周，传感器所排出的油是一定的，从而可以将燃油流量转换为对曲柄转数的测量。

在转换器曲柄轴的一端装有磁性联轴器，将曲柄轴与光电脉冲发生器的转轴连接在一起，曲柄轴转动时，带动脉冲信号发生器输出脉冲信号。脉冲信号的频率按一定比例直接转换成瞬时流量，并显示出来。累计流量为测量时间内接收到的脉冲信号数按比例（因数）转换成的油耗量。

活塞式油耗仪用于电控燃油喷射式发动机时需处理从调压器回流的多余燃油。对于小排量发动机，可以让燃油回流到油耗传感器输出端；对于大排量发动机，由于从调压器返回的燃油压力迅速降低，并且靠近发动机温度较高，将会使输出的脉冲抖动，从而导致很大的测量误差，因此必须采用具有返回燃油处理功能的活塞式油耗仪。如图 3 - 53 所示。从发动机返回的燃油被导入热交换器中按照油箱的温度进行冷却，再被泵出形成循环。

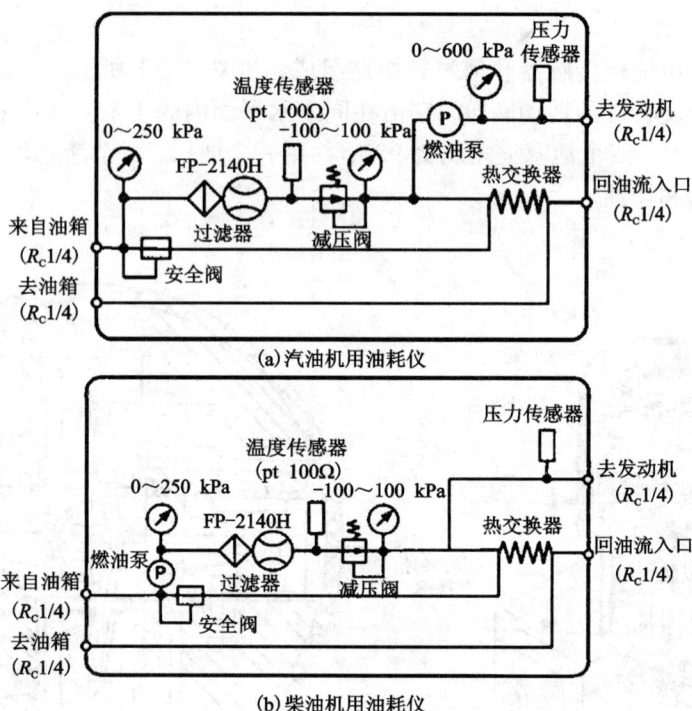

图 3 – 53　具有返回燃油处理功能的活塞式油耗仪原理

3.7.3　陀螺仪

在汽车操纵稳定性试验中，经常要在汽车运动状态下测定某些动态运动参数，如汽车前进方位角、汽车横摆角速度、车身侧倾角及纵倾角（俯仰角）等，这些运动参数通常用陀螺仪进行测量。

1. 陀螺仪基本特性

陀螺仪是一个安装在内、外框架上能高速旋转的转子，并且该转子还能在框架内绕自转轴线上的一个固定点向任意方向回转。这种测量装置具有下述两个基本特性：定向性和进动性。所谓定向性，即转子高速旋转时，除非受到外力的作用，转子轴线的方向将一直保持不变。所谓进动性，即当转子不自转时，若把一个重物挂在内框架上，在重力作用下，内框架将向着重物的作用方向翻转，如图 3 – 54（a）所示；当转子高速自转时，内框架受外力作用时并不翻转，而外框架将绕其自身的转动轴线发生偏转，如图 3 – 54（b）所示。陀螺仪的这两个基本特性可利用动量矩定理解释。

2. 垂直陀螺仪

垂直陀螺仪是具有保持自转轴垂直措施的三自由度陀螺仪，可测量汽车车身侧倾角和俯仰角。图 3 – 55 所示为垂直陀螺仪的结构原理，主要由三自由度陀螺仪、修正装置和指示机构或角度传感器等部分组成。

修正装置由摆式敏感元件和力矩器组成，摆式敏感元件常用液体开关或水银开关；液体

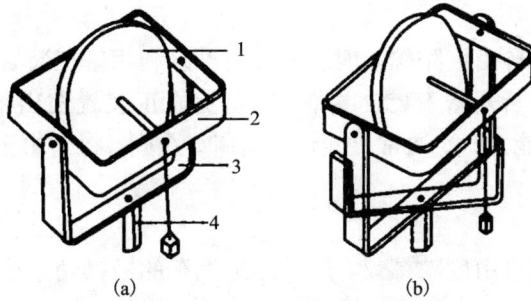

图 3-54　陀螺仪进动性原理图

1—转子　2—内框架　3—外框架　4—支架

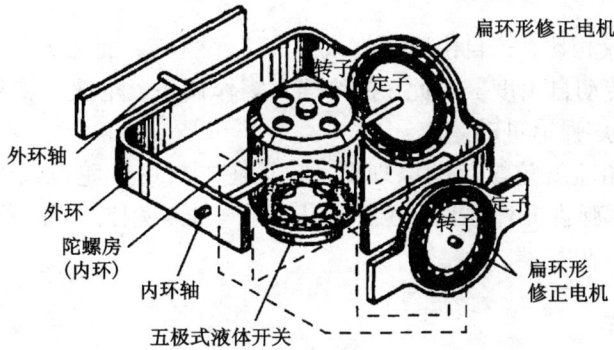

图 3-55　垂直陀螺仪结构原理图

开关实际上是个液体摆，它相当于一个能够传输电信号的气泡水准仪，故其中装的是特殊导电液体并设置有电极。图中示意的液体开关为五级式，其中心电极与液体开关壳体相连，另外 4 个电极均布在壳体上部的圆周上，构成相互垂直的两对电极，液体开关安装在陀螺内框架的底面上。力矩器常用力矩电机，结构做成扁环形或弧形，以使仪表结构紧凑，两个力矩电机分别安装在陀螺内、外框轴方向。

当陀螺外框轴平行于机体纵轴安装时，外框轴和内框轴方向的力矩电机分别称为纵向和横向修正力矩电机，液体开关与力矩电动机的连接电路称为修正电路。当自转轴未偏离垂线时，液体开关保持水平，气泡处于中央位置，均等地盖住 4 个电极表面约一半的面积，中心电极经导电液体至 4 个电极的电阻相等，这时每个力矩电机中两个控制绕组所通过电流的大小相等，方向相反，因而不在陀螺仪上产生修正力矩。

当自转轴偏离垂线时，液体开关随之倾斜，气泡向处于高位的电极移动，中心电极经导电液体至相应一对电极中的两个电极电阻不等，这时相应的修正电机中两个控制绕组所通过的电流大小不等，产生修正力矩作用在陀螺仪上，使自转轴绕框架轴移动，直到液体开关中的气泡处于中央位置为止。利用指示机构或角度传感器测出自转轴绕框架轴的进动角度，即得到车辆的侧倾角与俯仰角。

利用这种陀螺仪测量车身侧倾角最大的问题是由于其自转轴不完全垂直于底面，造成正

87

弦波信号输出，因此，试验前应使汽车以极低的车速转圈行驶，测出由此产生的偏差，以便在数据处理时进行修正。

使用带修正装置的三自由度陀螺仪时，试验前可以利用修正装置将陀螺仪自转轴自动修正到地垂线位置。试验时断开修正装置电路，以避免修正装置发出错误信号（例如由离心力引起的）。但试验时间不能太长，通常可允许数分钟，否则，将会由于其他原因引起自转轴产生漂移而导致测量误差。

3. 角速度陀螺仪

角速度陀螺仪又称二自由度陀螺仪，用来测定汽车的横摆角速度。角速度陀螺仪通常刚性安装在汽车底板上，安装时应保证其敏感轴与地垂线平行，偏差不应大于 $1°$。汽车在稳态转圈时，车身侧倾角对横摆角速度输出影响很小，通常可忽略不计。但在转向和制动联合作用时，应进行修正。为使动态测试值不产生太大的相位滞后，当仪器相对阻尼系数为 0.2 时，其自振频率不应小于 50 Hz。角速度陀螺仪还应保证输入频率为 $0 \sim 2.5$ Hz，其输出是线性的。

与三自由度陀螺仪相比，二自由度陀螺仪只有 1 个框架，而无内外两个框架，故相对基座而言，它少了一个转动自由度。因此，在陀螺力矩作用下，陀螺仪将相对基座绕框架轴转动并出现转角，这称为"强迫进动"。

图 3 - 56 所示为角速度陀螺仪的原理图，它是在二自由度陀螺仪的基础上增设弹性元件、阻尼器等组成的。弹性元件也称定位弹簧，一端与框架相连，另一端与壳体相连。阻尼器用空气阻尼器或液体阻尼器。

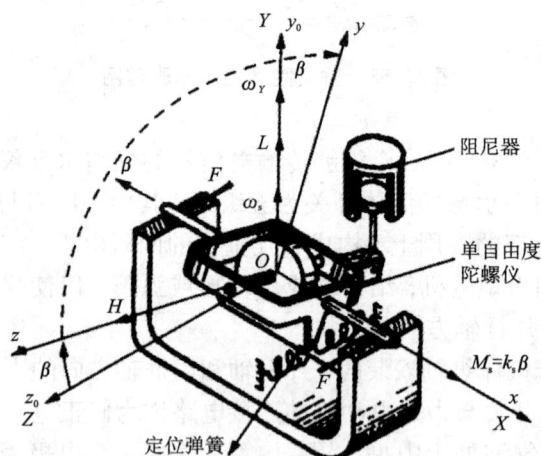

图 3 - 56　角速度陀螺仪的原理图

根据二自由度陀螺仪特性可知，当基座绕二自由度陀螺仪缺少自由度的轴线方向以角速度 ω_Y 转动时，由于支承推力矩 L 的作用，使陀螺仪产生绕内框轴的进动，进动转角为 β，定位弹簧便发生弹性变形而产生绕内框轴的弹性力矩 M_s 作用在陀螺仪上。弹性力矩的方向（图中为绕内框轴 O_x 的正向）与陀螺仪绕内框轴的偏转方向相反，弹性力矩的大小与陀螺仪绕内框轴相对转角 β 的大小成正比，可表达为：

$$M_s = k_s \beta \tag{3-57}$$

式中：k_s 是定位弹簧的弹性系数（N·m/rad），即在单位转角下定位弹簧所产生的弹性力矩。

当基座转动的方向改变为相反方向时，陀螺仪绕内框轴的进动方向也随之改变。

3.7.4　负荷拖车

负荷拖车用以给试验车辆提供负荷，是一种现代化的车辆测试设备。在进行车辆性能试验时，利用该设备可以在平坦的试验路面上模拟车辆的各种行驶工况。负荷拖车有两类：有动力负荷拖车和无动力负荷拖车。二者的区别在于前者既可以被拖动，也可以自己行驶；而后者只能被拖动行驶。下面将以无动力电涡流负荷拖车为例，介绍负荷拖车的结构及工作原理。

1. 负荷拖车的结构

负荷拖车是电子元件和机械部分的组合。无动力电涡流负荷拖车的主要组成包括：功率吸收器，力传感器，速度传感器，手控盒，计算机等。

(1)功率吸收器。负荷拖车所产生的负荷就是由功率吸收器提供的。功率吸收器是一种能从试验车辆吸收能量的电子机械装置，它能将旋转的动能转变为热能并予以吸收。吸收能量的多少由供给功率吸收器的电流大小决定，电流大小的调节由 DC/DC 控制器完成，而 DC/DC 控制器又是由计算机来控制的。

电涡流负荷拖车的功率吸收器由定子和转子两部分组成，其中定子绕有 16 组电磁线圈。只有在电磁线圈有电流，而且在转子转动的情况下，功率吸收器才能吸收能量，负荷拖车才能产生负荷。

负荷拖车的车轮轮轴通过传动系与功率吸收器的转子相连，当拖车由车辆牵引前进时，车轮滚动，从而带动转子转动。但如果此时没有给定子的电磁线圈供电，功率吸收器将不吸收能量。当计算机发出指令控制供给功率吸收器电磁线圈的电流时，功率吸收器才能吸收能量。其表现为定子中的 16 个线圈产生 16 个磁场，转子在转动中不断切割磁力线，每次切割都使转子中的固有微粒被极化或重新极化一次，微粒周围则产生杂乱的分子电流，组织磁场发生磁通量变化，转子受到与其转动方向相反的阻力矩，阻力矩再通过传动系传递到车轮，于是产生了拖车的负荷。微粒被极化或重新极化的过程要吸收能量，这就是功率吸收器将动能转变为热能并予以吸收的过程。通过调节电磁线圈中的电流，可以控制极化或重新极化微粒的数量，从而达到控制拖车负荷大小的目的。

(2)力传感器。力传感器在拖车的前部，用于测量拖车施加于被试车辆的负荷。试验时，负荷拖车产生负荷，力传感器受载，它将载荷转换为电信号并输入计算机进行处理。

(3)速度传感器。速度传感器安装在负荷拖车的轮轴传动系上，用于测量负荷拖车的速度，即被试车辆的速度。试验时，负荷拖车的车轮转动，速度传感器将产生脉冲信号并输入计算机。

(4)手控盒。手控盒是与计算机相连的有线盒子，在试验时控制负荷拖车加载与否。控制盒上有两个按钮，绿色的为开始触发按钮，红色的为结束触发按钮，相对应的有绿、红两个指示灯。另外还有两个调节负荷拖车速度与负荷大小的调节开关，所希望的目标值能在计算机屏幕上显示出来。

(5)计算机。这里的计算机是一个车载便携式电脑。负荷拖车具有足够长的连线，试验时，计算机接信号线和电源线，启动负荷拖车控制程序，试验人员在被试车辆上可控制拖车模拟各种试验工况。

2. 负荷拖车的工作原理

负荷拖车在试验时作为一个可调负荷拖挂在试验车辆之后,用以调节试验车的负荷。试验中试验车拖挂负荷拖车后的受力情况如图 3 - 57 所示。其受力平衡方程式为:

$$P_k = P_w + P_f + P_g \qquad (3-58)$$

式中:P_k 为试验车牵引力(N);P_g 为试验车拖钩牵引力(N);P_w 为试验车空气阻力(N);P_f 为试验车轮胎滚动阻力(N)。

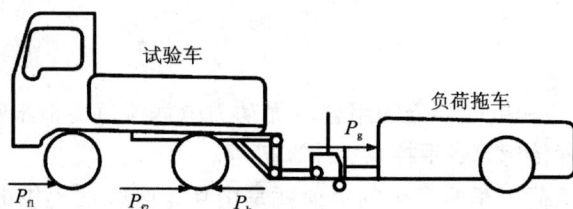

图 3 - 57　试验车受力情况

为测取试验车拖钩牵引力,在负荷拖车上设有测力传感器。试验时,负荷拖车由被测车辆牵引前进,拖车车轮滚动,通过传动系带动交流发电机给车载蓄电池充电;同时还带动功率吸收器,通过功率吸收器吸收能量,对转子产生制动阻力矩,制动阻力矩传到拖车车轮使其制动,由车轮与地面的摩擦所产生的摩擦阻力给前面的被测车辆施加负荷。而负荷拖车的控制单元计算机由蓄电池提供电源,试验人员可以通过操作计算机输入所要求的各种不同的负荷及速度目标值,再由计算机向 DC/DC 控制器发出指令,由 DC/DC 控制器调节蓄电池供给功率吸收器定子中电磁线圈的电流大小,从而改变负荷拖车的负荷,达到所要求的目标。计算机作为负荷拖车的主控单元,用来选择负荷拖车的控制模式并发出指令,而力传感器和速度传感器则向计算机传送负荷及速度的反馈信号。一旦计算机选定了负荷/速度参数,它将不断比较控制目标信息和实际的反馈信息,如果二者不符,它将传给 DC/DC 控制器来调整指令,改变负荷拖车的负荷,直到二者一致,达到控制要求。

负荷拖车可用于汽车的牵引性能测试、汽车滑行阻力及滑行阻力系数的测定、模拟汽车爬坡以及为试验车辆提供可以调节的稳定负荷。

3.8　典型试验设施

3.8.1　转鼓试验台

转鼓试验台也称作底盘测功机,是检测汽车底盘输出功率及其相关参数的一种检测设备。它以转鼓表面模拟路面,通过加载装置给转鼓轴施加负荷以模拟汽车在实际行驶时的阻力,以可调风速的供风系统提供汽车迎面行驶风,从而在室内实现汽车道路行驶工况的模拟。

1. 转鼓试验台分类

（1）单转鼓（滚筒）试验台

图 3 - 58 所示为单转鼓试验台，其转鼓直径越大，车轮在转鼓上转动就越像在平路上滚动。但增大转鼓直径，试验台的制造和安装费用将显著增加，所以一般鼓径均在 1500 mm 以上，2000～2500 mm 以下。单转鼓试验台对试验汽车的安放定位要求较严，车轮与轮鼓的对中比较困难，但试验精度比较高，故主要用于汽车制造厂和科研单位。

（2）双转鼓（滚筒）试验台

图 3 - 59 所示为双转鼓试验台，其转鼓直径比单转鼓试验台的要小，一般为 185～400 mm，随试验车速而定。转鼓曲率半径小，轮胎和转鼓的接触情况与在道路上的受压情况不一样，故试验精度较低。但对试验车的安放要求不高，使用方便，适于维修保养企业及汽车检测站在对汽车技术状况检查和故障诊断时使用。

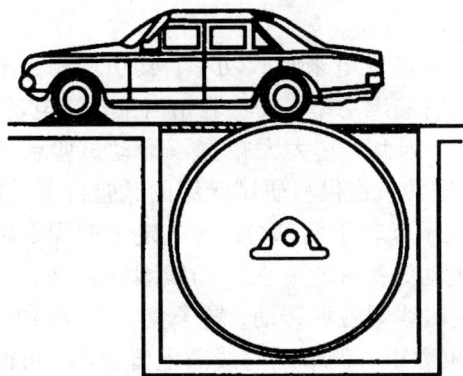

图 3 - 58　单转鼓（滚筒）试验台

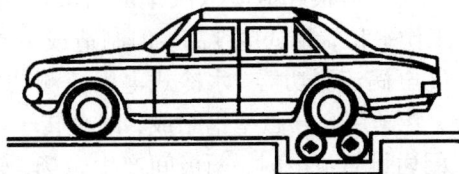

图 3 - 59　双转鼓（滚筒）试验台

2. 转鼓试验台结构

转鼓试验台一般由加载装置、测量装置、转鼓组件、举升装置、纵向约束装置以及测控管理系统等组成。图 3 - 60 所示是转鼓试验台机械部分的组成示意图。

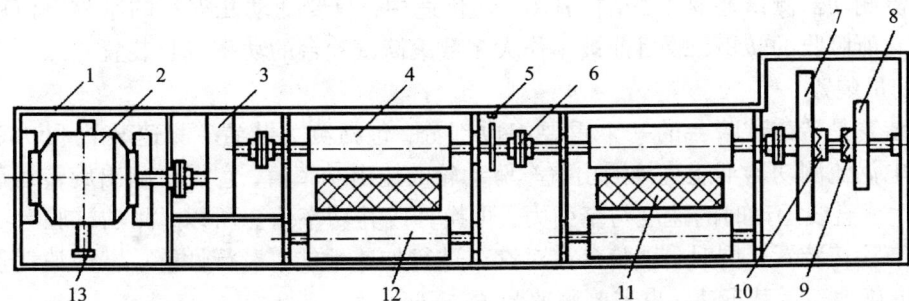

图 3 - 60　转鼓试验台机械部分的组成示意图

1—框架；2—电涡流测功机；3—变速器；4—主动滚筒；5—速度传感器；6—联轴器；

7，8—飞轮；9，10—电磁离合器；11—举升器；12—从动滚筒；13—压力传感器

（1）加载装置

汽车在转鼓试验台上进行性能测试或技术状况检验时，要求试验台能模拟汽车在公路上行驶时所受的各种阻力。汽车行驶时的内部阻力是由于汽车传动系统的摩擦所引起的，在道路和试验台上是一样的，但外部阻力却不同。汽车在道路上行驶时，其外部阻力是由于前后轮的滚动阻力、车轮轴承的摩擦和空气的作用引起的。但汽车在试验台上运转时，只有驱动轮在运动。因此，空气阻力、爬坡阻力和从动轮的轴承摩擦等只能通过调节试验台上测功器的负载加以模拟，以使汽车的受力情况与在道路上行驶时一样。

功率吸收装置是用来吸收并测量汽车驱动轮上的功率和牵引力，转鼓试验台通常采用的测功器有水力测功器、电力测功器和电涡流测功器等几种类型。

①水力测功器。用水作为制动介质，水在测功器的转子和定子间起联结作用，利用转子对水的冲击、切割和摩擦产生的阻力来消耗功率，通过调节进出水量，可得到不同的制动功率。在水流量一定时，测功器的制动扭矩随转子转速的增加而提高，这种测功器在大功率测量时性能稳定，造价较低但精度不高。

②电力测功器。又称平衡电机，作为负载用时，通过发电来吸收功率，其功用相当于直流发电机，但平衡电机还可以作为驱动机械用，此时它输出功率，其功能相当于直流电动机。电力测功器可很好地模拟汽车的行驶阻力和惯性力。因此，它大大拓宽了滚动试验台的用途，工作平稳，测试精度高，但制造成本也高，所以通常只在供科研试验用的试验台上采用。

③电涡流测功器。水冷式电涡流测功器主要由定子和转子两部分组成，定子四周有励磁线圈，转子用高导磁率钢制成，圆盘转子与试验台主动滚筒相连，在磁场线圈间转动。当励磁线圈通过直流电时，两极间产生磁场，转子通过励磁线圈磁场转动，转子盘上产生涡电流。由于涡电流和外磁场相互作用，对转子盘产生制动阻力矩。调节励磁线圈电流大小，可改变制动阻力矩范围。

电涡流测功器将吸收汽车驱动轮功率而产生的涡电流转变为热能，经空气或水散失掉。因此，电涡流测功器分为水冷式和风冷式两种。水冷式电涡流测功器散热性能较好，因而能测量较大的持续功率，运转噪声小，但制造成本较高。风冷式电涡流测功器，要保证很好地散热，转子盘必须做成风扇式，让周围空气带走热量。但这种转子盘将使测功器的功率消耗增加，且转速越高消耗的功率越大，车轮在转鼓上就越像在道路上滚动。

电涡流测功器测试范围广、结构紧凑、造价适中，只要变动几安培的励磁电流就可以自由地控制它所吸收的转矩，故目前被用作大多数滚筒试验台的功率吸收装置。

（2）测量装置

测量装置是转鼓试验台的一个重要组成部分，包括测力装置、测速装置和功率指示装置。因为电涡流测功器不能直接测出汽车驱动轮的输出功率值，它需要测出旋转运动时的转速与转矩，或直线运动时的速度与牵引力，再换算成其功率值。所以，测功试验台必须备有测力装置与测速装置。同时，试验台在对汽车进行加速性能、滑行性能、燃油消耗量等检查时，都要准确地表示其车速，也需要测速装置。

①测力装置。测的是转鼓轴上的转矩，经变换后即得到作用在驱动轮上的切向力。在测功器的定子对其转子施加制动作用的同时，定子本身便受到大小相等方向相反的反作用力矩。由于定子是可摆动的，故该力矩是由定子经一定长度的杆臂，传给测力装置，然后由仪表指示出其数值。测力装置有以下几种主要形式：

a. 液压测力装置。它由一个充满液体的测压传感器、标准压力表和连接油管组成。测功器定子杆臂的端部压在传感器上，压力传感器通过液体把压力传到压力表。仪表指示精度一般为 2%。

b. 机械测力装置。这种装置是倾斜平衡器式。作用在测控器定子上的反作用转矩，通过传动机构使倾斜平衡器上的摆锤偏转，其偏转角与转矩的大小成正比。摆锤偏转的角度以力的单位表示在刻度盘上。这种装置可靠且精确，其精度在 0.5% 以内，但成本较高。

c. 电测力装置。一般的电测力装置由具有螺旋弹簧的测压盘、测试电位计、指示仪表及电源等组成。测功器定子杆臂的端部压在测压盘上。测压盘内弹簧压缩变形的程度，由测功器扭矩的大小而定。弹簧的变形通过电位计转换为电量，在指示仪器上以力的单位指出。测试弹簧误差约 2%，指示仪器精度为 1.5%～2%，总的测量误差在 3% 左右。

d. 电转矩仪。它由转矩传感器和转矩指示器组成。转矩传感器串接在转鼓轴和测功器轴之间，其两端通过连接凸缘由转鼓和测功器支撑。通常用铁丝等将传感器的定子轻轻地固定住，以防其摆动。有的传感器在其定子上有结实的支架，可以紧固在底架上。转矩的数值由转矩指示器示出。

②测速装置。现多为电测式，由测试发电机和毫伏电压表组成。利用直流发电机的电压与转速成正比关系的测试装置，其精度约为 2%，且易受温度影响，而利用交流发电机的电压测速装置，其精度较高，约为 1%，已被广泛采用。

③功率值标度。液压测力装置和机械测力装置分度盘上的指示值多是以牛顿为单位的力，即汽车驱动轮上的牵引力，这时汽车驱动轮的功率系根据牵引力与其相应的车速算出的。在电测装置中，可直接指示功率值。在一定力或转矩的作用下，测试电位计的电量与相应车速的测速发电机的电量同时输入功率指示仪，在其刻度盘上可直接指示出功率值。

（3）转鼓组件

①转鼓。一般情况下，转鼓均是用钢制成的，并采用空心结构，转鼓表面可以是光滑的，也可以是轻度粗糙的。对于双转鼓制动试验台，为提高转鼓表面的附着系数，有的转鼓表面被制成波纹状或带有凸台，或在转鼓表面上黏结一层摩擦性能良好的专门塑料。在实际使用中，带有凸台或表面焊有钢丝网的转鼓能获得良好的效果。对于测定或检验汽车动力性和燃油经济性的转鼓试验台或模拟汽车行驶工况的转鼓试验台上的转鼓，其表面多为光滑的，车轮与光滑鼓面间的附着能力能够产生足够的牵引力。对于供汽车振动试验用的转鼓试验台，其转鼓表面有的覆盖一层厚度按正弦规律变化的木块，有的则按所要模拟的道路振动特性而做成凸凹不平的形状。转鼓直径对轮胎发热有直接影响，轮胎在转鼓上滚动时，转鼓直径小则轮胎的摩擦功增加，长时间高速运转，其温度升高将使胎面可能达到临界温度而较早损坏。因此，当速度达 200 km/h 时，转鼓直径应不小于 350 mm；当速度达 160 km/h 时，转鼓直径应不小于 300 mm。

②飞轮。在测定稳定工况下的汽车性能时，在转鼓试验台上只装有作为负载的测功器，而且希望旋转部分的惯性矩应尽量小，以减小惯性对测试装置的影响。而在测定非稳定工况的汽车性能时，为模拟汽车质量，试验台旋转质量的动能应与行驶汽车的动能相等。因此，必须采用惯量可调节的飞轮、传动比可以改变的增速器或通多电力驱动的调节来改变试验台旋转质量的动能，以适应各种车型的需要。

（4）汽车举升装置

安装在试验台的主动和从动滚筒之间。在测试前,将举升器升起,使汽车进入试验台。在测试时,将举升器降下,使车轮接触滚筒并驱动滚筒转动。测试完毕后,升起举升器,使汽车顺利驶出试验台。

(5)纵向约束装置

为保证汽车在转鼓上运行时车轮能稳定地置于准确的位置,必须防止汽车在转鼓上的纵向移动,否则,将出现与实际行驶状态完全不同的运动特性。因此,必须使用纵向约束装置。

纵向约束装置的使用方法有两种,即从动轮与钢丝绳固定。若汽车的所有车轮都在转鼓试验台上运转,则汽车的前、后、左、右或用张紧的钢丝绳,或用图3-61所示的方法加以固定。

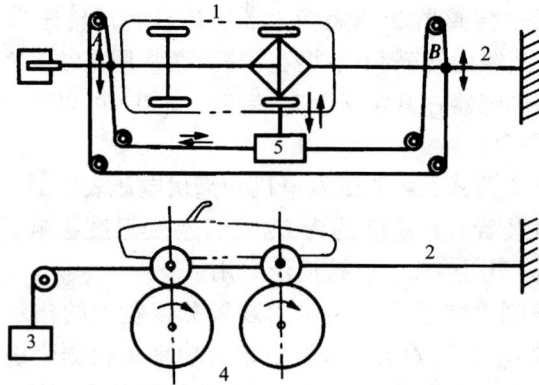

图3-61 钢丝绳固定法

1—试验车;2—前、后限制用钢丝绳;3—重锤;4—转鼓;5—位移测量器(伺服电动机)

用横向位移限制器测出后轴的横向位移,并通过伺服电动机使 A 和 B 两点有相同的横向位移。这样,后轴中心总是保持在 AB 线上,从而消除了随着汽车的横向位移和倾斜所产生的横向力。

(6)轮胎冷却装置

汽车在转鼓上长时间运转时,轮胎就会过热。因此要用鼓风机向轮胎直接吹风,使它冷却,以防止过热。冷却用的鼓风机安装在地坑覆盖板上,有的鼓风机能随鼓风机运转产生的风压自动调节其出风口开度。

(7)测控管理系统

汽车转鼓试验台计算机测控管理系统是以工业控制计算机为核心的多功能测试系统。整个测控系统包括计算机、多功能控制卡、可控硅及控制电路等。转鼓试验台采用智能仪测控仪表,能对模拟信号和脉冲信号进行采集处理,输出模拟量和开关量控制信号。它的有效性可以通过嵌入计算机的应用程序来调配,也可通过应用程序的补偿措施得以改善和提高。

3. 转鼓试验台工作原理

(1)汽车驱动轮输出功率测试原理。驱动轮输出功率的测试有恒速测功和恒扭测功两种方式,两种方式的原理基本相同。当滚筒稳定旋转时,定子上测力杠杆所测力矩与驱动轮对滚筒的驱动力矩相等。根据测力装置与测速装置的测量值,由下式可得驱动轮的输出功率。

$$P = \frac{T_t \cdot n}{9550} \qquad (3-59)$$

式中：P 为驱动轮的输出功率（kW）；T_t 为驱动轮的驱动力矩（N·m）；n 为滚筒的转速（r/min）。

（2）汽车滑行能力测试原理。汽车驱动轮首先带动滚筒装置、飞轮机构以相应转速旋转，此时滚筒装置和飞轮机构具有的动能与汽车道路试验时具有的动能相等。汽车摘挡滑行后，储存在滚筒装置、飞轮机构内的动能释放出来，驱动汽车驱动轮和传动系统旋转，滚筒继续转过的圆周长与汽车路试时的滑行距离相对应。

（3）汽车传动系统传动效率测试原理。汽车传动系统传动效率是指驱动轮输出功率与发动机有效功率的百分比。

利用转鼓试验台反拖测得传动系统消耗的功率，即在测得汽车驱动轮的输出功率后，立即踩下离合器踏板，存储在飞轮系统中的汽车行驶动能将反过来拖动汽车驱动轮和传动系统运转，运转阻力作用于滚筒，从而可得反拖驱动轮和传动系统消耗的功率。

另外，有的转鼓试验台带有变频调速器和大功率电机组成的反向驱动系统，可直接通过电机反拖来测量汽车底盘以及测功机台架本身的损耗功率。

（4）车速表与里程表校准。在转鼓试验台上测量汽车行驶速度是一项基本功能，用它来测量车速表的误差非常方便。由于转鼓试验台是按照车辆高速行驶的要求设计的，它可在较大范围内对车速表的误差进行校准。

测试前，在测试系统中输入要校正的速度点，然后使汽车以该设定车速行驶，当转鼓试验台测速装置所显示的车速达到该车速时，检查车速表指示值，该指示值与设定值间的差值即为车速表在该设定车速下的误差。

里程表的校准方法与车速表类似。先设定某一校准的里程数，然后让汽车在转鼓试验台上以某一速度运转，到达预期的里程表读数值时使测试系统程序停止记录距离，待车速降为 0 后完成测试。将测试系统显示的汽车实际驶过的距离值与里程表读数值比较，即可知道该里程表装置的准确性。

（5）其他项目检测。转鼓试验台除用于上述几项测试外，还可用于汽车加速性能、最大爬坡度和最高车速的测量。转鼓试验台与排气分析仪和油耗仪配合使用，还可测试汽车多工况排放指标和油耗指标。

3.8.2　道路模拟试验机

道路模拟试验机是将整车或车辆的部分总成、构件置于试验机上，通过激振机构进行加振，所施加的振动应能尽量正确地再现在实际车辆上产生的现象。因为试验机能再现汽车实际行驶中遇到的各种复杂工况，所以叫道路模拟试验机。在道路模拟试验机上进行试验的优点是试验条件恒定，可实施复杂的振动测试，可精确地测定和观察汽车各部分的振动状态，这是道路行驶试验所不具备的，因此被日益广泛采用。

由于道路模拟试验机主要用于低频范围的振动问题研究，所以，试验时需要大型的频率低、激振力和振幅均很大的激振设备。激振机构有电磁式振动台和电子液压式振动台两种，通常使用的是后者。除此之外，还可以将近似于各种路面的凹凸版安装在转鼓上，进行车辆振动试验，此方法较接近于车辆前后方向振动输入的实际状况。

1. 道路模拟试验机的试验内容

道路模拟试验机可以比较准确地再现预定路面、预定行驶条件下汽车的运动情况，再现振动环境。就功能来说，其可展开的试验主要有两大类。

（1）汽车振动性能研究。主要研究汽车本身的振动特性，如汽车平顺性评价、悬架特性研究评价、模态试验等。此类功能的道路模拟试验机要求激振的幅值不大（20 mm 左右），但频率范围要足够宽（0～200 Hz）。

（2）汽车结构耐久性试验。该试验主要是给予汽车以苛刻的路面负荷，达到耐久性试验的目的。一般以汽车在实际路面行驶时的期望响应点的响应信号为目标，通过迭代再现汽车在实际路面上行驶的响应。该类模拟试验机激振振幅必须足够大（达到 250 mm），而激振频率低（0～50 Hz），这种试验对新开发的样车或车身是必需的。

2. 道路模拟试验机的基本组成

道路模拟试验机的组成按其功能可分为五大部分。

（1）信号产生系统：主要包括计算机及其外围设备、磁带记录仪、函数发生器等。计算机可以按照预定程序不断发出指令信号，并不断对试件振动情况进行检测，能对随机数据进行分析处理，在建立驱动信号时有迭代逼近的功能。

（2）电控系统：将指令信号加以处理变成电驱动信号，并通过闭环严格地控制执行机构，准确地完成各种指令动作。当前电控系统已全部实现数字量控制，并与计算机结合到一起共同完成复杂的控制功能。

（3）伺服控制系统：将不断变化的电信号对应地转换成动力液压油的流量及压力输出，主要部件是伺服阀。

（4）机械执行系统：激振机构常采用电子液压激振器，其将动力液压油的流量及压力转换成机械运动，通过一定的卡具驱动被测试汽车，并将运动情况反馈到电控系统。主要包括作动器、位移传感器、压差传感器、夹具等。

（5）动力供给系统：提供稳定液压驱动力，主要包括液压泵站、储能器、分油器、液压管道等。

3. 道路模拟试验机的工作原理

图 3-62 所示为该试验台的工作原理简图，它有 4 个电子液压激振器，汽车的 4 个车轮直接放在激振器上部的工作台上。试验时，从油压泵 6 输出的高压液流，在电子伺服阀 3 的控制下，进入激振器内双向作用的工作油缸 4，使工作台作上、下往复运动。装在激振器柱塞下端的位移传感器 5 检测所得的位移量，在检测放大器中按正比转换为电信号，该信号在校正放大器 2c 中，与磁带记录仪、函数发生器或其他特定仪器输出的指令信号进行比较和校正形成控制信号，并在校正放大器内放大，然后输入到伺服阀，使激振器的柱塞按指令信号工作。因此，伺服阀、装有柱塞的工作油缸、位移传感器、检测放大器以及校正放大器便构成一个具有按柱塞位移进行反馈的封闭校正回路。

液压激振器的操纵是借助于记录仪 1b，通过放大器 2b、遥控台 1a 和标准信号发生器 2a 等来实现的，在上述封闭校正回路中起主导作用的是电子伺服阀。激振器工作时所需的高压液流由泵站供给，除了高压油泵外，还包括贮油池、过滤器和油液冷却器等。高压油泵的功率通常为 5～200 kW，排量为 12～600 L/min，供油压力为 19600～29400 kPa，当要求的排量大时，通常采用多泵同时供油。汽车振动试验的特点是静载荷大，相对动载荷小，因此采用

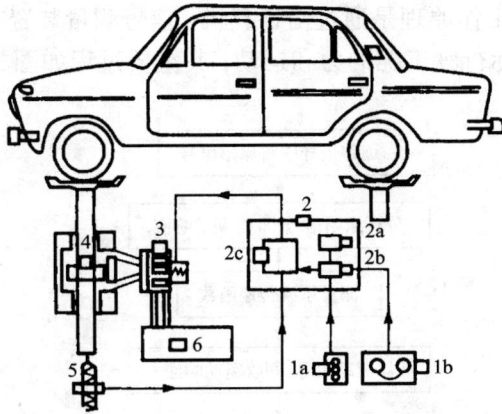

图 3 - 62 道路模拟试验机的工作原理

1a—遥控台；1b—磁带记录仪；2a—标准信号发生器；2b—放大器；2c—校正放大器；3—电子伺服阀；4—工作油缸；5—位移传感器；6—油压泵

了贮能器来支承静载荷，这样可减少泵站的排量和功率消耗。

道路模拟试验机的闭环数控系统如图 3 - 63 所示。闭环数控系统是实现室内再现技术的关键。试验时，将规定的载荷谱输入到计算机中，由计算机中输出的控制信号，经由数模转换器，将数字信号转变为模拟信号，通过功率放大器去控制激振器的动作，以进行各种试验。各种传感器从被试对象上取出各种加载后的信息，经由电荷放大器输入到数模转换器，将模拟量数字化。数字量的信息被输入到快速傅里叶解析器中，求出傅里叶系数，送入计算机中与标准载荷频谱进行比较，并进行相应的修正，然后再将修正的频谱重新传递给加载系统，通常须经过若干个这样的过程才能使加载程度达到所要求的水平和预定的精度与标准。

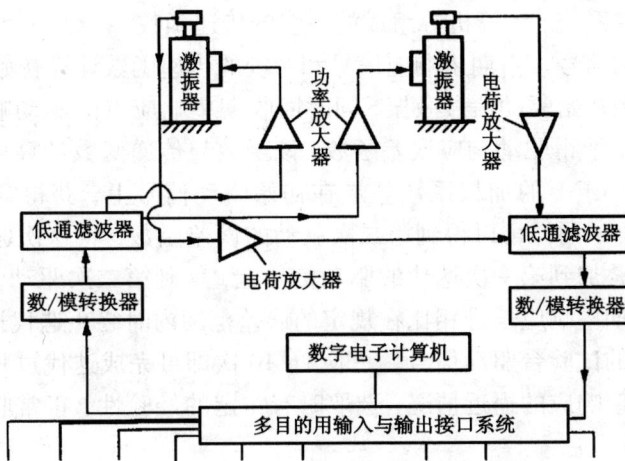

图 3 - 63 道路模拟试验机的闭环数控系统

4.道路模拟试验机的工作过程

道路模拟技术的基本工作原理是通过由计算机、信号测量装置和液压伺服系统组成的道路模拟系统,再现汽车实际行驶工况的力和运动,其主要过程如图 3 – 64 所示。

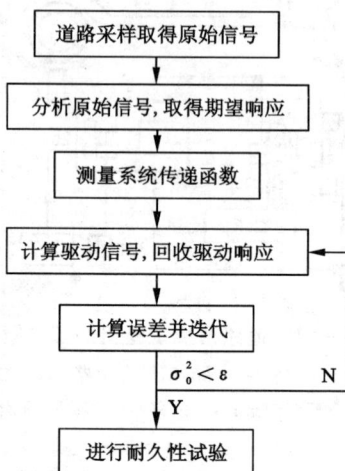

图 3 – 64　道路模拟的基本过程

(1)数据采集(也称路面采样)。试验车辆在选择的路段按试验要求行驶,通过传感器、前置放大器和信号记录装置,同时记录各期望响应点的控制变量(如加速度、应变等)的时间历程。

(2)数据编辑。将道路上记录的信号输入到计算机,按试验要求所确定的准则对原始信号进行取舍、编辑,从而获得机车在模拟机上再现路面振动的相应期望信号。

(3)求系统的传递函数。将试验车辆置于道路模拟机上,求出由汽车、传感器、前置放大器、试验台架、电控系统、计算机等组成的系统的传递函数。

(4)导出初始驱动信号。由期望响应信号和系统的传递函数计算初始驱动信号。

(5)迭代过程。用初始驱动信号激振,同时回收期望响应点的驱动响应信号。将此信号与期望响应信号比较,取得驱动响应误差函数,该函数与传递函数计算可以得出驱动的误差函数。将此函数乘以小于 1 的加权系数叠加在初始驱动信号上,获得第一次迭代的驱动信号,用该信号激振汽车,同样可以得到第二次驱动的误差函数,将这次驱动的误差函数又乘以小于 1 的加权系数叠加到第一次迭代的驱动信号上,得到第二次驱动信号。如此重复,直到回收的响应信号与期望响应信号相比在规定的误差范围内时终止迭代过程。最后一次迭代的驱动信号即是正式的试验台驱动信号,一般 5 ~ 10 次即可完成迭代过程。加权系数的选择取决于驱动响应对希望响应的逼近情况,选取时有一定的经验性,正常收敛的迭代过程一般选取系数为 0.3 ~ 0.6。

(6)程序循环试验。最终驱动信号可存储于计算机,计算机将驱动信号不断循环地发出,激励汽车振动。

5.有关道路模拟试验的几个问题

(1)试验机与汽车的耦合方式

试验机与汽车的耦合方式根据试验机对被试车辆的输入形式不同分为如下两类：

①轮耦合。在作动器的活塞杆上有托盘或平面钢带，汽车车轮置于其上，主要模拟道路垂直冲击振动，适用于研究汽车悬架系统的特性，以及考核汽车的行驶系和承载系的可靠性等。

②轴耦合。将汽车车轮去掉，用夹具夹住汽车的轴头，再与作动器联结，该耦合方式可对轴头施加 3 个方向的载荷，可以模拟驱动力、制动力、侧向力对汽车的影响，适用于对轻型载货车和轿车的试验。除一般的整车考核外，能更好地考核汽车钣金件的可靠性。设计卡具时应考虑惯性力和运动干涉等，对卡具的质量和几何尺寸有一定的要求。

（2）再现方式

①时间域再现（波形再现）。在试验室内严格地再现汽车在采样路面上的时间历程，其特点是能准确地描述非平稳随机过程，对被试汽车激振点与响应点之间的线性程度要求较低。由于再现较直观，所以应用比较广泛。

②频率域再现（功率谱模拟）。在试验机上保持汽车的振动功率谱与期望响应的功率谱相同，对具体的时间历程无特殊要求。它要求汽车在道路采样时应是平稳的随机过程，激振点与响应点之间的线性程度较好，频率域再现只用于轮胎联结方式中。

③期望响应点（反馈点）位置及控制量。期望响应点是影响驱动信号迭代逼近速度和模拟精度的重要因素，要遵循下述原则：期望响应点应尽可能接近激振点，能准确反映被试车辆所受振动（或力）的输入情况；期望响应点的信号强，干扰信号弱；期望响应点应接近最感兴趣的部位。

对控制量的选择也应遵循如下原则，即垂直力若来源于路面不平的作用，频率为 0.5 ～ 40 Hz，宜采用加速度进行模拟控制；纵向力若来源于汽车驱动力、制动力的作用，低频成分丰富，宜采用应力模拟的控制方式；倾向力若来源于汽车转弯和路面横向作用，宜采用应力模拟控制方式。

3.8.3　内燃机高海拔模拟试验台

高海拔（低气压）模拟试验台，可以在平原地区模拟高原环境的大气状况，进行内燃机性能试验，研究及评价内燃机及其附件在不同海拔高度环境的动力性、经济性、排放以及起动性能。图 3 - 65 所示为一种内燃机高海拔（低气压）模拟试验台整体布置结构图。

1. 工作原理

高海拔大气条件下对内燃机性能的主要影响因素包括大气压力、大气温度和空气相对湿度。其中，大气压力和温度的影响十分显著。我国高原地区广阔，大气温度由于季节、昼夜、天气不同，变化范围很大，若以年平均统计温度为模拟对象，缺少使用意义，另外大气温度模拟装置昂贵复杂，较难实现。因此，试验台重点对高海拔大气压力变化进行模拟，不对温度和湿度进行模拟。

高海拔（低气压）模拟试验台通过进气节流，利用发动机运行过程中的进气抽吸作用，实现进气低压模拟；在发动机排气管后用真空泵抽吸，实现排气背压的模拟；通过在发动机曲轴箱内保持同样的真空度来达到模拟海拔大气压力的精确性。具体工作原理：进气压力的模拟是通过进气节流降压来实现的。空气经过空气流量计和进气节流阀，进入进气稳压箱，再通过进气管经涡流增压器进入发动机。当发动机工作时，由进气节流阀的节流作用在进气稳

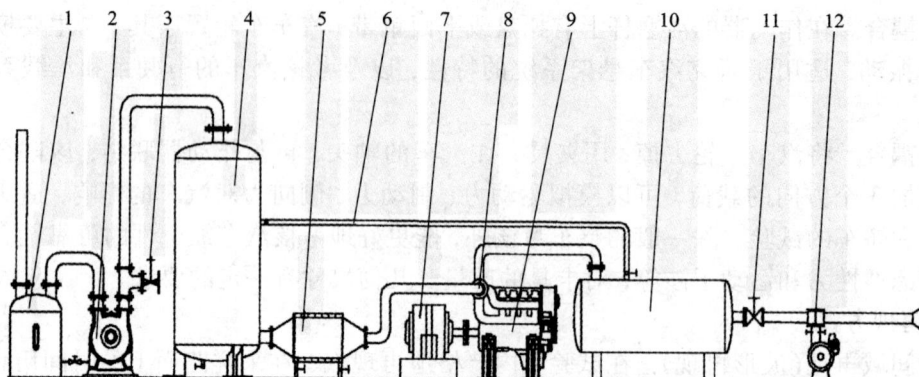

图 3 – 65 内燃机高海拔(低气压)模拟试验台整体布置结构图

1—气水分离器；2—水环真空泵；3—排气调压阀；4—排气稳压箱；5—热交换器；6—低压启动连通管；7—测功机；
8—废气涡轮增压器；9—发动机；10—进气稳压箱；11—进气节流阀；12—空气流量计

压箱中产生进气低压。通过调节进气节流阀开度以控制进气稳压箱中的进气压力，从而模拟不同海拔高度的大气压力。为保证测量数据的精确性，整个进气系统严格密封。进气稳压箱保证进气压力不受发动机进气气流波动的影响。

排气背压的模拟是通过真空泵从排气稳压箱中抽取真空来实现的。通常可采用两种方式：一种是引射式真空泵，由压缩空气或高压水流通过引射器将发动机的排气从排气稳压箱中强制抽出；另一种是抽气式真空泵，采用直吸式真空泵直接从排气稳压箱中抽取真空。采用射流式模拟方法，对压气机或水泵的功率要求较高，供气或供水量很大，整个系统价格昂贵，体积较大。因此，采用真空泵直接抽气式模拟方法，由真空泵从排气稳压箱中抽取真空，通过调节真空泵的进气旁通调压阀的开度，将排气稳压箱内的气压控制在所需模拟的压力。考虑到排气温度较高，会使真空泵内工质升温，致使其相关零件性能降低或受损，排气系统中增加了以水为工质的热交换器，使发动机排放的废气温度降至真空泵允许的范围之内，以确保内燃机高海拔(低气压)模拟试验台的安全运行。

曲轴箱内压力的模拟是通过与进排气稳压箱相连接来实现与模拟大气压力的一致。将曲轴箱机油口与排气稳压箱连接，同时将呼吸器测压口与进气稳压箱连接。将油尺探测口及整个曲轴箱进行严格的密封。

在进行高原环境低压模拟启动时，由于发动机停车无法实现进气低压模拟，需先将进气稳压箱与排气稳压箱相连，由真空泵同时抽取进、排气稳压箱真空，通过调节进气节流阀、进排气稳压箱联通阀和真空泵进气旁通调压阀，使进、排气稳压箱内分别达到所需模拟的大气压力，然后在不同海拔高度进行低压启动试验。发动机启动后关闭进排气稳压箱连通阀，进入正常模拟状态。

2. 主要用途

通过内燃机高海拔(低气压)模拟试验台，可对发动机开展高原适应性研究，探索其性能指标随海拔变化的规律，为改善燃烧过程、降低油耗和碳烟排放，以及为开发和设计适合高原地区使用的新型发动机提供依据和资料。

另外，内燃机高海拔(低气压)模拟试验台不仅可以对发动机不同海拔高度下的动力性、经济性及排放性能进行试验研究，还可以通过试验，研究发动机附件在不同海拔高度下的适应性问题，如发动机打气泵在不同海拔高度下压力的变化情况、风扇转速的变化情况以及发动机水箱的压力变化等情况，这些针对发动机附件的研究工作为改善发动机整体性能研究提供了参考和依据，有助于发动机高海拔环境适应性问题的进一步研究。

3.8.4　高/低温模拟试验室

1. 高温试验室

为使汽车适应高温、高热环境，了解其性能及部件老化情况，各汽车厂家根据各自汽车产品的需要建造了自己的高温实验室。

（1）结构

①日照装置：在试验室顶壁与侧壁均匀安置红外线灯，灯光照射强度及光照区域均可按试验要求进行调节；用以模拟在炎热的阳光下，测试汽车各部位的温升及受热状态。

②供风系统：模拟汽车实际行驶的迎面行驶风。由大型鼓风机产生，再配以风道及风速调节装置，组成供风系统。与空气动力风洞不同的是，风道出口截面积很小。同时，风速调节范围要尽可能地覆盖汽车的车速。

③加热装置：采用电加热与蒸气加热两种形式。一般大型试验室采用蒸气加热。

④路面辐射装置：再现路面热辐射状态，一般使用加热箱，并将它铺装在试验地面上。设定的温度范围为 40～80℃。

（2）技术指标

①温度：温度的上限温度有许多，如 +60℃、+50℃、+40℃等，通常采用 +50℃。

②湿度：湿度有 30%～80%、30%～100%、0%～95%、5%～95% 几种，其中以 5%～95% 范围最合适。

③风速：风速应尽可能覆盖整个车速范围。

（3）试验项目

①冷却性能试验：在炎热地带和夏季气温很高时，评价汽车主要部件保持适度的温度能力。检测内容包括发动机冷却液温度、发动机及变速器等机油油温、发动机进气温度以及燃油油温和气阻。

②动力性能试验：评价高温条件下，在燃油及进气温度上升，发动机功率降低的情况下，汽车的动力性能或汽车熄火停车后的再起动性能。

③耐热性能试验：评价汽车在高温条件下，高速行驶、爬坡行驶、城市市区行驶，以及行驶后的停车怠速等各种行驶工况下，结构部件的耐热性以及发动机舱内和车身各部位的橡胶件、塑料件的耐热性等。

④空调性能试验：在高温潮湿强烈日照的条件下，评价车内环境的舒适性，检测内容包括驾驶室内的温度、湿度、凉风、风速、换气及车窗视野等。

2. 低温试验室

低温试验室用于模拟低温环境状态。与实地寒区试验比较，节约人力、物力、财力，不受外界气候环境的影响，不受季节限制。同时，环境控制精度高、稳定性好、重复性好。

（1）结构

①低温试验间。低温试验间要求密封、保温、防腐，有足够的面积和高度，以及足够的

地面承载能力。内设防潮照明、冷风机和蒸发器及温度、压力、转速、CO 报警器等各类传感器,并配有测试传感器、电源等需要的各类插座、排烟接口、拍摄支架等。低温试验间大门要保证试验车辆能够通过,并要有良好的保温性能。试验过程中试验人员进出的小门外要有过渡室。过渡室除了能够减少人员进出时低温试验间的冷气损失、保持低温试验间温度稳定以外,还可以使试验人员进出低温试验间时有一个温度适应过程,减少人体过强的"冷热冲击",防止感冒。低温试验间还要有保温除霜观察者、通信线路插头、报警器等,保证试验安全、有效地进行。如果低温试验间设置功率吸收装置,如底盘测功机,则可完成车辆在低温条件下的各种行驶工况的模拟试验。

②制冷机房和制冷系统。制冷机房和制冷系统用于提供冷源,包括制冷压缩机、冷却器、中冷器、蒸发器、管线、阀门、电源和配电柜、测量参数显示装置和有关报警装置,同时要设置机组操作人员值班室。

③换气系统。换气系统用于排除室内有害废气,更换和补充低温试验间新鲜的低温冷空气,排除人员及试验样品散发的热量,维持试验规定的低温状态。

④冷却水系统:冷却水系统是制冷系统必需的辅助设施,用以冷却制冷机组,一般包括冷却塔、水泵、水池和软化水装置。

⑤测控及观察间。测控及观察间是为了放置试验测量仪器、试验数据采集处理系统,是整个低温实验室的联络指挥中心。

⑥试验数据采集与处理系统。试验数据采集与处理系统包括温度、电流、电压、时间、转速等各类试验参数的采集与处理的仪器设备,一般使用计算机进行。

⑦通用系统及配电动力系统。

(2)技术指标。温度根据检测标准选择,多为 $-50℃\sim-40℃$;湿度为 $5\%\sim95\%$;风速与高温室相同。

(3)试验项目

①汽车发动机的低温起动性能试验。汽车发动机的低温起动性能试验包括发动机极限起动温度试验,即找出不带任何辅助起动装置的发动机仍能起动的最低温度;发动机低温起动辅助装置的性能测试与匹配;发动机起动系统各参数的低温匹配,这些参数包括起动系统电压、起动机啮合齿轮的齿数、起动机功率和转速、蓄电池容量和蓄电池低温充放电能力等。

②发动机低温行驶性能匹配。发动机低温行驶性能匹配是在低温环境下,发动机冷起动、暖机、起步以及车辆行驶等工况的发动机点火角、点火能量、供油量、节气门开度等参数的匹配。

③汽车行驶安全性检验。在我国强制性标准中需要进行整车低温试验的有汽车风窗玻璃除霜系统试验和汽车风窗玻璃除雾装置试验。

④汽车寒区适应性试验。汽车寒区适应性试验包括汽车采暖性能试验和汽车起步性能试验,后者即在发动机起动后,经过最短的暖机时间,应能使汽车顺利起步行驶。

⑤刮水器等总成的低温性能试验。

⑥非金属零件的低温适应性试验。

⑦汽车燃油、润滑油、液压油等的低温性能验证试验。

⑧其他必要的低温性能、低温适应性试验。

3. 高低温试验室

高低温试验室也可称为环境试验室，是狭义上的环境试验室。综合上述高温实验室与低温实验室的技术要求而设立，其结构也是将二者合一。同时，可将转鼓试验台放于其中。

3.8.5　消声室和混响室

汽车是世界公认噪声源之一，各国都要求对汽车噪声级别加以限制。为便于开展汽车噪声的检测和相关研究工作，需要一个不受外界干扰的声学环境，即消声室和混响室。

1. 消声室

消声室（图 3 － 66）是在闭合空间内建立的自由声场室。在此空间内，传播声波的介质均匀地向各个方向延伸，使生源辐射的声能"自由"地传播，既无障碍物的反射，也无环境噪声的干扰。

图 3 － 66　消声室

消声室根据空间吸声面数量可分为全消声室和半消声室，如图 3 － 67 所示。半消声室内五面装有吸声体，地面为水磨石地面，作为声发射面，可模拟汽车行驶时的声音反射特点。整个消声室如同一个长方体"空盒"放在房间里，并通过弹簧坐落在与房间墙壁隔离的独立基础上。全消声室为六面挂装吸声体的净空间，一般用于发动机的声学测试。

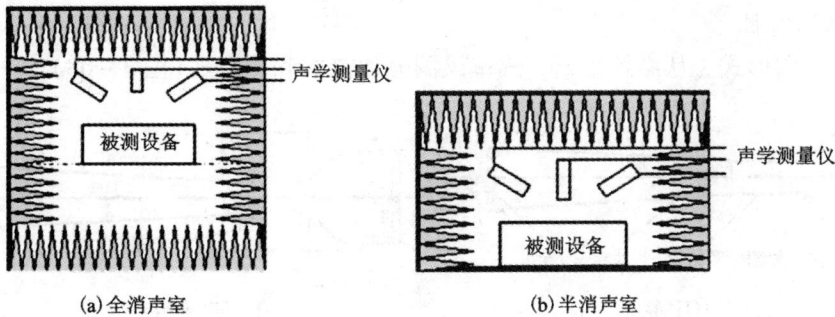

(a) 全消声室　　　　　　　　　　(b) 半消声室

图 3 － 67　消声室结构示意图

消声室的功能主要体现在：

（1）自由场空间：自由场是指声波在无限大空间里传播时，不存在任何反射体和反射面。

消声室的主要功能是为声学测试提供一个自由场空间或半自由场空间。自由场半径是用于衡量自由场大小的指标，一个设计良好的消声室，自由场半径应从中心点到离尖劈 1.0 m 的距离。

（2）背景噪声：消声室另一个功能是提供低背景噪声的环境以适应测试环境的要求。在测试频率范围内，背景噪声的声压级至少要比被测声源的声压级低 6 dB，最好低 12 dB。

（3）截止频率：在消声室设计中，通常把尖劈吸声系数为 0.99 的最低频率称为截止频率。墙面的吸声系统能保证 99% 的吸声系数时，可保证消声室在截止频率以上满足自由场条件。在截止频率以下的测量，可依据相关标准进行修正。

在消声室内，可展开如下试验项目：发动机声功率级测量、声场分布、1 m 声压级测量等；排气系统噪声研究、排气噪声测量；冷却系噪声研究；传动系噪声研究；起动机、发动机等电气噪声研究；气、电喇叭频谱分析，可靠性试验；声学仪器的计量等。

2. 混响室

混响室是一个能在所有边界上全部反射声能，并在其中充分扩散，形成各处能量密度均匀、在各传播方向作无规则分布扩散声场的试验室。据此，混响室的混响时间应尽量长，以保证声能充分扩散，故一般建成各表面不互相平行的不规则房间，或其长、宽、高中任何两个尺度之比不等于或很接近于某一整数的矩形房间，几个国际标准化组织推荐采用的比值（长:宽:高）为 1.54:1.28:1，1.58:1.25:1，1.69:1.17:1，2.13:1.17:1，2.38:1.62:1。房间全部表面的平均吸声系数应不超过 0.06，一般可用在房间的表面上刷瓷漆、铺瓷砖或贴铜箔等方法来实现。为增加声能的扩散，改善声场的均匀性，可在房间内悬挂固定的扩散片，安装大型转动或摆动的扩散体。

在混响室内，可开展的试验项目有：机器声功率级的测量；汽车车身隔声性能研究；吸声材料吸声系数的测量等。此外，消声室与混响室联合使用，可用于材料隔声性能的研究。

3.8.6　汽车风洞

汽车风洞是由航空风洞发展而来，两者的原理是相同的。由于汽车是在地面上行驶而不是在空中飞行，因此汽车风洞与航空风洞有所差别。汽车风洞在进行汽车试验时的流场与汽车在实际道路上行驶的气流流动状态相同或接近。

1. 汽车风洞特性

（1）风洞结构形式。从结构上看，汽车风洞分回流式和直流式（图 3－68）。

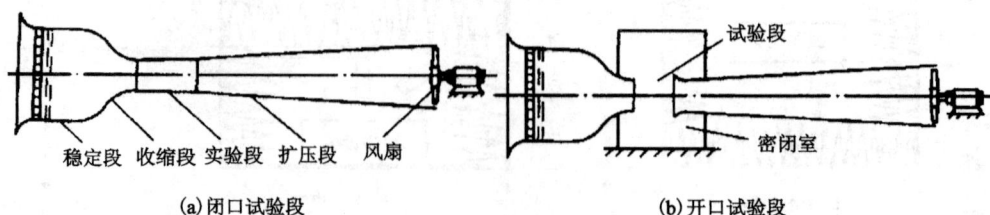

稳定段　收缩段　实验段　扩压段　风扇　　　　　　　　　　试验段　密闭室

(a) 闭口试验段　　　　　　　　　　　　(b) 开口试验段

图 3－68　直流式风洞

直流式风洞的特点是气流从大气中吸进而后从风洞的后部排到大气中去。直流式风洞里的气流受自然风的影响大些，噪声普遍偏高。

回流式风洞又分单回流式风洞(图 3 − 69)和双回流式风洞(图 3 − 70)两种，其特点是空气沿封闭路线循环流动，气流不受自然风的影响，流态稳定。

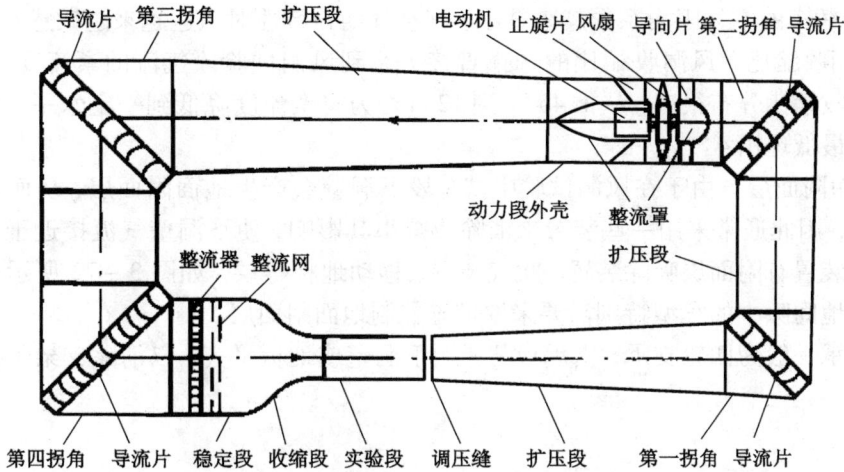

图 3 − 69　单回流式风洞

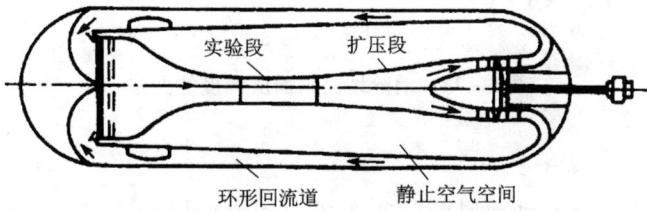

图 3 − 70　双回流式风洞

风洞试验段形式如图 3 − 71 所示，试验段形式分开口试验段、闭口试验段和开槽壁试验段。实车风洞闭口试验段横截面积大多选择在 20 m² 以上；开口或开槽壁试验段横截面积为 12 ~ 20 m²。模型风洞多采用闭口试验段形式，试验段横截面积在 12 m² 左右。

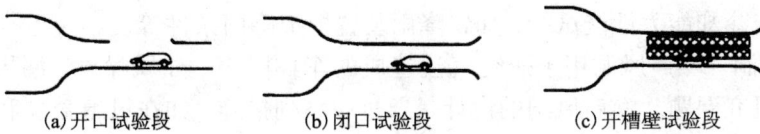

(a)开口试验段　　　　　(b)闭口试验段　　　　　(c)开槽壁试验段

图 3 − 71　风洞试验段形式

采用闭口试验段风洞进行试验，模型的高度不超过模型支承地板到风洞顶壁高度的 1/3，模型在最大侧偏角下的正投影宽度不超过风洞试验段宽度的 1/3，阻塞度控制在 5% 以内，这样试验数据可以不进行洞壁阻塞修正。否则，需进行阻塞修正。

风度试验段的长度一般为模型长度的 2 ~ 5 倍。全尺寸风洞试验段的长度在 10 ~ 25 m，而一般轿车的实际长度约为 5 m。试验段的长度对空气的测定值有影响。

（2）风洞最大风速。实车风洞的最大试验风速一般要求大于，至少不低于汽车的最高车速。现代汽车的最高车速已超过 200 km/h。目前奔驰和日产公司的汽车风洞最大风速为 270 km/h。随着轿车的空气阻力系数越来越小，其空气动力特性对风速越来越敏感。

（3）风洞收缩比。风洞收缩比的选择直接关系到风洞试验段气流的紊流度、均匀度等。现有风洞的收缩比分布很广，从 1.45:1 到 12:1。为将紊流度降低到一定水平，汽车风洞的收缩比通常最低选用 4:1。

（4）地面附面层。由于在风洞试验中试验段下洞壁会产生地面附面层，从而影响试验数据的准确性，因此通常采用一些装置来消除或减小其影响，使下洞壁气流接近于实际流动状态。常用的装置有附面层吸除装置、吹气装置、移动地板等层，如图 3 - 72 所示。在风洞试验中最小离地间隙小的车型特别需要采取措施控制地面附面层。

汽车支承一般为四轮支承，支承板与风洞下洞壁或地板平齐，以消除支架干扰等带来的影响。

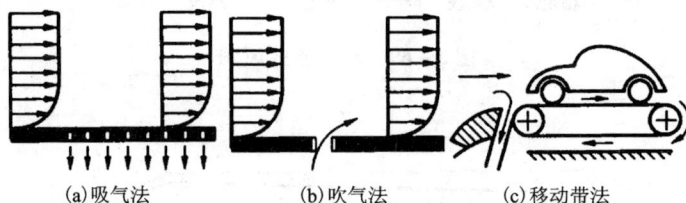

(a)吸气法　　　　(b)吹气法　　　　(c)移动带法

图 3 - 72　消除地面附面层厚度的方法

2. 汽车风洞类型

（1）空气动力风洞。空气动力风洞分实车风洞和模型风洞，实车风洞主要进行实车或全尺寸模型的空气动力试验，而模型风洞进行缩尺模型的空气动力试验。

与实车风洞试验相比，缩尺模型的试验费用低，改动方便，其试验量是实车试验的几倍。随着综合性风洞的日益增多以及对原有实车风洞的改造，实车风洞中也可进行缩尺模型的试验。汽车缩尺模型采用的缩尺比通常为 3/8、1/3、1/4、1/5。模型风洞的风速范围在 30 ~ 70 m/s。

另外，汽车风洞里可安装一些附加设备以提高风洞的试验能力，如加置底盘测功机进行发动机冷却系统冷却能力性能试验，加置降雨装置模拟降雨条件等。

（2）噪声风洞。噪声风洞用于研究气流造成的车体噪声，如风噪声、漏风噪声等，是现代汽车重要的研究课题。噪声风洞的设计是通过一系列措施，如在风道盖顶和围墙加吸声材料和装置、在转角叶片加吸声材料并整形等，使试验段成为无回声室，从而降低风洞背景噪声，使汽车的风噪声测量成为可能。

（3）气候风洞。气候风洞用于汽车的环境适应性试验，其试验横截面积为 10 ~ 12 m²。气候风洞的阻塞度修正因子需通过在大型风洞或道路上校测来确定，并据此对风洞中的气流速度进行调整。对气流的调整还可采用缓冲板等辅助设备，以使汽车表面上的压力分布尽可能与道路上的表面压力分布一致。

（4）气候风室。气候风室又叫空调室，其试验段横截面积为 5 m^2，甚至更小。在气候风室中，轿车前部的压力分布能够趋近真实情况，它通过修正风速得到，这样的压力分布可以满足发动机冷却系性能试验要求。气候风室内一般有日照模拟装置，室内温度可以调节，能进行汽车的空调试验。

目前，气候风洞和气候风室的最高风速都能达到 180 km/h，温度调节范围通常在 $-50℃$～$+50℃$。

（5）小型全尺寸风洞。小型全尺寸风洞的试验段横截面积为 10～20 m^2，试验段不是 3/4 开口的，就是开槽壁的。通过对试验数据进行修正，结果可令人满意。

3.9　汽车试验场

3.9.1　功用与类型

汽车试验场是重现汽车使用中遇到的各种各样的道路条件和使用条件的试验场地。试验道路是实际存在的各种各样的道路经过集中、浓缩、不失真的强化并典型化的道路。汽车在试验场试验比在试验室或一般行驶条件下的试验更严格、更科学、更迅速。

英国的 MIRA 汽车公司、美国的 GM 和 Ford 汽车公司、德国的大众汽车公司，以及日本的丰田、日产、本田等世界著名汽车公司早在 20 世纪中叶就建有自己的汽车试验场。我国最早的汽车试验场是 1958 年开工建设的海南汽车试验场。随着我国汽车工业的发展，又先后建成安徽定远汽车试验场、东风襄樊试验场、交通部公路交通试验场、一汽农安汽车试验场和上海大众汽车试验场。目前还有上汽通用广德汽车试验场（安徽）、天津滨海汽车试验场、比亚迪韶关汽车试验场、盐城国际汽车试验场和长安垫江汽车试验场等正在建设。

汽车试验场的主要功用是：

①汽车产品的质量鉴定试验。

②汽车新产品的开发、鉴定与认证试验。

③为试验室零部件试验或整车模拟试验以及计算机模拟确定工况、提供采样条件。

④汽车标准及法规的研究和验证试验等。

汽车试验场从功能上可分为综合性试验场和专用试验场。从规模上看，可分为大型、中型和小型试验场。大多数试验场面积在 10 km^2 以上，试验道路总长超过 100 km，道路种类相对比较齐全，多属于综合试验场。美国的克莱斯勒公司、GM 和 Ford 汽车公司都有这样的试验场。在各种汽车试验场中，中小规模的占多数，其中综合试验场由于受到面积限制，布置相对紧凑，但试验道路和设置的种类比较齐全，亚洲和欧洲大部分试验场属于此类。在中小型试验场的汽车试验场中，很大一部分是汽车零部件公司为满足产品开发和法规要求建立的专用综合试验场。如德国 WABCO 公司设在汉诺威附近的试验场，其主要实验道路是附着系数在 0.15～0.5 以上的五条制动实验，以满足该公司开发和评价制动防抱死系统 ABS、ASR 和 EBS 等的需要。当然，专用功能汽车试验场也有大型的，如美国 GM 在马萨的沙漠热带汽车试验场，总面积达 18 km^2。当地气候干燥，夏季最高温度可达 45℃，是鉴定发动机冷却系、供油系以及整车的动力性、经济性、空调系统等性能的理想试验环境。

3.9.2　试验道路与相关设施

由于规模和功能的差别，各汽车试验场的试验道路和设施的种类、几何形状、路面参数等各不相同，甚至同样的设施具有不同的名称，以下仅就常规道路和设施进行说明。

1. 高速环形跑道

高速环形跑道为车辆进行连续高速行驶而建立，是构成试验场的核心道路之一。常见的环形跑道形状有椭圆形、电话听筒形、三角形和圆形等，长度从每圈几百米到数千米不等。高速环形跑道一般由进行直线加速的平坦直线部分和维持高速转弯的带倾斜的曲线部分，以及连接这两部分的过渡曲线部分组成。有的环形跑道还在不同位置设置了大型鼓风机，以产生侧向风，用于评价侧向风对车辆及驾驶人造成的影响。

为了确保驾驶人在不过度紧张和疲劳的条件下安全地进行连续高速行驶，需保证直线部分具有一定的平坦度和宽度，以及与曲线部分的光滑连接，特别是在曲线部分，如图 3-73 所示，应根据曲线上的设定目标车速 v 产生的离心力 F_c 来确定倾斜角度 θ，使汽车能够像直线行驶一样操控。

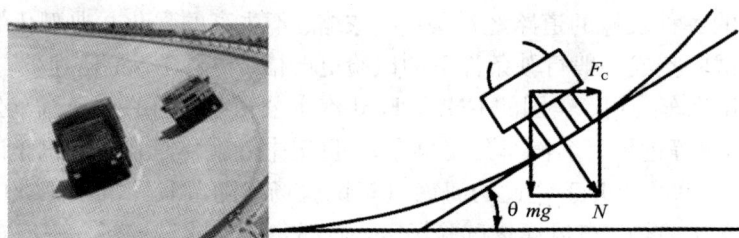

图 3-73　高速环形跑道弯道

2. 综合性能试验道路

综合性能试验道路又称水平直线性能路。一般是电话听筒形，直线部分是试验段，要求路面平坦均匀；长度在 1000 m 以上，宽度大于 8 m。主要进行汽车动力性、经济性、制动性能等试验。有些中小型试车场将直线线段中间加宽到数十米，进行操纵稳定性等试验，两端是回转弯道，主要起掉头和加速作用。在直线段不足够长时，回转弯道设一定的超高以提高试验车速。

3. 回转特性试验广场

回转特性试验广场一般是直径 100 m 左右的圆形广场，内倾坡或外倾坡小于 0.5%，路面平坦均匀，能长期保持稳定的附着系数。主要用于测量和评价汽车的转向特性。有的设有淋水或溢水设施，用来测试汽车在湿滑路面上的回转特性。

4. 低附着系数试验道路

低附着系数试验道路，又称 ABS 性能试验路，用于模拟冰冻、降雪、下雨等易打滑路面。主要进行防抱死制动、防侧滑、牵引力控制、四轮制动驱动控制及操纵稳定性试验。车轮与路面间的低附着系数通常采用在柏油路面或经特殊材料加工处理后的路面上洒水实现。为使路面形成均匀水膜，路面铺装时横向坡度一般控制在 0.5% 左右，且在道路两侧安装喷水设施，以便调整喷水量。

根据路面附着系数不同，典型低附着系数道路分三种：单一附着系数路面、左右对开路面(车辆左、右两侧车轮与路面间附着系数不同)和前后对接路面(车辆前、后轴车轮与路面间附着系数不同)。根据车辆试验目的不同，试验道路可以包括直线段、曲线段和具有一定宽度的广场路段，有的也将这三种跑道组合到一起，可以进行比较高级的车辆试验。常见低附着系数路面为玄武岩瓦块(图 3 - 74)或瓷砖铺装，也有用混凝土进行表面研磨剖光，甚至在剖光面上再涂上某种树脂来降低附着系数，再撒上均匀水膜后，其附着系数通常可以低至 0.05 ~ 0.45。

5. 操纵性和平顺性试验道路

试验路由不同半径的弯曲路(包括回头弯和 S 弯)以及存在各种缺陷的路段组成，弯道一般不设超高。缺陷路上布置有凸出或凹下去的阴井盖(图 3 - 75)、横沟、铁路岔口、局部修补的补丁和反向超高等。主要用于检验汽车的操纵性、稳定性、平顺性及噪声等，也可作为一种典型的坏路进行汽车可靠性行驶试验。

图 3 - 74　低附着系数试验道路

图 3 - 75　阴井盖群试验道路

6. 石块路

如图 3 - 76 所示，石块路又称比利时路，因为这种路最早取自比利时某些年久失修的石块路。长度从几百米到几千米不等，宽 3.5 ~ 4.0 m，几乎每个试车场都有。主要用于考核汽车轮胎、悬架系统、车身、车架以及结构部件的强度、振动和可靠性。

7. 卵石路

卵石路(图 3 - 77)是将直径 180 ~ 310 mm 的鹅卵石稀疏地、不规则地埋入水泥混凝土路槽中。卵石高出地表部分的高度为 40 ~ 120 mm，铺砌成长几百米的卵石路。试验时，除引起垂直跳动外，不规则分布的卵石路还对车轮、转向系统和悬架系统造成较大的纵向和横向冲击。卵石路是大中型载货汽车、自卸车等可靠性试验道路之一。

8. 扭曲路

扭曲路(图 3 - 78)由左右两排互相交错分布的凸块组成。凸块形状以梯形最简单，也有正弦波形或环锥形，是使汽车产生强烈的扭曲，从而检验车辆的车架、车身结构强度和各系统的连接强度、干涉等。凸块高度一般为 80 ~ 200 mm。分别修筑成甲、乙、丙等扭曲路。如海南试验场，规定大中型载货汽车要通过 200 mm 的甲等扭曲路，微型车只需通过 80 mm 的丙等扭曲路。

图 3-76　石块路

图 3-77　卵石路

图 3-78　扭曲路

图 3-79　搓板路

9.搓板路

搓板路(图 3-79)凸起近似于正弦波,是沙石路上常见的路况。波距以 500~900 mm 不等,行驶车速很高的波距可达到 1000 m。汽车以较高车速在搓板路上行驶时,簧下质量呈高频振动,簧上质量较平稳。试验场用水泥混凝土修筑的搓板大多采用的波高为 25 mm,波距为 500~800 mm。为了造成左右车轮的相位差,常将左右两侧的搓板错位布置或斜置某一角度。搓板路用于汽车的振动特性、平顺性和可靠性试验。

图 3-80　标准坡道

10.标准坡道

标准坡道(图 3-80)用于汽车爬坡性能、驻车制动器驻坡性能、坡道起步和离合器研究开发等试验。常用坡道为从 10%～60% 并列布置或阴阳坡两面布置的数条坡道，坡长不小于 20 m。为满足越野车辆试验要求，坡道的坡度可达到 100%。大于 20% 的坡道需嵌有横木条以增加附着力。为保证试验安全，在坡顶还可以设置绞盘牵引机构及回转平台。随着制动驱动控制技术的发展，为了评价新技术性能，国外也有在坡道上贴瓷砖以降低附着系数的坡道。

11. 山路

山路一般利用自然地形修建，也可利用现有公路改建，通常考验汽车发动机、传动系和制动系的使用性能。中国定远汽车试验场山路全长 5700 m，路面由混凝土铺装，最大坡度 20%，连续坡长 2000 m，平均坡度 5%。

除以上道路和设施之外，有些汽车试验场还有长坡路、枕木路、砾石路、盐水池、灰尘洞、噪声发生路、静路(标准路面)，以及砂石路、越野路等。越野路主要是崎岖不平的、无铺装路面的道路，同时有沙地、沼泽地等地面通过性试验设施以及弹坑、横沟、垂直台阶、驼峰等地形通过设施，用于考核越野车在无路区的通过性能。

12. 溅水池与涉水池

溅水池一般与石块路并行，水深 0.15 m 左右，池两侧设挡水墙。汽车连续在石块路上行驶时，悬架系统，特别是减振器发热严重，造成非正常损坏。所以试验场一般规定汽车在石块路上每转两圈必须通过一次溅水池，起到冷却悬架系统作用。

涉水池可修成环形或长条形，水深可调，用于制动器浸水恢复试验，汽车下部和底板浸水密封性及电气装置防水性能等试验。

13. 安全和环境设施

每一项试验道路和设施的设计，都应同时考虑汽车试验安全的需要。高速环道两侧，除供临时停车的硬路肩外，要设不少于 10 m 宽的安全地带并种植草皮；外道外侧、桥涵处、填方处以及在安全带内设置的标志杆、灯柱、测速装置等都应安装安全护栏；高环入口应该是唯一的，并且能实施有效的控制。其他试验道路和设施，也希望设置宽 3.5 m 以上的铺筑道路和一定宽度的紧急停车带。辅助道路是故障车辆或交通事故的救援车道，同时作为检测路以保证测试车和摄影车对试验车的跟踪，所有的试验道路都必须有醒目的标线和指示标牌，而且夜间在灯光的照射下也是清晰的。

对试验场要进行绿地设计。充分利用空地种植树木花草，在试验道路两侧形成高低错落、形态各异的绿化带可以有效发挥挡风、抑制灰尘、降低噪声和排气污染、防止夜晚灯光炫目等作用，同时能给人带来轻松的心情，对减轻试验人员的疲劳感是很有效的。

此外，为配合车辆及其部件的试验研究工作，场地内还要设有必要的辅助设施，如车库、油库、维修保养车间及水电供应设备等。

复习思考题

3－1　试述电阻式传感器的种类、特点和应用场合。

3－2　为什么电容式传感器多做成差动式的？试述电容式传感器的优点和应用。

3－3　什么是压电效应？试述压电传感器的类型及其各自的特点。

3－4　试述热电偶与热敏电阻各自的优缺点及其在使用中应注意的问题。

3 - 5　简述光电式车速测量仪的基本结构和工作原理。

3 - 6　简述活塞式油耗仪的基本组成和工作原理。

3 - 7　简述陀螺仪的两个基本特性以及垂直陀螺仪和角速度陀螺仪在汽车上的适用测量对象。

3 - 8　简述负荷拖车的工作原理。

3 - 9　转鼓试验台常用的测功器有哪几种？其基本结构和工作原理各是什么？

3 - 10　简述内燃机高海拔模拟试验台的主要用途。

3 - 11　何为消声室？何为混响室？在消声室和混响室中可开展哪些试验？

3 - 12　简述汽车风洞的类型与功能。

3 - 13　简述汽车试验场的功用与类型。

3 - 14　汽车试验场主要有哪几种试验道路？

第 4 章　汽车主要参数测量

内容概要：本章主要介绍汽车几何参数测量的基本概念、尺寸编码、主要几何参数测量、整车质量测量、质心位置测量及转动惯量测量的基本原理和方法。

4.1　汽车几何参数测量

汽车的几何参数是表征汽车结构的重要参数，其测量目的如下：

①检验新试制或现生产汽车的结构是否符合设计要求，从中发现设计制造及装配中的问题。

②测定未知参数的样车尺寸，为汽车设计师提供参考数据。

③对进行可靠性、耐久性试验的汽车进行主要尺寸参数的测定，评价其尺寸参数在试验过程中保持原技术状态的能力，为进一步提高汽车的可靠性和耐久性提供依据。

4.1.1　基本概念及尺寸编码

1. 三维坐标系

三维坐标系是汽车设计阶段建立的三个抽象的相互垂直的空间平面，这三个平面分别称为 X 基准面、Y 基准面、Z 基准面，这三个基准面只存在于图样上，实际车身上并不可见，它们是决定汽车外部尺寸和内部尺寸关系的基准。

通常情况下，将车辆的纵向对称面确定为 Y 基准面；X 基准面是垂直于 Y 基准面和车辆支承平面的某一平面，具体位置由制造厂规定；Z 基准面是垂直于 X、Y 基准面且平行于支承平面的某一平面，具体位置由制造厂规定。按照我国的设计习惯，Y 基准面就是汽车的纵向对称面；X 基准面通常为过车辆前轴中心线且与 Y 基准面和车辆支承平面垂直的平面；Z 基准面为垂直于 Y、X 基准面，有的厂家以车架上表面作为 Z 基准面，有的以地平面作为 Z 基准面，有的选过前后轴中心且垂直于 Y、X 基准面的平面为 Z 基准面，如图 4 - 1 和图 4 - 2 所示。

建立了三维坐标系后，汽车所有被测几何参数，都依据该坐标系的三个基准面进行测量和标注。

2. 基准点

基准面在车体上是看不到的，为了明确基准平面的位置，通常在车体上明确标出三个或多个实际点(压坑或孔)，这些实际点按三维坐标系确定其位置，称其为基准点、它们是由制造厂自行规定的。有了基准点，三维坐标系在车体上也就明确了，如图 4-1(标号 2)和图 4-2(标号 2，3，5)所示为基准点。

从我国车辆设计现状看，一般车体上并未表示出基准点的位置，这种情况可按车架上表面为特征点面，确定 Z 基准面，X 基准面为过前轴中心垂直于 Y 基准的平面。

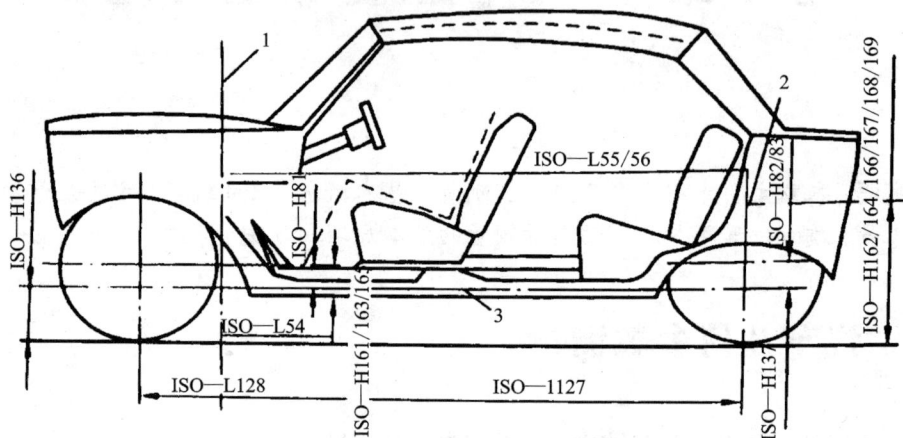

图 4-1 相对于 X 与 Z 平面基准点的尺寸
1—X 基准面；2—基准点；3—Z 基准面

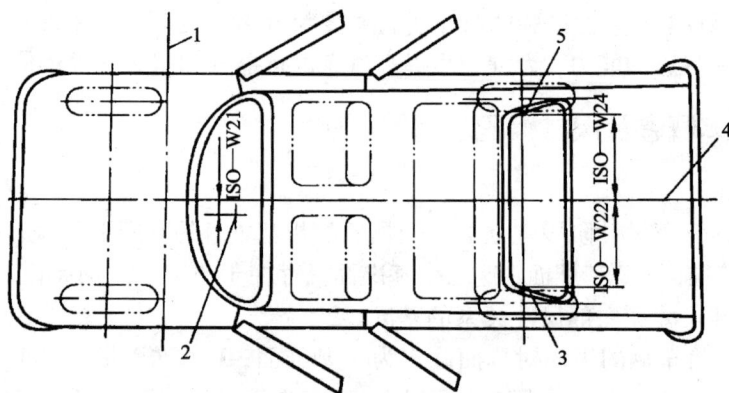

图 4-2 相对于 Y 基准面基准标志的尺寸
1—X 基准面；2，3，5—基准点；4—Y 基准面

3. R 点和 H 点

R 点是制造厂确定座椅位置的基准点。它是模拟人体躯干和大腿胯关节中心位置，并相对于设计车辆的结构而建立的坐标点，这一点也称为座位基准点。

确定了 R 点后，驾驶室内各尺寸都可分别以此为基准予以测量。但要精确确定 R 点坐标位置，需使用 H 点人体三维模型和三维坐标测量仪。

H 点在三维点人体模型上的位置，是躯干与大腿的铰接中心点，它位于此两人模型侧 H 点标记钮的连线的中点上。三维 H 点人体模型如图 4-3 所示。

汽车座椅的实际 H 点是将人体模型以制造厂规定的正常驾驶或乘坐的姿势放置到座椅的最后位置,此时与人体模型上 H 点标记钮连线中点重合的座椅上的空间点即为 R 点。

在理论上,座椅的实际 H 点应与 R 点为一点。但是,由于制造、测量的误差影响,这两个点的位置往往都出现偏差。如果测量的结果是座椅的实际 H 点处于以 R 点为对角线交点,水平边长为 30 mm,铅垂边长为 20 mm,并且在座椅纵向中心平面上的矩形内,则认为所测量的座椅符合要求。

4. 尺寸编码

按国际标准 ISO 4131—1979《道路车辆——轿车尺寸标注编码》和我国的国家标准 GB/T 12673—1990《汽车主要尺寸测量方法》的规定,汽车内部尺寸和外部尺寸都有统一的编码,它由词首、代号和数字三部分组成。

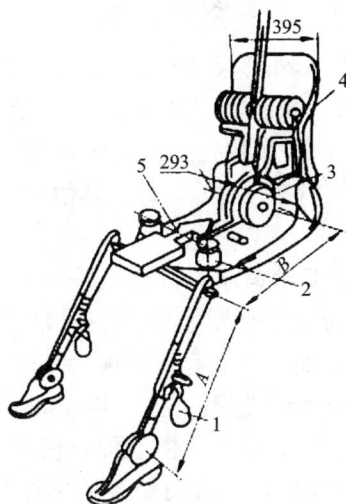

图 4-3　三维 H 点人体模型

1—小腿重块;2—大腿重块;3—臀部重块;
4—躯干重块;5—载荷作用方向和作用点

例如,ISO—H136,"ISO"是词首,指国际标准 ISO 4131—1979 规定的尺寸,如果是国家标准 GB/T 12673—1990 规定的尺寸,则用 QGB 作为词首;"H"是表示尺寸种类的代号,共有 L(长度)、H(高度)、W(宽度)和 V(体积)四种;"136"表示尺寸号,数字 1~99 表示车身内部尺寸,100~199 表示车身外部尺寸,200~299 为货车或行李尺寸,300~302 为旅行轿车行李箱尺寸,400~499 为载货汽车外部尺寸,500~599 为载货车货物尺寸。部分尺寸编码的含义见表 4-1。

表 4-1　部分尺寸编码的含义

编码	含义	编码	含义
ISO—W101	前轮距	ISO—H119	空车纵向通过半径
ISO—W102	后轮距	ISO—H147	满载纵向通过半径
ISO—W103	车宽	ISO—H157	最小离地间隙
ISO—H100	空车车辆高	ISO—L101	轴距
ISO—H101	满载车辆高	ISO—L103	汽车长
ISO—H106	空车接近角	ISO—L104	前悬
ISO—H107	空车离去角	ISO—L105	后悬
ISO—H113	最大总重车辆高	QGB—L411	双后轴间距离
ISO—H117	满载接近角	QGB—H108	前轮胎静力半径
ISO—H118	满载离去角	QGB—H109	后轮胎静力半径

4.1.2　主要参数测量

测量汽车外部尺寸时,可按 GB/T 12673—1990《汽车主要尺寸测量方法》中规定的外部宽度、高度、长度等测量项目进行,测量汽车内部尺寸时按 QC/T 577—1999《轿车客厢内部尺寸测量方法》中规定的测量项目进行。由于这两个标准不可能包括各种汽车的全部尺寸,尤其是专用汽车尺寸,因此,其他一些尺寸可以参照这两个标准或根据技术要求自行确定测量项目。

1.测量场地要求及常规仪器设备

测量场地应平整、坚实、清洁,最好是水磨石地面。其平面度就为 1 m² 范围内小于 ±1 mm,面积应能容纳下被测车辆。

测量设备最理想的是三维坐标测量仪,它能精确地测量三维空间的点、线、面的位置关系,若与三维 H 点人体模型配合使用,能实现国际标准中要求的主要尺寸的测量。但是,该设备价格昂贵,国内只有极少数单位有此设备,加之目前我国尚未研制出符合我国人体尺寸的三维 H 点人体模型,而只能以国外(例如日本)的三维 H 点人体模型代用,因此,使用三维坐标测量仪测量汽车主要尺寸尚未普及,绝大多数情况下仍使用常规测量仪器。常用的测量仪器有高度尺、离地间隙仪、角度尺、钢卷尺、水平仪、铅锤、油泥、划针等。

2.测量前的准备工作

被测量的汽车必须符合测量条件及设计任务书规定的要求,这样测量的数据才真实可信。为此测量之间应做好如下准备工作。

(1)将汽车调整到符合技术条件的状态。检查汽车各总成、零部件、备用轮胎及随车工具等是否齐全,是否装配在规定的位置;燃油、润滑油及冷却液等是否加注足量。

检查下列各项内容,并将其调整到符合技术条件的状态:座椅、各种操纵踏板的行程及前轮定位等;后视镜等汽车外部可动的附件或附属装置所处的状态是否正常,其中收音机天线应处回收状态;货箱栏板是否处于关闭状态(测定货箱底板离地高度时除外);车门、发动机罩、行李舱盖及通风孔盖等是否处于全关闭状态;汽车牌照架是否处于正常位置(不包括汽车牌照);内饰件及车内附属设备是否符合本车型规定的标准。

严格检查轮胎气压。轮胎气压是汽车尺寸测定中极为重要的条件,它主要影响铅锤方向的汽车尺寸,对其应严格检查。要求轮胎气压必须符合技术条件的规定,气压误差不允许超过 ±10 kPa。

(2)将汽车载荷装载到规定的状态。在测量汽车尺寸参数的过程中,各种尺寸参数都要求在一定的载荷下测量,为此,应根据测量的尺寸参数,将汽车装载相应的载荷状态。汽车的载荷状态分如下三种:

①整备质量状态。整备质量状态是指汽车处于装备齐全,燃油、润滑油及冷却水等加注足量,无载荷、无乘员时的状态。

②设计载荷状态。设计载荷状态是指汽车在整备质量状态下乘坐乘员后的状态,乘员质量按 GB/T 12534—1990《汽车道路试验方法通则》中规定计算,见第 1 章表 1-1,乘员乘坐颁布坐分布情况见表 4-2。

表 4 - 2　乘员乘坐分布情况

座位数/个	乘员数/人	乘员分布情况
2、3	3	2 人皆乘坐在前排座椅上
4、5	3	2 人乘坐在前排，1 人乘坐在最后排座椅上
6、7	4	前排、最后排座椅上各乘坐 2 人
8、9	5	2 人皆乘坐在前排座椅，3 人乘坐在最后排座椅上（当最后一排仅设 2 个座椅时，有 1 人应乘坐在倒数第二排座椅上）

③满载状态。满载状态是指生产厂家规定的最大总质量状态，即指按规定的装载质量加载荷，驾驶室按规定人数乘坐，装备齐全，燃油、润滑油及冷却液等加注足量的状态。生产厂家规定的最大总质量是汽车制造厂根据该汽车的使用条件，考虑制造材料的刚度、强度等多方面因素核定出的质量。进行装载测量时，载荷物应该分布均匀，确保轴载质量、轮载质量分配正确，以得到正确的尺寸参数测量结果。GB/T 12534—1990 中对各种车型的乘员质量、行李质量及代替重物的分布等都做了明确规定。

3.测量步骤

进行整车尺寸测量的步骤一般如下：

①清洗车辆，去除油污、泥土等。

②将各车轮分别支起并离开地面，在各车轮轴头处黏上一层油泥，而后依次在车轮轴头处地面上放置划针，旋转车轮，使划针在轴头油泥表面上划出一个尽量小的圆圈，两侧车轮上圆圈的圆心连线即为该车轴中心线。

③落下汽车，并将其开上测量平台，而后用钢卷尺分别测量两侧转向轮至参照点的距离（可在转向轮轮胎胎面中心线上量起，参照物可以使车架纵梁上某一记号点），转动转向盘使两个距离相等，此时汽车便以直线行驶状态停放在测量平台山。再分别于汽车的前部和后部下压汽车，使之摇晃数次，以消除悬架内部阻尼对车身位置的影响。

4.测量方法

（1）水平尺寸测量

测量汽车水平尺寸时，可用钢卷尺直接测量，也可用铅锤将测量尺寸两端投影到地面上，并将投影点用笔作明显的"＋"字记号，而后测量两投影点距离。这些投影点如下：

①各车轮中心的投影，投影时需要正对油泥圆圈中心投影，利用这些投影能够测量出各轴之间的距离。

②各轮胎前、后胎面外缘的中心投影，用以两侧各轴的轮距。

③汽车前、后最外点的投影、用以测量汽车总长、并与①中的投影点相结合，测量汽车的前悬、后悬。前悬是指通过两前轮中心的铅垂面与抵靠在汽车最前端（包括前拖钩、车牌照架等任何固定在汽车最前部的刚性零部件）并垂直于 Y 基准面的铅垂平面之间的距离。如果被测汽车是二轴汽车，那么前悬、轴距、后悬与汽车总长将构成一个尺寸链，此时应选择一个最不重要的尺寸作为尺寸链的链口。一般选择前悬或后悬作为链口，以使前悬、轴距、后悬三个尺寸相加等于汽车总长。

④汽车左、右侧最外点投影，用以测量汽车宽度。车宽指分别过车辆两侧固定突出部位

最外侧点且平行于车辆纵向对称平面的两平面间的距离。左、右侧最外点是指除后视镜、侧面灯具、挠性挡泥板、折叠式踏板、防滑链以及轮胎与地面接触部分的变形位置以外零部件上的点。

⑤前、后车门开启时最外点投影，用以测量前、后门开启时最大宽度。

⑥对开式尾部车门开启时两车门最外点投影，用以测量尾部车门完全开启时的汽车宽度。

⑦各车轮挡泥板外缘投影，用以测量前、后车轮挡泥板汽车宽度。

⑧两外后视镜调整到工作位置时最外点投影，用以测量外后视镜汽车宽度。对于只设置一个外后视镜的汽车，测量其最外点投影至 Y 基准面的距离。

⑨当汽车行李舱开启最大时，如果其最后点超出了该汽车的最后端，则投影，并测量其最后点到汽车最前点的距离，作为行李舱盖开启时汽车总长。

⑩前翻转式驾驶室未翻转时前保险杠最前段投影机驾驶室翻转最大位置对其前端的投影，用以两侧分别对这两个投影切垂直于 Y 基准面两个铅垂面之间的距离，即驾驶室翻转时前保险杠到驾驶室的距离。

以上①～⑩项尺寸测量均在整备质量状态下进行。所说的两投影之间的距离均为两投影所在的两个平行于基准面的平面之间的距离；在全部直接测量尺寸完成后，包括后述测量项目和投影工作完成后，用纸板将可能被车轮碾压的投影点记号盖上，以便汽车驶出测量场地后进行测量。

（2）高度尺寸测量

可借助于高度尺、离地间隙仪、钢卷尺及铅锤等进行直接或间接测量。

①汽车总高。使用测量架或用平板抵靠在汽车最高固定部位上，再辅以铅锤，用钢卷尺直接测量。汽车总高测量应在整备质量、最大总质量及允许最大总质量三种状态下进行。对于货车，其总高多为货箱保险架高度，另外，还应测量驾驶室顶高度，两者之差是安全标准中的重要参数。

②行李舱盖开启车辆总高。在汽车处于整备质量状态下，将行李箱盖开启到最大位置，辅以铅锤，用钢卷尺直接测量。

③前照灯、尾灯中心高度。汽车处于装备质量，最大总质量状态下，分别用高度尺，直接测量。

④前、后轮胎静力半径。在汽车满载状态下，使用高度尺对准轴头油泥圆圈中心测量其至地面的距离，分别得到前、后轮胎的静力半径。

⑤最小离地间隙。在汽车最大总质量状态下，用离地间隙仪测量。最小离地间隙是指支承面与车辙中间部分最低点的距离，除测量出这一距离外，还应标明处于最低点的零部件名称。中间部分是指与汽车 Y 基准面等距且平行的两个平面之间的部分。这两平面之间的距离应为同一轴上两端车轮内缘间最小距离的 80%。

⑥前、后保险杠中心离地高度及宽度。在汽车整备质量状态下用高度尺及钢卷尺直接测量。

⑦货箱底板离地高度。在汽车分别处于整备质量、最大总质量状态下，将货箱板放下，用高度尺或钢卷尺、铅锤在 Y 基准面内测量货箱底板尾部到支承平面的距离，即货箱底板离地高度。

（3）角度尺寸测量

①接近角、离去角及纵向通过角。接近角是指水平面与切于前轮胎外缘的平面之间的最大夹角（前轴前面任何固定在车辆上的刚性部件不得在此切平面的下方）；离去角是指水平面与切于车辆最后车轮轮胎外缘的平面之间的最大夹角（位于最后车轴后方的任何固定在车辆上的刚性部件不得在此平面的下方），接近角与离去角如图 4-4 所示；纵向通过角是指当垂直于 Y 基准面且分别切于前、后车轮轮胎外缘两平面的交线触及车体下部较低部位时，两平面所夹的最小锐角，如图 4-5 所示。当汽车处于整备质量和最大总质量状态下，分别用辅助平板和角度尺直接两侧这三个角度。如果需要精准测量，应采用作图法，即先测定特征点的位置（高度尺寸和水平尺寸）、轮胎静力半径和自由半径，然后绘图，求出这三个角度。

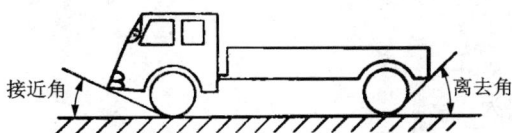

图 4-4　接近角与离去角

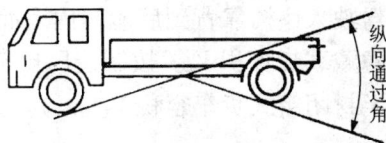

图 4-5　纵向通过角

②驾驶室翻转角。汽车在整备质量状态下，用角度尺直接测量驾驶室从原始位置翻转到极限位置时的角度。另外，还可以采用下述方法测量，即自制一画有角度刻度的纸板，在角度顶点处挂一铅锤，使铅垂线原始位置与 0°刻度线对齐，并将铅锤线黏贴在驾驶室外部，然后将驾驶室前翻至极限位置，则铅锤线所对纸板角度即为驾驶室翻转角。

③车门玻璃内倾角、风窗玻璃倾角及后窗玻璃倾角等。汽车在整备质量状态下，借助平板和铅锤，用角度尺直接测量。

④货箱尺寸及内部尺寸。货箱尺寸可用钢卷尺直接测量；内部尺寸的测量多数涉及 R 点，最好使用三维 H 点人体模型和三维坐标测量仪测量。若没有这两种设备，则只能测量出一部分参数。

（4）装货容积测算

①行李箱有效容积 V_1。

与客厢不相通的封闭式行李箱的体积测量。行李箱的内部装备（备轮、千斤顶等）应根据制造厂的设计布置。以最多数量的"单位模"［具有最大半径为 10 mm 的圆棱，体积为 8 dm³，长为（400±4）mm，宽为（200±2）mm，高为（100±1）mm 的矩形平行六面体］填满行李箱，"单位模"的堆叠应不影响行李箱的开启。填入行李箱中的"单位模"的体积总和，即为行李箱的体积。

与客厢相通的行李箱的体积测量。对制造厂为获得更大装载体积而采取的专门设施（诸如折叠式或可卸式后座椅或靠背）应采用分别测量的方法，即对处于正常乘坐位置的后座椅和靠背，体积测量的上限是驾驶人座椅的 R 点上方 400 mm 处的水平平面；对折叠或可卸的后座椅和靠背，体积测量的前限是紧靠行李箱的座椅靠背的垂直平面。行李箱内部装备按制造厂的设计布置。以最多数量的"单位模"填满行李箱，填入行李箱中的"单位模"的体积总和，即为行李箱的体积。

②旅行车容积 V_2（m³）。其计算公式为：

$$V_2 = W_1 \times H_1 \times L_2 \times 10^{-9} \qquad (4-1)$$

式中：W_1 为后箱肩部空间，测量内饰表面之间的最小距离(m)，在通过 R 点的 X 平面内并在该点之上不小于 254 mm 处测量；H_1 为货箱高(m)，在 Y 基准面和过后轴中心线的 X 平面上测量货箱底板上表面到上盖内表面的距离；L_2 为前排座椅肩高处装货长(m)，在 Y 基准面内，从肩高部位，水平测量从前排座靠背顶端后面到关闭后尾板或门的内表面最小距离。

③后开舱门客车容积 $V_3(\mathrm{m}^3)$。其计算公式为：

$$V_3 = \frac{L_1 + L_2}{2} \times W_1 \times H_2 \times 10^{-9} \qquad (4-2)$$

式中：L_1 为装货长(m)，在 Y 基准面和过驾驶人座椅靠背顶面的 Z 平面交线上，测量过驾驶人座椅靠背 X 平面到后舱门内侧的水平距离；L_2 为装货长(m)，在 Y 基准面内，在货箱底板上测量驾驶人座椅靠背到后舱门内表面距离。

④隐藏载货容积 V_4。按制造厂规定。

⑤半封闭箱式货车容积 $V_5(\mathrm{m}^3)$。其计算公式为：

$$V_5 = L_3 \times W_2 \times H_3 \times 10^{-9} \qquad (4-3)$$

式中：L_3 为货箱顶部长(m)；W_2 为货箱底板装货宽(m)；H_3 为货箱高(m)，在后轴中心线的 X 平面内测量货箱底板表面到货箱挡板上平面的距离。

⑥封闭式货箱式货车容积 $V_6(\mathrm{m}^3)$。其计算公式为：

$$V_6 = L_4 \times W_2 \times H_4 \times 10^{-9} \qquad (4-4)$$

式中：L_4 为前排座肩高处装货长(m)；H_4 为货箱高(m)，货箱底板平面到货箱顶部内表面的最短距离。

(5)玻璃总面积 S，玻璃总面积 S 为车辆风窗玻璃面积 S_1、侧窗玻璃面积 S_2 和后窗玻璃面积 S_3 三者之和。

4.1.3　汽车最小转弯直径的测定试验

1. 概述

为了评价试验汽车几何通过性的优劣，检验新试制或现生产的汽车的结构是否符合设计要求或设计本身是否合理，需要测量汽车最小转弯直径和最大通道宽度。在试验中，为了测量以上两个尺寸，通常需要测量出以下 4 个参数(图 4-6)。

(1)前外轮最小转弯直径 d_1：即汽车转向轮处于最大转角状态下行驶时，汽车前轴上距离转向中心最远的车轮轮胎外缘中心在地面上形成的轨迹圆直径。

(2)后内轮最小转弯直径 d_2：即汽车前转向轮处于最大转角状态下行驶时，汽车后轴上距离转向中心最近的车轮轮胎外缘中心在地面上形成的轨迹圆直径。

(3)最远点最小转弯直径 d_3：即汽车前转向轮处于最大转角状态下行驶时，车体距离转向中心最远点形成的轨迹圆直径。

(4)最近点最小转弯直径 d_4：即汽车前转向轮处于最大转角状态下行驶时，车体距离转向中心最近点形成的轨迹圆直径。

2. 试验的步骤与方法

(1)起动汽车，使其低速行驶，将转向盘转到极限位置，并保持此位置不变，使汽车沿圆周行驶(车轮运动轨迹封闭)。

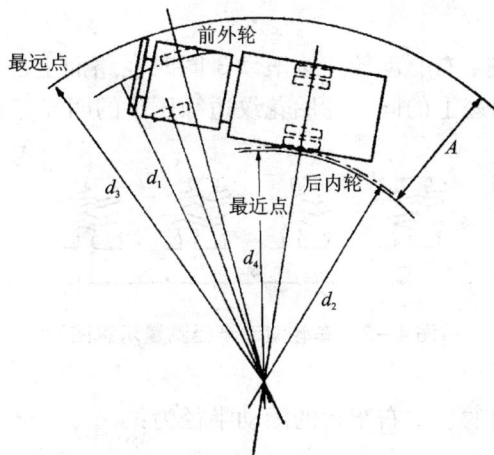

图 4 – 6 汽车最小转弯直径和最大通道宽度

（2）当汽车能稳定地在圆周上行驶后，启动安装在前外轮和后内轮的轨迹显示装置，使该装置引到轮胎上的水管随汽车行驶缓缓放水。

（3）等轨迹显示装置显示的轨迹达到一个圆周时，将汽车停下，但不得松开转向盘。找出汽车上距离转向中心最远的点，并用铅锤将其向地面投影，再从此投影点向前外轮轨迹中心线做垂线（圆的法线），具体做法为：以投影点为原点，将钢卷尺"0"点压在投影点上，而后拉开钢卷尺，并在前外轮轨迹中心线近侧圆弧上摆动，找出投影点到此段圆弧上最近的点，测量原点到该点的距离，这一距离记为 a。同样，在汽车上找出距离转向中心最近的点，用铅锤向地面投影，以此投影点向后内轮轨迹胎面中心线作垂线，并用钢卷尺测量此垂线长度 b。测取 a、b 参数后，将汽车驶出轨迹圆。

（4）用钢卷尺分别测量两个轨迹圆的直径。在相互垂直的两个方向上各测一次，取两者算术平均值作为试验结果。

（5）重复试验步骤（1）~（4），使汽车向相反方向行驶，即汽车向左转、向右转各试验一次。

（6）数据处理。将试验步骤（4），（5）测得的向左转和向右转的前外轮最小转弯直径 d_1 作为汽车的最小转弯直径；d_2 作为向内轮最小转弯直径；最远点最小转弯直径 $d_3 = d_1 + 2a$；最近点最小转弯直径 $d_4 = d_2 - 2b$；最大通道宽度 A 按下式计算，即

$$A = \frac{d_3 - d_4}{2} \tag{4 – 5}$$

4.1.4　车轮滚动半径测定试验

车轮滚动半径通常在试验道路上采用印迹法测量，也可在转鼓试验台上测量。下面介绍在试验道路上进行的印迹法。

在路面上沿垂直于道路方向上涂一条具有一定颜色的宽约为 50 mm 的易于分辨的油漆线，并保证汽车以各种车速行驶过油漆线时汽车轮胎能在路面上压出清晰的印迹。

试验车速一般根据具体要求确定。如果对试验车速无明确规定，可以在从略高于最低稳

定车速的整数车速起(一般为 20 km/h),至接近最高车速 80% 的整数车速止的范围内,选取整个车速作为试验车速。

试验时,应分别测量左、右驱动轮连续滚动 3 圈时在路面上压出的印迹间的长度 S_i,具体测量时,应在始、末两印迹上的同一轮胎花纹边缘压出的明显印迹点处测量(图 4 - 7),测量误差应低于 5 mm。

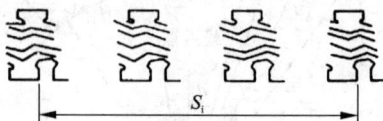

图 4 - 7 车轮滚动半径测量示意图

试验结束后,按下式计算左、右车轮的滚动半径为:

$$r_i = \frac{S_i}{6\pi} \tag{4 - 6}$$

式中:r_i 为左或右侧车轮滚动半径(m);S_i 为左或右侧车轮印迹长度(m)。

再计算出左、右侧车轮滚动半径的平均值 r,并将其作为该试验汽车的车轮滚动半径。

4.2 汽车质量参数测量

汽车质量参数主要包括整车质量、载荷分配、质心位置和车辆转动惯量等。这些物理参数测量结果的准确性对汽车操纵稳定性、制动性和动力性等性能试验结果的分析和验证有着重要的影响。

汽车质量参数的测量设备主要有卷尺、重锤、角度尺、车轮负荷计或地秤、摇摆试验台、拉力计等,地秤或车轮负荷计精度为 0.5%。秤台面积应能将整个汽车放在上面,秤台称量前,清洁被测车辆,并对测量设备进行校验。无特殊规定时,一般测定空车及满载两种情况。测量时,汽车要停稳,发动机熄火,变速器置于空挡,制动器放松,不允许用三角木顶车轮。

4.2.1 整车质量测量

整车质量测量参照 GB/T 12674—1990《汽车质量(重量)参数测定方法》执行。

1. 测量方法

汽车四个轮胎承受的总载荷为车的总质量。四个轮胎所承受的载荷不一定均等。因此,为方便起见,测量汽车的总质量通过测量汽车的轴荷来实现。

汽车轴荷测量分为空载和满载两种。汽车空载时,首先从一个方向低速驶上秤台,依次测量前轴、后轴质量。当秤台面较大时,可依次测量前轴、整车和后轴质量。然后,汽车掉头,从反方向低速驶上秤台,按上述程序重复测量前述几个参数,以两次测得的平均值作为测量结果。为保证测量精度,秤台出入口地面应与台面保持同一水平。满载时,货箱内的载荷装载均匀,驾驶和和乘客座椅上放置 65 kg 的砂袋代替乘员质量,用上述相同的方法分别测量满载的前轴、整车和后轴质量。对于多轴汽车,前轴或后轴质量是指双轴轴载质量,半挂车轴质量是指挂车全部轴载质量。

2. 数据处理

整备质量 m_0 和最大总质量 m 为两个方向质量测量结果的算术平均值中，空载时测得的为整备质量，满载时测得的为最大总质量。同理，轴载质量 $\overline{m}_{0i}$（第 i 轴）为对应轴两个方向测量结果的算术平均值。当轴载质量之和不等于整车质量时，用各轴的轴载质量的比例分配整车质量，再按下式计算修正后的轴载质量，则

$$m_{0i} = \frac{\overline{m}_{0i}}{\sum\limits_{i=1}^{n} \overline{m}_{0i}} m_0 \qquad (4-7)$$

式中：m_{0i} 为修正后的第 i 轴轴载质量（kg）；$\sum\limits_{i=1}^{n} \overline{m}_{0i}$ 为各轴轴载质量之和（kg）。

4.2.2　质心位置测量

1. 质心横向位置测量

一般认为汽车的质心横向位置处于汽车的纵向对称平面内，实际上，由于燃料箱、蓄电池等非对称布置，汽车质心横向位置并不在汽车纵向平面内。对于前后轴轮距相等的汽车，在地磅上分别测得左右侧车轮载荷，按下式计算质心的横向位置，如图 4-8 所示，图中 C 为质心位置。

$$B_1 = \frac{BZ_2}{mg} \quad B_2 = \frac{BZ_1}{mg} \qquad (4-8)$$

式中：B_1 和 B_2 分别为质心至车轮左侧和右侧的距离（mm），B 为汽车轮距（mm）；m 为汽车整备质量（kg）；Z_1 和 Z_2 分别为左、右侧车轮载荷总和（N）；g 为重力加速度，取 $9.8 \, \mathrm{m/s^2}$。

为验证测量结果的准确性，应按下式进行校核：

$$B = B_1 + B_2 \qquad (4-9)$$

2. 质心纵向位置测量

使用地秤或其他等效设备测量汽车整备质量、前后轴轴载质量，如图 4-9 所示，图中 C 为质心位置。由图 4-9 的几何关系可得：

$$a = \frac{LZ_r}{mg} = L\frac{m_2}{m} \qquad (4-10)$$

$$b = \frac{LZ_f}{mg} = L\frac{m_1}{m} \qquad (4-11)$$

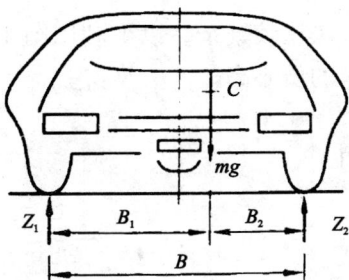

图 4-8　前后轴轮距相等时质心横向位置测定示意图

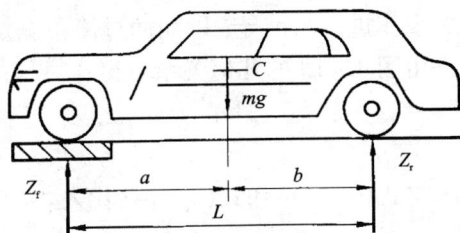

图 4-9　质心纵向位置测量示意图

式中：a 和 b 分别为汽车质心到前、后轴的距离（mm）；L 为汽车轴距（mm）；Z_f 和 Z_r 分别为前、后轴轴荷（N）；m_1 和 m_2 分别为前、后轴轴载质量（kg）。

3. 质心高度测量

常见质心高度的测量方法有力矩平衡法、摇摆法和侧倾法等。

（1）力矩平衡法

力矩平衡法也称重量反应法。测量时，将汽车的前悬架、后悬架锁死在正常位置上，如图 4 - 10 所示，将汽车的一根车轴放置在地磅上，而将另一根车轴抬高到一个高度 n。在抬高车轴时，一般不要在地磅上的车轮前、后放三角木，也不要使举升器触及车轮以外的任何零部件，以免产生附加力矩而影响测量结果。由图 4 - 10 所示的几何关系可以看出，如果求出距离 b'，就能够用绘图法找到 b' 与 b 尺寸左侧边界线的交点 C，此点即为汽车的质心位置，则质心高度 h_g 就可以用比例尺量出。

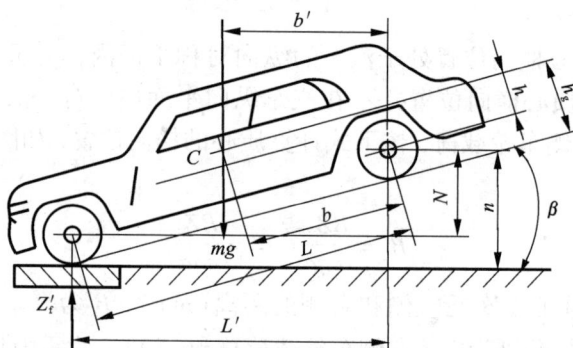

图 4 - 10　力矩平衡法测量质心高度的示意图

对后轴中心取力矩，则有：

$$b' = \frac{Z_f'}{mg}L' = \frac{Z_f'}{mg}\sqrt{L^2 - N^2} = \frac{Z_f'}{mg}\sqrt{L^2 - (n-r)^2} \qquad (4-12)$$

式中：b' 为后轴抬起后，后轮中心到质心的水平距离（mm）；Z_f' 为后轴抬起后，地磅称量的前轴轴荷（N）；L' 为后轴抬起后，后轮中心距前轴中心的水平距离（mm）；N 为后轴抬起后，后轮中心距前轴中心的铅垂距离（mm）；n 为后轴抬起后，后轮中心距地面的距离（mm）；r 为车轮静力半径（mm）。

利用绘图法求解汽车质心高度比较精确，但测量方法比较繁杂。以下利用图 4 - 10 的几何关系作进一步推导，以期通过简单测量即可求出汽车的质心高。

由图 4 - 10 的几何关系可得：

$$b' = b\cos\beta + h i\sin\beta \qquad (4-13)$$

$$L' = L\cos\beta \qquad (4-14)$$

将式（4 - 13）和式（4 - 14）代入式（4 - 12）得：

$$b\cos\beta + h i\sin\beta = \frac{Z_f'}{mg}L\cos\beta$$

整理后得：

$$Z_f'L = mgb + mgh\tan\beta \qquad\qquad (4-15)$$

将式(4-11)代入式(4-15)得:

$$h = \frac{L(Z_f' - Z_f)}{mg\tan\beta} \qquad\qquad (4-16)$$

由图 4-10 的几何关系还可得:

$$h_g = r + h \qquad\qquad (4-17)$$

将式(4-16)代入式(4-17),可得汽车质心高度 h_g 为:

$$h_g = r + \frac{L(Z_f' - Z_f)}{mg\tan\beta} \qquad\qquad (4-18)$$

式中:r 为轮胎的静力半径;β 为汽车相应的抬高角度。

(2)摇摆法

摇摆法是 GB/T 12538—1990《汽车重心高度测量方法》中所采用的一种方法。所谓摇摆法,是将被测车辆固定在一摆动架上,使之摆动,通过测量摆架的摆动周期,并利用摆动质量、摆动周期与质心位置的关系求出汽车质心的位置。由于摆架的摆动相当于复摆,复摆在微小角度摆动时才可认为是自由摆动,所以,利用摇摆法测量汽车质心高度时,摆架的摆动角度不宜为大。

摇摆法测量质心高度的步骤如下:

①实验前先测量出质心的纵向位置。

②将试验车开上摆架平台,如图 4-11 所示,使汽车纵向质心对准平台的中心线,其偏差不大于 ±5 mm。拉紧汽车驻车制动器,并用三角木挡住前后车轮,以防车轮滚动或晃动。

③检查摆架平台是否处于水平位置,是否应调平。

④摆动摆架,使之在 1° 范围内摆振,待摆振稳定后,连续测量 10 个周期的长摆摆振时间,试验进行 3 次,每次单摆周期的均值之差应小于 0.0005 s。

⑤长摆测定后,举升托架,使平台摆架

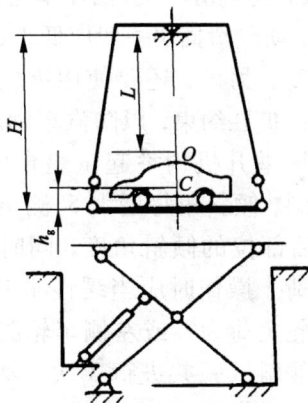

图 4-11　摇摆法测量质心高度示意图

升高至设计规定的短摆高度,挂上四条短摆钢链,利用短摆架重复以上测量,测量短摆架时的摆动周期。

⑥计算摆动周期平均值及汽车质心高度。

计算长、短摆臂摆架摆动周期的平均值,即

$$T_1 = \sum_{i=1}^{3} T_{10}/30 \qquad\qquad (4-19)$$

$$T_2 = \sum_{i=1}^{3} T_{20}/30 \qquad\qquad (4-20)$$

式中:T_1、T_2 分别为长、短摆摆动周期的均值(s);T_{10}、T_{20} 分别为长、短摆 10 个摆动周期的摆动时间(s)。

汽车的质心高度 h_g 计算如下:

$$h_g = \frac{T_{s1}^2 g(W_{s1}L_1 + mL_{s1}) - T_{s2}^2 g(W_{s2}L_2 + mL_{s2}) + W_{s2}L_2^2 T_{s2}^2 g - W_{s1}L_1 L_{s1}^2 g - 4\pi^2 m(L_{s1}^2 - L_{s2}^2)}{mg(T_1^2 - T_2^2) - 8\pi^2 m(L_{s1} - L_{s2})}$$

(4-21)

式中:m 为汽车整备质量(kg);W_{s1}、W_{s2} 分别为长、短摆架自身质量(kg);L_{s1}、L_{s2} 分别为长、短摆架平台上表面至摆架刀口的距离(mm);L_1、L_2 分别为长、短摆架自身质心至摆架道口的距离(mm);T_{s1}、T_{s2} 分别为长、短摆架摆动周期(s)。

(3)侧倾法

①试验准备。该项试验需用侧倾试验台、车轮负荷计等试验设备,实验前应将侧倾试验台调整到台面处于水平状态。

试验车辆应装备齐全,并装备在规定的位置上,是车辆处于装备质量状态;汽车门、窗应完全关闭,座椅调整到标准位置;轮胎气压充至技术条件中的规定范围;采取有效措施,以防止汽车侧倾时燃料、润滑油及冷却液等泄露;如果试验车辆装用空气弹簧悬架,应将悬架调整到标准技术状态,然后锁死。

将汽车驶上侧倾试验台,用台面侧下部的车轮挡住装置(一般是防侧滑挡块)挡住车轮(图4-12),以防其下滑。但防侧滑挡块一般应低于30 mm,过高会影响测量精度。另外,还要使用钢丝绳以自由状态对汽车进行保护性约束,以防汽车翻出试验台面。

②用液压举升机构举起试验台面及被动汽车,使其向右倾斜,倾斜角每增大5°测量一次试验台面和汽车前、后部位的倾斜角度,同时用车轮负荷计测量车轮负荷。操作时应当缓慢举升试验台,直到汽车左侧车轮负荷为零或左侧车轮脱离试验台面时为止。向右倾斜试验共进行3次,要求每次测量结果的相对误差不大于1%。

如果汽车质心位于汽车纵向对称平面内,可根据举升角度直接计算出质心高度 h_g,即

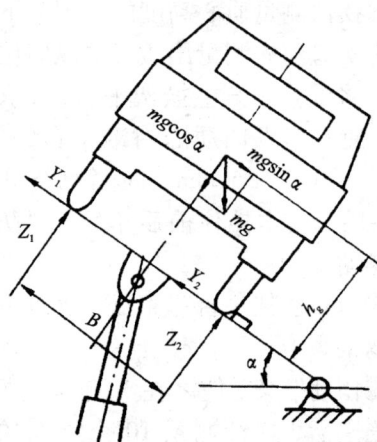

图4-12 侧倾法测量质心高度示意图

$$h_g = \frac{B}{2}\cot\alpha_{max}$$

(4-22)

式中:B 为轮距(mm);α_{max} 为最大侧倾角(°)。

③若汽车质心的横向位置不处于车辆纵向对称面内,应使汽车再向左倾斜,重复试验步骤②。

④分别取向左、向右侧倾3次所测最大倾角的算术平均值作为测量结果,并按下式计算质心高度 h_g,即

$$h_g \approx \frac{B_1}{\tan\alpha_r}$$

(4-23)

$$h_g \approx \frac{B_2}{\tan\alpha_1} \qquad (4-24)$$

式中：B_1、B_2 分别为质心距右、左轮的距离（mm），α_r、α_1 分别为向右、向左倾斜时，所测最大倾角的算术平均值（°）。

利用式（4-23）与式（4-24）计算出的质心高度应相等，若不相等，取其均值为测量结果。

4.2.3　转动惯量测量

车辆发生横摆、侧倾和俯仰时，转动惯量对这些回转运动有很大影响。在测量完质心高度后，可以测量车辆的俯仰、侧倾和横摆运动的转动惯量。

转动惯量的测量可以使用绳吊法，通过测量汽车的摆动周期 T 计算车辆绕不同坐标轴的转动惯量，如图 4-13 和图 4-14 所示。绕 y 轴转动惯量的测量与绕 x 轴方向的测量方法相同，只是在试验时车辆在试验台上摆放方向不同。

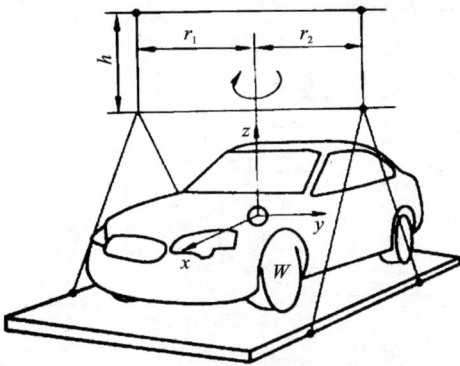

图 4-13　绕 z 轴的转动惯量测量示意图

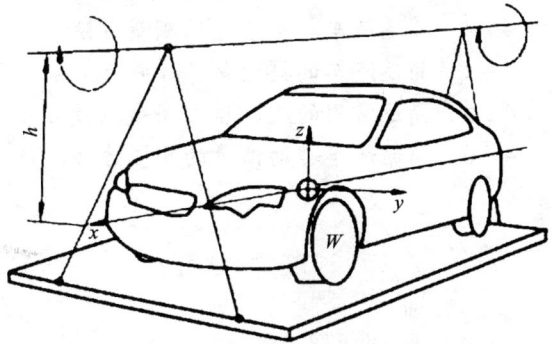

图 4-14　绕 x 轴的转动惯量测量示意图

绕 z 轴方向的转动惯量 J_z 计算为：

$$J_z = \frac{T^2 r_1 r_2 W}{4\pi^2 h} \qquad (4-25)$$

绕 x 轴方向的转动惯量 J_x 计算为：

$$J_x = \left(\frac{T^2}{4\pi^2} - \frac{h}{g}\right) hW \qquad (4-26)$$

式中：T 为汽车的摆动周期（s）；W 为汽车重量（N）。

若使用旋转台测量转动惯量，所测参数如图 4-15 所示，绕 z 轴方向的转动惯量计算为：

$$J_z = \frac{T^2}{4\pi^2} KL^2 - J_0 \qquad (4-27)$$

式中：J_0 为旋转台的转动惯量（kg·m^2）；K 为弹簧刚度（N/m）；L 为从旋转中心到弹簧固定位置的长度（m）；T 为旋转周期（s）。

需要注意的是，汽车绕 z 轴的横摆运动不区分簧上质量和簧下质量，而绕 y 轴的俯仰和绕 x 轴的侧倾运动只测量簧上质量的转动惯量。

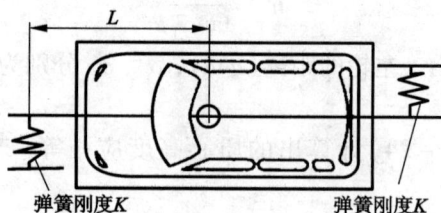

图 4 – 15　利用旋转台测量惯性力矩

复习思考题

4 – 1　简述汽车几何参数的测量目的。

4 – 2　在测量汽车尺寸参数的过程中,各种尺寸参数都要求在一定的载荷下测量,汽车的载荷状态有哪几种? 将汽车加载到规定载荷状态应注意哪些事项?

4 – 3　简述汽车整车质量的测量方法。

4 – 4　简述汽车的接近角、离去角及纵向通过角的定义和测量方法。

4 – 5　简述常用的汽车质心高度测量方法。

4 – 6　简述汽车转动惯量的测量方法。

第 5 章　汽车基本性能试验

内容概要：本章主要介绍汽车基本性能(动力性、燃料经济性、制动性、操纵稳定性、平顺性及通过性)的主要试验内容、试验方法及试验评价。

5.1　动力性试验

汽车的动力性是指汽车在良好路面上直线行驶时，由汽车受到的纵向外力决定的，所能达到的平均行驶速度。从获得尽可能高的平均行驶速度的观点出发，汽车的动力性主要由汽车的最高车速、加速时间和汽车能爬上的最大坡度这三方面的指标来评价。

汽车的动力性是汽车最基本、最重要的性能之一。通过对动力性各项评价指标的测定，可以考察汽车是否符合设计要求，是否满足用户的使用要求，以为改进设计提供依据。此外，动力性评价指标还用于两种车型优劣的比较，以及生产质量的检查和科学研究等方面。

5.1.1　滑行试验

滑行是指汽车加速到某预定速度后，摘挡脱开发动机，利用汽车的动能继续行驶至停车的过程。汽车滑行性能的好坏对其动力性和燃油经济性有重要的影响。

滑行试验的目的一般是为了检查汽车底盘的技术状况和调整状况，同时也是测定汽车道路行驶阻力的方法之一，此行驶阻力可作为室内台架试验时设定底盘测功机系数的依据。

滑行性能可用初速度 50 km/h 时的滑行距离和滑行时间来评价，也可通过测定滑行阻力系数反映汽车行驶阻力的大小。

1. 滑行距离测定

在同一车速下汽车滑行距离的长短取决于滚动阻力系数、空气阻力系数、汽车总质量等参数，以及汽车底盘的技术状况和调整状况。滑行距离长有利于提高汽车的动力性和经济性。

滑行试验选在试验道路的中段 800～1000 m 长度进行。关闭汽车门窗，其他试验条件参照 GB/T 12534—1990《汽车道路试验方法通则》的规定。试验时，以(50±0.3)km/h 的车速匀速行驶，当行驶到试验区段起点时，迅速踩下离合器踏板，使变速器挂空挡滑行，直至停车。记录车速从 50 km/h 开始到停车整个滑行过程的滑行时间和滑行距离。滑行过程中，应保持汽车直线行驶，尽可能不转动转向盘，不允许使用制动器。试验至少往返各滑行一次，并且往返区段应尽量重合。

由于滑行初速度较难准确地控制在 50 km/h，为使试验结果具有可比性，应将实测的滑行距离换算成标准滑行初速度 $v_0 = 50$ km/h 下的滑行距离，即

$$s = \frac{-b + \sqrt{b^2 + ac}}{2a} \tag{5-1}$$

式中：a 为计算系数 $(1/s^2)$，$a = \frac{v_0'^2 - bs'}{s'^2}$，其中 v_0' 为实测滑行初速度 (m/s)，b 为常数，当汽车总质量 ≤ 4000 kg 且滑行距离 ≤ 600 m 时，$b = 0.3$，其他情况下 $b = 0.2$，s' 为实测滑行距离 (m)；c 为常数，且 $c = 771.6$ m^2/s^2；s 为初速度为 50 km/h 时的滑行距离 (m)。

取换算后两个方向滑行距离的平均值作为试验结果。利用测量数据，绘制车速 – 滑行距离、车速 – 滑行时间曲线，如图 5 – 1 所示。

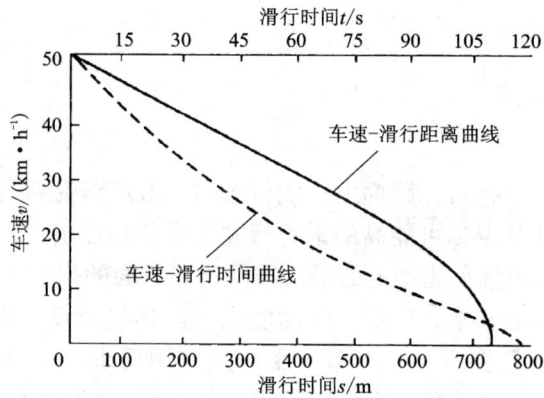

图 5 – 1 汽车滑行特性曲线

2. 滑行阻力系数测定

滑行阻力包括滚动阻力、空气阻力和传动系的摩擦阻力等。低速滑行试验测量出的滑行阻力系数，可近似为滚动阻力系数；高速滑行试验测量出的滑行阻力系数，可近似看成由滚动阻力和空气阻力两部分组成，进而求出空气阻力系数。滑行阻力系数的测定通常采用定距离测定法、定初速度测定法和负荷拖车测定法。

(1) 定距离测定法

试验前，在试验场地选定长 100 m 的测量路段，并将其分为两段，每段各 50 m。然后反复预试，找出该车在 $(20 \pm 2)s$ 时间内滑行通过 100 m 路段的滑行初速度，一般在 20 km/h 左右。

试验时，使汽车匀速接近测量段起点，在到达起点的瞬间，迅速分离离合器，使变速器置空挡，让汽车滑行通过 100 m，时间应控制在 $(20 \pm 2)s$，否则重做。测定通过开始 50 m 路段和整个 100 m 路段的滑行时间 t_1 和 t_2。试验往返测量至少 3 次。若测量重复性差，应进行补充试验，直至合格。

由于滑行速度较低，空气阻力和传动系的摩擦阻力可忽略不计。又因道路平直，汽车的滑行阻力仅为滚动阻力，并可视为常数，那么汽车滑行过程可视为匀减速运动。

设滑行减速度为 dv/dt，滑行初速度为 v_0，由 50 m 和 100 m 的滑行时间可列出下述方

程组：

$$\begin{cases} 50 = v_0 t_1 - \dfrac{1}{2}\dfrac{\mathrm{d}v}{\mathrm{d}t} t_1^2 \\ 100 = v_0 t_2 - \dfrac{1}{2}\dfrac{\mathrm{d}v}{\mathrm{d}t} t_2^2 \end{cases} \tag{5-2}$$

联立求得滑行减速度为：

$$\frac{\mathrm{d}v}{\mathrm{d}t} = \frac{100}{t_2}\left(\frac{1}{t_1} - \frac{1}{t_2 - t_1}\right) \tag{5-3}$$

所以滑行阻力为：

$$F_{\mathrm{h}} = (m + m')\frac{\mathrm{d}v}{\mathrm{d}t} \tag{5-4}$$

式中：F_{h} 为滑行阻力（N）；m 为汽车总质量（kg）；m' 为旋转部件的当量惯性质量（$m' = \delta m$）（kg）；δ 为旋转质量换算系数，$\delta = 1 + \delta_1/I_g^2 + \delta_2$，$\delta_1$ 对于载货汽车取 0.04～0.05，对于小客车取 0.05～0.07，δ_2 取 0.03～0.05，I_g 为变速器传动比；$\mathrm{d}v/\mathrm{d}t$ 为滑行减速度（m/s²）。

滑行阻力系数 f 计算为：

$$f = \frac{F_{\mathrm{h}}}{mg} \tag{5-5}$$

式中：f 为滑行阻力系数。当车速较低时，可认为是滚动阻力系数。

（2）定速度测定法

分别测量从高速 v_1 滑行至（$v_1 - 5$ km/h）的滑行时间 t_1 和从低速 v_2 滑行至（$v_2 - 5$ km/h）的滑行时间 t_2，然后根据测量数据估算滑行阻力系数和空气阻力系数。

【例 5-1】　某汽车质量为 1450 kg，横截面积 A 为 2.2 m²，试根据表 5-1 中数据估算汽车的空气阻力系数与滑行阻力系数。

解：根据高、低速试验的初速度、末速度以及试验时间，计算平均车速和平均减速度，见表 5-1。

表 5-1　试验数据与处理

项　目　参　数	高速试验	低速试验
初速度/(km·h⁻¹)	$v_{\mathrm{a}1} = 60$	$v_{\mathrm{a}2} = 15$
末速度/(km·h⁻¹)	$v_{\mathrm{b}1} = 55$	$v_{\mathrm{b}2} = 10$
试验时间/s	$t_1 = 6.5$	$t_2 = 10.5$
平均速度/(km·h⁻¹)	$v_1 = (v_{\mathrm{a}1} + v_{\mathrm{b}1})/2 = 57.5$	$v_2 = (v_{\mathrm{a}2} + v_{\mathrm{b}2})/2 = 12.5$
平均减速度/(m·s⁻²)	$a_1 = (v_{\mathrm{a}1} - v_{\mathrm{b}1})/t_1 = 0.77$	$a_2 = (v_{\mathrm{a}2} - v_{\mathrm{b}2})/t_2 = 0.48$

根据以下两式估算空气阻力系数与滑行阻力系数。

空气阻力系数 C_{D} 为：

$$C_{\mathrm{D}} = \frac{6m(a_1 - a_2)}{A(v_1^2 - v_2^2)} = 0.36 \tag{5-6}$$

滑行阻力系数 f 为：

$$f = \frac{28.2(a_2 v_1^2 - a_1 v_2^2)}{10^3(v_1^2 - v_2^2)} = 0.013 \qquad (5-7)$$

（3）负荷拖车测定法

利用负荷拖车测量滑行阻力及滑行阻力系数时，由负荷拖车牵引试验车，并且为除掉发动机及传动系摩擦阻力，还需将试验车的半轴取出。测量时，负荷拖车以较低的速度等速牵引试验车行驶。由于车速低，并且是等速行驶，汽车的空气阻力和加速阻力皆很小，可以忽略不计，这样牵引力与试验车的滚动阻力很接近，测出的拖钩牵引力可视为滚动阻力，也即汽车的滑行阻力。

滑行阻力测出后，可以按式（5-8）计算该路段的滑行阻力系数，即

$$f = \frac{P_f}{mg\cos\alpha} \qquad (5-8)$$

式中：f 为试验车滑行阻力系数；P_f 为测出的试验车的滚动阻力（N）；m 为试验车质量（kg）；a 为路面坡度（°）。

5.1.2　车速试验

车速试验包括最高车速试验和最低稳定车速试验。

1. 最高车速试验

最高车速是指汽车在无风情况下，在水平良好路面（混凝土或沥青路面）上能达到的最大行驶速度。最高车速反映了汽车依靠动力所能达到的车速极限，因此，试验时应关闭汽车门窗和空调系统等附加设施，试验车辆按通用试验条件的规定准备。按最新国家标准的要求，最高车速试验包括直线跑道双方向试验、直线跑道单方向试验和环形跑道试验三种试验方法。

（1）直线跑道上的最高车速试验

跑道采样区长度应至少为 200 m，并用标杆做好标志。跑道加速区应与测量区具有相同特性，且平直和足够长，以保证车辆在到达测量区前能够稳定保持在最高车速。加速区和测量区的纵向坡度应不超过 0.5%，单方向试验中直线跑道纵向坡度应不超过 0.1%。测量区的横向坡度应不超过 3%。

① 标准试验规程（双方向试验）。为减少道路坡度和风向（风速）等因素造成的影响，依次从试验跑道的两个方向进行试验，并尽量使用跑道的相同路径。测量试验单程所用的时间 t_i。试验中车辆行驶速度变化不应超过 2%。每个方向上的试验不少于 3 次，所用时间 6 个 "t_i" 的变化不超过 3%。

试验车辆的最高速度为：

$$v_{\max} = \frac{3.6L}{t} \qquad (5-9)$$

式中：$v_{\max}$ 为最高车速（km/h）；t 为往返试验所测时间的算术平均值（s），$t = \frac{1}{6}\sum_{i=1}^{6} t_i$；$L$ 为测量地段跑道长度（m）。

② 单方向试验。由于试验跑道的自身特性，汽车不能从两个方向达到其最高车速，允许

只从一个方向进行试验。试验需连续 5 次重复进行,风速在车辆行驶方向的水平分量不超过 2 m/s。

考虑到风速的影响,最高车速应按下式修正:

$$v_i = v_{ri} \pm v_{fi} f \tag{5-10}$$

式中:如果风的水平分量与汽车行驶方向相反,则选择“ + ”号,否则选择“ − ”号;v_{ri} 为汽车每次行驶的最高车速(km/h),$v_{ri} = 3.6L/t_i$;t_i 为汽车行驶 L 距离所用的时间(s);v_{fi} 为风速水平分量(km/h),$v_{fi} = |v_i| \times 3.6$,$v_i$ 为行驶方向所测风速水平分量(m/s);f 为修正因数,取为 0.6。

去掉 v_i 的两个极值,由下式计算最高车速 v_{max}:

$$v_{max} = \frac{1}{3} \sum_{i=1}^{3} v_i \tag{5-11}$$

(2)环形跑道上的最高车速试验

汽车以最高车速在环形跑道上行驶,记录汽车行驶一圈所用时间 t_i。试验至少进行 3 次,且不对转向盘施加任何动作以修正行驶方向。每次的测量时间 t_i 的差异不超过 3%。最高车速计算为:

$$v_a = \frac{3.6L}{t'} \tag{5-12}$$

式中:t' 为 3 次试验所测时间的算数平均值(s);L 为汽车实际行驶的环形跑道长度(m)。

用环形跑道测量最高车速,需采用经验因数修正速度 v_a,尤其要考虑环形跑道离心力的影响以及随之发生的汽车方向的变化。修正后的汽车最高车速为:

$$v_{max} = k v_a \tag{5-13}$$

式中:k 为根据相应规程确定的修正因数,$1.00 \leqslant k \leqslant 1.05$。

2. 最低稳定车速试验

最低稳定车速是指最低的能稳定行驶的车速,该车速能保证汽车在急速踩下加速踏板时,发动机不熄火,传动系不抖动,汽车能够不停地平稳加速,且对应的发动机转速不会下降。

最低稳定车速试验按 GB/T 12547—2009《汽车最低稳定车速试验方法》进行。试验时,将试验车辆的变速器和分动器(如果有)置于所要求的挡位,从发动机怠速转速开始,使汽车保持一个较低的能稳定行驶的车速行驶并通过试验路段。通过测速仪或车速行程测量装置观察车速,并测定汽车通过 100 m 试验路段时的实际平均车速。在汽车驶出试验路段时,立即急速踩下加速踏板,发动机不应熄火,传动系不应抖动,汽车能够不停顿地平稳加速,且对应的发动机转速不得下降。如果这些条件不能满足,则应适当提高试验的车速,然后重复进行,直到找到满足前述条件的汽车最低稳定车速。

试验应往返进行,至少各 1 次。试验过程中,不允许为保持汽车稳定行驶而切断离合器或使离合器打滑,并且不得换挡。取实测车速的算术平均值为该汽车该挡位的最低稳定车速。

5.1.3　加速性能试验

加速性能是指汽车从较低车速加速到较高车速时获得最短时间的能力,它主要用加速时间来衡量。表征汽车加速性能的指标有起步换挡加速时间和超越加速时间，相应的测试汽车加速性能的试验方法有全油门起步加速性能试验和全油门超越加速性能试验两种。试验方法按国家标准 GB/T 12543—2009《汽车加速性能试验方法》进行，该标准适用于 M 类和 N 类车辆。

1. 试验方法

（1）全油门起步加速性能试验

该试验包括 2 项内容，即将车辆由静止状态全油门加速到 100 km/h（如果最高车速的 90% 达不到 100 km/h，应取高车速的 90% 向下圆整到 5 的整数倍的车速作为试验终了车速）和使车辆由静止状态全油门加速通过 400 m 的距离，记录这两个试验项目的行驶时间。

（2）全油门超越加速性能试验

试验时，使车辆由 60 km/h 全油门加速到 100 km/h，同样，如果最高车速的 90% 达不到 100 km/h，应取最高车速的 90% 向下圆整到 5 的整数倍的车速作为试验终了车速，记录行驶时间。

试验应往返进行，每个方向至少进行 3 次。若一次试验发生问题，则该往返试验均应重做。

2. 变速器操作程序

（1）手动变速器

对于全油门起步加速性能试验，应在车轮滑转最小的情况下使汽车达到最大加速性能。离合器的操纵及换挡时刻的选择应使加速性能发挥至最大但不应超过发动机的额定转速。当车辆运动时触发记录装置。

对于全油门超越加速性能试验，加速前车速应控制在 58 ~ 60 km/h 内保持匀速行驶至少 2 s，当车速达到 60 km/h 时触发记录装置。变速器在试验过程中不应换挡。

在做加速性能试验时，对于 M_1 类车辆和最大设计总质量小于 2 t 的 N_1 类车辆的挡位选择如下：对于 4 挡或 5 挡的手动变速器，挡位应置于最高挡和次高挡；对于 6 挡的手动变速器，挡位应置于第 4 挡和第 5 挡；对于 3 挡的手动变速器，仅使用最高挡位。对于 m_2 和 m_3 类汽车以及最大设计总质量不小于 2 t 的 N 类车辆，挡位应置于最高挡和次高挡。

（2）自动变速器

对于全油门起步加速性能试验，在发动机怠速情况下（若有必要可踩下制动器），将变速器置于 D 位，车辆起步加速，应在车轮滑转最小的情况下使车辆达到最大加速性能，当车辆运动时触发记录装置。

对于全油门超越加速性能试验，变速器置于 D 位。允许在汽车变速控制器的控制下换挡。试验前，车辆加速到 58 ~ 60 km/h 内保持匀速行驶至少 2 s。当车速达到 60 km/h 时触发记录装置。

（3）手自一体变速器

对于手自一体变速器必须分别进行手动模式和自动模式下的加速性能试验。

3. 试验数据处理

计算所有有效试验数据的算术平均值、标准偏差和变化系数（标准偏差/算术平均值）如下：

$$\bar{x} = \sum_{i=1}^{n} x_i/n \qquad (5-14)$$

$$SD = \sqrt{\frac{\sum_{i=1}^{n}(\bar{x}-x_i)^2}{n-1}} \qquad (5-15)$$

$$k = SD/\bar{x} \qquad (5-16)$$

式中：$\bar{x}$ 为算数平均值；x_i 为第 i 次试验数据；n 为试验总次数；SD 为标准偏差；k 为变化系数。

试验要求，全油门起步加速性能试验的变化系数 k 不得大于 3%；全油门超越加速性能试验的变化系数 k 不得大于 6%。

根据试验数据，作出车速-加速时间与车速-加速距离曲线，如图 5-2 和图 5-3 所示。

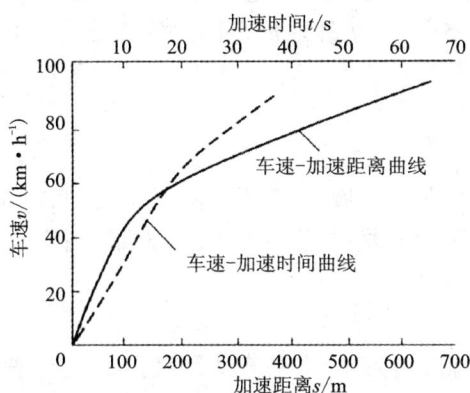

图 5-2　全油门起步加速性能试验曲线

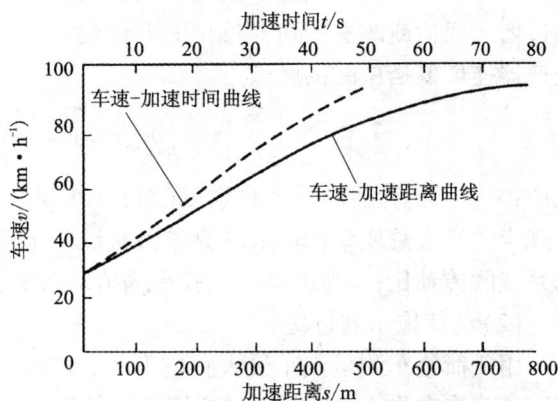

图 5-3　直接挡超越加速性能试验曲线

5.1.4　爬坡试验

爬坡试验分为爬陡坡试验和爬长坡试验。爬陡坡试验的评价指标是汽车的最大爬坡度。汽车的最大爬坡度是指汽车处于最大总质量状态时，变速器置于最低挡，在坚硬路面上所能爬上的最大坡度。汽车爬长坡试验用于检查汽车长时间在较大功率输出状况下的动力性、发动机和动力传动系的热状态和机械状态、变速器换挡的使用状况，以及燃料消耗量等。

1. 爬陡坡试验

（1）坡路实测法

汽车爬陡坡的试验坡路是专门修建的一系列具有防滑措施的混凝土铺装或沥青铺装或其他材料铺装的表面平整、坚实的直线坡道。当坡度大于或等于最大爬坡度的 30% 时，路面必须用混凝土铺装；当坡度小于最大爬坡度的 30% 时，可用沥青铺装。每个坡道的长度不小于 25 m，中部设置 10 m 长的速度测试路段，在坡道的前端设有 8~10 m 的平直路段，另外，每个坡道的坡度应均匀一致；坡度大于最大爬坡度的 40% 的坡道，必须设置安全防护装置。如果没有专门修建的坡道，可用表面平整、硬实的自然直线坡道代替。

试验前，试验车预热行驶，使油温、水温达到正常的工作状态，然后停于接近坡道的平直路段上。将试验车变速器挂最低挡，如果设有分动器或副变速器，也应置于最低挡，起步后迅速将加速踏板踩到底。保持节气门全开（或喷油泵齿条行程最大），一直用最低挡（不允许换挡）爬至坡顶。与此同时，测定汽车通过 10 m 测定路段的时间、发动机转速，监视各仪表的工作状况，监视并测定发动机冷却水温度、润滑油温度和压力，以及一些总成的润滑油温度。当爬至坡顶时，检查汽车各部位有无异常现象，并做记录，同时记录坡道的坡度、长度、类型及道路表面状况等。

如果试验车爬上了该坡道，再到大一级坡度的坡道上进行上述试验。以此类推，直到汽车不能爬上更大坡度的坡道为止。如果第 1 次爬不上去，可进行第 2 次，但不允许超过两次。最后以能爬至坡顶的最陡坡道的坡度作为该车最大爬坡度。

另外，如果汽车中途爬不上坡，应测量停车点（后轮接地中心）到坡底的距离，并记录爬不上的原因，以供分析。

如果找不到汽车制造厂规定坡度的坡道，也可在其他坡度的坡道上进行试验。此时可以通过增减载荷或改变变速器挡位的办法爬坡，并按式（5－17）折算成厂定最大总质量状态下，变速器挂最低挡位时的爬坡度。

$$a_{max} = \arcsin\left(\frac{m}{m_0}\frac{i_1}{i}\sin a\right) \tag{5－17}$$

式中：a_{max} 为折算后的最大爬坡度（°）；a 为试验用坡道的实际坡度（°）；m_0 为试验车辆制造厂规定的最大总质量（kg）；m 为试验时试验车辆的实际总质量（kg）；i_1 为变速器最低挡时传动系统的传动比；i 为试验时试验车辆传动系的实际传动比。

（2）负荷拖车测量法

用负荷拖车测量汽车最大爬坡度时，让汽车在平整、坚实的水平直线铺装路面上行驶，使用负荷拖车作为负荷，通过换算试验结果而求得最大爬坡度。

试验时，将变速器挂最低挡，节门全开（或喷油泵齿条行程最大），拖动负荷拖车，牵引杆处于水平位置并与试验车和负荷拖车的纵向中心平面平行。牵引杆内安装拉力传感器，用以测量拖钩牵引力。通过负荷拖车的制动施加负荷，测量试验车最大拖钩牵引力 F_{tmax}，计算最大爬坡度为

$$a_{max} = \arcsin\left(\frac{F_{tmax}}{m_0 g}\right) \tag{5－18}$$

式中：a_{max} 为折算后的最大爬坡度（°）；m_0 为试验车辆制造厂规定的最大总质量（kg）。

如果没有负荷拖车，也可用最大总质量状态下的汽车来代替负荷拖车进行试验。试验时被拖车也置于最低挡，并用制动器逐步增加制动强度，直到试验汽车拖不动为止。将牵引过程中测量的最大牵引力作为最大拖钩牵引力。

2. 爬长坡试验

试验坡道为表面平整、坚实的连续上坡道，要求该坡道长为 8 ~ 10 km，其中，上坡路段应占坡道长度的90%以上，最大纵向坡度不小于8%。

试验前，检查汽车是否处于良好的技术状态，尤其要检查发动机供油系和冷却系、动力传动系及制动系的工作状况，里程表需经过校正。

试验时，将试验车停放在坡道起点处，并记录里程表指示里程，启动燃油流量计，然后起步开始爬坡。爬坡中尽可能使用较高的挡位，并且在各挡位下都应负荷行驶，在保证安全

和交通法规允许的前提下以较高车速行驶，一直爬至试验终点。在爬坡过程中，每行驶0.5 km记录一次各部位的温度值，以及试验全过程中的换挡使用次数和使用时间（或行驶里程），观察仪表、发动机及动力传动系等工作状况。当爬至试验终点时，记录此时的时刻、里程表指示值、燃油流量计读数等，连同试验起点时的这些参数值，计算出平均车速和平均百公里燃料消耗量。

如果在爬坡过程中，发现发动机冷却水沸腾，或发动机润滑油温度超过105℃，供油系发生气阻，发动机强烈爆燃，动力传动系脱挡等使汽车不能正常行驶的现象，应立即停车检查，并记录停车处的行驶里程、行驶时间、燃料消耗量以及各部位温度。同时，还要详细记录故障形态，以供试验结果分析使用。

5.1.5　牵引性能试验

汽车牵引性能试验主要用于确定汽车牵引挂车的动力性能。它包括牵引性能试验与最大拖钩牵引力试验两方面内容。

1. 牵引性能试验

汽车牵引性能试验采用试验汽车牵引负荷拖车的方式进行，没有负荷拖车时，也可以用处于最大总质量状态的其他汽车代替负荷拖车。试验前，在试验汽车上安装车速仪，并用牵引杆连接试验汽车与负荷拖车，在牵引杆内部安装 1 只拉力传感器，试验时要求牵引杆保持水平，其纵向与试验汽车及负荷拖车的纵向中心平面平行。

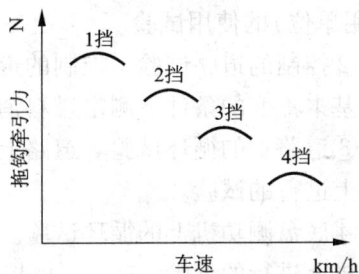

图 5 - 4　某汽车的牵引性能曲线

试验时，汽车起步，加速换挡至试验需要的挡位，节气门全开（或喷油泵齿条行程最大），加速至该挡最高车速的80%左右，负荷拖车施加负荷，在发动机正常使用的转速范围内，测取5～6个间隔均匀的稳定车速和该车速下的拖钩牵引力。试验往返各进行 1 次，取其算术平均值作为试验结果。根据试验结果绘制各挡牵引力性能曲线，如图 5 -4 所示。

2. 最大拖钩牵引力试验

汽车最大拖钩牵引力试验所需仪器及试验道路与汽车牵引性能试验相同。试验时由试验车拖动负荷拖车运动，试验车动力传动系均处于最大传动比状态，自锁差速器应锁住，如果用钢丝绳牵引，两车之间的钢丝绳不得短于 15 m。

试验开始时，试验车缓慢起步，待钢丝绳（或牵引杆）拉直后，逐渐将加速踏板踩到底，以该工况下最高车速的80%的速度行驶。当驶至测定路段时，负荷拖车开始平稳地施加负荷，使试验车车速平稳下降，直至试验车发动机熄火或驱动轮完全滑转为止，从拉力传感器上读取最大拖钩牵引力。试验往返各进行 1 次，以两个方向测得的最大拖钩牵引力的算术平均值作为最终试验结果。

5.2 燃料经济性试验

5.2.1 概述

汽车的燃料经济性是指在保证动力性的条件下,汽车以尽量少的燃料消耗量经济行驶的能力。燃料经济性常用一定运行工况下汽车行驶一百公里的燃料消耗量,或一定燃料量能使汽车行驶的里程数来评价。我国和欧洲主要采用前一种评价指标。

由于汽车使用工况极为复杂,因而汽车燃料经济性的试验与动力性相比要复杂得多。目前各国测定燃料经济性的方法多种多样,从对试验中各种因素的控制程度来看,可分为以下四种试验方法。

①不控制的道路试验。不控制的道路试验是指对行驶道路、交通情况、驾驶习惯和周围环境等各方面因素都不加控制的道路试验。实际上,这种试验是将试验车辆投放到试验点(使用单位)的使用试验。

②控制的道路试验。控制的道路试验是指在维持行驶道路、交通情况、驾驶习惯等使用因素基本不变的条件下测定燃料消耗量的道路试验。

③道路上的循环试验。道路上的循环试验是指汽车完全按规定的车速 – 时间规范在试验道路上进行的试验。

④底盘测功机上的循环试验。底盘测功机上的循环试验是指按照一定的工况循环在底盘测功机上进行的试验,它能严格控制试验条件,排除外界干扰,并能完成复杂的工况循环。

从燃料消耗量的具体测量方法来看,汽车燃料消耗量的测量有直接测量和间接测量两种。直接测量法只需将油耗仪串接在发动机供油管路中,实时测出消耗的燃油量。间接测量法通过测取表征燃油消耗的特征参数,并经计算得出消耗的燃油量。目前间接测量法比较成熟的方法是碳平衡法。碳平衡法依据的基本原理是质量守恒定律——汽(柴)油经过发动机燃烧后,排气中碳质量的总和与燃烧前的燃油中碳质量总和应该相等。碳平衡法对测量较复杂行驶工况下的汽车燃油消耗量比较准确。

我国现行汽车燃料消耗量试验标准主要有 GB/T 12545.2—2001《商用车辆燃料消耗量试验方法》、GB/T 19233—2008《轻型汽车燃料消耗量址试验方法》、GB/T 12545.1—2008《汽车燃料消耗量试验方法第 1 部分:乘用车燃料消耗量试验方法》以及 GB/T 27840—2011《重型商用车辆燃料消耗量测量方法》。GB/T 12545.2—2001 适用 M_2、M_3 类和最大设计总质量大于或等于 2 t 的 N 类车辆。GB/T 19233—2008 规定了汽车在模拟市区和市郊工况循环下,通过测定汽车排放的二氧化碳、一氧化碳以及碳氢化合物的排放量,用碳平衡法计算燃料消耗量的试验和计算方法,以及生产一致性的检查和判定方法。该标准适用于以点燃式或压燃式发动机为动力,最大设计车速大于或等于 50 km/h 的 M_1 类、N_1 类和最大设计总质量不超过 3500 kg 的 M_2 类车辆 GB/T 12545.1—2008 适用于最大设计总质量不超过 3500 kg 的 M_1 类和 N_1 类车辆,部分代替了 GB/T 12545.2—2001 中有关 N_1 类车辆的要求。GB/T 27840—2011 主要适用于最大设计总质量大于 3500 kg 的燃用汽油和柴油的商用车辆,可见,除最大设计总质量不超过 3500 kg 的 M_2 类车辆外,该标准几乎完全代替了 GB/T 12545.2—2001。根据

GB 18352.3—2005《轻型汽车污染物排放限值及测量方法（中国Ⅲ、Ⅳ阶段）》中关于轻型汽车的定义（指最大总质量不超过 3500 kg 的 M_1 类、M_2 类和 N_1 类汽车），结合上述标准的适用范围可见，我国目前汽车燃料消耗量的试验方法可从轻型汽车和重型商用车两个角度加以讨论。

5.2.2　轻型汽车燃料经济性试验

轻型汽车中 M_1 类、N_1 类车辆的燃料经济性试验方法参照 GB/T 12545.1—2008 执行，它包括三个试验项目，即 GB 18352.3—2005 规定的工况循环燃料消耗量试验、90 km/h 的等速行驶燃料消耗量试验和 120 km/h 的等速行驶燃料消耗量试验（对最高车速小于 120 km/h 的车辆，应以其最高车速等速行驶进行试验）；轻型汽车中的 M_2 类车辆的燃料经济性试验包括两个试验项目，即等速工况和循环工况下的燃料消耗量试验，其中等速工况试验参照 GB/T 12545.2—2001 执行，循环工况为 GB 18352.3—2005 规定的市区加市郊循环工况。

1. 等速行驶燃料消耗量试验

等速行驶燃料消耗量试验既可在底盘测功机上进行，也可在道路上进行。

车辆试验质量、载荷分布以及变速器挡位的选择参照相关标准执行。

（1）试验方法

①道路试验。试验道路应干燥，路面可有湿的痕迹，但不应有任何积水。平均风速小于 3 m/s，阵风不应超过 5 m/s。在第一次测量之前，应使车辆充分预热，并达到正常工作条件。在每次测量前，车辆应在试验道路上以尽可能接近试验速度的车速行驶至少 5 km，以保持温度稳定。在测量燃料消耗量时，若速度变化超过 ±5%，冷却液、机油和燃油温度变化不应超过 ±3℃。

对于 M_2 类车辆，测量路段长度为 500 m，试验车速从 20 km/h（最小稳定车速高于 20 km/h 时，从 30 km/h）开始，以车速 10 km/h 的整数倍均匀选取车速，直至最高车速的 90%，至少测定 5 个试验车速。试验时，变速器挡位采用直接挡或直接挡和超速挡。对带自动变速器的车辆，采用高速挡。测量汽车等速通过 500 m 测量路段的时间及燃料消耗量。同一车速往返各进行两次。

对于 M_1，N_1 类车辆，测量路段的长度应至少为 2 km，可以是封闭的环形路（测量路程必须为完整的环形路），也可以是平直路（试验应在两个方向上进行）。试验车速为 90 km/h 和 120 km/h。

为确定在指定速度时的燃料消耗量，应至少在低于或等于指定速度时进行两次试验，并在至少高于或等于指定速度时再进行两次试验。每次试验行驶期间速度误差不应超过 ±2 km/h，每次试验的平均速度与试验指定速度之差不应超过 2 km/h。

②测功机试验。试验前，使车辆达到试验温度，一旦达到了试验温度，就以接近试验速度的速度在测功机上行驶足够长的距离，以便调节辅助冷却装置来保证车辆温度的稳定性。该阶段持续时间不应低于 5 min。依据相关规定，按适当的试验速度和规定的试验质量设定测功机，以达到总的道路行驶阻力。试验时，测量的行驶距离不少于相应的道路试验距离，速度变化幅度不应大于 0.5 km/h。试验应至少进行 4 次测量。

（2）燃料消耗量的计算

每次试验行程的燃料消耗量计算如下：

① 采用质量法确定燃料消耗量 $C[\,\mathrm{L}/(100\ \mathrm{km})\,]$。其计算公式为：

$$C = \frac{M}{DS_{\mathrm{g}}} \times 100 \tag{5-19}$$

式中：M 为燃料消耗量测量值（kg）；D 为试验期间的实际行驶距离（km）；S_{g} 为标准温度（20℃）下的燃料密度（kg/m³）。

② 采用容积法确定燃料消耗量 $C[\,\mathrm{L}/(100\ \mathrm{km})\,]$。其计算公式为：

$$C = \frac{V[\,1 + a(T_0 - T_{\mathrm{F}})\,]}{D} \times 100 \tag{5-20}$$

式中：V 为燃料消耗量（体积）测量值（L）；a 为燃料容积膨胀系数，燃料为汽油和柴油时，该系数为 0.001/℃；T_0 为标准温度 20℃；T_{F} 为燃料平均温度（℃），即每次试验开始和结束时，在容积测量装置上读取的燃料温度的算术平均值。

（3）指定速度的燃料消耗量计算

指定速度的燃料消耗量应根据前述取得的试验数据用线性回归法来计算。若试验在道路两个方向上进行，应分别记录在每个方向上获得的值。

为使置信度达到 95%，燃料消耗量的精度应达到 ±3%。为了得到此精度，可增加试验次数。燃料消耗量精度计算如下：

$$精度 = \frac{K}{C}\frac{\sqrt{\dfrac{\sum\,(C_i - \hat{C}_i)^2}{n-2}}}{}\sqrt{\frac{1}{n} + \frac{(v_{\mathrm{ref}} - v)^2}{\sum\,(v_i - \bar{v})^2}} \times 100\% \tag{5-21}$$

式中：C_i 为在速度 v_i 时测量的燃料消耗量（kg）；$\hat{C}_i$ 为在速度 v_i 时用线性回归法计算出的燃料消耗量（kg）；v_{ref} 为指定速度（km/h）；C 为在指定速度 v_{ref} 时用线性回归法计算出的燃料消耗量（kg）；v_i 为第 i 次试验的实际速度（km/h）；$\bar{v}$ 为 n 次试验的平均速度（km/h），$\bar{v} = \sum v_i/n$；n 为试验次数；K 值由表 5-2 给出。

表 5-2 K 值表

n	4	5	6	7	8	9	10	12	14	16	18	20
K	4.30	3.18	2.78	2.57	2.45	2.37	2.31	2.23	2.18	2.15	2.12	2.10

如果在平均速度等于 $v_{\mathrm{ref}} \pm 0.5\ \mathrm{km/h}$ 时测量燃料消耗量，可用获得的试验数据的平均值计算规定速度下的燃料消耗量。

（4）试验结果的校正

在等速试验时，若试验环境条件变化超过 2℃ 或 0.7 kPa，应在确定燃料消耗量和试验精度值之前，对在一定环境条件下确定的燃料消耗量值进行校正，校正标准条件下的燃料消耗量，即

$$C_{校正} = K'C_{测量} \tag{5-22}$$

式中：$C_{校正}$ 和 $C_{测量}$ 分别为标准条件下的燃料消耗量和试验环境条件下测量的燃料消耗量 [L/(100 km)]；K' 为校正系数。

$$K' = \frac{R_{\mathrm{R}}}{R_{\mathrm{T}}}[\,1 + K_{\mathrm{R}}(t - t_0)\,] + \frac{R_{\mathrm{AERO}}\rho_0}{R_{\mathrm{T}}\ \rho} \tag{5-23}$$

式中：R_R 为试验速度条件下的滚动阻力（N）；R_{AERO} 为试验速度条件下的空气阻力（N）；R_T 为总的行驶阻力（N），$R_T = R_R + R_{AERO}$；K_R 为滚动阻力相对温度的校正系数，取为 $3.6 \times 10^{-3}/℃$；t 为试验期间的环境温度（℃）；ρ 为试验条件下的空气密度（kg/m³）；ρ_0 为标准条件下的空气密度（kg/m³），$\rho_0 = 1.189$ kg/m³。

一般地，R_R、R_{AERO} 和 R_T 值由制造厂提供，如果得不到这些值，经制造厂同意，也可采用标准 GB/T 12545.1—2008 附录 C 中给出的值。

2. 多工况循环燃料消耗量试验

（1）试验运转循环

轻型汽车的多工况循环燃料消耗量试验必须在底盘测功机上进行，试验采用 GB 18352.3—2005 规定的运转循环。该运转循环如图 5-5 所示，由一部（市区运转循环）和二部（市郊运转循环）组成，每个完整的运转循环历时 1220 s。

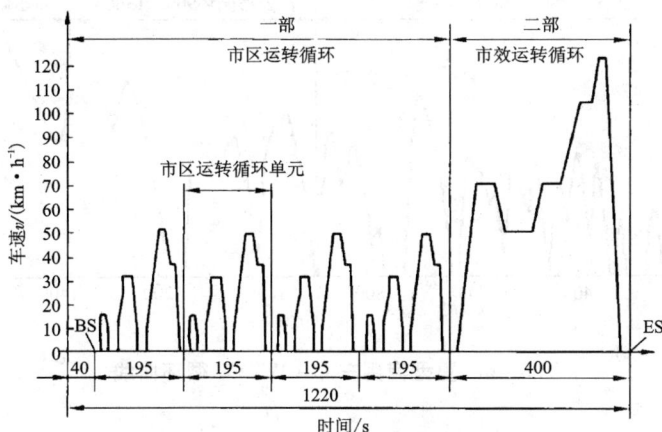

图 5-5　I 型试验用运转循环
BS—开始采样；ES—结束采样

如果试验车辆不能达到试验循环要求的加速和最大车速值，则应将加速踏板踏到底，直至回到要求的运行曲线。测功机的载荷和惯量设定，根据试验的具体要求参照标准 GB 18352.3—2005 附录 C 的规定进行。

（2）燃料消耗量计算——碳平衡法

多工况循环的燃料消耗量常通过测量汽车排放物中的 CO_2，CO 和 HC 的排放量，利用碳平衡法来计算。用碳平衡法计算汽车燃料消耗量的具体公式如下：

对于装备汽油车的车辆：

$$F_C = \frac{0.1154}{\rho}(0.866 M_{HC} + 0.429 M_{CO} + 0.273 M_{CO_2}) \qquad (5-24)$$

对于装备柴油车的车辆：

$$F_C = \frac{0.1155}{\rho}(0.866 M_{HC} + 0.429 M_{CO} + 0.273 M_{CO_2}) \qquad (5-25)$$

式中：F_C 为燃料消耗量 [L/(100 km)]；M_{HC} 为测得的碳氢排放量（g/km）；M_{CO} 为测得的一氧化碳排放量（g/km）；M_{CO_2} 为测得的二氧化碳排放量（g/km）；ρ 为 288K（15℃）下试验燃料的密度（kg/L）。

5.2.3 重型商用车燃料经济性试验

我国重型商用车燃料经济性试验按照 GB/T 27840—2011《重型商用车辆燃料消耗量测量方法》执行。对于商用车车辆中的基本型车辆，要求采用底盘测功机法确定燃料消耗量；对对于变型车辆，可由车辆生产企业选择采用模拟计算法或底盘测功机法确定燃料消耗量。

1. 试验运转循环

GB/T 27840—2011 规定，商用车辆燃料消耗量试验的运转循环必须采用 C - WTVC 循环。C - WTVC 循环是以世界统一的重型商用车辆瞬态车辆循环(world transient vehicle cycle, WTVC)为基础，调整加速度和减速度形成的驾驶循环，该循环由市区、公路和高速工况三部分组成，如图 5 - 6 所示。

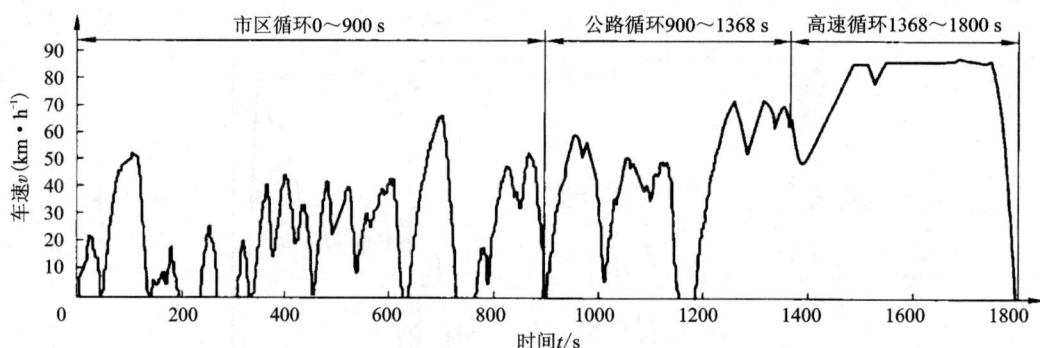

图 5 - 6　重型商用车 C - WTVC 循环曲线

针对不同车辆类别运行条件不同导致燃料消耗量差别较大的情况，标准中规定了其在 C - WTVC循环中市区、公路和高速部分的特征里程分配比例，见表 5 - 3。

表 5 - 3　特征里程分配比例

车辆类型	最大设计总质量 GCW, GVW/kg	市区比例 $D_{市区}$	公路比例 $D_{公路}$	高速比例 $D_{高速}$
半挂牵引车	9000 < GCW ≤27000	0	40%	60%
	GCW > 27000	0	10%	90%
自卸汽车	GVW > 3500	0	100%	0
货车 (不含自卸车)	3500 < GVW ≤5500	40%	40%	20%
	5500 < GVW ≤12500	10%	60%	30%
	12500 < GVW ≤25000	10%	40%	50%
	GVW > 25000	10%	30%	60%
客车 (不含城市客车)	3500 < GVW ≤5500	50%	25%	25%
	5500 < GVW ≤12500	20%	30%	50%
	GVW > 12500	10%	20%	70%
城市客车	GVW > 3500	100%	0	0

2. 燃料消耗量试验方法

（1）底盘测功机法

底盘测功机应能准确模拟车辆的道路行驶阻力、加减速工况和试验车辆最大设计总质量状态下的当量惯量。测量系统应能分别测量 C–WTVC 循环市区、公路和高速部分的燃料消耗量，并满足相应的精度要求。正式试验前，宜进行 1~2 个完整的 C–WTVC 循环或采用其他方法对试验车辆和底盘测功机进行充分预热。

试验过程中，调整底盘测功机，并按规定进行阻力设定，车辆载荷状态应确保车辆在试验过程中不打滑。应根据车辆特点选择相应挡位。换挡策略由车辆生产企业和检测机构共同确定。减速行驶时，应完全放开加速踏板，继续保持离合器接合状态，直至试验车速降至该挡位最低稳定车速时再分离离合器、降挡或停车。必要时，可使用车辆的制动器及辅助制动装置进行减速。

车辆试验应运行三个完整的 C–WTVC 循环，并在每个完整的 C–WTVC 循环结束后分别记录试验结果。如其中某一部分的特征里程分配加权系数为零，可直接跳过该部分进入下一部分。在相邻两个完整的 C–WTVC 试验循环之间，车辆及相关设备应继续运行或采用其他方法以保持热机状态。

试验过程中，车辆实际运行状态应尽量与 C–WTVC 循环一致，其速度偏差不应超过 ± 3 km/h，每次超过速度偏差的时间不应超过 2 s，累积不应超过 10 s。当试验车辆不能达到 C–WTVC 循环要求的加速度或试验车速时，应将加速踏板完全踩到底；当试验车辆不能达到 C–WTVC 循环规定的减速度时，应完全作用制动踏板直至车辆运行状态再次回到 C–WTVC 循环规定的偏差范围内。任何超过运转循环偏差的状况都应在试验报告中注明。

（2）模拟计算法

模拟计算法以汽车发动机万有特性试验数据为基础，将整车、变速器、轮胎等关键参数输入计算机程序，通过计算机程序模拟车辆在 C–WTVC 循环下的运行状态，计算试验车辆的燃料消耗量。

模拟程序需要输入的整车参数包括车辆类型、整车整备质量、最大设计总质量、最大设计载质量、最大设计牵引质量（仅适用于半挂牵引车）、额定载客人数（含驾驶人）、驱动形式、轴数、轮胎型号等。需要输入的发动机参数包括发动机万有特性、发动机反拖转矩、发动机外特性转矩、发动机怠速转速及怠速燃料消耗量、发动机额定转速以及发动机最高转速等，各参量应按 GB/T 18297—2001 中相关规定进行测定。万有特性试验时，应在发动机正常转速范围内、从不超过最大扭矩的 10% 开始至最大扭矩之间尽可能均匀地选取至少 81 个数据点测定燃料消耗量。需要输入的传动系参数包括变速器的类型（AT，MT，AMT）、主（副）变速器挡位数及变速比、主减速比等。除上述参数外、还需输入轮胎规格。若采用滑行能量变化法确定行驶阻力，还应提交相应的试验数据。

3. 燃料消耗量计算

（1）市区、公路和高速工况燃料消耗量计算

对于底盘测功机法，燃料消耗量的大小可采用前述的碳平衡法、质量法或容积法来计算。

然后，根据下式计算三次试验结果的第 95 百分位分布的标准差 σ，并将三次测量结果中最大燃料消耗量与最小燃料消耗量之差（ΔQ_{max}）与 σ 值进行比较：若 $\Delta Q_{max} \leqslant \sigma$，则认为通过

重复性检验；若 $\Delta Q_{max} > \sigma$，则认为没有通过重复性检验。

$$\sigma = 0.063\overline{Q} \tag{5-26}$$

式中：σ 为第 95 百分位分布的标准差[L/(100 km)]；$\overline{Q}$ 为三次试验所测得燃料消耗量的算术平均值[L/(100 km)]。

依此，对三个完整的 C-WTVC 循环的燃料消耗量进行重复性检验，如果通过重复性检验，则分别计算市区、公路、高速等各适用部分的平均燃料消耗量；如果没有通过重复性检验，则应采用燃料消耗量较高的两个完整的 C-WTVC 循环试验结果，分别计算各适用部分的平均燃料消耗量。

对于模拟计算法，要计算市区、公路和高速工况的燃料消耗量，需要先计算 C-WTVC 循环下每秒对应的发动机转速和转矩；再根据发动机万有特性数据，查询或插值确定每秒的燃料消耗量；然后，对确定的每秒的燃料消耗量进行累加，即分别得到市区、公路和高速工况的燃料消耗总量；最后，用各部分燃料消耗总量除以对应的行驶里程即可计算出市区、公路和高速工况的燃料消耗量。

（2）综合燃料消耗量计算

根据底盘测功机法或模拟计算法得到的市区、公路和高速工况的燃料消耗量，对照表 5-3 确定该车型的特征里程分配比例，按下式加权计算该车型的综合燃料消耗量。

$$F_{C综合} = F_{C市区}D_{市区} + F_{C公路}D_{公路} + F_{C高速}D_{高速} \tag{5-27}$$

式中：$F_{C综合}$ 为一个完整的 C-WTVC 循环的综合燃料消耗量[L/(100 km)]；$F_{C市区}$、$F_{C公路}$ 和 $F_{C高速}$ 分别为市区部分、公路部分和高速部分的平均燃料消耗量[L/(100 km)]；$D_{市区}$、$D_{公路}$ 和 $D_{高速}$ 分别为市区里程、公路里程和高速公路里程分配比例系数（分别简称为市区比例、公路比例和高速比例）（%）。

5.3 制动性试验

汽车的制动性是指汽车行驶时能在短距离内停车且维持行驶方向稳定性和在下长坡时能维持一定车速的能力。制动性能是汽车的重要使用性能之一，制动性能的好坏直接关系到行车的安全。因此，不管是新车出厂，还是在用车辆检测，都将其制动性能作为重点检测项目之一。

5.3.1 制动性能检测标准

GB 7258—2012《机动车运行安全技术条件》规定，可使用道路试验法（简称路试）或台架试验法（简称台试）检测汽车制动性能。只要检测指标符合检测标准，即认为汽车制动性能合格。

1. 路试检测标准

汽车行车制动性能和应急制动性能检测要求在平坦、硬实、清洁、干燥且附着系数不小于 0.7 的混凝土或沥青路面上进行。检测时发动机应与传动系脱开，但对于采用自动变速器的车辆，其变速器换挡装置应位于驱动挡（D 位）。

（1）行车制动性能检测标准

行车制动性能检测的直接指标有制动距离和充分发出的平均减速度，间接指标有制动稳定性和制动协调时间。制动距离是指车辆在规定的初速度下急踩制动时，从脚接触制动踏板（或手触动制动手柄）时起至车辆停住时止车辆驶过的距离。制动稳定性是指制动过程中车辆任何部位（不计入车宽的部位除外）都不允许超出规定宽度的试验通道边缘线。

GB 7258—2012 规定，车辆在规定初速度下的制动距离和制动稳定性应符合表 5 - 4 的规定。在对空载检测的制动距离有质疑时，可按表 5 - 4 规定的满载检测制动距离要求进行检测。

车辆制动时充分发出的平均减速度 d_m 可表达为：

$$d_{m} = \frac{v_{b}^{2} - v_{e}^{2}}{25.92(S_{e} - S_{b})} \qquad (5-28)$$

式中：d_m 为充分发出的平均减速度（m/s^2）；v_b 为试验车速（km/h），$v_b = 0.8v_0$；v_e 为试验车速（km/h），$v_e = 0.1v_0$；v_0 为试验车制动初速度（km/h）；S_b 为试验车速从 v_0 到 v_b 之间车辆行驶的距离（m）；S_e 为试验车速从 v_0 到 v_e 之间车辆行驶的距离（m）。

制动协调时间指在急踩制动时，从脚接触制动踏板（或手触动制动手柄）时起至车辆减速度（或制动力）达到表 5 - 5 规定的车辆充分发出的平均减速度（或表 5 - 7 规定的制动力）的 75% 时所需的时间。

表 5 - 4　制动距离和制动稳定性要求

汽车类型	制动初速度/(km·h⁻¹)	空载检测制动距离要求/m	满载检测制动距离要求/m	试验通道宽度/m
三轮汽车	20	≤5.0		2.5
乘用车	50	≤19.0	≤20.0	2.5
总质量≤3500 kg 的低速货车	30	≤8.0	≤9.0	2.5
其他质量≤3500 kg 的汽车	50	≤21.0	≤22.0	2.5
铰接客车、铰接式无轨电车、汽车列车	30	≤9.5	≤10.5	3.0
其他汽车	30	≤9.0	≤10.0	3.0

表 5 - 5　制动减速度和制动稳定性要求

汽车类型	制动初速度/(km·h⁻¹)	空载检测充分发出的平均减速度/(m·s⁻²)	满载检测充分发出的平均减速度/(m·s⁻²)	试验通道宽度/m
三轮汽车	20	≥3.8		2.5
乘用车	50	≥6.2	≥5.9	2.5
总质量≤3500 kg 的低速货车	30	≥5.6	≥5.2	2.5
其他质量≤3500 kg 的汽车	50	≥5.8	≥5.4	2.5
铰接客车、铰接式无轨电车、汽车列车	30	≥5.0	≥4.5	3.0
其他汽车	30	≥5.4	≥5.0	3.0

GB 7258—2012 规定，汽车、汽车列车在规定初速度下急踩制动时，充分发出的平均减速度及制动稳定性要求应符合表 5-5 的规定，且制动协调时间对液压制动的汽车应不大于 0.35 s，对气压制动的汽车应不大于 0.60 s，对汽车列车、铰接客车和铰接式无轨电车应不大于 0.80 s。在对空载检测充分发出的平均减速度有质疑时，可用表 5-5 规定的满载检测充分发出的平均减速度要求进行检测。

此外，GB 7258—2012 对制动性能检测时的制动踏板力或制动气压作了如下要求：

满载检测时，对于气压制动系统，要求气压表的指示气压 ≤ 额定工作气压；对于液压制动系统，要求乘用车的踏板力不大于 500 N，其他汽车的踏板力不大于 700 N。

空载检测时，对于气压制动系统，要求气压表的指示气压不大于 600 kPa；对于液压制动系统，要求乘用车的踏板力不大于 400 N，其他汽车的踏板力不大于 450 N。

GB 7258—2012 指出汽车或汽车列车在符合上述规定的制动踏板力或制动气压下的路试行车制动性能，只要能符合表 5-4 与表 5-5 的制动距离或制动减速度要求之一即为合格。

（2）应急制动性能检测标准

汽车（三轮汽车除外）在空载和满载状态下，按表 5-6 所列初速度进行应急制动性能检测，应急制动性能应符合表 5-6 的要求。

（3）驻车制动性能检测标准

驻车制动通过纯机械装置将工作部件锁止，并且驾驶人施加于操纵装置上的力要满足：手操纵时，乘用车应不大于 400 N，其他机动车应不大于 600 N；脚操纵时，乘用车应不大于 500 N，其他机动车应不大于 700 N。

车辆空载时，在上述操纵力作用下，驻车制动装置应能保证车辆在坡度为 20 %（对总质量为整备质量的 1.2 倍以下的车辆为 15%）、轮胎与路面间的附着系数不小于 0.7 的坡道上正、反两个方向保持固定不动，持续时间应不小于 5 min。检测汽车列车时，应使牵引车和挂车的驻车制动装置均起作用。

表 5-6 应急制动性能要求

汽车类型	制动初速度 /(km·h^{-1})	制动距离 /m	充分发出的平均减速度/(m·s^{-2})	允许操纵力/N	
				手操纵	脚操纵
乘用车	50	≤38.0	≥2.9	≤400	≤500
客车	30	≤18.0	≥2.5	≤600	≤700
其他汽车（除三轮汽车外）	30	≤20.0	≥2.2	≤600	≤700

2. 台试检测标准

（1）行车制动检测标准

① 制动力百分比要求。汽车、汽车列车在制动检测台上测出的制动力应符合表 5-7 的要求。在对空载检测制动力有质疑时，可用表 5-7 规定的满载检测制动力要求进行检测。检测时的制动踏板力或制动气压要求与路试检测要求相同。

用平板制动检验台检验乘用车时应按动态轴荷（左、右轮制动力最大时刻所分别对应的左、右轮动态轮荷之和）计算。

前轴是指位于汽车(单车)纵向中心线中心位置以前的轴,除前轴之外的其他轴均为后轴;挂车的所有车轴均按后轴计算;用平板制动试验台测试并装轴制动力时,并装轴可视为一轴。

空载和满载状态下测试均应满足此要求。

满载测试时对后轴制动力百分比不做要求。

表 5 - 7　台试检测制动力要求

汽车类型	制动力总和与整车质量的百分比/%		轴制动力与轴荷①的百分比/%	
	空载	满载	前轴②	后轴②
三轮汽车	—		—	≥60
乘用车、其他总质量≤3500 kg 的汽车	≥60	≥50	≥60③	≥20③
铰接客车、铰接式无轨电车、汽车列车	≥55	≥45	—	—
其他汽车	≥60	≥50	≥60③	≥50④

注:①用平板制动检验台检验乘用车时,应按动态轴计算;②前轴是指位于汽车(单车)纵向中心线中心位置以前的轴,其余均为后轴;③应载和满载状态下均应满足此条件;④满载测试的,后轴制动力百分比不做要求。

②制动力平衡要求(摩托车除外)。在制动力增长全过程中同时测得的左、右轮制动力差的最大值,与全过程中测得的该轴左右轮最大制动力中大者(当后轴及其他轴,制动力小于该轴轴荷的 60% 时为该轴轴荷)之比。GB 7258—2012 规定,新注册车和在用车应符合表 5 - 8的要求。

表 5 - 8　台试检测制动力平衡要求

汽车使用状况	前轴	后轴(及其他轴)	
		轴制动力≥该轴轴荷60%时	轴制动力<该轴轴荷60%时
新注册车	≤20%	≤24%	≤8%
在用车	≤24%	≤30%	≤10%

③制动协调时间要求。制动协调时间的要求与路试检测要求相同。

④车轮阻滞力要求。在制动力检测时,各车轮的阻滞力均不应大于轮荷的10%。车轮阻滞力是指在制动试验台上进行制动力检测时,在不踩制动踏板的情况下,测得的车轮制动力。

汽车、汽车列车的台试行车制动性能检测结果需同时满足上述四点要求才能认为合格。

(2)驻车制动检测标准

当采用制动检测台检测汽车驻车制动装置的制动力时,车辆空载,只乘坐一名驾驶人,使用驻车制动装置时,驻车制动力的总和应大于或等于该车在测试状态下整车重量的20%(对总质量为整备质量 1.2 倍以下的机动车应不小于 15%)。

（3）检测结果的复核

当对汽车台架检测制动性能结果有异议时，可在空载状态下按路试法复检。对空载状态复检结果有异议时，以满载路试复检结果为准。

5.3.2　制动性能道路试验

1. 概述

汽车制动性能的道路试验主要包括磨合试验、0 – 型试验（冷态制动性能试验）、Ⅰ-型试验（热衰退和恢复试验）、传输装置失效后的剩余制动性能试验、应急制动性能试验、对于商用车辆的Ⅱ – 型试验（下坡工况试验）或ⅡA – 型试验（缓速器制动性能试验）与0类车辆的制动性能试验，以及装有防抱制动系统的制动性能试验等。

我国汽车制动性能的道路试验主要按照以下标准进行，即 GB 21670—2008《乘用车制动系统技术要求及试验方法》、GB 12676—××××《商用车辆制动系统技术要求及试验方法》以及 GB/T 13594—2003《机动车和挂车防抱制动性能和试验方法》。其中，GB 21670—2008 主要适用 M_1 类车辆；GB 12676 主要适用于 M_2、M_3、N 类机动车辆与 0 类挂车；GB/T 13594—2003 主要适用于装备防抱制动系统的 M、N 类汽车和 0 类挂车。

在进行制动性道路试验时，应先进行静态检查，后进行动态试验。动态试验时，推荐先进行空载试验，后进行满载试验。对于乘用车，Ⅰ – 型试验应在其他所有动态试验项目完成后进行。

表 5 – 9 是 M 和 N 类车辆在进行各项制动性能试验时的试验条件和要满足的性能要求。

表 5 – 9　试验条件及性能要求

车辆类型		M_1	M_2	M_3	N_1	N_2	N_3
试验类型		0	0，Ⅰ	0，Ⅰ，Ⅱ或ⅡA	0，Ⅰ	0，Ⅰ	0，Ⅰ，Ⅱ或ⅡA
发动机脱开的0 – 型试验	$v/(\mathrm{km \cdot h^{-1}})$	100	60	60	80	60	60
	S/m	$\leq 0.1v + 0.0060v^2$		$\leq 0.15v + v^2/130$			
	$d_{\mathrm{m}}/(\mathrm{m \cdot s^{-2}})$	≥ 6.43		≥ 5.0			
	F/N	$65 \sim 500$		≤ 700			
发动机接合的0 – 型试验	$v = 80\%$ $v_{\max}/(\mathrm{km \cdot h^{-1}})$	≤ 160	≤ 100	≤ 90	≤ 120	≤ 100	≤ 90
	S/m	$\leq 0.1v + 0.0067v^2$		$\leq 0.15v + v^2/103.5$			
	$d_{\mathrm{m}}/(\mathrm{m \cdot s^{-2}})$	≥ 5.76		≥ 4.0			
	F/N	$65 \sim 500$		≤ 700			

注：v 为规定的试验车速；S 为制动距离；d_{m} 为充分发出的平均减速度；F 为制动踏板力；$v_{\max}$ 为最高车速。

2. 磨合试验

在进行各项制动性能试验前，应按制造商规定对车辆进行磨合行驶。如制造商未对磨合行驶做具体规定，可按下列方法进行磨合行驶。

对于乘用车：车辆满载，以最高车速的 80%（≤ 120 km/h）作为初速度，以 3 m/s^2 的减速度开始制动,当速度降至初速度的50%时,松开踏板,将车速加速至初速度,重复试验。磨合总次数为200次。如因条件限制不能连续完成200次,可根据具体情况调整试验次数。

对于商用车:磨合试验制动初速度为60 km/h,制动末速度约为20 km/h。若为全盘式制动系统。首先以约2 m/s² 的制动减速度进行30次制动,然后以4 m/s² 的制动减速度进行30次制动;若为前盘后鼓式或全鼓式制动系统,首先以约2 m/s² 的制动减速度进行100次制动,然后以4 m/s² 的制动减速度进行100次制动。在磨合过程中,制动盘和制动鼓的温度不应超过200℃。

3. 0－型试验(冷态制动性能试验)

试验前制动器应处于冷态,即在制动盘或制动鼓摩擦表面测得的温度应低于100℃。

(1)发动机脱开的0－型试验

试验按表5－9中各车型规定的车速进行。对因最高设计车速限制而不能达到规定车速的车辆,可用试验时所能达到的最高车速进行试验。试验时,在附着条件良好的水平路面上,将车辆力加速至试验规定车速以上5 km/h,脱开挡位,在车速下降至试验规定车速时全力进行行车制动。

重复上述制动过程,确认车辆在未发生车轮抱死的情况下所能达到的最佳制动性能符合要求。

(2)发动机接合的0－型试验

对于乘用车,该项试验仅适用于最高车速 $v_{max} > 125$ km/h 的车辆。试验按表5－9规定的车速进行;对 $v_{max} > 200$ km/h 的车辆,试验车速取为160 km/h。试验时,在附着条件良好的水平路面上将车辆加速至试验规定车速以上5 km/h,采用相应的最高挡行驶,松开加速踏板但保持挡位不变,在车速下降至试验规定车速时进行行车制动。采用的制动控制力(或管路压力)与发动机脱开的0－型试验接近。制动控制力应在整个制动过程中保持恒定,确保达到最大的制动强度但不会发生车轮抱死。

对于商用车,该项试验应在表5－9所指的各种车速下进行,最低试验车速为车辆最高设计车速的30%,最高试验车速为车辆最高设计车速的80%。对装备限速器的车辆,限速器的限制车速将作为车辆的最高设计车速。

4. Ⅰ－型试验(衰退和恢复试验)

(1)制动器加热试验

采用最高挡,以表5－10规定的初速度。v_1 进行两次发动机脱开的0－型试验,确定车辆满载时产生3 m/s² 的减速度所需的控制力或管路压力,同时确认车速能在规定的时间 Δt 内从 v_1 下降至 v_2;然后,以上述确定的力在车速为 v_1 时开始制动,使车辆产生3 m/s² 的平均减速度;在车速下降至 v_2 时解除制动,选择最有利的挡位使车速快速恢复到 v_1,在最高挡维持该车速至少10 s,然后再次制动并确认两次制动开始之间的时间间隔等于 Δt,时间测量装置应在第一次制动操作时启动或重新设置。

重复上述"制动—解除制动"过程按表5－10规定次数。

(2)热态性能试验

在上述加热过程最后一次制动结束后,立即加速至0－型试验车速,进行发动机脱开的0－型试验,所使用的平均控制力不应超过满载0－型试验中实际使用的控制力,确认车辆在未发生车轮抱死的情况下至少能达到满载0－型试验实际性能的60%和0－型试验规定性能的75%（商用车为80%）。如车辆在0 - 型试验控制力下能达到车辆0 - 型试验实际性能的60%但不能达到规定性能的75%，可采用不超过500 N（商用车为700 N）的更高的控制力进一步试验。

表5 - 10　加热试验条件

车辆类别	试验条件			
	制动初始车速 v_1 /(km·h^{-1})	制动结束车速 v_2 /(km·h^{-1})	制动循环周期 $\Delta t/s$	制动次数 $N/$次
M$_1$	80% v_{max} ≤120	$v_1/2$	45	15
M$_2$	80% v_{max} ≤100	$v_1/2$	55	15
N$_1$	80% v_{max} ≤120	$v_1/2$	55	15
M$_3$、N$_2$、N$_3$	80% v_{max} ≤60	$v_1/2$	60	20

注：v_{max}为车辆的最高设计车速；Δt指从一次制动开始到下一次制动开始所经历的时间。

（3）制动器恢复过程

热态性能试验结束后，立即在发动机接合的情况下，以3 m/s^{2}的平均减速度从50 km/h的车速进行4次停车制动。各次制动的起点之间允许有1.5 km的距离。每次制动结束后，立即在最短的时间内加速至50 km/h并保持该车速直至进行下次制动。

（4）恢复性能试验

在最后一次恢复过程制动结束后，立即加速至0 - 型试验车速，进行发动机脱开的0 - 型试验，确认车辆在未发生车轮抱死的情况下能达到满载0 - 型试验实际性能的70%，但不超过150%。

（5）冷态检查

使制动器冷却到环境温度，确认制动器未发生黏合。对装有自动磨损补偿装置的车辆应在最热的制动器冷却降温至100℃时，检查车轮是否能自由转动。

对于商用车，I - 型试验只需做衰退试验，即完成上述步骤中的（1）、（2）和（5）即可。

5. 应急制动性能试验

应急制动应以一定的初速度，按发动机脱开的0 - 型试验条件进行试验。

对于乘用车，制动初速度为100 km/h，制动控制力应为60～500 N。因最高设计车速限制而不能达到规定试验车速的车辆，可以试验时所能达到的最高车速进行试验。

对于商用车，应急制动初速度规定如下：M$_2$和M$_3$类车为60 km/h；N$_1$类车为70 km/h；N$_2$类车为50 km/h；N$_3$类车为40 km/h。

应急制动的制动距离 S 和充分发出的平均减速度 d_m 应满足下列要求：对于M$_1$类车辆，$S≤0.1v + 0.0158v^2$，$d_m≥2.44$ m/s^2；对于 M$_2$，M$_3$ 类车辆，$S≤0.15v + (2v^2/130)$，$d_m≥2.5$ m/s^2；对于 N 类车辆，$S≤0.15v + (2v^2/115)$，$d_m≥2.2$ m/s^2。对于商用车，制动采用手控装置时，控制力不大于600 N；采用脚控装置时，控制力不大于700 N。此外，应急制动试验应模拟行车制动系统的实际失效状态进行。

6. 防抱死制动系统性能试验

装有防抱制动系统（ABS）的汽车，还应按 GB/T 13594—2003《机动车和挂车防抱制动性能和试验方法》相关规定进行防抱制动系统性能试验。

（1）附着系数利用率测定

附着系数利用率 ε 定义为防抱制动系统工作时的最大制动强度 z_{AL} 和附着系数 k 的商，即

$$\varepsilon = z_{AL}/k \tag{5-29}$$

式中：z_{AL} 为最大制动强度；k 为轮胎与路面间的附着系数。

根据 GB/T 13594—2003 要求，防抱制动系统的附着系数利用率必须满足 $\varepsilon \geqslant 0.75$。对装备 1、2 类防抱制动系统的车辆，要求对整车的附着系数利用率进行检验；对装备 3 类防抱制动系统的车辆，只要求至少装备一个直接控制车轮的车轴（桥）满足这一要求。

试验要求在车辆满载和空载两种状态下，在附着系数小于等于 0.3 和约为 0.8（干路面）的两种路面上进行。为消除制动器温度不同的影响，应在测定附着系数 k 前先测定最大制动强度 z_{AL}。

①最大制动强度 z_{AL} 的测定。对装备 1、2 类防抱制动系统的车辆，使全部车轮制动，测定最大制动强度 z_{AL}；对装备 3 类防抱制动系统的车辆，对至少有一个直接控制车轮的每根车轴（桥）分别测定 z_{AL}。

试验时，接通防抱制动系统，踩下制动踏板，确认每个制动器都正常工作（以 55 km/h 的初速度制动，测定速度从 45 km/h 下降至 15 km/h 时的时间 t'；制动过程中，保证防抱制动系统全循环。根据 3 次试验的平均值 t'_m，计算防抱制动系统工作时的最大制动强度 z_{AL} 为

$$z_{AL} = 0.849/t'_m \tag{5-30}$$

②附着系数的测定。附着系数是在无车轮抱死的前提下，由最大制动力除以被制动车轴（桥）的相应动态载荷的商来确定的。试验前，脱开防抱制动系统或使其不工作，仅对试验车辆的单根车轴（桥）进行制动，试验初速度为 50 km/h。为达到最大制动性能，使制动力在该车轴的车轮间均匀分配。控制力在制动作用期间应保持不变，车速低于 20 km/h 时允许车轮抱死。

试验时，逐次增加管路压力，进行多次试验，测定车速从 40 km/h 降到 20 km/h 所经历的时间 t。从 t 的最小测量值 t_{min} 开始，在 t_{min}（包括 t_{min}）和 $1.05t_{min}$ 之间选择 3 个 t 值，取其算术平均值 t_m（如不能得到 3 个 t 值，可用 t_{min} 代替 t_m）计算防抱制动系统不工作时的最大制动强度 z_m 如下：

$$z_m = 0.566/t_m \tag{5-31}$$

用同样的方法对其他车轴重复进行试验。

根据测得的制动强度和未制动车轮的滚动阻力计算制动力和动态轴荷。驱动桥和非驱动桥的滚动阻力分别为其静载轴荷的 0.015 倍和 0.010 倍。以后轴驱动的两轴车为例：

前轴制动时，最大制动力 $F_{bf} = z_{mf}mg - 0.015F_2$，前轴动态轴荷 $F_{fdyn} = F_1 + \dfrac{h}{L}z_{mf}mg$；

后轴制动时，最大制动力 $F_{br} = z_{mr}mg - 0.010F_1$，后轴动态轴荷 $F_{rdyn} = F_2 - \dfrac{h}{L}z_{mr}mg$。

式中：m 为试验车辆质量（kg）；g 为重力加速度，$g = 9.81$ m/s²；F_1 为路面对试验车辆前轴的法向静态反力（N）；F_2 为路面对试验车辆后轴的法向静态反力（N）；h 为试验车辆质心高度（mm）；L 为试验车辆轴距（mm）；z_{mf} 为只对前轴制动时的最大制动强度；z_{mr} 为只对后轴制动

时的最大制动强度。

分别计算前、后轴的附着系数 k_f、k_r 和整车附着系数 k_M，k 值应圆整到千分位。

前轴的附着系数 k_f 为：

$$k_f = \frac{z_{mf}mg - 0.015F_2}{F_1 + \frac{h}{L}z_{mf}mg} \tag{5-32}$$

后轴的附着系数 k_r 为：

$$k_r = \frac{z_{mr}mg - 0.010F_1}{F_2 - \frac{h}{L}z_{mr}mg} \tag{5-33}$$

对装备 1、2 类防抱死制动系统的车辆，整车附着系数 k_M 为：

$$k_M = \frac{k_f F_{fdyn} + k_r F_{rdyn}}{mg} \tag{5-34}$$

对装备 3 类防抱制动系统的车辆，按上述要求对至少有一个直接控制车轮的每根车轴（桥）分别测定附着系数 k_i。

③附着系数利用率的确定。对装备 1，2 类防抱制动系统的车辆，附着系数利用率为 $\varepsilon = z_{AL}/k_M$。

对装备 3 类防抱制动系统的车辆，对至少有一个直接控制车轮的每根车轴（桥）分别计算 ε。例如，对防抱制动系统只作用在后轴（桥）的后轮驱动双轴车辆，附着系数利用率 ε_2 为

$$\varepsilon_2 = \frac{z_{Al}}{k_2} = \frac{z_{AL}\left(F_2 - \frac{h}{L}z_{mr}mg\right)}{z_{mr}mg - 0.010F_1} \tag{5-35}$$

式中：k_2 为防抱制动系统不工作只对后轴制动时测得的附着系数。

将 ε 值圆整到两位小数，检查 $\varepsilon \geqslant 0.75$，若满足则说明防抱系统是符合要求的；若 $\varepsilon > 1.00$，应重新测量附着系数，允许误差为 10%。

（2）附加检查试验

本项试验的目的是验证车轮未抱死且车辆稳定，因此不必制动至车辆停止行驶。

①单一路面试验。在附着系数小于等于 0.3 和约为 0.8（干路面）的两种路面上，以 40 km/h 和表 5-11 规定的初速度急促全力制动。试验过程中，由防抱制动系统直接控制车轮不应抱死。

表 5-11　规定车型的最高试验车速

路面类型	车辆类别	最高试验车速/(km·h⁻¹)
高附着系数路面	除满载的 N_2、N_3 类车辆外的所有车辆	$0.8v_{max} \leqslant 120$
	满载的 N_2、N_3 类车辆	$0.8v_{max} \leqslant 80$
低附着系数路面	M_1、N_1 类车辆	$0.8v_{max} \leqslant 120$
	M_2、M_3 及除半挂牵引车外的 N_2 类车辆	$0.8v_{max} \leqslant 80$
	N_2 类半挂牵引车和 N_3 类车辆	$0.8v_{max} \leqslant 70$

②对接路面试验。高附着系数(k_H)路面到低附着系数(k_L)路面。当试验车辆某一车轴从高附着系数路面驶向低附着系数路面时，$k_H \geqslant 0.5$ 且 $k_H/k_L \geqslant 2$，急促全力制动，检查直接控制车轮未抱死。行驶速度和制动时机应确保车辆以单一路面试验中所规定的高、低两种速度从高附着系数路面驶入低附着系数路面，并使防抱制动系统在高附着系数路面全循环。

低附着系数(k_L)路面到低附着系数(k_H)路面。当车辆从低附着系数路面驶向高附右系数路面时，$k_H \geqslant 0.5$ 且 $k_H/k_L \geqslant 2$，急促全力制动，检查车辆的减速度在合适的时间内有明显的增加，且车辆未偏离原来的行驶路线。行驶速度和制动时机应确保车辆以约为 50 km/h 的速度从低附着系数路面驶入高附着系数路面，并使防抱制动系统在低附着系数路面上全循环。

③对开路面试验。该试验适用于装备 1、2 类防抱制动系统的车辆。

试验开始时，车辆的左右车轮分别位于不同附着系数(k_H、k_L)的两种路面上 $k_H \geqslant 0.5$ 且 $k_H/k_L \geqslant 2$，车辆的纵向中心平面通过高低附着系数路面的交界线。以 50 km/h 的初速度急促全力制动，检查直接控制车轮未发生抱死，轮胎(外胎)的任何部分均未越过此交界线。试验过程中，允许进行转向修正，但转向盘的转角在最初 2 s 内不应超过 120°，总转角不应超过 240°。

此外，对防抱制动系统还应进行剩余制动效能试验、能量消耗试验、抗电磁干扰试验等。

5.3.3　制动性能台架试验

制动性能台架试验方法根据所选用试验台的不同而不同。根据试验测量原理不同，制动性能试验台架可分为反力式和惯性式；根据试验台支承车轮形式不同，可分为滚筒式和平板式；根据试验台同时能测车轴数不同，可分为单轴式、双轴式和多轴式。

1. 基于单轴反力式滚筒试验台的制动试验

图 5 -7 所示为单轴反力式滚筒制动试验台的结构简图。它由结构完全相同的左右两套车轮制动力测试单元和一套指示、控制装置组成。每一套车轮制动力测试单元由框架(有的试验台将左、右测试单元的框架制成一体)、驱动装置、滚筒组、举升装置、测量装置等构成。

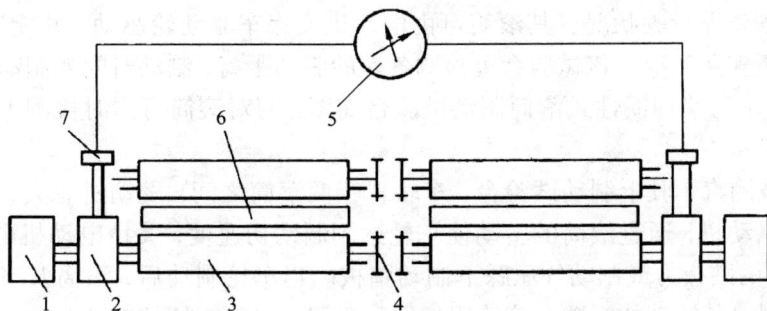

图 5 - 7　单轴反力式滚筒制动试验台结构简图
1—电动机；2—减速器；3—滚筒；4—链传动；5—测力表；6—举升器；7—测力传感器

①驱动装置。驱动装置由电动机、减速器和链传动组成。电动机经过减速器两级减速后驱动主动滚筒，主动滚筒通过链传动带动从动滚筒旋转。减速器输出轴与主动滚筒共用一

轴，减速器壳体为浮动连接，即可绕主动滚筒轴自由摆动。

②滚筒组。每一车轮制动力测试单元设置一对主、从动滚筒。每个滚筒的两端分别用滚动轴承与轴承座支承在框架上，且保持两滚筒轴线平行。滚筒相当于一个活动的路面，用来支承被检车辆的车轮，并承受和传递制动力。汽车轮胎与滚筒间的附着系数将直接影响制动试验台所能测得的制动力大小。为了增大滚筒与轮胎间的附着系数，滚筒表面都进行了相应加工与处理。

③制动力测量装置。制动力测量装置主要由测力杠杆和传感器组成。测力杠杆一端与传感器连接，另一端与减速器壳体连接，被测车轮制动时测力杠杆与减速器壳体将一起绕主动滚筒轴线摆动。传感器将测力杠杆传来的、与制动力成比例的力（或位移）转变成电信号输送到指示、控制装置。

④举升装置。为便于汽车出入制动试验台，在主、从动两滚筒之间设置有举升装置。该装置通常由举升器、举升平板和控制开关等组成。

⑤指示与控制装置。目前制动试验台控制装置都采用电子式。为提高自动化与智能化程度，有的控制装置中配置计算机。指示装置有指针式和数字显示式两种。带计算机的控制装置多配置数字显示器，但也有配置指针式指示仪表的。

检测时，将被检汽车驶上制动试验台，车轮置于主、从动滚筒之间，放下举升器；通过延时电路启动电动机，经减速器、链传动和主、从动滚筒带动车轮低速旋转；待车轮转速稳定后驾驶人踩下制动踏板，车轮在其制动器摩擦力矩作用下开始减速旋转。此时电动机驱动的滚筒对车轮轮胎周缘的切线方向作用制动力，以克服制动器摩擦力矩，维持车轮继续旋转。与此同时，车轮轮胎对滚筒表面切线方向附加一个与制动力方向反向等值的反作用力，在其形成的反作用力矩作用下，减速器壳体与测力杠杆一起朝滚筒转动相反方向摆动，测力杠杆一端的力或位移经传感器转换成与制动力大小成比例的电信号。从测力传感器送来的电信号经放大滤波后，送往 A/D 转换器转换成相应数字量，经计算机采集、存储和处理后显示或打印出来。

2. 基于惯性式滚筒试验台的制动试验

惯性式滚筒试验台用旋转飞轮的转动惯量模拟汽车在道路上行驶时的平移动能，使汽车在试验台上再现道路行驶状况。其滚筒可由电动机或汽车驱动轮驱动，并能进行高速试验，测试结果更接近实际工况。该试验台可检测各轮的制动距离、制动时间或制动减速度。

图 5-8 所示为单轴惯性式滚筒制动试验台简图，两对滚筒可同时检测 1 根轴上的两个车轮。

检测时，被测汽车驶上制动试验台，车轮置于两滚筒之间，发动机熄火，变速杆置于空挡位置；起动电动机，通过滚筒的转动使车轮达到制动初速度；关掉电动机电源，并断开联轴器 5；按规定的踏板力或制动气压踩下制动踏板。当车轮制动后，滚筒及飞轮在惯性力矩作用下继续转动，其转动的圈数与滚筒周长的乘积即相当于车轮的制动距离。滚筒的制动初速度、制动减速度和依靠惯性力矩转动的圈数，由测速传感器发出电信号，用计数器记录。

图 5-9 为双轴惯性式滚筒制动试验台，可同时检测双轴汽车所有车轮的制动距离。

检测时，由被检汽车的驱动轮驱动后滚筒旋转，并经电磁离合器 7、花键轴、变速器和差速器带动前滚筒及汽车前轮一起旋转，此时，按被检汽车行驶时的惯性等效质量配置的飞轮也一起旋转。当汽车制动后，滚筒及飞轮在惯性力矩作用下继续转动，滚筒转动的圈数与其

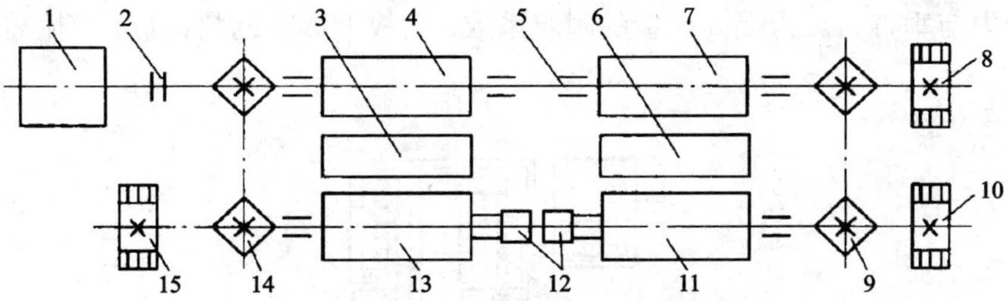

图 5 - 8　单轴惯性式滚筒制动试验台简图

1—电动机；2、5—联轴器；3、6—举升器；4、7、11、13—滚筒；

8、10、15—飞轮；9、14—链传动；12—测速传感器

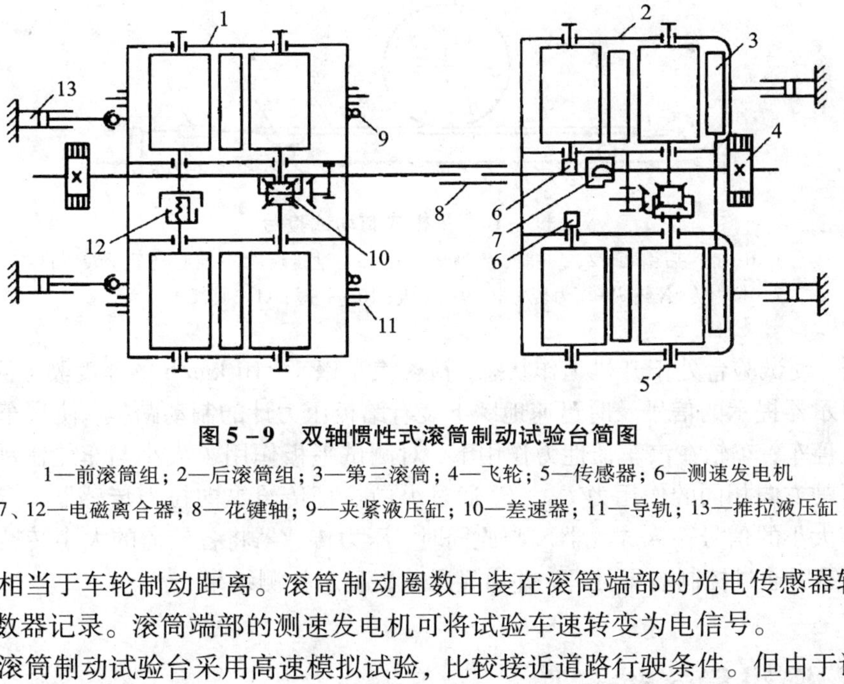

图 5 - 9　双轴惯性式滚筒制动试验台简图

1—前滚筒组；2—后滚筒组；3—第三滚筒；4—飞轮；5—传感器；6—测速发电机

7、12—电磁离合器；8—花键轴；9—夹紧液压缸；10—差速器；11—导轨；13—推拉液压缸

周长的乘积相当于车轮制动距离。滚筒制动圈数由装在滚筒端部的光电传感器转变为电信号，送入计数器记录。滚筒端部的测速发电机可将试验车速转变为电信号。

惯性式滚筒制动试验台采用高速模拟试验，比较接近道路行驶条件。但由于试验台旋转部分需要具有被检汽车各轴的转动惯量，使得设备结构复杂、电动机功率大、占地面积也大，并且不适用于多车型检测，因此在使用上受到限制。

3. 基于平板式试验台的制动试验

平板式制动试验台利用汽车在测试平板上的实际紧急制动过程来测定汽车前、后轴制动力，因此能比较客观地反映汽车制动器产生制动力的大小，正确评价汽车的制动性能。

平板式制动试验台主要由测试平板、控制和显示装置、辅助装置等组成，如图 5 - 10 所示。测试平板是制动力和垂直力的承受与传递装置，面板为一长方形钢板，其下表面 4 个角上安置了 4 个压力传感器 8，压力传感器底部加工成可以放置钢珠的纵向 V 形沟槽，底板 11 与压力传感器底部的纵向沟槽对应处也加工有 4 条可以放置钢珠的纵向沟槽。这样，面板既可以通过钢珠在底板上沿纵向移动，又可以通过钢珠将作用于面板上的垂直力传递到底板上。此外，面板还通过一根装有拉力传感器 7 的纵向拉杆固结在底板上。当汽车行驶到 4 块

测试平板上进行制动时，这些压力传感器和拉力传感器就能同时测出每个车轮作用于测试平板上的制动力与垂直力。为提高面板的附着系数，面板上焊有网状钢板，其附着系数可达到1.1 以上。

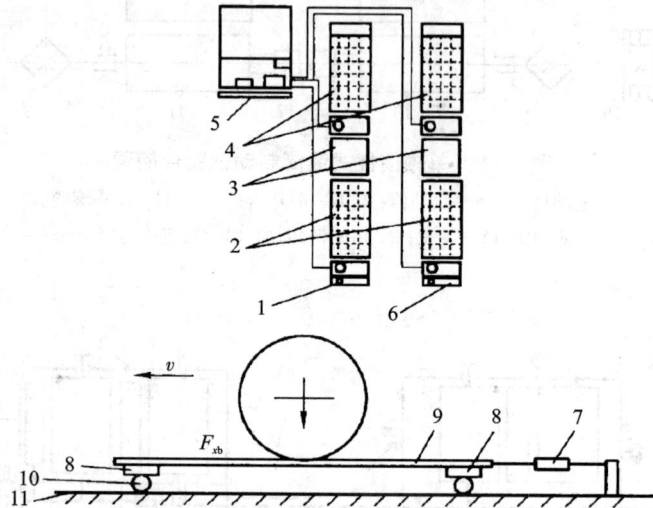

图 5 - 10　平板式制动试验台

1、6—前、后引板；2、4—前、后测试平板；3—过渡板；5—控制与显示装置；
7—拉力传感器；8—压力传感器；9—面板；10—钢球；11—底板

检测时，使试验台处于开机工作状态，被检汽车以 5～10 km/h 的速度驶上测试平板；引车员根据显示器提示的信号及时迅速地踩下装有踏板压力计的制动踏板，使汽车在测试平板上制动直至停车；车轮在汽车惯性力作用下，对测试平板作用了大小与车轮制动力相等、方向与汽车行驶方向相同的作用力 F_{xb}；F_{xb} 通过纵向拉杆传给纵向拉力传感器，传感器将此力转换成相应大小的信号输入放大器。与此同时，压力传感器将各轮荷的大小转换成电信号输入放大器，然后通过控制装置处理，并由显示装置显示检测结果。

5.4　操纵稳定性试验

汽车操纵稳定性是指在驾驶者不感到过分紧张、疲劳的情况下，汽车能遵循驾驶者通过转向系统及转向车轮给定的方向行驶，且当遭遇外界干扰时，汽车能抵抗干扰而保持稳定行驶的能力。它是汽车转向操纵性能与汽车行驶稳定性的总称。

汽车操纵稳定性的评价方法主要有主观评价和客观评价两种。主观评价就是感觉评价，让试验评价人员根据试验时自己的感觉进行评价，并按规定的项目和评分办法进行评分。客观评价是通过测试仪器测出表征性能的物理量，如横摆角速度、侧向加速度、侧倾角等来评价操纵稳定性。研究汽车车身特性的开路系统试验只采用客观评价法，研究人－汽车闭路系统的试验常同时采用客观评价与主观评价两种方法。

汽车操纵稳定性试验项目较多，总体可分为两类试验，即室内台架试验和道路试验。台架试验主要用于测定和评价有关操纵稳定性的汽车基本特性，如质量分配、质心高度等。对汽车操纵稳定性的主要道路试验，我国现行国家标准主要包括表 5 – 12 所示的 6 项试验。

表 5 – 12　操纵稳定性的主要道路试验项目的适用范围和试验车辆载荷状态

试验名称		适用范围	试验汽车载荷状态
蛇行试验			额定最大装载质量
转向瞬态响应试验	转向盘转角阶跃输入	M 类、N 类、G 类车辆	额定最大装载质量和轻载两种状态
	转向盘转角脉冲输入		
转向回正性能试验			额定最大装载质量
转向轻便性试验			
稳态回转试验		两轴的 M 类、N 类、G 类车辆	额定最大装载质量和轻载两种状态

5.4.1　基本试验条件

试验汽车按厂方规定装备齐全。试验前应测定车轮定位参数，对转向系统、悬架系统进行检查，并按规定进行调整、紧固和润滑。只有认定汽车已符合厂方规定的技术条件时，方可进行试验。对测定及检查的有关参数的数值进行记录。

试验时若用新轮胎，轮胎至少应经过 200 km 正常行驶的磨合；若用旧轮胎，试验终了，残留花纹的高度应不小于 1.5 mm。轮胎气压应符合 GB/T 12534—1990《汽车道路试验方法通则》中的规定。

试验汽车按试验项目可在厂定最大总质量和轻载两种状态下进行试验。厂定最大总质量为包括驾驶人、试验员及测试仪器质量的汽车总质量。轻载状态是指除驾驶人、试验员及仪器外，没有其他加载物的状态。如果轻载员已超过最大总质量的 70%，则不必进行轻载状态的试验。试验中，N 类车辆的装载物应均匀分布于货箱内；M 类车辆的装载物分布于座椅和地板上，其比例应符合《汽车道路试验方法通则》中的规定。轴载质量必须符合厂方规定。

转向盘转角阶跃、转向盘转角脉冲输入试验时转向盘自由行程在直线行驶时应不大于 ±10°，必要时进行调整；转向轻便性试验时试验汽车的转向盘中间位置的自由行程，应符合各类型汽车的通用技术条件的规定，如该类型汽车的通用技术条件无明确限制规定，则其自由行程应不大于 ±10°。

试验场地应为干燥、平坦且清洁的水泥或沥青路面，任意方向的坡度不大于 2%；试验时风速应不大于 5 m/s；大气温度为 0～40℃。

常用测量仪器及设备有车速仪、陀螺仪、转向盘测力仪、多通道数据采集系统等。试验仪器设备应符合《汽车道路试验方法通则》中 3.5 条规定。要求包括传感器及记录仪器在内的整个测量系统的频带宽度不小于 3 Hz；测量仪器的测量范围及最大误差需满足表 5 – 13 的要求。

表 5 – 13　测量仪器的测量范围及最大误差

测量变量	测量范围	测量仪器及记录系统的最大误差
转向盘转角	±1080°	±0.1°　转角≤50°；　　　　±2°　50°<转角≤180° ±4°　180°<转角≤360°；　±10°　360°<转角≤1080°
横摆角速度	±50°/s	±0.1°/s，横摆角速度≤10°/s ±0.5°/s，10°/s<横摆角速度≤50°/s
车身倾斜角	±15°	±0.15°
汽车侧向加速度	±9.8 m/s²	±0.15 m/s²
汽车前进加速度	0~50 m/s	±0.5 m/s
质心侧偏角	±15°	±0.5°
转向盘力矩	±150 N·m	±0.1 N·m，转向盘力矩≤10 N·m ±1 N·m，10 N·m<转向盘力矩≤50 N·m ±3 N·m，50 N·m<转向盘力矩≤150 N·m

5.4.2　稳态回转试验

1. 试验目的与待测变量

本项试验目的是测定汽车的转向特性及车身侧倾特性。标准 QC/T 480—1999《汽车操纵稳定性指标限值及评价方法》明确规定，稳态回转试验不及格的车辆其操纵稳定性的总评价为不合格。

本项试验需要测量的变量主要有汽车横摆角速度、汽车前进车速和车身侧倾角。希望测量的变量有汽车质心侧偏角、汽车纵向加速度和汽车侧向加速度。

2. 试验方法

稳态回转试验有定转向盘转角连续加速法和定转弯半径法两种试验方法。

（1）定转向盘转角连续加速法

在试验场地上画出半径为 15 m 或 20 m 的圆周。接通仪器电源，使测量仪器预热至正常工作温度。试验开始前，汽车应以侧向加速度为 3 m/s² 的相应车速沿画定的圆周行驶 500 m 以使轮胎升温。

驾驶人操纵汽车以最低稳定速度沿所画圆周行驶，待安装于汽车纵向对称面上的车速传感器在半圈内都能对准地面所画圆周时，固定转向盘不动，停车并开始记录，记下各变量的零线，然后汽车起步，缓缓加速（纵向加速度不超过 0.25 m/s²），直至汽车的侧向加速度达到 6.5 m/s²（或受发动机功率限制或汽车出现不稳定状态时的最大侧向加速度）为止。记录整个过程。

图 5 – 11 所示为汽车的行驶轨迹示意图。试验应按向左转和向右转两个方向进行，每个方向试验 3 次。每次试验开始时车身应处于正中位置。

需要说明的是，ISO 4138 规定的该项试验的试验圆周半径为 30 m，希望达到 45 m。因为圆周半径大一些，可以提高试验结果的精度，也能测到更高的试验车速。

（2）定转弯半径法

ISO 4138 中还规定了稳态回转试验的另一种试验方法，即定转弯半径法。试验前，在试验场地上用明显颜色画出半径为 30 m 的圆弧形试验路径(图 5 - 12)。路径两侧沿圆弧中心线每隔 5 m 放置标桩,两侧标桩至圆弧中心线的距离为 1/2 车宽 + b。b 值的确定原则是:若试验车轴距 ≤2.5 m,b = 30 cm;若 2.5 m < 试验车轴距 ≤4.0 m,b = 50 cm;若试验车轴距 >4.0 m,b = 70 cm。

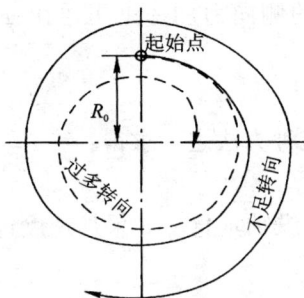

图 5 - 11　定转向盘转角连续加速行驶试验中汽车行驶轨迹示意图

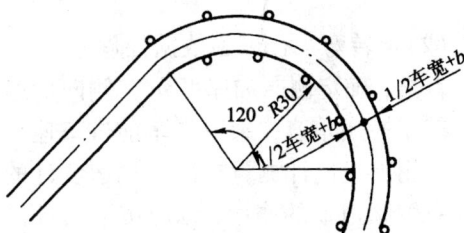

图 5 - 12　定转弯半径试验路径

试验开始之前,汽车应以侧向加速度为 3 m/s² 的相应车速沿半径约为 15 m 的圆周行驶 500 m,以使轮胎升温。接通仪器电源、使之预热到正常工作温度。

汽车以最低稳定车速行驶,调整转向盘转角,使汽车能沿圆弧行驶。在进入圆弧路径并达到稳定状态后开始记录,保持加速踏板和转向盘位置在 3 s 内不动后停止记录。汽车通过试验路径时,如撞倒标桩,则试验无效。增加车速,但侧向加速度增量每次不大于 0.5 m/s² (在所测数据急剧变化区,增量可更小一些)。重复上述试验,直至做到侧向加速度达到 6.5 m/s²,或受发动机功率限制,或汽车出现不稳定状态时的最大侧向加速度为止。

3. 试验数据处理及评价指标

(1)定转向盘转角试验数据的处理

① 转弯半径比 R_i/R_0 与侧向加速度 a_y 的关系曲线。在记录车速与汽车横摆角速度的时间历程曲线上获得各采样时刻的车速 v_i、横摆角速度 ω_{ri},按下式计算各时刻的汽车瞬时转弯半径 R_i。

$$R_i = \frac{v_i}{\omega_{ri}} \tag{5 - 36}$$

式中:v_i 为 i 时刻的车速(m/s);ω_{ri} 为 i 时刻的横摆角速度(rad/s);R_i 为 i 时刻的瞬时转弯半径(m)。

由于汽车的侧向加速度与向心加速度相差甚小,在数据处理中,用向心加速度代替侧向加速度完全可以满足精度要求,故各时刻的侧向加速度可表示为:

$$a_{yi} = v_i \cdot \omega_{ri} \tag{5 - 37}$$

式中:a_{yi} 为汽车在 i 时刻的侧向加速度(m/s²)。

据此可绘制汽车转弯半径比 R_i/R_0 与侧向加速度 a_y 的关系曲线。

②汽车前后轴侧偏角差值($\delta_1 - \delta_2$)与侧向加速度 a_y 的关系曲线。对于两轴汽车可以根据 $R_i/R_0 - a_y$ 曲线上各点的转弯半径 R_i 求出($\delta_1 - \delta_2$) - a_y 曲线。

汽车稳态回转时，由下式可确定前后轴侧偏角差值。

$$\delta_1 - \delta_2 = \frac{360°}{2\pi} L\left(\frac{1}{R_0} - \frac{1}{R_i}\right) \tag{5-38}$$

式中：δ_1 和 δ_2 分别为前后轴的侧偏角($°$)；L 为汽车轴距(m)；R_0 为初始圆周半径(m)。

③ 车身侧倾角 φ 与侧向加速度 a_y 关系曲线。车身侧倾角 φ 可以直接利用时间历程曲线进行采样，且乘以标定系数即可求得，再根据以上计算的侧向力加速度可绘出 $\varphi - a_y$ 关系曲线。

（2）定转弯半径试验数据处理

首先，确定侧向加速度 a_y。侧向加速度 a_y 可按下述三种方法之一求得：

①用横摆角速度乘以汽车前进车速。

②用加速度计测量求出。加速度计的输出轴应与汽车纵轴垂直。如果加速度计的输出包括车身侧倾角 φ 的作用，则应按下式进行修正。

$$a_y = \frac{\bar{a}_y - g\sin\varphi}{\cos\varphi} \tag{5-39}$$

式中：a_y 为真实的侧向加速度值(m/s^2)；$\bar{a}_y$ 为加速度传感器指示的侧向加速度值(m/s^2)；g 为重力加速度(m/s^2)；φ 为车身侧倾角($°$)。

③ 用前进车速平方除以圆弧路径中心线的半径。

求出侧向加速度 a_y 后，可根据记录的转向盘转角 θ、车身侧倾角 φ、汽车质心侧偏角 β 绘出 $\theta - a_y$ 曲线、$\varphi - a_y$ 曲线和 $\beta - a_y$ 曲线。

此外，根据下式可将转向盘转角 θ 与侧向加速度 a_y 曲线转换成 $(\delta_1 - \delta_2) - a_y$ 曲线。

$$(\delta_1 - \delta_2) = \frac{L}{R}\left(\frac{\theta_i}{\theta_0} - 1\right) \tag{5-40}$$

式中：θ_0 为汽车最低稳定车速通过圆弧路径时的转向盘转角($°$)；θ_i 为汽车以某一车速（侧向加速度）通过圆弧路径时的转向盘转角($°$)；L 为汽车轴距(m)；R 为圆弧路径半径，$R = 30$ m。

（3）稳态回转试验评价计分指标

①中性转向点的侧向加速度 a_n：定义为前、后桥侧偏角之差$(\delta_1 - \delta_2)$与侧向加速度 a_y 关系曲线上斜率为零处的侧向加速度值。在所测的侧向加速度值范围内若未出现中性转向点，a_n 值用最小二乘法按无常数项的三次多项式拟合曲线进行推算。a_n 的物理意义是在加速过程中，汽车由不足转向变为过度转向时（即中性转向点）对应的侧向加速度值。a_n 值越大说明转向过程中汽车的操纵及安全稳定性越好，转向翻车的可能性越小；a_n 值越小则说明汽车会过快地出现过度转向而导致翻车。

②不足转向度 U：按前、后桥侧偏角之差$(\delta_1 - \delta_2)$与侧向加速度 a_y 关系曲线上侧向加速度值为 2 m/s^2 处的平均斜率计算。U 是对汽车不足转向"量"大小的评价，虽然汽车都应具有不足转向特性，但不足转向的"量"并非越大越好。不足转向"量"越大，转向稳定性越好，但转向的侧向力减弱，对操纵性不利；不足转向"量"越小，则在转向时汽车会较早进入不稳定性状态。

③车身侧倾度 K_φ：按车身侧倾角 φ 与侧向加速度 a_y 关系曲线上侧向加速度值为 2 m/s^2 处的平均斜率计算。K_φ 表示转向过程中车身的倾斜程度，K_φ 越大汽车越不安全，侧倾过大将直接导致车辆失控。

基于上述三项指标,可参照我国行业标准 QC/T 480—1999 对试验车辆的稳态回转特性做出评价。

5.4.3　转向盘转角阶跃输入试验

1. 试验目的与待测变量

本项试验通过测定从转向盘转角阶跃输入开始到所测变量达到新的稳态值为止的这段时间内汽车的瞬态响应过程,用时域的特征值和特征函数表示车辆瞬态响应特性,从而评价汽车的转向瞬态响应品质。

本项试验需要测量的变量有汽车前进速度、转向盘转角、横摆角速度、车身侧倾角、侧向加速度和汽车质心侧偏角。

2. 试验方法

试验前,以试验车速行驶 10 km,使轮胎升温。试验车速按被试汽车最高车速的 70%并四舍五入为 10 的整数倍确定。接通仪器电源,使之达到正常工作温度。

在停车状态下记录车速零线。汽车以试验车速直线行驶,先按输入方向轻轻靠紧转向盘,消除转向盘自由行程并开始记录各测量变量的零线,然后以尽快的速度(起跃时间不大于 0.2 s 或起跃速度不低于 200 °/s)转动转向盘,使其达到预选好的位置并固定数秒钟(待所测变量过渡到新稳态值),停止记录。记录过程中保持车速不变。试验中转向盘转角的预选位置(输入角),按稳态侧向加速度值 $1 \sim 3 \ m/s^2$ 确定,从侧向加速度为 $1 \ m/s^2$ 做起,每隔 $0.5 \ m/s^2$ 进行一次试验。

试验按向左转与向右转两个方向进行。可以两个方向交替进行,也可以连续进行一个方向,然后再进行另一个方向。

3. 试验数据处理及评价指标

各测量变量的稳态值采用进入稳态后的均值。若汽车前进速度的变化率大于 5%,或转向盘转角的变化超出平均值的 10%,本次试验无效。

图 5 - 13 所示为测取的横摆角速度与侧向加速度响应曲线。

① 稳态侧向加速度值。稳态侧向力加速度值的确定有两种方法:一种用横摆角速度乘以汽车前进车速;另一种用侧向加速度计测量,要求加速度计的输出轴应与汽车纵轴垂直。如果加速度计的输出包括车身侧倾角 φ 的作用,则应按式(5 - 39)进行修正。

② 横摆角速度响应时间与侧向加速度响应时间

它是指从转向盘转角达到 50%的转角设定值开始,到所测运动变量达到稳态值的 90%时所经历的时间,如图 5 - 13 所示。

响应时间反映了系统的灵敏特性。较大的响应时间不利于汽车的控制,或者说汽车对转向输入响应迟钝。较小的响应时间会得到驾驶人的好评。在标准 QC/T 480—1999《汽车操纵稳定性指标限值与评价方法》中,此项试验仅取横摆角速度响应时间一项作为评分标准,即转向盘转角阶跃输入试验以侧向加速度值为 $2 \ m/s^2$ 时的汽车横摆角速度响应时间作为评价指标。

③ 横摆角速度峰值响应时间。它是指从转向盘转角达到 50%的转角设定值开始,到所测变量响应达到其第一个峰值为止所经历的时间,如图 5 - 13 所示。该值越小,瞬态响应性越好。

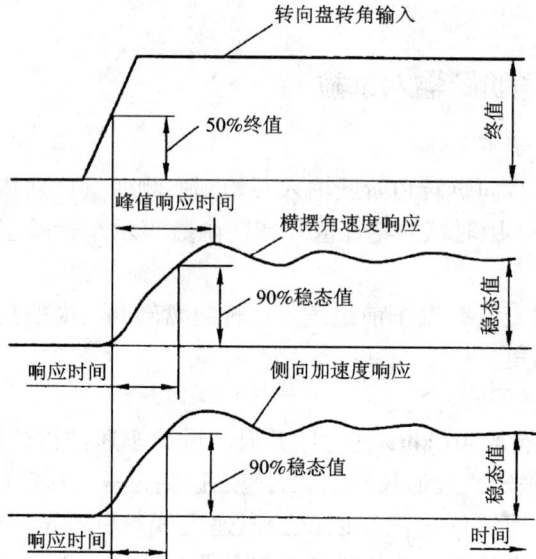

图 5 - 13　转向盘阶跃输入响应

④横摆角速度超调量。其计算公式为：

$$\sigma = \frac{\omega_{rmax} - \omega_{r0}}{\omega_{r0}} \times 100\% \tag{5 - 41}$$

式中：σ 为横摆角速度超调量(%)；ω_{r0} 为横摆角速度响应稳态值[(°)/s]；ω_{rmax} 为横摆角速度响应最大值[(°)/s]。

横摆角速度超调量过大，说明汽车的瞬态响应性能不好。

⑤横摆角速度总方差。其计算公式为：

$$E_r = \sum_{i=0}^{n} \left(\frac{\theta_i}{\theta_0} - \frac{\omega_{ri}}{\omega_{r0}}\right)^2 \Delta t \tag{5 - 42}$$

式中：E_r 为横摆角速度总方差(s)；θ_i 为转向盘转角输入的瞬时值(°)；ω_{ri} 为横摆角速度输出的瞬时值[(°)/s]；θ_0 为转向盘转角输入的终值(°)；ω_{r0} 为横摆角速度响应稳态值[(°)/s]；n 为采样点数，取至汽车横摆角速度响应达到新稳态值为止；Δt 为采样时间间隔(s)，不应大于0.25 s。

横摆角速度总方差 E_r 理论上表达了汽车横摆角速度响应跟随转向输入的灵敏性。众多试验表明，操纵稳定性得到改善的汽车，其总方差 E_r 会减小。

⑥侧向加速度总方差。其计算公式为：

$$E_{ay} = \sum_{i=0}^{n} \left(\frac{\theta_i}{\theta_0} - \frac{a_{yi}}{a_{y0}}\right)^2 \Delta t \tag{5 - 43}$$

式中：E_{ay} 为侧向加速度总方差(s)；a_{yi} 为侧向加速度响应的瞬时值(m/s²)；a_{y0} 为侧向加速度响应稳态值(m/s²)。

⑦汽车因素。汽车因素是瞬态响应时域特性的综合评价指标，可表达如下：

$$TB = t_{\omega}\beta \tag{5 - 44}$$

式中：TB 为汽车因素 $[s \cdot (°)]$；t_ω 为横摆角速度的响应时间（s）；β 为汽车质心处侧偏角（°）。

5.4.4　转向盘转角脉冲输入试验

1. 试验目的与待测变量

本项试验通过测定从转向盘转角脉冲输入开始到所测变量达到新稳态值为止的这段时间内汽车的瞬态响应过程，确定汽车的横摆角速度频率特征，从而反映汽车对转向输入响应的真实程度。

本项试验需要测量的变量有汽车前进速度、转向盘转角、横摆角速度和侧向加速度。

2. 试验方法

试验前，以试验车速行驶 10 km，使轮胎升温。试验车速按被试汽车最高车速的 70% 并四舍五入为 10 的整数倍确定。接通仪器电源，使之达到正常工作温度。

汽车以试验车速直线行驶，并记下转向盘中间位置（直线行驶位置）。然后给转向盘一个三角脉冲转角输入（图 5 - 14）。试验时向左或向右转动转向盘，并迅速转回原处保持不动，记录全过程，直至汽车回复到直线行驶位置。转向盘转角输入脉宽为 0.3 ～ 0.5 s，其最大转角应使本试验过渡过程中最大侧向加速度为 4 m/s²。转动转向盘时应尽量使其转角的超调量达到最小。记录时间内，保持加速踏板位置不变。

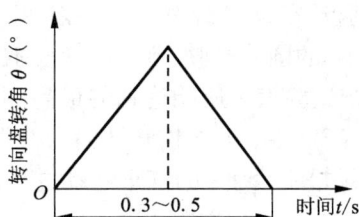

图 5 - 14　三角脉冲示意图

试验至少应按左、右方向转动转向盘各 3 次。每次输入的时间间隔不得少于 5 s。

3. 试验数据处理及评价指标

汽车受三角脉冲输入产生的瞬态响应用频率响应特性表示，频率响应特性分幅频特性和相频特性。幅频特性是指响应（输出）的幅值（汽车横摆角速度）与激励（输入）的幅值（转向盘或前轮转角）之比随频率变化的函数；相频特性是输出与输入相位差随频率变化的函数。幅频特性反映了驾驶人以不同频率输入指令时，汽车执行驾驶人指令失真的程度。相频特性则反映了汽车横摆角速度滞后于转向盘转角的失真程度。

试验完毕后，在专门的信号处理设备或通用电子计算机上进行转向盘脉冲输入和横摆响应的幅频特性与相频特性的分析，并根据试验数据处理结果的平均值，分别按向左与向右转绘制出汽车的幅频特性和相频特性图。

转向盘转角脉冲输入试验将整车看作一个系统，按谐振频率 f、谐振峰水平 D 和相位滞后角 a 三项指标进行评价计分。汽车受到外来因素干扰时，系统的谐振频率 f 越高、谐振峰水平 D 和相位滞后角 a 越小，则说明整车所受到的影响越小，抗干扰能力越强。

基于所绘出的幅频和相频特性图可确定谐振频率 f、谐振峰水平 D 和相位滞后角 a 三项指标，然后根据标准 QC/T 480—1999 确定其评价计分值。

5.4.5 转向回正性能试验

1. 试验目的与待测变量

本项试验目的在于鉴别汽车转向的回正能力。在驾驶人松开转向盘之前,驾驶人作用于转向盘的力为定值,当驾驶人松开转向盘的瞬间,保舵力由某一定值突然变为零,这实质上是转向盘力阶跃输入的瞬态响应试验,它包含着保舵力与汽车运动之间的关系,在一定程度上反映出汽车"路感"的好坏。因此,转向回正性能试验是汽车转向盘力输入的一个基本试验,用以表征和评价汽车由曲线行驶自行恢复到直线行驶的过渡过程和能力。

本项试验需要测量的变量有汽车前进速度、横摆角速度和侧向加速度。

2. 试验方法

(1)低速回正性试验。在试验场地上用明显的颜色画出半径为 15 m 的圆周。试验前,试验汽车沿此圆周以侧向加速度达 3 m/s² 的相应车速行驶 500 m,使轮胎升温。接通仪器电源,使其达到正常工作温度。

试验汽车直线行驶,记录各测量变量零线,然后调整转向盘转角,使汽车沿半径为 (15 ± 1) m 的圆周行驶,调整车速,使侧向加速度达到 (4 ± 0.2) m/s²(达不到此侧向加速度的汽车,按试验汽车所能达到的最高侧向加速度进行试验),固定转向盘转角,稳定车速并开始记录,待 3 s 后,突然松开转向盘并做一标记(建议用一微动开关和一个讯号通道同时记录),至少记录松手后 4 s 的汽车运动过程。记录时加速踏板位置不变。试验按向左转与向右转两个方向进行,每个方向 3 次。

(2)高速回正试验。对于最高车速超过 100 km/h 的汽车,要进行本项试验。

试验车速按被试汽车最高车速的 70% 并四舍五入为 10 的整数倍。接通仪器电源,使之达到正常工作温度。试验汽车沿试验路段以试验车速直线行驶,记录各测量变量的零线。随后驾驶人转动转向盘使侧向加速度达到 (2 ± 0.2) m/s²,待稳定并开始记录后,突然松开转向盘并做一标记(建议用一微动开关和一个信号通道同时记录),至少记录松手后 4 s 的汽车运动过程。记录时加速踏板位置保持不变。试验按向左转与向右转两个方向进行,每个方向 3 次。

3. 试验数据处理及评价指标

转向回正试验的横摆角速度时间历程曲线分两大类:收敛型(图 5 - 15 中曲线Ⅲ、Ⅳ和Ⅵ)与发散型(图 5 - 15 中曲线Ⅰ和Ⅱ)。对于发散型,不进行数据处理;对于收敛型,按向左转与向右转分别确定下述指标。确定评价指标时,时间坐标原点以微动开关时间历程曲线上松开转向盘时微动开关所做的标记为准。

(1)稳定时间。稳定时间从时间坐标原点开始,至横摆角速度达到新稳态值(包括零值)为止的一段时间间隔。其均值 t 为:

$$t = \frac{1}{3} \sum_{i=1}^{3} t_i \tag{5 - 45}$$

式中: t_i 为第 i 次试验的稳定时间(s)。

(2)残留横摆角速度。残留横摆角速度指在横摆角速度时间历程曲线上,松开转向盘 3 s 时的横摆角速度值(包括零值)。其均值 $\Delta \omega_r$ 为:

$$\Delta \omega_r = \frac{1}{3} \sum_{i=1}^{3} \Delta \omega_{ri} \tag{5 - 46}$$

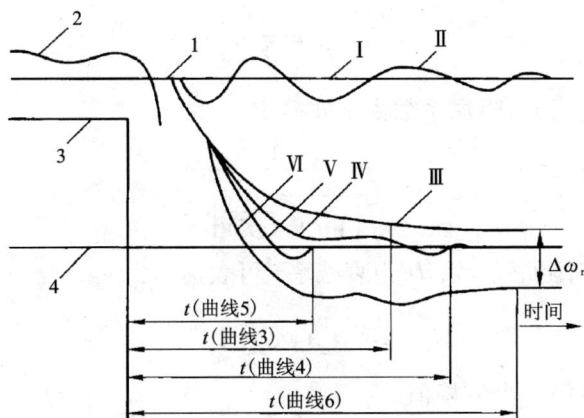

图 5 – 15　横摆角速度时间历程

1—横摆角速度响应；2—转向盘转角输入；3—微动开关信号；4—横摆角速度零线

式中：$\Delta\omega_{ri}$为第 i 次试验的残留横摆角速度值 $[(°)/s]$。

（3）横摆角速度超调量。横摆角速度超调量指在横摆角速度时间历程曲线上，横摆角速度响应第一个峰值超过新稳态值的部分 ω_{r1} 与初始值 ω_{r0} 之比，如图 5 – 16 所示，即为

$$\sigma_i = \frac{\omega_{r1}}{\omega_{r0}} \tag{5 – 47}$$

式中：σ_i 为第 i 次横摆角速度超调量（%）。

横摆角速度超调量均值 σ 为：

$$\sigma = \frac{1}{3}\sum_{i=1}^{3}\sigma_i \tag{5 – 48}$$

（4）横摆角速度自然频率。第 i 次试验横摆角速度自然频率 f_{0i} 为：

$$f_{0i} = \frac{\displaystyle\sum_{j=1}^{m} A_{ij}}{2\displaystyle\sum_{j=1}^{m} A_{ij} \cdot \Delta t_{ij}} \tag{5 – 49}$$

式中：f_{0i} 第 i 次试验横摆角速度自然频率（Hz）；A_{ij} 为横摆角速度响应时间历程曲线的峰值（图 5 – 17）$[(°)/s]$；Δt_{ij} 为横摆角速度响应时间历程曲线上相邻波峰的时间间隔（图 5 – 17）（s）；m 为横摆角速度响应时间历程曲线的波峰数。

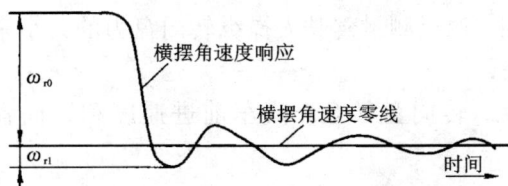

图 5 – 16　横摆角速度响应时间历程曲线

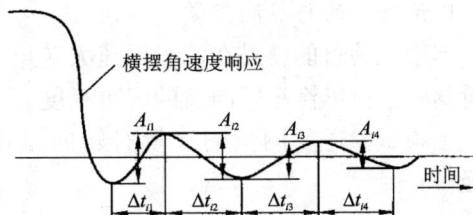

图 5 – 17　横摆角速度响应时间历程曲线

横摆角速度自然频率均值 f_0 为：

$$f_0 = \frac{1}{3}\sum_{i=1}^{3} f_{0i} \qquad (5-50)$$

（5）相对阻尼系数。相对阻尼系数由下式确定

$$\zeta_i = \frac{1}{\sqrt{\left[\dfrac{\pi}{\ln(1-D_i')}\right]^2 + 1}} \qquad (5-51)$$

式中：ζ_i 第 i 次试验相对阻尼系数；D_i' 为衰减率，可表达为：

$$D_i' = A_{i1} \Big/ \sum_{j=1}^{m} A_{ij} \qquad (5-52)$$

式中：A_{i1} 为横摆角速度第一个波峰值。

相对阻尼系数均值为

$$\zeta = \frac{1}{3}\sum_{i=1}^{3} \zeta_i \qquad (5-53)$$

（6）横摆角速度总方差。第 i 次试验横摆角速度总方差为：

$$E_{ri} = \left[\sum_{j=1}^{n} \left(\frac{\omega_{rij}}{\omega_{r0i}}\right)^2 - 0.5\right]\Delta t \qquad (5-54)$$

式中：E_{ri} 为第 i 次试验横摆角速度总方差（s）；ω_{rij} 为第 i 次试验横摆角速度响应时间历程曲线瞬时值[(°)/s]；ω_{r0i} 为第 i 次试验横摆角速度响应初始值[(°)/s]；n 为采样点数，按 $n\Delta t = 3$ s 选取；Δt 为采样时间间隔（s）（一般不大于 0.2 s）。

横摆角速度总方差均值 E_r 为：

$$E_r = \frac{1}{3}\sum_{i=1}^{3} E_{ri} \qquad (5-55)$$

对于上述指标（3）~（6）项，在进行低速转向回正性能试验时，横摆角速度记录通常难以得出。这主要因为在低速状态下，汽车横摆角速度相对阻尼系数较大，再加上转向系内干摩擦的影响，记录曲线大多数情况下不能形成波形。

本项试验按松开转向盘 3 s 时的残留横摆角速度绝对值 $\Delta\omega_r$ 及横摆角速度总方差 E_r 两项指标进行评价计分。$\Delta\omega_r$ 越小说明汽车转向后自动回正保持直线行驶的能力越好，E_r 越小说明松开转向盘后自动回正越迅速。

5.4.6 转向轻便性试验

1. 试验目的与待测变量

本项试验目的就是在汽车低速大转角下行驶时，通过测量驾驶人操纵转向盘力的大小来评价驾驶人操纵汽车转向盘的轻重程度。

本项试验需要测量的变量有转向盘作用力矩、转向盘转角、汽车前进速度和转向盘直径。

2. 试验方法

转向轻便性试验的路径一般为双扭线，如图 5-18 所示。双扭线轨迹的极坐标方程为：

$$l = d\sqrt{\cos 2\Psi} \qquad (5-56)$$

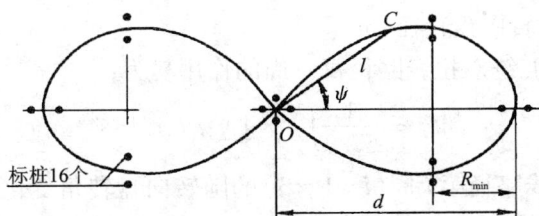

图 5 – 18　双扭线轨迹

式中：d 为系数（m），$d = 3R_{min}$，R_{min} 为 $\Psi = 0$ 时双扭线顶点处的曲率半径（m），$R_{min} = 1.1r_{min}$，r_{min} 为试验汽车前外轮的最小转弯半径（m）。

在双扭线最宽处，顶点和中点（即结点）的路径两侧各放置两个标桩，共计放置 16 个标桩。标桩与试验路径中心线的距离为 1/2 车宽加 50 cm，或按转弯通道圆宽的 1/2 加 50 cm。

接通仪器电源，使之预热至正常工作温度。试验前，使汽车沿双扭线路径行驶若干周，让驾驶人熟悉路径和相应操作。随后，使汽车沿双扭线中点"0"处的切线方向作直线滑行，并停于"0"点处，停车后注意观察车轮是否处于直行位置；否则，应转动转向盘进行调整。然后双手松开转向盘，记录转向盘中间位置和作用力矩的零线。

试验时，使汽车以（10 ± 2）km/h 的车速沿双扭线路径行驶，待车速稳定后，开始记录转向盘转角和作用力矩，并记录行驶车速作为监督参数。汽车沿双扭线绕行一周至记录起始位置，即完成一次试验，全部试验应进行 3 次。在测量记录过程中，驾驶人应保持车速稳定和平稳地转动转向盘，不应同时松开双手，并且在行驶中不准撞倒标桩。

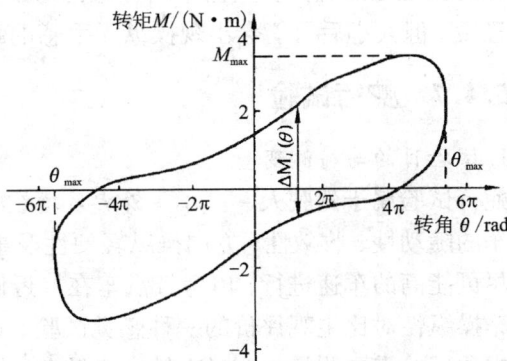

图 5 – 19　转向盘力矩 – 转角曲线

3. 试验数据处理及评价指标

汽车的轻便性有两个方面，一是路感好坏，二是转向轻重。一般是作出向心加速度系数与转向盘力的关系曲线，二者是否具有明晰的对应关系是路感好坏的一种表现。或者由转向盘上的转角和力矩绘出示功图，最大转向力与示功图面积大小可以作为转向轻重的尺度，图 5 – 19 所示为转向盘力矩 – 转角曲线示意图。

（1）转向盘最大作用力矩均值。其计算公式为：

$$\overline{M}_{max} = \frac{\sum\limits_{i=1}^{3} |M_{maxi}|}{3} \tag{5 – 57}$$

式中：M_{maxi} 为绕双扭线路径第 i 周（$i = 1 \sim 3$）转向盘最大作用力矩（N·m）。

（2）转向盘最大作用力均值。其计算公式为：

$$\overline{F}_{\max} = 2\,\overline{M}_{\max}/D \tag{5-58}$$

式中：D 为试验汽车原有转向盘直径(m)。

(3) 转向盘的作用功。绕双扭线路径每一周的作用功为：

$$W_i = \frac{1}{57.3}\int_{-\theta_{\max i}}^{+\theta_{\max i}} |\Delta M_i(\theta)|\,\mathrm{d}\theta \tag{5-59}$$

式中：$\Delta M_i(\theta)$ 为绕双扭线路径第 i 周($i=1\sim3$)的随转向盘转角变化的转向盘往返作用力矩之差(N·m)；$\theta_{\max i}$ 为绕双扭线路径第 i 周($i=1\sim3$)的转向盘向左、向右最大转角(°)。

转向盘的作用功均值为 3 次试验的转向盘作用功的算术平均值。

(4) 转向盘平均摩擦力矩。绕双扭线路径每一周转向盘平均摩擦力矩为：

$$\overline{M}_{swi} = \frac{W_i}{2(|-\theta_{\max i}|+|+\theta_{\max i}|)} \tag{5-60}$$

式中：$\overline{M}_{swi}$ 为绕双扭线路径第 i 周($i=1\sim3$)转向盘平均作用摩擦力矩(N·m)。

转向盘平均摩擦力矩均值 $\overline{M}_{sw}$ 为 3 次试验的转向盘平均摩擦力矩的算术平均值。

(5) 转向盘平均摩擦力。绕双扭线路径第 i 周($i=1\sim3$)转向盘平均摩擦力为：

$$\overline{F}_{swi} = 2\,\overline{M}_{swi}/D \tag{5-61}$$

转向盘平均摩擦力均值为：

$$\overline{F}_{sw} = 2\,\overline{M}_{sw}/D \tag{5-62}$$

转向轻便性试验按转向盘平均操舵力与最大操舵力两项指标进行评价计分。操舵力应越小越轻便，但太小后可能会出现操纵无手感的缺陷。

5.4.7　蛇行试验

1. 试验目的与待测变量

蛇行试验属于驾驶人 – 汽车 – 外界环境组合而成的闭路系统性能试验。其试验目的是评价汽车的随动性、收敛性、方向操纵轻便性及事故可避免性等。在保证安全的前提下，试验应以尽可能高的车速进行，以考查汽车在接近侧滑或侧翻工况下的操纵性能。该试验也常用作汽车操纵性对比主观评价的一种感觉试验。

本项试验需要测量的变量有转向盘转角、横摆角速度、车身侧倾角、通过有效标桩区时间和侧向加速度。

2. 试验方法

在试验场地上按图 5 – 20 及表 5 – 14 的规定，布置标桩 10 根。接通仪器电源，使之预热到正常工作温度。试验驾驶人应具有较丰富的驾驶经验。在正式试验前，按图示路线往返，练习 5 次。

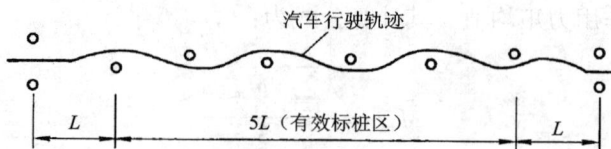

图 5 – 20　蛇行试验场地示意图

表5-14 蛇行试验中不同车型的标桩间距及基准车速

表5-14 蛇行试验中不同车型的标桩间距及基准车速

汽车类型	标桩间距/m	基准车速/(km/h)
M_1类，N_1类和M_1G、N_1G类车辆	30	65
M_2类，N_2类和M_2G、N_2G类车辆		50
M_3类及最大总质量≤15 t的N_3类和M_3G、N_3G类车辆	50	60
M_3类(铰接客车)及最大总质量>15 t的N_3类和M_3G、N_3G类车辆		50

试验汽车以近似基准车速1/2的稳定车速直线行驶，在进入试验区段之前，记录各测量变量的零线，然后蛇行通过试验路段，同时记录各测量变量的时间历程曲线及通过有效标桩区的时间。提高车速(车速间隔自行选择)，重复上一过程，共进行10次(撞倒标桩的次数不计在内)。最高车速不超过80 km/h。

3. 试验数据处理及评价指标

(1)蛇行车速。第 i 次试验的蛇行车速按下式确定：

$$v_i = \frac{3.6L(N-1)}{t_i} \qquad (5-63)$$

式中：v_i 为第 i 次试验的蛇行车速(km/h)；L 为标桩间距(m)；N 为有效标桩区起始至终了标桩数，$N=6$；t_i 为第 i 次试验通过有效标桩区时间(s)。

(2)平均转向盘转角。第 i 次试验平均转向盘转角按下式确定：

$$\theta_i = \frac{1}{4}\sum_{j=1}^{4}|\theta_{ij}| \qquad (5-64)$$

式中：θ_i 为第 i 次试验平均转向盘转角(°)；θ_{ij} 为在有效标桩区内，转向盘转角时间历程曲线峰值(图5-21)(°)。

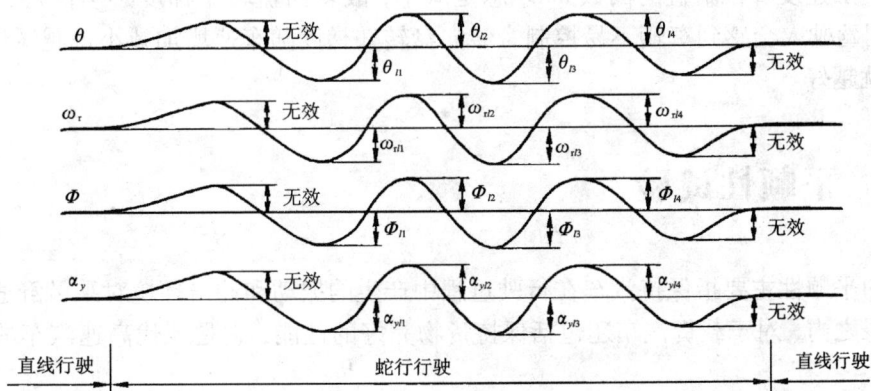

图5-21 蛇行试验各变量的时间历程曲线

(3)平均横摆角速度。第 i 次试验平均横摆角速度按下式确定：

$$\omega_{ri} = \frac{1}{4}\sum_{j=1}^{4}|\omega_{rij}| \qquad (5-65)$$

式中：ω_{ri}为第i次试验平均横摆角速度$[(°)/s]$；ω_{rij}为在有效标桩区内，横摆角速度时间历程曲线峰值（图5-21）$[(°)/s]$。

（4）平均车身倾角。第i次试验平均车身倾角按下式确定：

$$\Phi_i = \frac{1}{4}\sum_{j=1}^{4}|\Phi_{rij}| \tag{5-66}$$

式中：Φ_i为第i次试验平均车身倾角$(°)$；Φ_{rij}为在有效标桩区内，车身倾角时间历程曲线峰值（图5-21）$(°)$。

（5）平均侧向加速度。第i次试验平均侧向加速度按下式确定：

$$a_{yi} = \frac{1}{4}\sum_{j=1}^{4}|a_{yij}| \tag{5-67}$$

式中：a_{yi}为第i次试验平均侧向加速度(m/s^2)；a_{yij}为在有效标桩区内，侧向加速度时间历程曲线峰值（图5-21）(m/s^2)。

根据标准 QC/T 480—1999，蛇行试验应按基准车速下的平均横摆角速度峰值ω_r与平均转向盘转角峰值θ进行评价计分。但相关文献研究表明，这两个评价指标反映的不是纯操纵稳定性，其大小与整车的外形尺寸和轴距等有直接关系，外形尺寸越大、轴距越长，绕过同样桩距标桩所必需的平均横摆角速度峰值ω_r和平均转向盘转角峰值θ越大（假定转向系统传动比相同），评价结果越差。因此，ω_r与θ需在外形尺寸和轴距相同的两辆样车之间才具有可比性，才能进行量化评价。

为使蛇行试验的主、客观评价结果一致，文献提出了蛇行试验的三项补充评价指标，即平均横摆角速度峰值增益ω_r/θ、平均车身侧倾角峰值增益Φ/θ以及转向盘转矩梯度（转向盘力矩与侧向加速度的比值）。平均横摆角速度峰值增益将现行蛇行试验评分的两项指标ω_r和θ综合起来，ω_r/θ越小，则车辆动态性能越好。虽然车身侧倾角与侧向加速度有直接关系，但两者不是线性关系，仍存在悬架与转向综合因素的影响。平均车身侧倾角峰值增益Φ/θ越大，其动态性能就越差。转向盘转矩梯度能反映车辆的可操纵性。随着车速的增加，因车辆平均侧向加速度峰位增益的倒数θ/a_y总是减小，故转向盘转矩梯度必须保持在某一限值以上，否则驾驶人会感到车辆不易控制。转向盘转知梯度随车速增加减小得越缓慢，该车的可操控性就越好。

5.5　平顺性试验

汽车的平顺性主要指保持汽车在行驶过程中产生的振动和冲击环境对乘员舒适性的影响在一定界限之内，对于载货汽车还包括保持货物完好的性能，它是现代高速汽车的主要性能之一。

汽车平顺性试验的主要对象是"路面-汽车-人（或货物）"系统。在此系统中，输入是路面的不平度，它经过汽车的轮胎、悬架及坐垫等弹性元件滤波后传到人体，再由人的生理、心理等复杂因素综合产生系统的输出——人（或货物）对振动的响应。在制定汽车平顺性试验方法和评价指标时，都是针对上述整个系统而不是其中某个环节进行的。

汽车平顺性试验一般分为评价试验和改进性试验两种。评价性试验是对已生产的汽车进行平顺性试验，并对其平顺性进行评价。改进性试验是根据前次试验结果，对不理想的平顺性指标查找原因并进行结构改进，再进行平顺性试验，以达到提高平顺性的目的。由于改进性试验方法较多，并随试验技术的发展而变化，本节主要讨论评价性试验。

　　汽车平顺性评价性试验又可分为主观感觉评价试验和客观物理量评价试验两种。主观感觉评价试验依靠试验人员乘坐的主观感觉进行试验评价，同时也包括通过测定有关人体生理学、心理学变化的情况进行分析的内容。客观物理量评价试验，首先测定振动位移、速度及加速度等物理量，然后根据测定结果进行评价，并且在评价过程中，要对测取的物理量按与人体感觉有关的标准等进行平顺性评价指标运算。客观物理量评价试验是建立在主观感觉评价试验基础上进行的。

　　平顺性客观物理量评价试验主要包括悬架系统振动特性参数测量、汽车随机输入行驶试验和脉冲输入行驶试验三项试验。

5.5.1　悬架系统固有频率与阻尼比测定

1. 试验目的与待测变量

　　本项试验目的是测定车身部分的固有频率和阻尼比，以及车轮部分的固有频率。这三个参数是分析悬架系统振动特性和对汽车平顺性进行研究和评价的基本数据。

　　本项试验待测变量为车身或车轴上相应位置的垂向（Z 轴方向）加速度。

2. 试验条件

　　试验在汽车满载时进行，根据需要可以补充空载试验。试验前称量汽车的总质量及前、后轴轴载质量。悬架弹簧元件、减振器和缓冲块应符合技术条件的规定。根据需要可以补充拆下缓冲块的试验。轮胎花纹完好，轮胎气压符合相关规定。整个测试系统的响应频率为 $0.3 \sim 100$ Hz。

3. 试验方法

　　首先对被测试的汽车悬架系统施加一个初始干扰，使其产生自由衰减振动，然后由测试系统记录车身和车轴两部分的振动曲线，最后根据振动曲线计算出固有频率和相对阻尼系数。

　　GB/T 4783—1984《汽车悬挂系统固有频率和阻尼比测定方法》中规定了三种使汽车悬架系统产生自由振动的方法，即滚下法、抛下法和拉下法，目前汽车平顺性试验中还常采用共振法。每种试验方法的仪器和传感器安装位置都一样。试验时，使传感器安装在前、后桥及其上方的车身（或车架）的相应位置。

（1）滚下法

　　将汽车被测试端的车轮（前轮或后轮），驶上预先制作成一定规格的凸块（图 5-22）上，停车熄火，变速杆在空挡位置。启动记录仪器并将汽车从凸块上推下（推下时两轮尽量保持同时落地）使其产生自由振动。

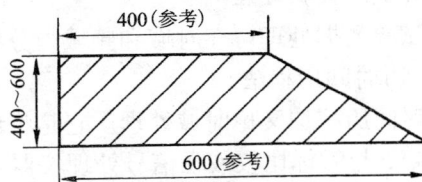

图 5-22　凸块尺寸

　　滚下法的优点是简单易行，但因其左右两个车轮难以保证同时落地，而且每次由凸块上推下的速度也不一样，衰减振动曲线的重复性较差。因此对同一端要进行 3~5 次测试。

（2）抛下法

用跌落机构将汽车被测试端车轴中部的平衡位置支起 60 mm 或 90 mm 高，然后跌落机构释放，汽车测试端被突然下抛而产生自由衰减振动。这种试验方法适用于具有整体车轴的非独立悬架。

（3）拉下法

用绳索和滑轮装置将汽车被测试端车轴附近的车身或车架中部由平衡位置拉下 60 mm 或 90 mm，然后用松脱器突然松开，使悬架 – 车身产生自由衰减振动。该方法使车身产生自由振动，而车轮部分振动较小，所以车身上测得的响应主要是车身振动的振型。但试验需要一套复杂的测试机构。

采用上述三种试验方法试验时，拉下位移量、支起高度和凸块高度的选择原则是既要保证悬架在压缩行程时不碰撞限位块，又要保证振动幅值足够大。

（4）共振法

共振法悬架装置试验台分为测力式和测位移式两种。测力式测量振动衰减过程中车轮对台面作用力的变化；测位移式测量振动衰减过程中台面上、下位移量的变化。

共振式悬架装置试验台的检测原理如图 5 – 23 所示。检测时，先通过检测台的电动机、凸轮、蓄能飞轮和弹簧组成的激振器迫使试验台台面及置于其上待测汽车的悬架产生振动，然后在开机数秒后断开电动机电源，从而由蓄能飞轮产生扫频激振。由于电动机的频率比车轮的固有频率高，因此，蓄能飞轮逐渐降速的扫频激振过程总可以扫到车轮固有振动频率处，从而使台面 – 汽车系统产生共振。通过检测激振后振动衰减过程中力或位移的振动曲线，求出频率和衰减特性，便可判断悬架装置的性能。共振式悬架试验台性能稳定，数据可靠，应用广泛。

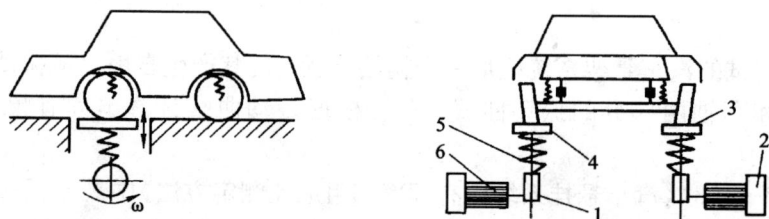

图 5 – 23　共振法悬架装置试验台检测原理示意图
1—凸轮；2—蓄能飞轮；3—测量装置；4—台面；5—激振弹簧；6—电动机

4. 试验数据处理

试验数据处理可在时域和频域内分别进行，具体处理时只要选择其一种即可。

（1）时间历程法

时间历程法又称时域处理。它是将记录仪器记录的车身及车轴下自由衰减振动曲线（图 5 – 24），与时标比较或在信号处理仪器下读出时间间隔值，即可得到车身部分振动周期 T 和车轮部分振动周期 T'。然后按下式算出各部分的固有频率。

$$f_0 = \frac{1}{T}, \quad f_t = \frac{1}{T'} \tag{5 – 68}$$

式中：f_0 为车身部分固有频率（Hz）；T 为车身部分振动周期（s）；f_t 为车轮部分固有频率

（Hz）；T' 为车轮部分振动周期（s）。

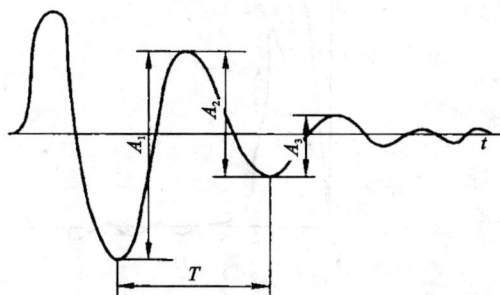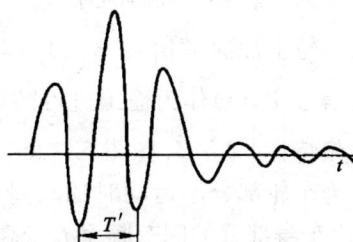

(a)车身部分（可选用截止频率5 Hz的低通滤波器）　　　(b)车轮部分（可选用截止频率20 Hz的低通滤波器）

图 5-24　车身与车轮的自由衰减振动曲线

利用试验获得的自由衰减振动曲线，计算车身部分振动的半周期衰减率 τ 为：

$$\tau = \frac{A_1}{A_2} \qquad (5-69)$$

式中：A_1 为自由衰减振动曲线上第 2 个峰至第 3 个峰的峰 – 峰值；A_2 为自由衰减振动曲线上第 3 个峰至第 4 个峰的峰 – 峰值。

然后求出阻尼比 ζ，即：

$$\zeta = \frac{1}{\sqrt{1+(\pi^2/\ln^2\tau)}} \qquad (5-70)$$

当阻尼比较小时，A_1 与 A_2 相比没有突然减小，可用整周期衰减率 τ' 求出阻尼比 ζ，即

$$\zeta = \frac{1}{\sqrt{1+(4\pi^2/\ln^2\tau')}} \qquad (5-71)$$

式中：整周期衰减率 $\tau' = A_1/A_3$，A_3 为自由衰减振动曲线上第 4 个峰至第 5 个峰的峰 – 峰值。

（2）频率分析法

用记录仪记录车身与车轮上自由衰减振动的加速度信号 $\ddot{Z}_2(t)$ 和 $\ddot{Z}_1(t)$，在信号处理机上进行频率分析，处理出车身与车轮部分的加速度均方根自谱，如图 5-25 所示。处理时选用截止频率 20 Hz 进行低通滤波，采样时间间隔 Δt 取 20 ms，频率分辨率 $\Delta f = 0.05$ Hz。

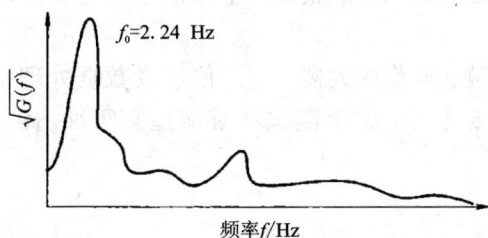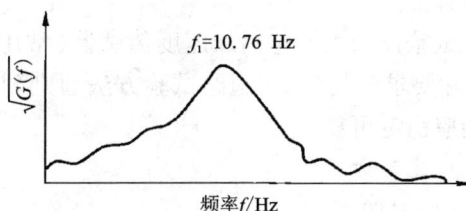

(a)车身部分　　　　　　　　　　　　　(b)车轮部分

图 5-25　加速度均方根自谱

车身部分加速度均方根自谱的峰值频率即为车身部分固有频率 f_0，车轮部分加速度均方根自谱的峰值频率为车轮部分固有频率 f_t。

以车轮上加速度信号 $\ddot{Z}_1(t)$ 作为输入，车身上加速度信号 $\ddot{Z}_2(t)$ 作为输出进行频率响应函数处理，得到幅频特性 $|\ddot{Z}_2/\ddot{Z}_1|$（图 5 – 26）。幅频特性的峰值频率为车轮部分不运动时的车身部分的固有频率 f_0'，它比车身部分的固有频率 f_0 略高一些。

由幅频特性的峰值 A_p 可以近似地求出悬架系统的阻尼比 ζ，即

$$\zeta = \frac{1}{2\sqrt{A_p^2 - 1}} \qquad (5-72)$$

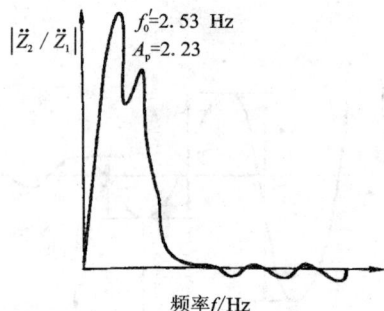

图 5 – 26　幅频特性曲线

5.5.2　平顺性随机输入行驶试验

1. 试验目的与待测变量

本项试验目的是基于平稳随机振动理论，通过测定道路不平度所引起的汽车的随机振动，分析其对乘员和货物的影响，以评价汽车的行驶平顺性。

本项试验待测变量主要是指定测点的振动加速度。试验车速作为监控量由车速仪监控。

2. 试验条件

试验道路为平直的沥青路面或水泥路面，路面等级可根据需要确定，纵坡坡度不大于 1%，路面干燥，不平度应均匀无突变。试验路面累计总长不应小于试验样本个数要求的最短路面长度，并且两端应有 30～50 m 的稳速段。试验时风速不大于 5 m/s。汽车技术状况符合该车设计技术条件的规定。汽车载荷为额定最大装载质量，根据需要可增做其他载荷工况的试验。此外，对人椅系统的载荷和人的坐姿有如下规定：

①测试部位的载荷应为身高 (1.70 ± 0.05) m、体重为 (65 ± 5) kg 的真人。

②非测试部位的载荷应符合 GB/T 12534—1990《汽车道路试验方法通则》中表 1 的有关规定，即本书中表 1 – 1 的规定。

③测试部位的乘员应全身放松，佩带安全带，双手自然地放在大腿上，其中驾驶人的双手自然地置于转向盘上，在试验过程中应保持坐姿不变。一般情况下，要求乘员应自然地靠在靠背上。

试验仪器主要包括加速度传感器（常用压电式）、电荷放大器、记录仪器及数据处理系统等，除要求满足《汽车道路试验方法通则》中相关要求外，整个测试系统应适宜于冲击测量，性能应稳定可靠。

3. 试验方法

（1）试验车速

针对特定车的设计原则确定试验用良好路面或一般路面。良好路面的试验车速为 40 km/h 至最高设计车速（不应超过试验路面要求的最高车速），每隔 10 km/h 或 20 km/h 选取一种车速作为试验车速。对于在一般路面上试验的 M 类车辆，其试验车速为 40 km/h、

50 km/h、60 km/h、70 km/h；N 类车辆的试验车速为 30 km/h、40 km/h、50 km/h、60 km/h。

（2）加速度传感器的安装位置

对于 M 类车辆，加速度传感器安装于驾驶人及同侧最后排座椅椅垫上方、座椅靠背、脚部地板上；对于 N 类车辆，加速度传感器安装于驾驶人座椅椅垫上方、座椅靠背、脚部地板、车厢地板中心以及与驾驶人同侧距车厢边板、车厢后板各 300 mm 处的车厢地板上。

座椅椅垫上方、座椅靠背、脚部地板上需测量 Z 轴向、Y 横向和 X 轴向三个方向的振动，车厢地板处的加速度传感器只需测量 Z 轴向振动。

脚部地板上的传感器布置在驾驶人或乘员两脚中间位置。安装在座椅椅垫上方、座椅靠背上的传感器应与人体紧密接触。椅垫上方传感器与座椅靠背上传感器的具体布置要求可参照 GB/T 4970—2009《汽车平顺性试验方法》。

测点的个数可根据需要适当增加。

（3）试验过程

试验时，汽车应在稳速段内稳住车速，然后以规定的车速匀速驶过试验路段。在进入试验路段时启动测试仪器以测量各测试部位的加速度时间历程。

样本记录长度应满足数据处理的最少数据量要求。

4. 试验数据采集与处理

分段数据采集过程中应采用抗混叠滤波器，如需要在数据处理过程中计算功率谱密度则必须采用窗函数。数据处理中涉及的采样时间间隔、频率分辨率和独立样本个数等需要在满足采样定理并考虑实际抗棍叠滤波器性能指标以及实际工程需要的基础上确定。

（1）试验数据采集

①截比频率 f_c。对于客车和轿车座椅以及各类车辆驾驶室座椅上的采样，$f_c = 100$ Hz；各类车辆（包括客车和轿车）车厢底板及车桥上的采样，$f_c = 500$ Hz；驾驶人手臂振动的测量，$f_c = 100$ Hz；晕车界限的测量，$f_c = 2$ Hz。

②采样时间间隔 Δt。在满足截止频率的基础上，根据数据采集过程中采用的抗混叠滤波器性能指标确定。

③频率分辨率 Δf。频率分辨率与计算机平滑方式有关，当采用整体平滑时，频率分辨率可表达为：

$$\Delta f = \frac{1}{\Delta t \cdot N} = \frac{f_s}{N} \tag{5-73}$$

式中：N 为单个子样的采样点数，一般为 1024 个；f_s 为采样频率（Hz）。

④独立样本个数。总体平滑独立样本个数的选取与要求的随机误差有关，例如，当要求误差低于 20% 时，样本个数取 25 即可满足要求。

⑤功率谱密度计算过程中采用 Hanning 窗函数。

（2）试验数据处理及评价

平顺性随机输入行驶试验在研究振动对人体舒适性感觉的影响时，用座椅椅垫上方、座椅靠背处和脚支撑面处综合总加权加速度均方根值评价。在研究货车车厢的振动时用加速度均方根值评价。

①单轴向加权加速度均方根值 a_w。单轴向加权加速度均方根值 a_w 可根据记录的该轴向加速度时间历程 $a(t)$ 或加速度自功率谱密度函数 $G_a(f)$ 两种方式计算。下式为根据加速度时

间历程计算的加权加速度均方根值 a_w：

$$a_w = \sqrt{\frac{1}{T}\int_0^T a_w^2(t)\,dt} \tag{5-74}$$

式中：$a_w(t)$ 为加速度时间历程 $a(t)$ 通过相应频率加权函数 $w(f)$ 的滤波网络得到的加权加速度时间历程（m/s^2）。T 为振动分析时间，一般取 120 s。

$$a_w(t) = \sqrt{\sum(W_j a_j)^2} \tag{5-75}$$

式中：W_j 为第 j 个 1/3 倍频带的频率加权函数，根据测点的位置和方向不同分别选取不同的函数；a_j 为中心频率为 f_j 的第 j 个 1/3 倍频带加速度均方根值（m/s^2）。a_j 可表示为：

$$a_j = \sqrt{\int_{f_{lj}}^{f_{uj}} G_a(f)\,df} \tag{5-76}$$

式中：f_{lj} 和 f_{uj} 分别是 1/3 倍频带中心频率为 f_j 的上、下限频率（Hz）；$G_a(f)$ 为加速度自功率谱密度函数（m^2/s^3）。

②三个方向总的加权加速度均方根值 a_{vi}。其计算公式为：

$$a_{vi} = \sqrt{(1.4a_{xw})^2 + (1.4a_{yw})^2 + (a_{zw})^2} \tag{5-77}$$

式中：a_{xw}、a_{yw} 和 a_{zw} 分别为表示 x 轴向、y 轴向和 z 轴向的加权加速度均方根值（m/s^2）。$i = 1$、2、3，分别代表座椅椅垫上方、座椅靠背和脚支撑面三个位置。

③综合加权加速度均方根值 a_v。其计算公式为：

$$a_v = \sqrt{\sum_{i=1}^{3} a_{vi}^2} \tag{5-78}$$

5.5.3 平顺性脉冲输入行驶试验

1. 试验目的与待测变量

汽车行驶时，偶尔会遇到凸块和凹坑，尽管遇到的概率并不大，但过大的冲击会严重影响汽车的行驶平顺性。脉冲输入行驶试验就是利用放置于地面的凸块，给行驶中的汽车一个振动输入，然后采用测试系统对汽车振动的输出信号进行测量、记录和数据处理。试验目的就是从汽车驶过单凸块时的冲击对乘员及货物的影响的角度评价汽车的平顺性。

本项试验待测变量主要是指定测点的振动加速度。试验车速作为监控量由车速仪监控。

2. 试验条件

试验道路为沥青路面或水泥路面，路面等级按 GB/T 7031—2005《机械振动道路路面谱测员数据报告》规定的 A 级路面。加速度传感器的量程不得小于 10 g。其他基本试验条件与随机输入行驶试验基本相同。

3. 试验方法

试验车速为 10 km/h、20 km/h、30 km/h、40 km/h、50 km/h、60 km/h。

加速度传感器的安装与随机输入行驶试验相同。

试验障碍物根据 GB/T 4970—2009 要求采用三角形的单凸块，如图 5 - 27 所示。根据试验

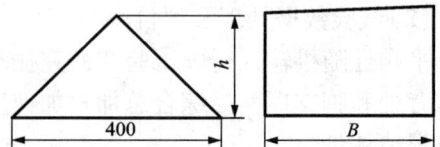

图 5 - 27　三角形凸块

条件不同,脉冲输入也可用其他高度的凸块或减速带。凸块高度 h 的选择与车型有关。轿车、旅行客车及总质量 ≤4 t 的货车,$h=60$ mm;客车(除旅行车外)、越野车及 4 t < 总质量 20 t 的货车,$h=80$ mm;总质量 >20 t 的货车,$h=120$ mm。凸块宽度 B 视车轮宽度而定,要求大于车轮宽度。

试验前,将凸块置于试验道路中间,并按汽车轮距调整好两凸块间的距离。为保证汽车左右车轮同时驶过凸块,应将两凸块放在与汽车行驶方向垂直的一条直线上。

试验时,汽车以规定的车速匀速驶过凸块。在汽车通过凸块前 50 m 应稳住车速。当汽车前轮接近凸块时开始记录,待汽车驶过凸块且冲击响应消失后停止记录。

每种车速的有效试验次数不少于 5 次。

4.试验数据处理及评价指标

(1)最大加速度响应 $\ddot{Z}_{max}$,其计算公式为:

$$\ddot{Z}_{max} = \frac{1}{n}\sum_{j=1}^{n}\ddot{Z}_{maxj} \tag{5-79}$$

式中:n 为脉冲试验有效试验次数,$n\geqslant 5$;$\ddot{Z}_{max}$ 为最大加速度响应(m/s^2);$\ddot{Z}_{maxj}$ 为第 j 次试验结果的最大加速度响应(m/s^2)。

(2)振动波形峰值系数及振动剂量值 VDV。振动波形峰值系数是加权加速度时间历程 $a_w(t)$ 的峰值(绝对值最大)与加权加速度均方根值 a_w 比值的绝对值。

振动剂量值 VDV(单位为 $m/s^{1.75}$)按下式计算:

$$VDV = \left[\int_0^T a_w^4(t)\mathrm{d}t\right]^{1/4} \tag{5-80}$$

式中:$a_w(t)$ 为加权加速度时间历程(m/s^2);T 为作用时间(从汽车前轮接触凸块到汽车驶过凸块,且冲击响应消失时间段)(s)。

(3)评价指标。当振动波形峰值系数小于 9 时,脉冲输入行驶试验用座椅椅垫上方、座椅靠背、乘员(或驾驶人)脚部地板和车厢地板最大加速度响应 $\ddot{Z}_{max}$ 与车速 v 的关系评价。

当振动波形峰值系数大于 9 时,用上述方法不能完全描述振动对人体的影响,需要采用振动剂量值来评价。

5.6　通过性试验

汽车的通过性是指汽车能以足够高的平均车速通过各种坏路和无路地带以及各种障碍的能力。根据地面影响汽车通过性的原因,它又分为支承通过性和几何通过性。支承通过性主要取决于地面的物理性质和汽车的牵引能力;几何通过性主要取决于汽车本身的结构参数和几何参数。同时,汽车的通过性还与汽车的其他性能,如动力性、平顺性、机动性、稳定性等密切相关。基于此,汽车通过性试验的内容主要包括汽车通过性几何参数的测量、汽车最大拖钩牵引力和行驶阻力试验、特殊路面通过性试验以及主要针对越野汽车进行的地形通过性试验。

最大拖钩牵引力试验在本章动力性能试验方面已有述及。汽车行驶阻力试验与最大拖钩牵引力试验基本相同,不同的是试验汽车不是自行行驶的,而是在其变速器置于空挡时,用另外一辆带绞盘的汽车以稳定速度拖动试验车辆前进,记录仪记录的拉力即为行驶阻力。

5.6.1 汽车通过性几何参数测量

汽车通过性几何参数包括最小离地间隙、纵向通过角、接近角、离去角、最小转弯直径、外摆值等。本节主要讨论最小转弯直径与外摆值的测量,其他几何参数的测量在本书第 4 章已有述及。

1. 基本定义

汽车最小转弯直径是指汽车转向盘转到极限位置,前转向轮处于最大转角状态下行驶时,汽车前轴上距离转向中心最远的车轮轮胎胎面中心在地面上形成的轨迹圆直径,亦即前外轮转弯最小直径 d_1,如图 5 – 28 所示。

汽车或汽车列车以直线行驶状态停在平整地面上,过车辆最外侧的点向地面作一与车辆纵向中心线平行的投影线。汽车或汽车列车起步,由直线行驶过渡到转弯通道圆外圆直径(按照车辆最外侧部位计算,后视镜、下视镜和天线除外,不计具有作业功能的专用装置的突出部分)为 25 m 的圆内行驶,直到车尾完全进入该圆,在此过程中车辆最外侧任何部位在地面上的投影形成一组外摆轨迹,这组轨迹与车辆静止时车辆外侧部位在地面形成的投影线的最大距离即为外摆值 T,如图 5 – 29 所示。

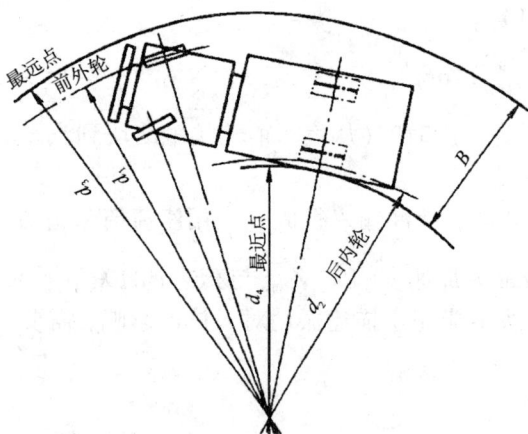

图 5 – 28 汽车最小转弯直径示意图

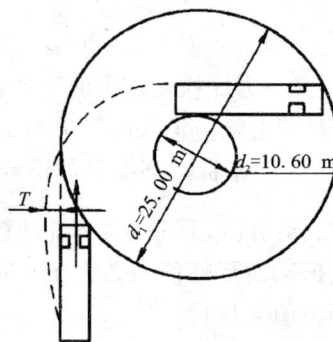

图 5 – 29 外摆值示意图

2. 试验条件

试验场地为平整的混凝土或沥青地面,其大小应能允许车辆作直径不小于 30 m 的圆周运动。试验车辆的轮胎、车轮定位参数和转向轮的最大转角应符合该车技术条件规定。汽车处于空载状态,只乘坐 1 名驾驶人,全轮着地。对最小转弯通道圆外圆直径接近 25 m 的车辆,应增加满载状态下的试验。测量所用钢卷尺量程不小于 30 m,精度不小于 0.1%。

3. 试验方法

(1)最小转弯直径测量

根据需要,选择车身上离转向中心最远点、最近点和车轮胎向中心上方安装行驶轨迹显示装置。

　　汽车处于最低前进挡并以较低的车速行驶，转向盘转到极限位置并保持不变，稳定后起动轨迹显示装置，车辆行驶一周，使各测点分别在地面上显示出封闭的运动轨迹，然后将车开出测量区域。

　　用钢卷尺测量各测点在地面上形成的轨迹圆直径。测量时应在相互垂直的两个方向测量，并向左向右移动，读取最大值；取两个方向的测量值的算术平均值作为试验结果。

　　汽车向左转和向右转各测量一次，记录试验结果。如果左、右转方向测得的试验结果之差在 0.1 m 以内，则取左、右转试验结果的平均值作为该车的最终结果，否则以左、右转方向测得的试验结果的较大值作为最终结果。

　　（2）外摆值测量

　　在平整地面上直径为 25 m 的圆周，在车辆尾部最外点和车体离转向中心最远点安装轨迹显示装置。汽车或汽车列车处于最低前进挡并以较低的车速进入该圆周内行驶，调整转向盘转角，起动车体离转向中心最远点轨迹显示装置，使轨迹落在该圆周上，记下这时的转向盘转角位置。

　　汽车或汽车列车以直线行驶状态停于平整地面上，沿车辆最外侧向地面作一条与车辆纵向中心线平行的投影线，转动转向盘到预定转角位置并保持，起动车辆尾部最外点轨迹显示装置，汽车或汽车列车起步前行，直至车辆尾部最外点轨迹与已作好的车辆最外侧投影线相交为止。测量车辆尾部最外点在地面上形成的轨迹与车辆静止时车辆外侧部位在地面形成的投影线的最大距离。

5.6.2　特殊路面通过性试验

　　特殊路面通过性试验目前尚没有规范化的评价指标，主要采用比较试验法，即根据试验车的特点，选用一辆车作比较车，让试验车与其进行比较。在一般情况下，比较车多选用现生产车或市场上有竞争能力的新车。

　　1. 沙地通过性试验

　　由于沙地土质松软，汽车在上面行驶的阻力大，附着系数小，车辆易滑转，从而引起车辆上、下振动和颠簸。因为沙地土质疏松程度对通过性和试验结果有较大影响，所以选择试验沙地非常重要。如果有专门的沙地试验场，可根据预估的汽车通过能力，将底层压实，上面铺 100～300 mm 的软沙，表面平坦，长度不小于 50 m，宽度不小于 10 m。如果没有专门的沙地试验场，可以找一个能满足试验要求的天然沙地作为试验沙地。

　　试验前在试验车辆驱动轮上安装车轮转速传感器，在驾驶室底板及车厢前、中、后的车辆纵向中线处安装加速度传感器。

　　试验时，试验车辆以直线前进方向停放在试验路段的起点，然后从最低挡位起分别挂能起步行驶的档位（包括倒挡），并且发动机分别以怠速转速、最大转矩转速和最大功率转速起步行驶，直至发动机熄火或驱动轮严重滑转车轮不能前进为止。测定从汽车起步到停车为止的行驶时间 t、行驶趴离 s、车轮转数 n 及车辆上下振动加速度随时间变化的曲线。

　　根据测得的试验数据，不难算出平均行驶速度为：

$$v = \frac{3.6s}{t}$$

（5-81）

式中：v 为平均行驶速度（km/h）；s 为行驶距离（m）；t 为行驶时间（s）。

试验车辆车轮滑转率为：

$$\eta = \frac{s_0 - s}{s_0} \times 100\% \tag{5-82}$$

式中：s_0 为理论行驶距离（m），$s_0 = 2\pi r_k n$，r_k 为驱动轮滚动半径（m），n 为驱动轮转数。

2. 泥泞地通过性试验

泥泞地通过性试验一般要求试验场地表面有 100 mm 厚的泥泞层，长度不小于 100 m，宽度不小于 7 m。试验场地选择好后，要抓紧时间连续进行试验，避免场地因长时间受日光暴晒，使水分蒸发，表面状况改变，从而影响试验结果的准确性。

试验时，在试验路段的两端做好标记，试验车辆以规定的发动机转速（一般为怠速）和变速器挡位（一般为 1 挡或 2 挡）驶入试验路段，从进入试验路段起点开始，驾驶人可根据经验以最理想的驾驶操作进行驾驶，直至驶出测量路段。

试验时，用秒表记录从测量路段始点至终点（或中间因车辆无法行驶而停车时）的行驶时间 t、行驶距离 s、车轮转数 n，并计算出平均车速和车轮滑转率。

进行该项试验时，可同时测定最大拖钩牵引力和行驶阻力。

3. 冰雪路通过性试验

该项试验用以考核汽车在冰雪路面上的行驶能力，为综合性试验，主要考核起步加速稳定性、减速稳定性、转向操纵性、直线行驶稳定性、制动效能及制动方向稳定性等性能。

试验所选雪地应宽阔，长度不小于 200 m，宽度不小于 20 m；其中至少要有长 30 m，宽度不少于 30 m 的一段平场地。试验前应根据试验目的和要求，对雪地进行压实、冻结和融化处理。

试验时，试验车辆停放在试验场地一端，起步后，换挡、加速（加速度为 2 m/s^2 左右）行驶至车速为 30～50 km/h（根据场地情况确定其速度），再在路面较宽处转向行驶，最后减速行驶（不踩下制动踏板）至车速为 10 km/h 左右时停车。试验反复进行数次，评价起步及加速稳定性、直线行驶稳定性、减速行驶稳定性及转向盘操纵性（是否按转向盘转角转向行驶或甩尾）。

测量初速度为 20 km/h 时的制动效能，记录制动距离、制动减速度以及甩尾、跑偏情况。对装配防滑装置的试验车辆，应在使用防滑装置和不使用防滑装置两种状态下分别进行试验。

4. 凹凸不平路通过性试验

凹凸不平路通过性试验应在汽车试验场可靠性道路上进行，当条件不具备时，也可选择公路或自然道路，但路面必须包括鱼鳞坑路、搓板路及扭转路等。

凹凸不平路通过性不仅和汽车的几何参数、动力性能及转向性能等有关，也与汽车的平顺性有关。因此，试验时以驾驶人能忍受的程度和保证安全的条件下，尽量以高速行驶，测定一定行驶距离的行驶时间，计算平均车速。

5.6.3　地形通过性试验

地形通过性是指汽车对某些特殊地形（如垂直障碍物、凸岭、水平壕沟、路沟等）的通过性能。一般情况下，只有越野车做该项试验。试验时，如果有条件最好用录像机摄下试验全过程,观察并记录在该过程中车辆运动状况、部件和地面有无碰撞、接触等干涉情况,以及通过后地面破坏情况,同时记录通过和不能通过的原因。

1. 通过垂直障碍物试验

如图 5 - 30 所示,选择三种不同高度的垂直障碍物,高度 $h = (2/3 \sim 4/3) r_k$(r_k 为车轮滚动半径),宽度不小于 4 m,长度 L 不小于被试车辆的轴距。试验也可按各试验场的固定设施进行。

试验时,试验车辆全轮驱动,变速器和分动器都置于低速挡。当前轮靠近障碍物时,将加速踏板踩到底,爬越障碍物时不得猛冲,以免损坏传动系部件。试验要从最低障碍物开始爬越,然后根据通过情况,改变障碍物高度,直至试验车辆不能爬越为止,并将不能爬越的前一次所测值定为爬越的最大高度。

2. 通过水平壕沟试验

如图 5 - 31 所示,选择水平壕沟不同宽度 $B = (1 \sim 4/3) r_k$,一般取三个不同宽度,长度不小于 3 m,深度比稍 r_k 大,沟的前、后均为平整地面。该试验也可按各试验场的固定设施进行。

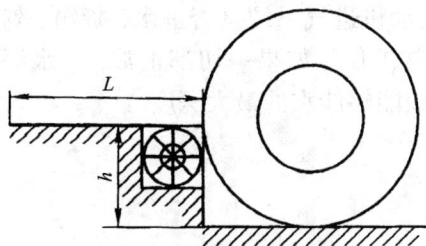

图 5 - 30　垂直障碍物示意图

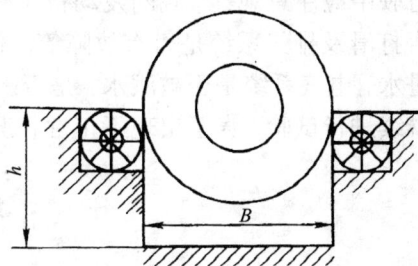

图 5 - 31　水平壕沟示意图

试验时,试验车辆全轮驱动,变速器和分动器都置于低速挡,先选择最窄的壕沟,低速通过壕沟,然后根据通过情况,逐次加宽壕沟,直至车辆不能通过为止,并将车辆不能通过的前一次所测量定为能通过的壕沟的最大宽度。

3. 通过凸岭能力试验

如图 5 - 32 所示,选择凸岭尺寸 L 为 6 m,h 分别为 0.6 m、1.3 m、2.0 m。试验时,试验车辆全轮驱动,变速器和分动器置于低速挡,从坡度小的凸岭开始,低速驶过凸岭,然后根据通过情况,改变凸岭坡度,直至试验车辆不能通过为止,将试验车辆不能通过的前一次所测位定为能通过的最大坡度。

4. 通过路沟试验

如图 5 - 33 所示,选择路沟的深度为:$H_1 = 0.30$ m、0.50 m、0.75 m;$H_2 = 1.0$ m、1.5 m、2.0 m。

试验时,试验车辆全轮驱动,变速器和分动器都置于低速挡,低速通过路沟,由浅至深直至不能通过为止,通过时从与路沟成 45° 和 90° 的两个方向进行,测定通过路沟的最大深度。

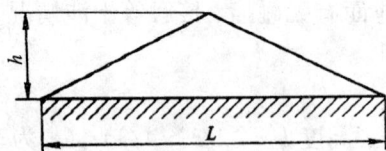

图 5-32 凸岭示意图

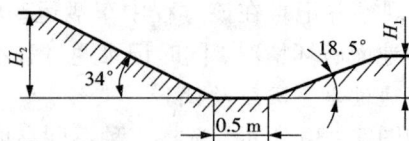

图 5-33 路沟示意图

5. 涉水性能试验

该项试验主要是考核汽车的涉水能力。试验最好在专用的涉水槽进行，其水深可以调整。对于中大型载货汽车，水深为 300～400 mm，水槽长度不小于 30 m，宽度不小于 4 m。如果没有专用的涉水槽路，也可选择一般的自然河道，但应注意，河道必须为硬底，以免车轮陷住。试验前要测量水深并标记好车辆行驶路线。

试验时，变速器用 1 挡或 2 挡，以 5～10 km/h 的车速驶入水中，至水中央时停车熄火。5 min 后重新起动发动机，考核发动机是否可以起动，起动后是否工作正常。如果工作正常，继续行驶至出水，然后再反方向进行一次。

行驶中应注意观察、判断发动机工作是否正常，有无异响，动力性是否下降，风扇传动带是否打滑及排气系统是否有故障等。停车后检查发动机进气系统是否进水，货箱、驾驶室是否进水，电气系统是否被溅水，是否影响发动机正常工作。如果一切都正常，涉水深度加深后继续进行试验，直至出现不正常状况为止，以考核能够涉水的最大深度。

复习思考题

5-1　简述汽车滑行阻力系数的测定方法。

5-2　简述汽车加速性能试验的试验方法。

5-3　如何应用负荷拖车进行牵引性能试验和拖钩最大牵引力试验？

5-4　简述汽车燃料消耗量的测量方法。

5-5　简述轻型汽车燃料经济性的试验项目和试验方法。

5-6　简述装有防抱死制动系统(ABS)的汽车附着系数利用率的测定方法。

5-7　简述滚筒式制动试验台的组成和工作原理。

5-8　简述平板式制动试验台的组成和工作原理。

5-9　汽车操纵稳定性主要道路试验项目有哪几项？主要用到哪些仪器设备？

5-10　简述稳态回转试验的两种试验方法。

5-11　简述转向回正性能试验的评价指标。

5-12　简述转向轻便性试验的试验方法。

5-13　简述蛇行试验的试验目的、待测变量和试验方法。

5-14　简述使汽车悬架系统产生自由振动的四种方法。

5-15　汽车平顺性随机输入行驶试验的评价指标是什么？

5-16　汽车通过性试验通常包括哪些试验项目？

5-17　何为汽车的最小转弯直径？简述其测量方法。

5-18　何为汽车的外摆值？简述其测量方法。

第 6 章 汽车可靠性试验

内容概要： 本章主要介绍汽车可靠性试验的目的和分类、汽车可靠性试验故障类型、常规可靠性试验的试验方法及数据处理、快速可靠性试验的基本原则和常用试验方法。

6.1 概述

6.1.1 可靠性试验的定义和目的

汽车可靠性是汽车最基本、最重要的性能之一，直接影响到汽车整车技术水平。它与设计水平、全面质量管理、原材料和协作件质量的控制等密切相关。汽车可靠性行驶试验是一项必不可少的重要试验。

世界公认的产品可靠性定义为：在规定的条件下，在规定的时间内，产品完成规定功能的能力。汽车在使用过程中承受多种负荷，评价车辆各个单元在这些负荷作用下，在规定时间内是否完成目标功能的过程，称为汽车可靠性试验。

汽车可靠性与汽车零部件的失效、使用寿命、安全性、维修性等密切相关。以往汽车行业常将汽车及零部件能够行驶一定里程而不发生失效作为其评价指标，但汽车及零部件的失效寿命是个随机变量，一般用概率来描述。目前，很多汽车零部件的使用寿命为 16 万 km，这个设计寿命就是所谓的 B_{10} 寿命，它要求汽车零部件使用达到此寿命时发生失效的概率为 10% 或可靠度为 90%，也就是说，在一大批汽车零部件中，达到设计寿命时，要求有 90% 的产品还能正常工作。

汽车可靠性试验的目的主要是对汽车产品进行可靠性预测和可靠性验证，另外也用于发现汽车产品质量中存在的问题，以便及时采取措施进行改进。在汽车产品设计、制造和试用的各个阶段可能都需要进行可靠性试验。

可靠性试验数据可由室内台架试验或整车可靠性行驶试验获得。室内台架试验可以严格控制试件载荷的加载情况，数据准确，重复性好，适合产品设计过程中及时发现设计缺陷。整车可靠性行驶试验条件更接近产品的实际使用情况，一般用于整车设计完成后的车辆定型试验，但受试验条件所限，试验样车数量不能太大。本章重点介绍整车道路可靠性试验。

6.1.2 汽车可靠性试验分类

按试验方法可分为常规可靠性试验、快速可靠性试验、特殊环境可靠性试验和极限条件可靠性试验四种。

1. 常规可靠性试验

常规可靠性试验是在公路或一般道路上，使汽车以类似或接近汽车实际使用条件进行的试验。该试验是最基本的可靠性试验，试验周期较长，但试验结果最接近实际状况。

2. 快速可靠性试验

快速可靠性试验是将对汽车寿命产生影响的主要条件集中实施（载荷浓缩），使其在尽可能短的时间内获得相当于常规试验长时期内得到的试验结果，即在专门的汽车强化试验道路上进行的具有一定快速系数的可靠性试验。这类试验通常在试验场进行。

3. 特殊环境可靠性试验

特殊环境可靠性试验是评定汽车在严寒、高温、低气压、盐雾等特殊环境下性能及某些功能的稳定性而进行的试验。表 6-1 列出了特殊气候地区的主要环境因素及主要的可靠性问题。

表 6-1　特殊气候地区的主要环境因素及主要的可靠性问题

地区	主要环境因素	主要可靠性问题
严寒地区	低温 冰雪	冷起动、制动性 冷却液、润滑液、燃油的冻结 非金属零件的硬化失效、采暖除霜装置的性能、特殊维修性问题
高原地区	低气压 低温 长坡 辐射	冷却液沸腾、供油系气阻 动力性下降 起动性能恶化 人的体力下降，增加维修困难
湿热地区	高温 高湿度 高辐射（阳光） 雨水 盐雾 霉菌	冷却液沸腾 供油系气阻 金属零件的腐蚀 非金属零件的老化、变质、发霉 电器元件的故障

注：特殊环境试验一般在实际环境下进行，也可以在气候实验室进行。

4. 极限条件可靠性试验

极限条件可靠性试验是指对汽车在实际使用条件下施加可能遇到的少量极限载荷时所进行的试验，如发动机超速运行、冲击沙坑等试验。它主要针对车身及其附件进行，是对寿命试验的一种补充，不考核产品与时间因素有关的可靠性指标，而是观察汽车在较短时间内承受极限应力的能力。表 6-2 列举了一些极限试验的例子。

表 6 - 2　极限条件可靠性试验举例

试验项目	试验目的	说明
沙地脱出试验	判断传动系的强度	后轮置于沙槽，前进、后退使汽车冲出
泥泞路试验	判断驾驶室、车架的锈蚀及橡胶件的损坏	在深 300 mm、长 50 m 的泥水槽中行驶
急起步试验	判断传动系及悬架、车架的强度	在平路及坡路上，拖带挂车，由发动机最大转矩转速急起步，反复操作
急制动试验	判断制动器、前后轴转向系的强度	在路面摩擦系数高的混凝土路面上直行及转弯时，以最大强度急制动
垂直冲击试验	判断悬架、车身的强度	汽车以较高速度驶过单个长坡或连续长坡
急转向试验	考核转向机构的强度	以可能的速度、最大的转向角进行前进、后退，反复行驶操作
空转试验	考核传动系的振动负荷	原地将驱动桥支起，以额定转速的 110%～115% 连续运转，传动轴有一定的不平衡量

6.1.3　汽车可靠性试验故障类型

产品在规定的条件下和规定的时间内，丧失规定功能的事件称为故障(也称失效)。对于已经发生但尚未被发现的，或者是维修、拆检过程中发现的故障称为潜在故障。

汽车出现的故障模式多种多样，而各种故障对汽车的危害程度又有很大差别，因而对汽车故障进行定量评价时，应首先进行故障危害度的分析，并按其对整车的危害程度进行分类。而故障的危害度主要从其对人身安全的危害、对完成功能的影响及造成经济损失等方面进行衡量。

我国《汽车产品质量检验评定办法》中对故障的分类是按其造成整车致命损伤(人身重大伤亡及汽车严重损坏)的可能(概率)进行总体分类的。致命损伤概率接近 1 的故障称为致命故障，接近 0.5 的故障称为严重故障，接近 0.1 的故障称为一般故障，接近 0 的故障称为轻微故障或安全故障. 具体故障分类见表 6 - 3。

表 6 - 3　汽车可靠性试验故障分类

故障类别		分类原则
1	致命故障	危及行驶安全，导致人身伤亡，引起主要总成报废，造成重大经济损失，或对周围环境造成严重危害
2	严重故障	影响行驶安全，导致主要总成、零部件损坏或性能显著下降，且不能用随车工具和易损备件在短时间(约 30 min)内修复
3	一般故障	造成停车行驶或性能下降，但一般不会导致主要总成、零部件损坏，并可用随车工具和易损备件或价值很低的零件在短时间(约 30 min)内修复
4	轻微故障	一般不会导致行驶或性能下降，不需更换零件，用随车工具在短时间(约 5 min)内能轻易排除

6.2 常规可靠性试验

6.2.1 试验准备

汽车可靠性行驶试验周期长(通常行驶 10000～30000 km),试验项目多,试验中突发事件随时可能发生,并且具有一定危险性。因此,要求试验准备要充分,保障要及时有力。

1. 试验道路选择

可靠性行驶试验是使车辆在各种路面上行驶,以全面考查其性能。试验用的各种道路及在每种路面上行驶的里程数因车型不同,其要求有所不同。表 6-4 为微型货车常规可靠性试验行驶规范。

表 6-4 微型货车常规可靠性试验行驶规范

序号	道路类别	行驶里程/km	占用比例/%	要求
1	高速公路	11000	50	应高于 85% 最高车速行驶,行驶时间不小于 1 h
2	山区道路	6600	30	配置 4 挡变速器的汽车,应以 2 挡行驶 660 km
3	平原公路	4400	20	平均速度 60 km/h 以上
	总计	22000	100	

快速可靠性试验道路主要指汽车试验场设有的固定路形,通常有石块路、卵石路、鱼鳞坑路、搓板路、扭曲路、凸块路、沙槽、水池、盐水池以及高速环道、沙土路和坡道等。

2. 试验车辆准备

汽车可靠性试验都在性能试验之后进行,而试验汽车的技术状况及装配、调整检查都在性能试验之前进行。因此,完成从本性能试验的汽车,无需进行任何检查而直接进行可靠性试验。对于仅进行可靠性行驶试验的汽车,应对其进行如下准备:

①接到试验样车后,记录试验样车的制造厂名称、牌号、型号、发动机型号、底盘主要总成型号及出厂日期,并为试验车编排试验序号。

②检查试验样车各总成、零部件、附件、附属装置及随车工具的装备完整性,紧固件的紧固程度、各总成润滑油(脂)及各润滑部位的润滑状况及密封状况,并使其符合 GB 7258—2012《机动车运行安全技术条件》的有关规定。

③检查蓄电池电压、点火提前角、风扇传动带张力、发动机气缸压力、喷油泵齿条最大行程、发动机怠速转速、制动踏板与离合器踏板的自由行程、转向盘自由转角、轮毂轴承松紧程度、转向轮最大转角、轮胎气压,以及制动鼓(盘)与摩擦衬片(块)的间隙等装配调整状况,使其符合该车技术条件及 GB 7258—2012《机动车运行安全技术条件》的有关规定。

3. 试验仪器设备

在汽车可靠性行驶试验中,除了进行基本性能试验所需仪器外,还需要行驶工况记录仪、排挡分析仪、燃油流量计、平导体温度计、发动机转速表、坡度计、路面计、气象仪、秒表、精密测量量具、照相机等，以及特殊试验要求所选定的专用仪器及设备。

除进行以上准备外，还应准备好各种汽车备件、维修用的工具及人员的救护工作等。

6.2.2　试验方法

汽车可靠性行驶试验根据车型及用途不同，试验方法和要求也不相同。常规可靠性行驶试验按国家标准 GB/T 12678—1990《汽车可靠性行驶试验方法》执行；试验场内快速可靠性试验按各试验场标准要求执行。

1. 可靠性行驶试验中的驾驶操作

试验前先按相关规定对汽车进行磨合行驶。试验时，在确保安全的前提下，尽可能以高速行驶，同时避开不符合要求的异常路况，以免使试验车辆受非正常冲击挤压，造成零部件非正常损坏；试验中要正确地选择挡位，不能空挡滑行；在 100 km 里程内至少应有 2 次原地起步连续换挡加速，1 次倒挡行车 200 km，至少制动 2 次；下坡行驶采用行车制动和发动机排气制动，不许发动机熄火；在城市道路行驶时，每 1 km 要制动 1 次；在山区道路行驶时，每 100 km 至少进行 1 次起步停车，夜间行驶里程不得少于总行驶里程的 10%。

2. 试验中的故障判断与处理

汽车出现故障时一般凭感官判断，对于不能凭感官判断的故障需借助仪器测试判断。发现故障的途径主要有：接车检查；停车检查，即每行驶 100 km 左右停车检查一次，主要检查各部位的松脱、渗漏、损坏等；行驶中检查，即汽车行驶过程中由试验员和驾驶人注意汽车工作状况发现故障；收车后检查，即每班试验结束后，除按停车检查内容检查外，还应检查刮水器、外部照明、制动系统、发动机机油、冷却水等；定期保养检查，即在保养作业中，除按规定逐项保养外，还要注意检查有无异常现象，如零部件的磨损、裂纹、变形等；性能测试与汽车拆检。

发现故障时，应立即查明原因并维修；如果发生的故障不影响正常行驶及车辆基本性能，并且不会诱发其他故障，可以继续行驶，直到需要维修时再停车维修，故障的级别和里程按最严重时计。试验中，对故障发生次数、种类、时间、维修情况等进行如实记录。

3. 试验中的汽车维修

（1）预防维修。预防维修是指为预防发生故障而安排的强制性维护和修理，包括对各总成、零部件进行紧固、调整、润滑、清洗及更换易损件等。预防维修时间是指从试验准备工作开始至全部准备工作结束所用的时间。保养人数定额为每车 2 人，不足或超过定额人数时，可将维修时间折算为标准人时数。预防维修费用包括使用的材料、设备及工时的费用。在进行预防维修时，如果发现非预防维修项目出现故障，即认定为试验车辆可靠性行驶试验中发生的故障，其判断与维修记录按正常程序进行。

（2）故障后维修。故障后维修是指故障发生后进行的维修，维修范围仅限于与故障有直接关系的部位。维修方式应根据具体情况，采取最快、最经济的维修方法，其中包括更换零部件，但所更换的零部件应是与原装件同一批生产的合格品，或是经设计师确认的改进后的合格品。维修时间包括排除故障所需全部时间，即故障诊断时间、维修准备时间、实际修理时间、调试及清理修理场地时间。如果需要重新修理，重新修理时的各项时间应另计。维修费用包括维修时使用的材料、设备及工时的费用。

试验中要进行故障维修记录，包括总成名称、故障里程、故障现象描述、故障原因分析、故障后果、处理措施、故障停车时间、维修用时、费用等。

4.试验中汽车性能测试

除特殊要求外，在可靠性行驶试验初期和结束后各进行一次发动机外特性测试及汽车性能测试，以确定试验汽车经过规定里程的可靠性行驶试验后性能指标是否达到设计的要求或国家规定的限位，以及其性能的稳定程度。

测试内容(可按试验类别，根据试验规程的规定有所增减)通常包括：动力性(最高车速、最低稳定车速及加速性能)、燃料经济性(等速行驶燃料消耗量、多工况燃料消耗量及限定条件下的行驶燃料消耗量)、制动性(制动距离、制动减速度、制动稳定性及驻车制动)、噪声、排放物浓度、操纵稳定性、平顺性及车身密封性等。

上述性能的测试方法按相应的国家标准及专业标准执行。性能测试前，除规定的调整项目外，对试验车辆不得进行其他维修与调整。

5.试验结束后汽车的拆检

(1)拆检。试验汽车可靠性行驶试验项目全部结束后，需要解体汽车进行检查，按预定的内容边拆检、边记录(或摄影)，同时应按相应试验规程的规定对主要总成(包括发动机、离合器、变速器、转向器和驱动桥等)进行部分或全部拆检。对拆检发现的问题，应及时分析、判明原因，并记录拆检的详细情况。检测方法一般为感官评价，也可根据实际需要进行有关测量。

(2)确定主要零件磨损程度。可靠性行驶试验前后，要对试验汽车的主要零部件进行精密测量。测量精度由零件的制造精度确定，对于用磨、拉、铰加工的零件，测量精度为 0.002 ~ 0.005 mm；对于高精度零件及为了保证较高配合精度而分组选配的零件，其外径测量精度为 0.002 mm、内径测量精度为 0.001 mm。精密测量中，对同一零件几次测量的量具精度、测量条件、方法及部位等应完全一致。对于高精度零件，两次测量时的室温应接近，并尽可能接近 20℃。

另外，拆检中发现的潜在故障，不计入故障指标统计。检验时间不计入维修时间。

6.2.3 试验数据的处理

1.行驶工况统计

汽车可靠性试验中，每日每班填写行车记录卡，试验员依据试验驾驶人填写的行车记录卡定期统计有关试验参数，包括实际行驶里程、平均技术车速、变速器各挡位使用次数及里程或时间的百分率、制动次数和时间等。上述项目可依据试验要求进行相应增减。

2.故障统计

试验中定期将行车记录卡上填写的故障按单车发现故障的里程顺序统计于故障统计表中，故障种类栏目中应填写"本质故障"或"误用故障"。"本质故障"为试验汽车正常试验状态下产生的，是试验车辆本身潜在的、非人为的故障；"误用故障"为试验汽车在可靠性试验中，使用、维护、维修等未按规定执行而出现的故障，属于人为故障。

故障统计中，只考虑"本质故障"，"误用故障"不计入故障数。同一里程中不同零件发生故障时应分别统计，分别计入故障频次；同一零件、同一里程出现不同模式故障时也分别统计，分别计入故障频次；如果同一零件发生几处模式相同的故障，则只统计一次；故障类别按最严重的统计。

3. 汽车可靠性评价指标

（1）平均首次故障里程（$MTTFF$）。平均首次故障里程即汽车出厂后无需维修而能够持续工作的平均里程，其数值计算如下：

$$MTTFF = s'/n' \qquad (6-1)$$

$$s' = \sum_{j=1}^{n'} s'_j + (n - n') s_e \qquad (6-2)$$

式中：s' 为无故障行驶的总里程（km）；n' 为发生首次故障的车辆数（辆）；s'_j 为第 j 辆汽车首次故障（只计 1、2、3 类故障）里程（km）；n 试验车辆数（辆）；s_e 为定时截尾里程数（km）。

（2）平均故障间隔里程（$MTBF$）。按指数分布计算如下：

$$MTBF = s/\gamma \qquad (6-3)$$

式中：s 为总试验里程（km）；γ 为总试验里程 s 中发生的 1、2、3 类故障总数。

$$s = \sum_{i=1}^{k} s_i + (n - k) s_e \qquad (6-4)$$

式中：k 为终止试验车辆数（辆）；s_i 为第 i 辆汽车终止试验里程（km）。

平均故障间隔里程置信下限值（$MTBF$）$_L$ 为：

$$(MTBF)_L = \frac{2s}{\chi^2[2(\gamma+1), \alpha]} \qquad (6-5)$$

式中：$\chi^2[2(\gamma+1), \alpha]$ 为自由度为 $2(\gamma+1)$、置信水平为 α 的 χ^2 的分布值，推荐值为 0.1 或 0.3。

平均故障间隔里程置信下限值也可通过查阅相关列表，查出系数 δ，然后按下式计算：

$$(MTBF)_L = \delta MTBF \qquad (6-6)$$

（3）当量故障数 γ_D。其计算公式为：

$$\gamma_D = \sum_{i=1}^{3} \varepsilon_i \gamma_i \qquad (6-7)$$

式中：γ_D 为当量故障数；ε_i 为第 i 类故障系数，其值为 $\varepsilon_1 = 100$，$\varepsilon_2 = 10$，$\varepsilon_3 = 0.2$；γ_i 为第 i 类故障数。

（4）当量故障率 λ_D。其计算公式为：

$$\lambda_D = 1000 \frac{1}{s} \sum_{j=1}^{n} \gamma_{Dj} \qquad (6-8)$$

式中：λ_D 为当量故障率（次/1000 km）；γ_{Dj} 为第 j 辆汽车当量故障数。

（5）千公里维修时间 TM_m。其计算公式为：

$$TM_m = 1000 \frac{TR_m + TP_m}{s} \qquad (6-9)$$

式中：TM_m 为千公里维修时间（h）；TR_m 为总试验里程 s 内发生故障后维修时间总和（h）；TP_m 为总试验里程 s 内预防维修时间总和（h）。

（6）千公里维修费用 MC。其计算公式为：

$$MC = 1000C/s \qquad (6-10)$$

式中：MC 为千公里维修费用（元）；C 为总试验里程 s 内维修费用（元）。

（7）有效度 A。有效度 A 是指产品在规定的使用与维修条件下，任意时刻维持其规定功能的概率。作为可维修系统的试验汽车，通常使用有效度对其进行最终的综合评价，其计算式为：

$$A = s/(s + s_D) \qquad (6-11)$$

$$s_D = (v_a \cdot TM_m s)/1000 \qquad (6-12)$$

式中：A 为有效度(%)；s_D 为维修停驶里程(km)；v_a 为试验汽车平均技术速度(km/h)。

对于快速可靠性试验，必要时可以对上述评价指标的计算方法进行修正。

4. 威布尔分布的应用

对受高变载荷的汽车零件，因载荷不断变化，其疲劳寿命可相差几倍甚至十几倍，因此汽车零件的疲劳寿命是一个随机变量，一般服从对数正态分布和威布尔分布，特别是疲劳寿命的估计，以威布尔分布最为适用，因此威布尔分布在研究汽车零件疲劳方面获得了广泛应用。

(1)威布尔分布的兼容性

对于不可维修产品，威布尔分布函数是应用最为广泛的可靠度函数，因为它具有很好的兼容性。在实际工程问题中，可靠度函数 $R(t)$，累计故障概率 $F(t)$ 以及概率密度函数 $f(t)$ 可以简化为：

$$R(t) = \exp\left(-\frac{t^m}{t_0}\right) \qquad (6-13)$$

$$F(t) = 1 - \exp\left(-\frac{t^m}{t_0}\right) \qquad (6-14)$$

$$f(t) = \frac{mt^{m-1}}{t_0}\exp\left(\frac{t^m}{t_0}\right) \qquad (6-15)$$

式中：t_0 为定时截尾时间；m 为形状参数，表征寿命分布的性质。

在汽车零部件可靠性的试验处理中，除非确知属于某种分布，一般都采用威布尔分布，并常用以下几个寿命值来评价产品的可靠性。

①B_{10} 寿命。B_{10} 寿命是指累积故障概率 $F(t) = 10\%$ 时的寿命。

②特征寿命。特征寿命是指可靠度为 36.8% 时的寿命。

③中位寿命。中位寿命是指可靠度为 50% 时的寿命，也称 B_{50} 寿命。

(2)威布尔分布的应用

①零部件可靠性评价。用威布尔分布来评价汽车零部件的可靠性，目前已得到广泛应用。如可靠度为 90% 的寿命值，即 B_{10} 寿命，是最通用的评价指标，有时还采用 B_{50} 寿命。此外，额定寿命水平的可靠度也十分有用。

②整车首次故障里程统计。汽车、发动机等复杂系统的首次故障里程或时间也可用威布尔分布进行统计分析。

③可靠性改进效果的评价。将改进前后的两组试验数据画在同一张威布尔概率纸上，能很明显地看出改进的效果，改进后的数据都在原设计数据拟合线的右侧。

④确定快速试验的快速系数。对于某车型，同批后钢板弹簧在海南试验场进行快速可靠性试验与在其他地区某用户实际使用的失效数据进行分析，若用两组数据的 B_{10} 寿命比较(图 6-1)，可计算出试验场和用户之间的快速系数 K，即

$$K = \frac{使用条件下的 B_{10} 寿命}{快速试验下的 B_{10} 寿命} = \frac{28 \times 10^3 \text{ km}}{6.5 \times 10^3 \text{ km}} = 4.3$$

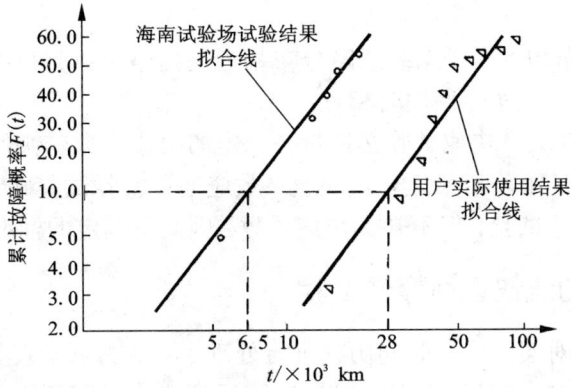

图 6-1　后钢板弹簧试验寿命数据的威布尔分布

6.3　快速可靠性试验

6.3.1　分类与基本原则

由于汽车及其零部件的使用寿命很长,用常规的试验条件进行可靠性试验要耗费很多资金与时间,对产品的改造、新产品的开发与产品质量检验带来很大问题。因此,在汽车可靠性试验中大量采用了快速试验方法。

1. 快速可靠性试验分类

(1)按试验场所分类

①室外决速试验室。室外快速试验主要在试验场上进行。

②室内快速试验室。室内快速试验主要利用各种零部件的寿命试验装置、快速环境试验装置进行。

(2)按试验原理分类

①增大应力法。这里的应力是泛指的,其包括应力、温度、湿度、压力、振动等,如在人工老化装置中,提高平均温度、湿度,增强日光照射,以加速材料与零件的老化;在疲劳试验台上,对零部件施加大于实际使用的载荷进行快速寿命试验等。

②浓缩应力法。不真增大零部件的载荷,尽可能保持实际使用中的载荷状况,将对寿命影响小或无影响的实际载荷直接删除,可保持故障模式的一致性,现已越来越多地被试验场试验所采用。

③增加试验数目或分组最小值法。在保证相同的置信度的情况下,采用增加试样数目或分组最小值法,可以有效地缩短试验时间。

④贝叶斯法。利用试验数据来减少试验的次数与时间。

2. 快速可靠性试验基本原则

(1)故障模式一致性。故障模式一致性是指快速试验下发生的故障模式必须与实际使用状况一致,包括故障发生的部位。故障模式一致,威布尔分布的形状参数相等,说明故障机理相同。

(2)子系统故障分布相近。子系统故障分布相近是指整车或整机在快速可靠性试验条件下各子系统故障率的分布与实际使用时相近。

(3)必须确定快速系数。快速试验必须具备一定的快速系数。快速系数是实际使用中的平均寿命与快速试验中的平均寿命之比。快速系数应通过实际试验确定。我国目前多数零部件台架寿命试验属于快速试验,但不知其快速系数,因此所制定的标准缺乏根据。

6.3.2 浓缩应力法快速可靠性试验

浓缩应力法就是先对实际应力时间历程进行处理,将应力低于疲劳极限的历程删除,即得到快速系数 $K = t_s / t$ 的应力时间历程。根据浓缩后的应力时间历程进行可靠性试验,便可实现快速试验。这是种接近实际的随机模拟,可以在试验场、道路模拟机和随机控制的零部件试验台上实现。

除了随机模拟加载外,还可以采取阶梯加载或恒定加载方法,后者仍然是目前最普遍采用的台架试验加载方式。

对于一个应力时间历程,可以通过统计方法整理出应力频度直方图,如图 6 - 2 所示。

对于每一应力水平 S_i,出现的次数为 N_i,同时,可以从零件的 $S - N$ 曲线(图 6 - 3)查出相应于每一个 S_i 的疲劳损坏的循环次数 N_i。根据迈因纳(Miner)法则,累积疲劳损伤程度为 $\sum n_i / N_i$,当它等于 1 时,零件将发生疲劳损坏。小于疲劳极限 S_{-1} 的应力被认为对疲劳寿命无影响,可不计算。

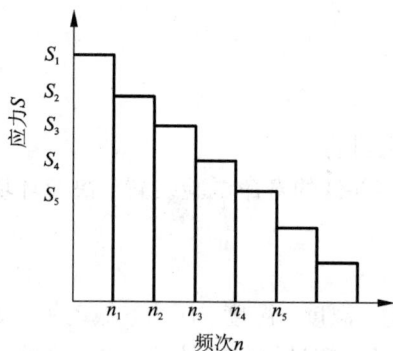

图 6 - 2 应力频度直方图

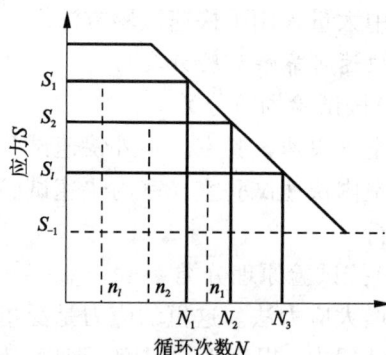

图 6 - 3 零件的 S - N 曲线

应用迈因纳法则,可以进行疲劳寿命估算,编制阶梯加载试验规范,估计快速试验系数。

根据载荷统计所编制的试验场快速可靠性试验或台架快速可靠性试验规范是否合适,仍然要经过实物试验验证。如果符合快速可靠性试验原则,即说明规范正确;否则,还要进行调整。

在确定了试验规范之后,利用同一批汽车或零部件的快速试验数据与用户调整数据进行统计对比,求出实际的快速系数。

整车的快速系数为：

$$k = \frac{MTBF(用户)}{MTBF(试验场)} \qquad (6-16)$$

零部件的快速系数为：

$$k = \frac{B_{10}寿命(用户)}{B_{10}寿命(试验场或台架)} \qquad (6-17)$$

6.3.3　增加样品数量法快速可靠性试验

这是利用失效数据统计性质来达到快速试验的一种方法。进行零部件试验，一般需要一定的故障数据个数 r，以便绘制分布曲线。由于故障数据随机分布的性质，用 $n > r$ 个样品进行试验，出现 r 个失效的时间，势必短于用 $n = r$ 个样品进行试验出现 r 个失效的时间。如果同时进行试验的台架数量充足，可以采用这种办法缩短试验周期，也可以采用失效后替换样品继续试验的方法。

复习思考题

6-1　简述汽车可靠性试验的定义和目的。

6-2　简述汽车可靠性试验按试验方法分类的类型。

6-3　简述汽车常规可靠性试验的评价指标。

6-4　简述汽车快速可靠性试验的基本原则。

6-5　简述汽车快速可靠性试验的类型。

第7章 整车碰撞安全性试验

内容概要：本章主要介绍汽车碰撞伤害基准、碰撞试验假人技术、碰撞试验相关设备、正面碰撞试验、侧面碰撞试验、追尾碰撞试验、C-NCAP碰撞试验及碰撞试验测量系统。

7.1 概述

汽车安全技术分发生事故之前的预防安全技术和事故发生之后减轻伤害程度的碰撞安全技术。碰撞安全技术属于汽车被动安全范畴，它研究如何在事故中最大可能地避免或减轻对车内乘员造成的伤害，以确保乘员生存空间、缓和冲击、防止火灾发生等为目的。随着碰撞安全技术研究的深入，人们也开始探讨在人车碰撞中对车外行人的保护试验及伤害评价。

根据试验方法不同，汽车碰撞试验可以分成实车碰撞试验、滑车模拟碰撞试验和台架试验。实车碰撞试验与真实的汽车碰撞事故情形最接近，其试验结果最具说服力，是综合评价汽车碰撞安全性能的最基本的试验方法。其他两类试验都是以实车碰撞的结果为基础，模拟碰撞环境的零部件试验。与实车碰撞试验相比，其零部件试验费用低、试验条件稳定、试验过程易于控制，适用于汽车安全部件性能的考核及汽车开发过程中的阶段性验证试验。

7.1.1 实车碰撞试验分类

在实验室真实地再现典型的碰撞事故过程是分析和评价汽车碰撞中对乘员保护能力的基础。汽车碰撞事故的形态千差万别，因而对汽车碰撞性能的评价也必须针对不同的碰撞形态进行。按事故统计结果，汽车碰撞事故主要可分为正面碰撞、侧面碰撞、追尾碰撞和翻车等几种类型。为了真实再现碰撞过程，实验室实车碰撞也可按此分类。

此外，根据碰撞试验实施的目的不同，实车碰撞试验也可分为如下三类。

①政府法规要求的强制性试验。如 FMVSS 208 和 ECE R94 法规规定的正面碰撞试验，FMVSS 214 和 ECE R95 法规规定的侧面碰撞试验。目前，我国强制执行的碰撞安全试验标准主要有 GB 11551—2003《乘用车正面碰撞的乘员保护》（M1 类车辆）、GB 20071—2006《汽车侧面碰撞的乘员保护》（M1 类车辆）和 GB 20072—2006《乘用车后碰撞燃油系统安全要求》（M1 类车辆）。

②汽车制造厂自己制订的碰撞试验方法。主要用于提出改善汽车碰撞安全性的新措施，以及安全气囊控制单元的设定等；

③为消费者提供信息的试验。主要指新车评价规程 NCAP（New Car Assessment Program），

定期将市场上出现的新车进行碰撞试验，它规定的实车碰撞速度往往比政府强制执行的安全标准碰撞速度要高，并且在更严重的碰撞环境下评价车内乘员的伤害程度，评价结果向社会公布。

7.1.2　伤害基准

伤害基准研究乘员死亡、重伤、轻伤等的伤害程度，反映人体对不同伤害的解剖学反应和生理反应，以及由此产生加减速度、负荷、变形量等物理量的基准。通常用头部、颈部、胸部、腹部、腰部、大腿和小腿等位置在碰撞试验中的物理量变化作为评判标准。不同国家和地区的 NCAP 对这些物理量的评价方法略有差异，但基本原理相同，具体可参看相关规程。

（1）头部性能指标（HPC）。在试验过程中，如果头部与任何车辆部件不发生接触，则认为符合要求；若发生接触，则由下式计算头部性能指标（HPC）

$$HPC = \left\{ (t_2 - t_1) \left[\frac{1}{t_2 - t_1} \int_{t_1}^{t_2} a(t) \, dt \right]^{2.5} \right\}_{\max} \qquad (7-1)$$

式中：$a(t)$ 为对应头部重心的三个方向合成加速度；t_1 和 t_2 为 HPC 取得最大值的时间间隔的起始和终止时刻点，$t_2 - t_1 \leqslant 36$ ms。

（2）颈部。颈部的伤害值规定为上、下方向的拉伸、压缩，前后方向的剪切力，向后的弯曲力矩。在新 FMVSS208 中，这些负荷和力矩的数值用 N_{ij} 来评价。N_{ij} 是 N_{TE}（tension – extension），N_{TF}（tension – flexion），N_{CE}（compression – extension）和 N_{CF}（compression – flexion）四个数值中的最大值，由下式计算得出：

$$N_{ij} = \frac{F_Z}{F_{ZC}} + \frac{M_{OC_\gamma}}{M_{yc}} \qquad (7-2)$$

式中：F_Z 为颈部上下方向压缩、拉伸负荷；M_{OC_γ} 为颈部中心力矩；F_{ZC}、M_{yc} 为由假人类型决定的常数。

（3）胸部。胸部的伤害值用肋骨的变形量（胸挠度）脊椎上部测得的加速度，以及变形量与变形速度的乘积 VC（viscous criteria）来评价。VC 由下式来计算，欧洲正面碰撞及侧面碰撞采用 1.0 m/s 以下的伤害指标。

$$VC = s \frac{D(t)}{c} \frac{dD(t)}{dt} \qquad (7-3)$$

式中：$D(t)$ 为胸部变形量；s 和 c 是由假人类型决定的常数。

（4）大腿。正面碰撞时大腿的伤害值是采用大腿骨轴向输入的负荷，在 FMVSS208 中通过人体骨折极限实验，定义负荷基准为 10 kN。

（5）小腿。正面碰撞时小腿的伤害值是胫骨的轴向负荷引起的膝关节大腿骨的变形量，用 TI 来评价。TI 是用负荷测量得的胫骨上下负荷与力矩，由下式计算。

$$TI = \left| \frac{M_R}{M_C} \right| + \left| \frac{F_Z}{F_C} \right| \qquad (7-4)$$

式中：$M_R = \sqrt{M_x^2 + M_y^2}$，$M_x$ 为绕胫骨前后轴的力矩，M_y 为绕胫骨左右轴的力矩；F_Z 为胫骨上下方向的负荷；$M_C = 225$ N·m；$F_C = 35.9$ kN。

7.2 碰撞试验假人技术

7.2.1 假人开发的意义

伤害生物力学研究的目的是了解伤害机理，进而寻求避免或减轻在碰撞中造成人体严重损伤的途径。为实现这一目标，研究者必须了解碰撞伤害的机理、定量地描述人体组织响应、确定人体造成无法恢复的严重损伤的响应水平、开发与人体生物力学特性相似的碰撞试验假人，用于精确地评价人体伤害、开发保护系统以减少作用在人体上的碰撞能量。

碰撞试验假人（dummy），又称为拟人试验装置（anthropomorphic test dummy），是用于评价碰撞安全性的标准人体模型。假人的尺寸、外形、质量、刚度和能量吸收性能与相应的人体十分相似，所以当假人处于模拟的碰撞事故条件下，它的动力学响应与相应的人体也十分相近。在假人上装备有传感器，可用于测量人体各部位的加速度、负荷、挤压变形量等。通过对这些物理量的分析、处理可以定量地衡量汽车产品的碰撞安全性。

假人开发的成功与否取决于三方面因素：假人与人体响应的动力学特性的关联程度，即"生物保真性"；假人与人体伤害相关的动力学响应的测量能力；所测量的响应与相对应的伤害之间的相关程度。这三个因素在任何一方面存在不足都会影响人体伤害评价的准确性。例如，如果所开发的假人与人体响应的关联性差，那么当将假人置于模拟交通事故环境中时，假人的响应与真实人体的响应将不同，从而造成伤害评价的失误。同样，如果用假人无法测量与伤害相关的动力学响应，或者测量的响应与人体伤害之间的关系不清楚，则也无法客观地作出与该伤害相关的保护能力的评价。

事实上，想要在一个假人上全方位模拟人体在多种类型碰撞中的动作和响应是很困难的，因此特别开发了多种类型假人。图 7-1 所示为碰撞试验假人家族。

图 7-1 假人家族

7.2.2 假人的分类

按人体类型不同，假人可分为成年人假人和儿童假人。成年人假人按体型大小又分为中等身材男性假人、小身材女性假人和大身材男性假人。在汽车碰撞试验中最常用到的是中等身材假人，其代表欧美男性第 50 百分位成年人的平均身材。为了在设计中考虑不同的人体体型，又按照欧美人体分布的两端极限，分别开发了小身材和大身材假人。小身材女性假人代表欧美第 5 百分位女性成年人的体型；大身材男性假人代表欧美第 95 百分位男性成年人的体型。儿童假人的身高、体重是指定年龄组儿童的平均身高和体重，不考虑性别。

根据碰撞试验不同，假人又可分为正面碰撞假人、侧面碰撞假人、后面碰撞假人及行人保护等试验用假人，前三种为坐姿假人，后一种为站姿假人。

（1）正面碰撞假人。正面碰撞假人是最早被开发的假人，其开发目的是为了评价乘员约束系统的牢固性。这种假人结构上很结实，外形和体重与人体相似，但主要缺点是它的碰撞响应与人体不同，也不能装备足够的测量传感器。这些早期的假人中值得一提的是 Hybrid Ⅱ 和 TN010。TN010 现在仍然在欧洲、中国的安全带动态试验标准中作为指定的碰撞试验用假人。Hybrid Ⅱ 是 1972 年美国通用汽车公司开发的，用于评价安全带系统的牢固性。Hybrid Ⅱ 是依照美国第 50 百分位男性人体设计的。在 Hybrid Ⅱ 上可安装传感器测量头部质心点、胸脊椎上指定位置的三轴向线性加速度信号及大腿骨的轴向压力负荷。Hybrid Ⅱ 的耐用性和可维修性达到了能被用户接受的程度，1973 年，其成为联邦机动车安全标准 FMVSS 208 中指定的假人。但由于 Hybrid Ⅱ 的生物保真性和测量能力还存在很多缺陷，因此又开发出了具有更高生物保真性令人满意的测量能力的正面碰撞假人 Hybrid Ⅲ。图 7 - 2 即为 Hybrid Ⅲ 假人及其测量传感器位置示意图。Hybrid Ⅲ 现已为世界碰撞基准和包含日美欧的 NCAP 广泛使用。

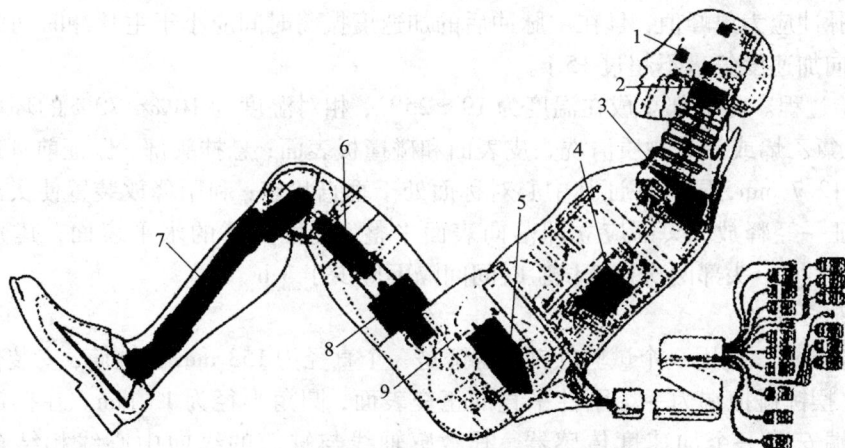

图 7 - 2　Hybrid Ⅲ 假人及其测量传感器位置示意图

1—头部加速度传感器安装系统；2—颈部上端面传感器；3—颈部下端面传感器；4—胸脊柱载荷传感器；
5—腰脊柱载荷传感器；6—大腿骨载荷传感器；7—测力小腿骨；8—大腿上端载荷传感器；9—测力螺栓

（2）侧面碰撞假人。侧面碰撞试验使用的是检测胸部横向冲击和变形的假人。美国开发了成年男性侧面碰撞假人 SID。SID 假人采用 Hybrid Ⅲ 假人的头部，叫 SID - H Ⅲ。欧洲也开发了 EuroSID - 1 假人，用于欧洲、日本及 NCAP。美国和欧洲的假人构造和检测项目完全不同。为尽可能消除这种弊端，实现统一，进一步开发了 EuroSID - 1 的改良版 ES - 2 假人和 WorldSID 假人。WorldSID 是目前唯一一个侧面碰撞生物保真性能满足 ISO 标准要求的侧面碰撞假人。

（3）后面碰撞假人。后面碰撞事故和其他碰撞形态相比，死亡人数少，但头颈碰伤现象很多，因此开发了能够评价头颈碰伤的假人。为了能再现颈部的动作，不仅颈部，脊椎向后弯曲伸展的动作也有必要再现，因此开发了能模拟脊椎每一节的具有脊柱的假人 BioRID – Ⅱ等。BioRID – Ⅱ 被美国 ⅡHS 和英国 Thatcham 评价头颈碰伤时使用，欧洲的 NCAP 也正在讨论进行头颈碰伤方面的评价。

（4）行人保护用假人。再现行人事故时，不能使用上述所说的坐姿假人，而要用站姿假人，目前尚无这方面的实车试验法规，也没有像乘员假人那样的标准假人。此前很多研究所用假人是将正面碰撞所用假人腰部改为站立姿态，并以此为基础进行相应修正。如今，真正的行人假人 Polar Ⅱ 面世了。

7.2.3　假人的标定

实车碰撞试验是在 0.1 s 内完成的不可重复再做的试验，它综合了机械运动学、电子学、光学和计算机等科学技术，试验使用真实车辆和许多一次性消耗材料，成本很高，任何小的失误都可能造成巨大损失，为保证假人的精度，试验前应对其头部、颈部、胸部和膝部等重要部位进行标定试验。以下是 HybridⅢ 型假人头部、胸部和膝部的标定试验规范。

1. 头部标定试验

（1）试验要求。按规定在头形内部装好加速度传感器。头部从 376 mm 高度下落后，头形内部的加速度传感器的最大合成加速度应在 225 ~ 275 g 范围内。试验中加速度 – 时间历程曲线的主脉冲应为单峰值，且在主脉冲后的加速度振荡时间应小于主脉冲时间的 10%，同时应保证横向加速度矢量不超过 15 g。

（2）试验过程。将头部总成在温度为 19 ~ 25℃，相对湿度为 10% ~ 70% 的环境中至少放置 4 h；用三氯乙烯或等效物质清洗头皮表面和碰撞板表面；悬挂头部，保证前额最低点低于鼻子最低点 12.7 mm，同时保证其中心对称面处于垂直状态；利用释放装置使头部从规定高度下落，保证一经释放，头部应立即落向表面平整、刚性支撑的水平表面，其光洁度应在 0.2 ~ 2.0 μm；同一头部两次连续试验时间间隔不应少于 3 h。

2. 胸部标定试验

（1）试验要求。使用一个试验摆锤，摆锤是一个直径为 153 mm 的缸筒，安装仪器后质量为 23.4 kg。摆锤碰撞端为一个刚性平直的正交表面，圆角半径为 13 mm。在摆锤与碰撞表面相对的一端安装一个加速度传感器，其敏感轴线与缸筒的纵向中心线相结合。摆锤以（6.7 ± 0.122）m/s 的速度撞击胸部时，由试验摆锤所测到的双脚均未穿鞋的完整假人总成的胸部反作用力应为（5521 ± 366.7）N，其胸骨相对于脊椎的位移应为（68.0 ± 4.6）mm。每次碰撞的内部滞后不应少于 69%，且不大于 85%，测量的反作用力等于摆锤质量与其减速度的乘积。

（2）试验过程。将试验假人放置在湿度为 10% ~ 70% 的环境中直至假人肋骨温度稳定在 20.6 ~ 22.2℃ 为止；将假人放置在无背部和手臂支撑的表面上，假人骨盆调整为 13° ± 2°；调整试验摆锤的纵向中心线，使之低于 3 号肋骨中心线（12.7 ± 1.0）mm，如图 7 – 3 所示；调整试验摆锤的纵向中心线，使得摆锤与胸部接触时，其纵向中心线与假人中心对称平面内的某一水平线相重合，误差为 ± 0.5 mm；用试验摆锤撞击假人胸部，保证在碰撞瞬间，试验摆锤的纵向中心线与假人中心对称平面内的某一水平线重合,误差为 ±2°;碰撞时对试验摆锤加以导向,保证它在运动过程中没有明显的横向和垂直方向上的运动或转动;用胸骨内的电位计沿试验摆锤的纵向中心线测量胸骨相对胸椎水平方向上的偏移;用偏移特性曲线中有负荷和无负荷曲线之间的面积与有负荷曲线下的面积之比确定滞后。

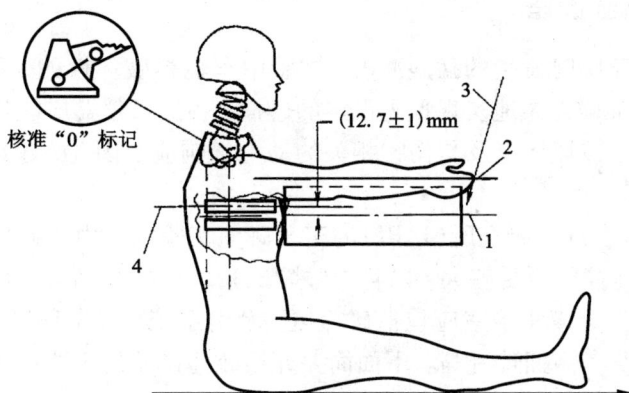

图 7 - 3　胸部标定试验

1—摆锤中心线(水平允许偏差为 ±0.5°);2—手臂中心线(水平允许偏差为 ±2°);3—摆锤加速度传感器(安装时应保证其敏感轴与摆锤的中心线重合);4—3 号肋骨中心线(水平允许偏差为 ±0.5°)

3.膝部标定试验

(1)试验要求。当用符合规定要求的摆锤以 2.07 ~ 2.13 m/s 的速度冲击每个腿部总成的膝部时,膝部的最大冲击力,即摆锤质量和加速度的乘积,其最小值应为 4.7 kN,最大值为 5.8 kN。

(2)试验过程。用腿部载荷传感器模拟装置紧固膝盖总成试件;将试件置于温度为 18.9 ~ 26.5℃,相对湿度为 10% ~ 70% 的试验环境中至少 4 h,然后再用于试验;将试件安装在一个刚性表面上,不允许脚与其他外部表面接触;调整试验摆锤的纵向中心线,使得摆锤与膝部接触时,其纵向中心线与大腿力传感器模拟装置的纵向中心线重

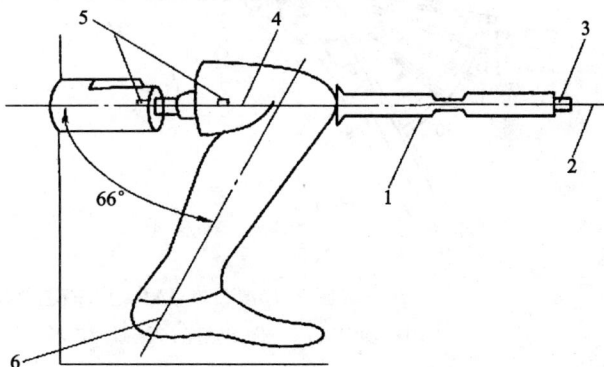

图 7 - 4　膝部标定试验

1—刚性摆锤碰撞器;2—摆锤纵向中心线(水平允许偏差为 ±0.5°);3—摆锤加速度传感器(敏感轴线与摆锤纵向中心线平行);4—大腿力传感器模拟装置(中心线水平允许偏差为 ±0.5°);5—模拟装置的安装螺栓(用于紧固两个大腿力传感器,扭紧力矩应达到 41 N·m);6—踝骨轴

合,误差不大于 ±2 mm;对摆锤加以导向,保证在试验摆锤与膝部接触的时刻不发生明显的横向和垂直方向上的运动或转动,如图 7 - 4 所示。

7.3 实车碰撞试验

7.3.1 碰撞试验设备

由于实车碰撞属于瞬时发生的猛烈冲击，试验中车辆是破坏性的，不能重复进行，因此要求试验设备必须能准确无误地实现预先设定的碰撞，各测量仪器应能精确记录车辆和乘员在碰撞时的运动状态、破坏形态及与伤害相关的动力学响应。因此，建造一个实车碰撞试验系统需要大量资金。

图 7-5 所示为日本汽车研究所(JARI)的实车碰撞实验室。由于碰撞过程具有一定的不可预见性，因此要求碰撞区应足够大，以防止碰撞试验过程中车辆与其他设施发生意外的碰撞。一个较完善的实车碰撞实验室应包括碰撞区、牵引系统、浸车环境室、照明系统、假人标定室、测量分析室及车辆翻转台等。下面简要介绍碰撞试验的主要设备。

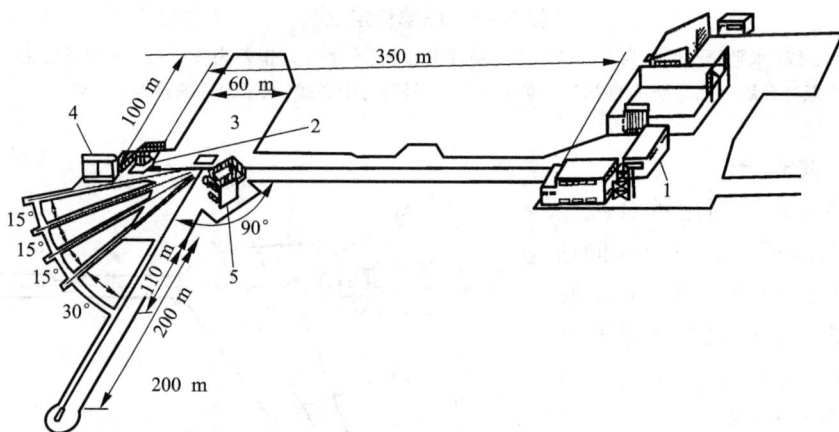

图 7-5 日本 JARI 实车碰撞实验室布局简图
1—动力室；2—固定壁障；3—碰撞广场；4—静态翻转台；5—测量室

1. 固定壁障

正面碰撞试验区域设置有固定壁障。按照 SAE J850—2000 推荐，固定壁障表面至少宽3 m、高 1.5 m，壁障表面垂直于壁障前的路面，且覆盖一层 19 mm 厚的胶合板，壁障尺寸和结构应足以限制其表面变形量小于车辆永久变形量的 1%。在日本标准 JISD 1060—1982 中要求壁障宽 3 m、高 1.5 m、厚 0.6 m，质量不低于 70 t。大多数试验室的固定壁障采用固定的混凝土结构，但也有一些实验室，为了场地能实现其他碰撞形态，将固定壁设计成能移动的结构，如英国 MARY 的实车碰撞试验台，其固定壁障通过一个气垫顶起，置于一条横向轨道上后可推到一侧，以便于实施汽车与护栏、标志牌等公路设施的碰撞试验。在固定壁前方一般设置有摄影地坑，在地坑内设置照明系统和高速摄影机，从而可以从地坑中实施拍摄，为了增强被摄影零部件的可分辨性，试验前可对车辆底部的动力总成、散热器、前纵梁等对碰撞性能影响较大的部件喷涂不同的颜色并贴标志点，以了解碰撞过程中车辆前端结构内部的弯形、运动状态和接触状况。

　　2. 移动壁障

　　侧面碰撞和追尾碰撞是采用移动壁障对停放在碰撞区域中的试验车辆实施碰撞，移动壁障如图 7 − 6 所示，由碰撞块和移动车组成。移动壁障的质量、碰撞表面结构按照不同的试验要求是不同的。在 FMVSS 208 标准中，定义了用于追尾、侧面碰撞的移动壁障，即质量为 1814.4 kg(4000 LB)、碰撞面为刚性平面的移动壁，该移动壁障也用于 FMVSS 301 中侧面、追尾碰撞后的燃油泄漏试验。此外，FMVSS 301 中还定义了一种刚性仿形壁障。

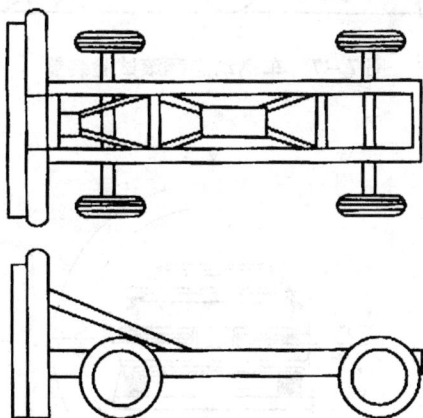

图 7 − 6　移动壁障

　　FMVSS 214 和 ECE R95 中规定的侧面碰撞试验法规的移动壁障代表一辆"平均的标准车"，移动壁的质量代表该地区使用车辆的平均质量；移动壁前端是由蜂窝状铝材制成的吸能壁障，用于模拟该地区使用的车辆前端碰撞时的平均刚度。FMVSS 214 中规定的移动壁障重 1366 kg，ECE R95 中规定的移动壁障重 950 kg。

　　3. 车辆动态翻滚试验装置

　　如图 7 − 7 所示，将试验车放置在一个倾斜 23° 的平台上，平台以 48.3 km/h 的速度运动，到达动态翻滚区后，平台与安装在地面上的冲击缓冲器碰撞，使试验车脱离平台，产生动态翻滚。

　　4. 车辆静态翻滚试验装置

　　在 FMVSS 301 中规定，碰撞试验后应分别测量 0°、9°、180° 和 270° 各个位置的燃油泄漏，如图 7 − 8 所示。为实现这项检验要求，在碰撞区附近应建造静态翻转试验台，以便能对碰撞后试验车及时地进行燃油泄漏试验。

　　5. 牵引系统

　　牵引系统是将试验车辆或移动壁障由静止加速到所设定的碰撞初速度的装置。用于实车碰撞试验的牵引系统应满足以下几方面的要求：

　　(1) 准确的速度控制，以满足试验法规中规定的碰撞速度要求。

　　(2) 对放置有假人的试验车辆，在牵引过程中，为防止加速过程中假人姿态发生变化，

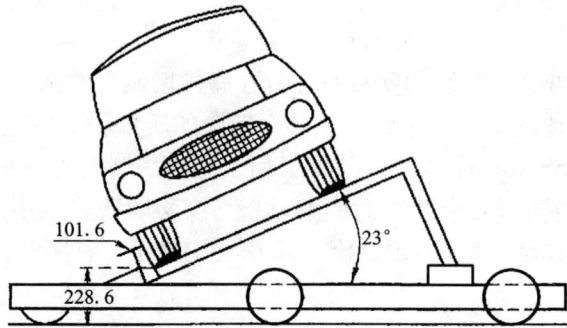

图 7－7 车辆动态翻滚试验装置

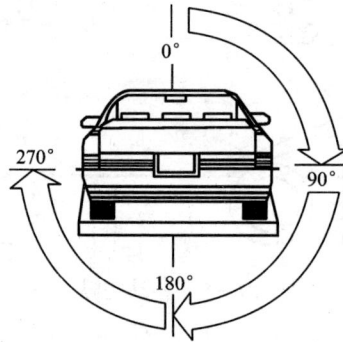

图 7－8 车辆静态翻滚试验装置

加速度不能过大。FMVSS 208 的试验程序和日本 TRIAS 11－4－30 中规定的牵引加速度不大于 0.5 g，欧、美、日等国家的实车碰撞试验设施的牵引系统一般都将最大牵引加速度限制在 0.2～0.25 g 之间。

（3）具有导向和脱钩装置，导向装置确保试验车沿预定的轨道运动。在 FMVSS 208 和日本 TRIAS 11－4－30 及欧洲 ECE R94.00 中规定，正面碰撞试验车牵引过程中对设定中心线的偏离量不能超过（150±75）mm。脱钩装置用于实现牵引系统与碰撞车辆脱离，以保证碰撞车辆处于自由状态下发生碰撞。

7.3.2 正面碰撞试验

根据碰撞范围的不同，正面碰撞试验可分为全宽碰撞、40% 偏置碰撞和 30° 斜碰撞（图 7－9）。美国和日本都比较注重 100% 重叠刚性固定壁障的碰撞试验（全宽碰撞），美国的碰撞速度是 56 km/h，日本的碰撞速度是 55 km/h，两者相差不多，并且都采用了 40% 的偏置碰撞作为补充。我国目前唯一施行的强制性检验项目便是 100% 重叠刚性固定壁障的碰撞试验，试验速度为 48～52 km/h。欧洲在碰撞试验方面比较注重对事故形态的模拟，而完全发生正面 100% 重叠的碰撞事故并不多见，所以欧洲并没有强制实施 100% 重叠的正面碰撞试验，相反，对 40% 重叠的偏置碰撞要求相当严格。

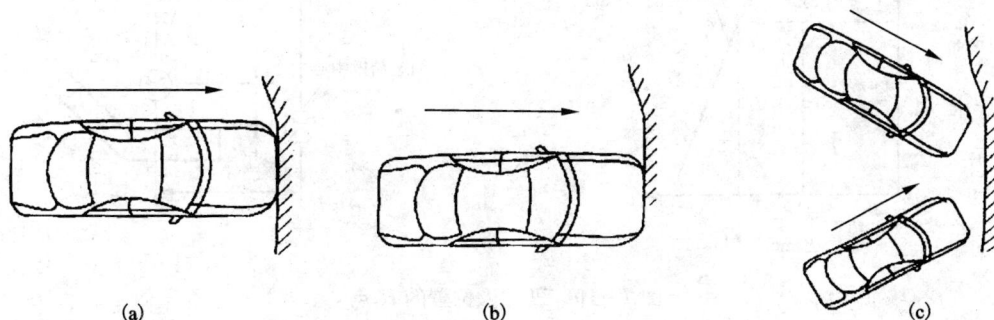

图 7 - 9　实车正面碰撞示意图
(a) 正面全宽碰撞；(b) 正面 40% 偏置碰撞；(c) 正面 30° 斜碰撞

1. 试验方法

正面碰撞试验是将车辆加速到指定碰撞速度，然后与固定壁障进行碰撞的试验。通常情况下，汽车的碰撞方向与固定壁障垂直。在碰撞瞬间，车辆应不再承受任何附加转向或驱动装置的作用。为防止加速或减速过程对试验车以及人体姿态的影响，试验车在撞击固定壁之前应处于匀速行驶状态。试验车的纵向中心平面应垂直于固定壁障，其到达壁障的路线在横向任一方向偏离理论轨迹均不得超过 15 cm。

2. 试验要求

(1) 试验场所。试验场地应足够大，以容纳跑道、壁障和试验必需的技术设施。在壁障前至少应有 5 m 的水平光滑的跑道。碰撞前区域应有地沟，以便拍摄汽车底部。

(2) 固定壁障。壁障由钢筋混凝土制成，壁障厚度应保证其质量不低于 7×10^4 kg。壁障前表面应铅垂，其法线应与车辆直线行驶方向呈 0° 夹角，且壁障表面应覆以 2 cm 厚状态良好的胶合板。如果有必要，应使用辅助定位装置将壁障固定在地面上，以限制其位移。

(3) 汽车质量。试验车质量为整备质量，燃油箱应注入水，水的质量为制造厂规定的燃油箱满容量时的燃油质量的 90%，所有其他系统（制动系统、冷却系统等）应排空，排出液体的质量应予补偿。

(4) 前排座椅的调整。对于纵向可调的座椅，应调整 H 点（图 7 - 10）使其位于行程的中间位置或最接近于中间位置的锁止位置，并处于制造厂规定的高度。对于长条座椅，应以驾驶人位置的 H 点为基准。

(5) 假人的安放。在每个前排外侧座椅上，安放一个符合技术要求且满足相应调整要求的假人。为记录必要的数以便确定性能指标，假人应配备满足相应技术要求的测量系统。

(6) 测试设备。加速度传感器应安装在车身地板、车架或者车身部件上，但不能安装在有变形或振动的位置；车速测量应在固定壁障之前进行；摄影测量应在车辆侧面、上面、底面进行。另外在车厢内部还应安装一个耐冲击的摄像机以记录乘员的运动。

3. 评价标准

(1) 正面撞击壁障时，转向柱管和转向轴的上端允许沿着平行于汽车纵向中心线的水平方向向后窜动，窜动量不得大于 127 mm。

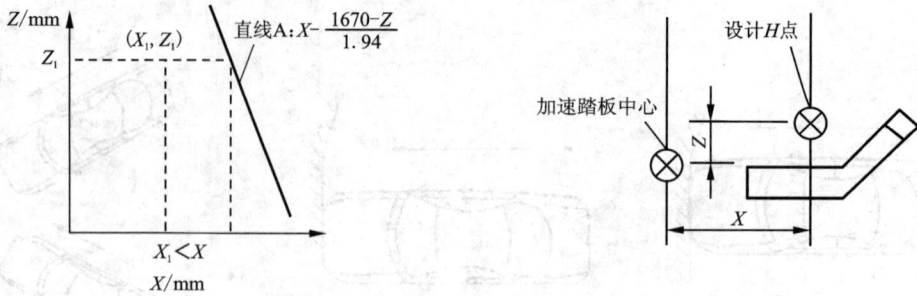

图 7－10　驾驶人位置的 H 点

（2）撞击后以最快速度检查燃油箱及燃油管有无泄漏，并检查泄漏处状况及泄漏总量。燃油泄漏总量在 5 min 内不得大于 200 mL。

（3）在试验过程中，车门不得开启，前门的锁止系统不得发生锁止。碰撞试验后，不使用工具应能对每排座位对应的门（若有门），至少有一个门能打开。必要时，改变座椅靠背位置使得所乘人员能够撤离。若将假人从约束系统中解脱时，如果发生了锁止，通过在松脱位置上施加不超过 60 N 的压力，该约束系统应能被打开，从车辆中完好地取出假人。

（4）安全评价指标：头部性能指标（HPC）≤1000；胸部变形的绝对值应≤75 mm；沿轴向传递至假人每条大腿的压力应≤10 kN。

7.3.3　侧面碰撞试验

目前国际上侧面碰撞法规还没有统一，主要有欧洲 ECE R95（图 7－11）和美国 FMVSS 214（图 7－12）两种侧面碰撞方式。

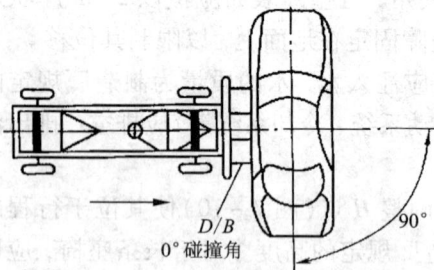

图 7－11　ECE R95 侧面碰撞示意图

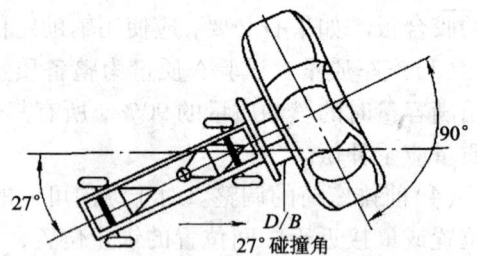

图 7－12　FMVSS 214 侧面碰撞示意图

美国是最早执行汽车侧面碰撞保护法规的国家，1990 年 10 月 FMVSS 214 在美国颁布实施；之后在 1995 年 10 月，欧洲也制定了相应的汽车侧面碰撞法规 ECE R95，到 1998 年 10 月 1 日侧面碰撞的欧洲指令 96/27/EC 强制执行；日本的侧面碰撞法规采用了与欧洲相同的碰撞方式，1998 年将侧面碰撞法规正式纳入日本保安基准。目前美国、欧洲侧面碰撞试验方法存在较多的不同之处，表现为：碰撞形态不同；移动壁障的台车质量、尺寸以及吸能块尺寸、形状和性能不同；试验用侧碰假人不同；碰撞速度不同；碰撞基准点的位置不同；乘员伤害指标不同。目前侧面碰撞法规统一的协调化工作的重点是先统一侧面碰撞假人和伤害评价指标。

1. 试验方法与要求

进行侧面碰撞试验时，试验车辆静止，移动变形壁障正面中垂线对准试验车辆驾驶人座椅 R 点，以一定的速度垂直撞击车身侧面。我国规定的碰撞瞬时移动壁障的速度为 (50 ± 1) km/h，且该速度至少在碰撞前 0.5 m 内保持稳定。

侧面碰撞试验对场地的要求以及试验车辆的准备与 100% 正面碰撞基本相同。对移动壁障的重心位置，碰撞块的形状、尺寸以及重心位置等参数都有明确严格的要求。移动车的形状和大小也有规定，尽量与真实车辆相当。另外，移动车必须有自己的制动装置，一旦发生碰撞，通过传感器启动该制动装置，让移动壁障尽快停止，以避免与试验车辆发生二次碰撞。

移动变形壁障的纵向中垂面与试验车辆上通过碰撞侧的前排座椅 R 点的横断垂面间的距离应在 ± 25 mm 以内。在碰撞瞬间，应确保由变形壁障前表面上边缘和下边缘限定的水平中间平面与试验前确定的位置上、下偏差在 ± 25 mm 以内。

2. 评价标准

(1) 乘员损伤评价指标包括头部、胸部、腹部和腰部各损伤值，见表 7 - 1。

表 7 - 1　乘员损伤值指标要求

TEST		指标描述	法规要求
HPC		头部性能指标	≤1000
RDC	胸部位移	肋骨变形指标	≤42 mm
VC	胸部软组织速度	黏性指数	≤1 m/s
PSPF	肋骨冲击力	耻骨合成力峰值	≤6000 N
APF		腹部力峰值	≤2500 N 的内力

注：HPC 跟假人头部质心加速度相关，非碰撞时乘员空间有结构突出物与假人头部接触，该指标一般很少超标；胸部肋骨变形指标与黏性指数可以综合考虑，一般是由车门内板和中立柱内饰板变形产生的，表现在车身上即为侧围内板的侵入量与侵入速度。黏性指数 VC 不仅跟肋骨变形量相关，还和变形速率相关，极易超标。

(2) 在试验过程中车门不得开启。

(3) 碰撞试验后，不使用工具应能打开足够数量的车门，使乘员能正常进出。必要时可倾斜座椅靠背或座椅，以保证所有乘员能够撤离；能将假人从约束系统中解脱；能将假人从车辆中移出。

(4) 所有内部构件在脱落时均不得产生锋利的突出物或锯齿边，以防增加伤害乘员的可能性。

(5) 在不增加乘员受伤危险的情况下，允许出现因永久变形产生的脱落。

(6) 碰撞试验后，如果燃油供给系统出现液体连续泄漏，其泄漏速度不得超过 30 g/min；如果燃油供给系统泄漏的液体与其他系统泄漏的液体混合，且不同的液体不容易分离和辨认，则在评定连续泄漏的泄漏速度时记入所有收集到的液体。

7.3.4　追尾碰撞试验

在追尾碰撞事故中燃油箱及管路渗漏爆炸起火的汽车在事故车辆中仅占 1%，但此类事故一旦发生，后果十分严重。我国于 2006 年发布了汽车追尾碰撞的强制性试验标准 GB 20072—2006《乘用车后碰撞燃油系统安全要求》。

1. 试验方法

在进行汽车后碰撞安全性评价时，采用碰撞装置与试验车辆后部碰撞的方式，模拟与另一行驶车辆发生后碰撞的情况。碰撞装置可以为移动壁障或摆锤。试验时，碰撞装置以一定速度与试验车辆后部碰撞，根据燃油系统的泄漏情况评价汽车后碰撞的安全性。

2. 试验要求

（1）试验场地。试验场地应足够大，以容纳碰撞装置驱动系统、被撞车辆碰撞后移动及试验设备的安装。车辆发生碰撞和移动的场地应水平、平整，路面摩擦系数不小于 0.5。

（2）碰撞装置。碰撞装置应为刚性的钢制结构，表面应为平面，宽度不小于 2500 mm，高度不小于 800 mm，其棱边圆角半径为 40 ~ 50 mm，表面装有厚为 20 mm 的胶合板。碰撞时，碰撞表面应铅垂并垂直于被撞车辆的纵向中心平面；碰撞装置移动方向应水平并平行于被撞车辆的纵向中心平面；碰撞装置表面中垂线和被撞车辆的纵向中心平面之间的横向偏差体不大于 300 mm，并且碰撞表面宽度应超过被撞车辆的宽度；碰撞表面下边缘离地高度应为（175 ± 25）mm。

（3）碰撞装置的驱动形式。碰撞装置既可以固定在移动车上（移动壁障），也可以为摆锤的一部分。若碰撞装置用约束元件固定于移动车上，则约束元件一定是刚性的、且不应因碰撞而产生变形；在碰撞瞬间移动车应与牵引装置脱离而能自由移动；碰撞速度为（50 ± 2）km/h；移动车和碰撞装置总质量为（1100 ± 20）kg。若使用摆锤，碰撞装置的碰撞表面中心与摆锤旋转轴线间距离不应小于 5 m；碰撞装置应牢固地固定在刚性臂上并通过刚性臂自由地悬挂，摆锤结构不能因碰撞而变形；摆锤应装有制动器，以防止摆锤二次碰撞试验车；摆锤撞击中心的转换质量 m_r，与总质量 m、撞击中心与旋转轴之间的距离 a 和系统重心与旋转轴之间的距离 l 之间关系如下：

$$m_r = ml/a \qquad\qquad (7-5)$$

转换质量 m_r 应为（1100 ± 20）kg。

3. 评价标准

（1）在碰撞过程中燃油装置不应发生液体泄漏。

（2）碰撞试验后，燃油装置若有液体连续泄漏，则在碰撞后前 5 min 平均泄漏速率不应大于 30 g/min；如果从燃油装置中泄漏的液体与从其他系统泄漏的液体混淆，且这几种液体不容易分开和辨认，则应根据收集到的所有液体评价连续泄漏量。

（3）不应引起燃料的燃烧。

（4）在碰撞过程中和碰撞试验后，蓄电池应由保护装置保持自己的位置。

7.3.5　C – NCAP 碰撞试验

各国 NCAP 测试程序不尽相同，可包括正面碰撞、侧面碰撞、侧面柱碰撞、追尾测试、18 个月儿童动态测试、3 岁儿童动态测试、行人保护等项目。其中公认最严格的是欧盟实施的

EURO – NCAP 测试。NCAP 的测试结果根据头部、胸部、腿部等主要部位的伤害程度对试验车的安全性进行分级，评价共分五个星级，五星级为碰撞试验安全性最好的。

我国新车评价规程(C – NCAP)由中国汽车技术研究中心从 2006 年开始组织实施。2012 年 7 月开始实施更为科学和严格的新车评价规程，要求对测试车型进行如表 7 – 2 所示四类碰撞试验。

表 7 – 2　C – NCAP 试验项目

实验项目	假人安放说明
车速 50 km/h 与刚性固定壁障 100% 重叠率的正面碰撞试验	前排驾驶人和乘员位置分别放置 Hybrid Ⅲ 型第 50 百分位男性假人，第二排最右侧座位放置 Hybrid Ⅲ 型第 5 百分位女性假人，试验时假人佩戴安全带，考核安全带性能。每项最高得分为 18 分，共 36 分
车速 64 km/h 对可变形固定壁障 40% 重叠率的正面偏置碰撞试验	
可变形移动壁障速度 50 km/h 与车辆的侧面碰撞试验	驾驶人位置放置 EuroSID Ⅱ 型假人，测量驾驶人位置受伤害情况。最高得分为 18 分
低速后碰撞颈部保护试验(鞭打试验)	座椅上放置 BioRID Ⅱ 型假人，测量后碰撞过程中，颈部受到的伤害情况。最高得分为 8 分

根据试验数据计算各项试验得分和总分，由总分多少确定星级见表 7 – 3，最高得分为 62 分。

表 7 – 3　星级评分标准

总分	≥60 分	≥52 且 <60 分	≥44 且 <52 分	≥36 且 <44 分	≥28 且 <36 分	<28 分
星级	5 +（★★★★★☆）	5（★★★★★）	4（★★★★）	3（★★★）	2（★★）	1（★）

7.4　碰撞试验测量系统

汽车碰撞试验中，测量技术是关键技术之一。测量系统由电测量系统和光学测量系统构成。电测量系统用于精确地测量碰撞过程中汽车各部位的加速度响应、对固定壁障的碰撞力以及乘员伤害评价用的各种响应信号。光学测量系统用于获取直观的二维影像，分析碰撞过程中车体的变形及其乘员的运动形态，适用于从总体上了解碰撞全过程。

7.4.1　电测量系统

汽车碰撞试验中电测量系统的配置涉及汽车碰撞标准法规、传感器技术、测量技术、计算机技术等多方面的知识。图 7 – 13 所示为电测量系统各种仪器的配置线路。电测量系统包括传感器、放大器、低频滤波器、数据采集系统和数据处理器等。由于碰撞试验中所测信号主要是脉冲信号，因此对电测量系统的低频性能要求较高。此外，由于碰撞试验的特殊性，对测量仪器的耐冲击性要求也较高。

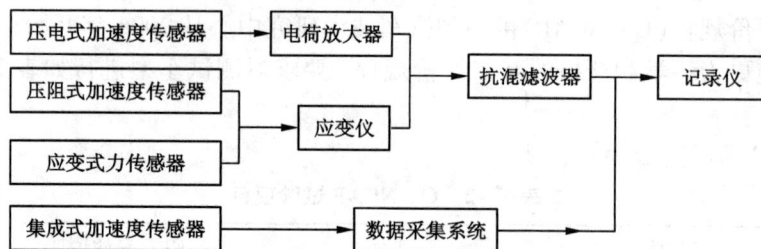

图 7 - 13　电测量系统框图

汽车碰撞试验中的电测量项目大体可分为车体加速度响应信号、固定壁障碰撞力和假人动力学响应三个方面。

1. 碰撞过程中车体加速度响应信号

为了解车辆的碰撞性能，一般在试验车车身的非压皱区安置加速度传感器，用于测量车辆的冲击波形。碰撞试验中汽车上加速度信号的测点没有统一的规定，可根据试验目的设置测点，但为了保证测量的成功，一般都将测点安装在局部刚度较大的位置，以免传感器安装点的压皱变形造成测量失败或损坏传感器。

2. 假人动力学响应的测量

电测量系统可以测量碰撞过程中安全带的张力及试验假人身体各部位的动力学响应信号，用于定量地分析和评价乘员的伤害程度。

3. 固定壁障碰撞力

汽车的安全车身在事故中应确保乘员的生存空间并有效地缓和冲击，因此在安全车身研究中，人们对汽车车身结构的碰撞性能十分关注。固定壁障碰撞力分布状况对研究车身结构刚度分布、吸能性分析及验证计算机碰撞仿真模型等工作都十分有用。所以，在大多数实车碰撞试验系统上都装备有固定壁障测力墙，用于测量碰撞力。目前使用最广泛的固定壁障碰撞力测力墙由 36 个测力单元构成，为了提高汽车前端结构刚度分布的分辨力，英国 MIRA 制成了 488 个测力单元的测力墙。

7.4.2　光测量系统

实车碰撞试验是在 100 ms 内完成的不可重复的试验，在碰撞过程中碰撞车辆车身变形、假人运动形态、气囊的展开形态等具有不可预见性，仅使用电测量方法很难全面了解碰撞过程。从全面掌握转瞬即逝的汽车碰撞过程这一点来看，序列影像运动分析方法是最有效的。

序列影像运动分析方法是以时间坐标为媒介，从碰撞过程的序列影像中分析、测量运动参数。在二维影像中包含了丰富的信息，弥补了电测量获得的一维信息对现象描述不直观、不全面的不足。用电测量和同步获取的高速影像进行对照分析可以观察和分析汽车碰撞过程中丰富的信息。

序列影像运动分析使用摄影机或摄像机拍摄运动过程中的序列影像，而后进行定性分析和定量分析。所谓定性分析是指对二维影像中记录的运动过程的序列影像缓慢回放、逐帧分析，看出对于人眼来说发生得太快的事件，从而分析运动过程中的细节。所谓定量分析是指在拍摄前，将运动物体的相关点设置醒目的标志点，对所摄取的运动过程的序列影像在像平面内逐帧进行像平面坐标判读，应用摄影测量学的理论，求解待测量点的位置，从而获取运动物体的特征参数。

序列影像运动分析系统由照明系统、高速摄影（像）机及分析处理系统三部分组成。

碰撞区照明系统的布置如图 7 - 14 所示。为在正面和侧面碰撞区域能共用主照明系统，两块主照明板设置在可移动的悬挂小车上。

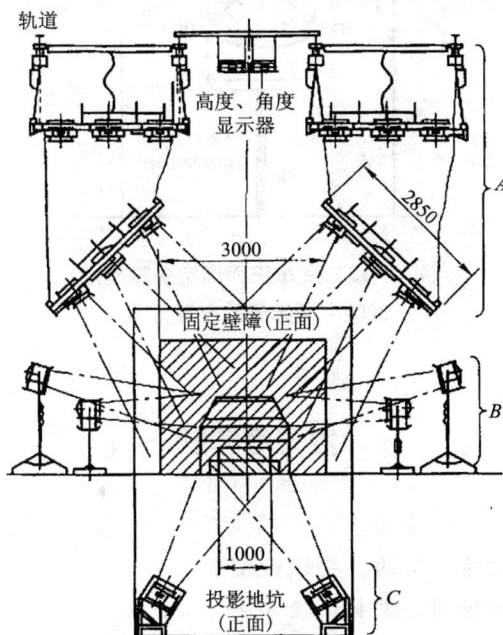

图 7 - 14　碰撞区照明系统布置图
A—顶部灯光；B—两侧灯光；C—地下灯光

高速摄影（像）机是序列影像运动分析系统中的关键设备。根据待研究问题的性质，选择适当的拍摄速度，使用多台摄影机或摄像机同步拍摄，以获得运动过程的序列影像。

图 7 - 15 所示为汽车正面固定壁障碰撞试验中摄影机的一种布置方案图。

使用高速摄影机获取运动过程序列影像时，影像处理周期较长，当试验完成时，无法及时了解试验结果，胶片冲洗处理技术要求严格，未受过专业培训的人员难以胜任，一旦操作失误，将给费用昂贵的汽车碰撞试验造成严重的经济损失；另外，作为试验结果存储媒体的胶片保存也较困难。而高速摄像机提高了影像获取过程的自动化程度，运动图像存储在磁带上，试验完成后可以马上回放，进行定性分析。随着多媒体计算机和数字图像处理技术的发展，基于多媒体计算机的全数字图像运动分析系统已成为该领域的发展趋势。图像分析工作站上的数字图像处理软件可以改善由摄像机获得的原始图像的质量，使之易于分析，作为试验结果载体的数字图像也易于保存。

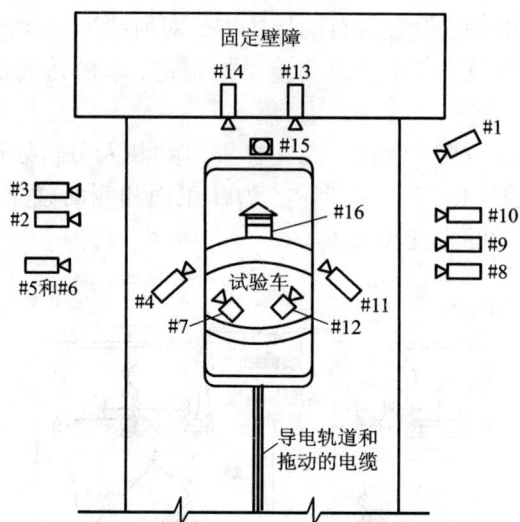

**图7－15　汽车正面固定壁障碰撞
试验中摄像机的布置方案**

复习思考题

7－1　简述碰撞试验假人的分类。

7－2　简述实车碰撞试验所用的主要试验设备。

7－3　简述汽车正面碰撞的类型和试验方法。

7－4　简述汽车侧面碰撞的试验方法。

7－5　简述汽车追尾碰撞的试验方法和评价标准。

7－6　汽车碰撞试验中的电测量项目包括哪几个方面？

第 8 章　汽车环境保护特性试验

内容概要： 本章主要介绍汽油机和柴油机排出污染物和噪声的测量方法及其设备，以及相关的基本概念和相关法规。介绍了排气污染物的危害。

8.1　汽车公害的分类

汽车作为一种交通工具已深入到人类生活的各个领域，汽车的普及极大地改善了人们的出行条件，促进和加快了物资的流通，但另外一方面也带来了空气污染、噪声、交通事故和电波干扰等社会公害。随着社会的文明和进步，减小汽车公害已受到人们的高度重视。

汽车公害是指由于汽车在路上行驶而在相当广泛的范围内产生的损害人体健康和人类生活环境的现象。一般指以下三个方面：汽车尾气对大气的污染；噪声对环境的危害；汽车电气设备的电波干扰。其中尾气对人类生活环境影响最大，其次是噪声，而电波公害不直接影响人的身体健康，没有前两者严重。

1. 排气公害

（1）一氧化碳（CO）

汽车排放中的 CO 是燃料不完全燃烧的产物。当发动机混合气过浓或燃烧质量不佳时，易生成 CO。CO 是一种无色无味的有毒气体，它进入人体后极易与血液中的血红蛋白结合。CO 与血红蛋白的亲和力是氧的 300 倍，因此，CO 可使血液携带氧的能力降低而引起缺氧。CO 被人体大量吸入后会使人感觉恶心、头晕及疲劳，严重时会使人窒息死亡。

（2）碳氢化合物（HC）

汽车排放中的 HC 是多种碳氢化合物的总称，是发动机未燃尽的燃料分解或供油系中燃料的蒸发所产生的气体。汽车排放污染物中，HC 的 20%～25% 来自曲轴箱窜气，20% 来自化油器和燃油箱中的蒸发，其余则由发动机排气管排出。单独的 HC 只有在浓度相当高的情况下才会对人体产生影响，一般情况下作用不大。但它能引起光化学反应生成光化学氧化剂，且生成甲醛，形成烟雾，对人的眼、鼻和咽喉黏膜有较强的刺激作用，严重时可致癌。

（3）氮氧化合物（NO_x）

汽车排放中的 NO_x 是复杂氮氧化合物的总称，主要包括 NO_2 和 NO。废气中的 NO 主要是在高温燃烧过程中由空气中的氧和氮化合而成，燃料中含氮化合物也会部分形成氮氧化物排放。汽车尾气中直接排出的氮氧化物基本上是 NO，汽油机排出的氮氧化合物中，NO 占99%，而柴油机排出的氮氧化合物中 NO_2 比例稍大。NO 在发动机刚排出时，其毒性较小，但排出之后 NO 在大气中被氧化为剧毒的 NO_2，这一过程一般需要几小时，若空气中有强氧化剂如臭氧，则氧化过程变得很迅速。NO_2 是一种刺激性很强的污染物，它能刺激眼、鼻黏膜，麻痹嗅觉，甚至引起肺气肿；NO_2 还是形成酸雨及光化学烟雾的主要物质之一，对人及植物生长均有不良影响。

（4）微粒

汽车排放中的微粒是发动机排气中各种固体或液体微粒的总称。汽油机排出的主要微粒是铅化物、硫酸盐、低分子物质；柴油机排出的主要微粒为碳物质（碳烟）和高分子量的有机物（润滑油的氧化和裂解产物），其微粒的直径为 $0.1 \sim 10 \ \mu m$。柴油机产生的微粒量比汽油机多 $30 \sim 60$ 倍，碳烟是柴油机燃烧不完全的产物，它是由直径较小的多孔性碳粒构成。微粒中对人体和大气环境危害最大的是 $2.5 \ \mu m$ 左右的微粒，它悬浮于离地面 $1 \sim 2 \ m$ 高的空气中，容易被人体吸入。而这些微粒，往往吸附有许多有机污染物、重金属元素和一些致癌物质，因而当其沉积到人体肺部时，会严重危害人体的健康。

（5）硫化物

汽车排放中的硫化物主要为二氧化硫（SO_2）。它由所用燃料中的硫和空气中的氧反应生成。SO_2 有强烈的气味，它本身可刺激咽喉与眼睛，严重时可使人中毒，引起呼吸道疾病。SO_2 还是形成酸雨的主要成分，它能严重污染河流、湖泊等水系，使土壤和水源酸化，殃及野生动植物的生存安全，破坏自然界的生态平衡。

2. 噪声公害

噪声是指引起人们不适感而必须用一定措施加以控制的声音总称，如城市中的环境噪声、生产噪声、生活噪声等。在现代城市中，交通噪声是道路上交通流发出的持续性的变动噪声，是环境噪声的主要部分。交通噪声的主要声源是机动车（如汽车、电力、摩托车等），其中汽车噪声影响最大。汽车噪声是一种包括多种不同性质噪声的综合噪声，其中主要来自发动机、轮胎、排气、吸气和喇叭声等。交通噪声与交通量、道路结构、道路周围的建筑物等因素有关、

机动车噪声一般是 $60 \sim 90 \ dB$ 的中强度噪声。但是由于影响面广、时间长，因此危害大。高于 $70 \sim 80 \ dB$ 的噪声会使人心情不安、烦躁、疲倦、工作效率下降、语言通信困难，从而影响人们正常的工作、学习和生活，长时间处于噪声环境，会导致心脏病和胃病及神经官能症，甚至使听力受损。

3. 电波公害

汽车电器中有许多导线、线圈和零件都具有不同的电容和电感，在闭合回路中形成振荡回路。当电气设备产生火花时，就会引起高频振荡并以电磁波的形式发射到空中，干扰无线电和电子设备正常工作，尤以点火系所引起的干扰最为严重。

其次，发动机电刷、喇叭、调节器、触电以及灯开关等，工作时易产生火花而引起无线电干扰。由于它们的电容和电感不同，产生的振荡频率也不相同，因而干扰的频率范围很广（$0.15 \ MHz \sim 1000 \ MHz$），导致汽车上及周围数百米处的收音机、电视机和其他电子装置受到干扰。这种无线电干扰，按其传播方式可分为传导干扰和辐射干扰两种。传导干扰是电磁波通过汽车导线直接传播的，辐射干扰则是通过空气传播的。

8.2　汽车排气的检验与测量

汽车排放污染物的测试是废气净化研究的重要方面。正确测试汽车有害排放物的含量是研究汽车有害排放物的形成及其控制技术和装置的重要前提。随着各国汽车排放标准的日趋严格，其排放测试技术也在不断地完善。

汽车排放污染物的浓度一般都低，在排气过程中的废气成分因相互影响而不稳定，采样测量时样气在进入测试仪器前的管路中，有凝聚和吸附等现象。因此，为得到正确的测量结果，就必须要有合理的采集排气样气的取样系统，以及具有良好的抗干扰性能和高灵敏度的测试仪器。

汽车排气污染物包括从发动机排气管排出的有害气体，如一氧化碳（CO）、碳氢化合物（HC）、氮氧化合物（NO_x）等；从发动机曲轴箱泄露出的废气（主要为 CO，HC，NO_x）；从发动机燃料供给系统蒸发到大气中的汽油蒸气（HC）；从柴油发动机排气管排出的颗粒物。

汽车排放污染物测量试验分为汽车类型核准试验、生产一致性检查试验、新生产汽车检测试验、在用汽车检测试验等。

8.2.1　试验规范

汽油车的排气污染物主要指 CO，HC，和 NO_x，其中 HC 以正已完当量表示，而 NO_x 以 NO 表示。国家标准 GB 18285—2005《点燃式发动机汽车排气污染物排放限值及测量方法（双怠速法及简易工况法）》规定了国家标准 GB/T 15089—2001《机动车辆及挂车分类》分类的 M_1，M_2 和 N_1 类在用汽油车排气污染物的检测应采用双怠速法与简易工况法。

柴油车排气中的有害成分主要有 CO，HC，NO_x 以及 PM（颗粒状物质）等。与同功率的汽油车相比，柴油车的 CO 和 HC 排放较少，NO_x 的排放量因柴油机的类型差别很大，但排出的 PM 是汽油机的 20～100 倍，这些 PM 包含在柴油机排出的黑烟中。

对于在用柴油车，我国排放标准控制的指标是烟度，即主要控制黑烟排放量。GB 3847—2005《车用压燃式发动机和压燃式发动机汽车排气烟度排放限值及测量方法》中规定了用自由加速法与加载减速工况法测量在用压燃式发动机排气烟度的方法。对于 2001 年 10 月 1 日前生产的在用柴油车进行自由加速滤纸烟度法试验；对于 2001 年 10 月 1 日起生产的在用柴油车进行自由加速不透光烟度法试验；在机动车保有量大、污染严重的地区，实施加载减速法监控在用柴油车排放状况。

8.2.2　排气分析的取样方法

取样是汽车排放测试的第一环节，在不同条件下，需要不同的取样技术。取样方法不同，取样系统也有所不同。取样系统的功能在于使样气经过预处理，以便按一定要求送入分析系统。取样的正确与否对测量结果的正确性关系极大。

一般来说，当汽车在不变工况工作时，污染物的排放量可通过排气成分分析仪器测量该成分在排气中的浓度，然后根据汽车的排气总流量来计算求得。当汽车在变工况工作时，虽说在理论上可先测出成分浓度和排气流量随时间的变化曲线，然后再对时间积分计算总量。

但实际上由于排气管压力随工况变化而变化，取样系统和测量仪器动态响应滞后不同，以及在输送过程中各工况的样气部分混合，使得浓度曲线不能再现汽车排放的时间特性，造成很大的误差。于是采用通过测量排放平均值的方法来确定总排放排放量，如把一个标准测试循环中的所有排气收集到气袋里，然后测量浓度和气量，从而算出该循环的总排放量。这种方法需要用很大的气袋来收集排气，很不方便。同时样气在收集过程中可能发生物理和化学变化，导致测量结果失真。

按取样方法分，目前常采用的取样系统有直接取样系统、稀释取样系统和定容取样系统。下面针对每种取样方法并结合取样系统分析它们的特点。

1. 直接取样系统

直接取样法，是将取样探头插入发动机的排气管中，用取样泵连续抽取一定量气体不经稀释直接送入分析系统进行分析。由于直接取样法设备简单，操作方便，被广泛用于许多国家和地区的各种用途发动机的排放测量中。

为简化排放测量程序，提高测量精度，总质量大于 3500 kg 的重型车辆排放气态污染物一般均在稳定工况下测量。

发动机在测功机台架上稳定运行，分析用样气直接从发动机的排气管抽取。因为未经稀释的排气污染物浓度较高，保证了较高的测量精度。采样泵（P）把排气经加热取样管 HSL_1（保温 453～473 K）输送到氢火焰离子型检测器（HFID）分析 HC，经加热取样管 HDL_2（保温 368～473 K）输送到加热型化学发光分析仪（HCLA）分析，另外排气经取样管 SL 输送到不分光红外线吸收型分析仪（NDIR）分析 CO 和 CO_2。为了排除水蒸气对 NDIR 工作的干扰，用温度保持 273～277 K 的槽型冷却器（B）来冷却和凝结排气样气中的水分。

取样探头一般为一端封闭、多孔、平直的不锈钢探头，垂直插入排气管内，插入长度不少于排气管内径的 80%。探头处的排气温度不应低于 343 K，进行 NG（natural gas）发动机测试时，取样探头应安装在距排气歧管或增压器法兰盘出口 1.5～2.5 m 的位置。

2. 稀释取样系统

测量重型车用柴油机的微粒排放测试时，用稀释取样系统取样，既可用全流稀释取样系统（full flow dilution sampling system, FFDSS），也可用分流稀释取样系统（partial flow dilution sampling system, PFDSS）。

（1）全流稀释取样系统（FFDSS）

图 8-1 为稀释柴油机全部排气的全流稀释微粒取样系统，它可由初级稀释风道（PDT）和微粒取样系统（PSS）等构成的单级稀释取样（single dilution sampling, SDS）系统；也可是由初级稀释风道（PDT）和次级稀释取样系统（SDT）组成的双级稀释取样（double dilution sampling, DDS）系统。一般说来，排气管（EP）从发动机排气歧管或涡轮增压器出口，到稀释通道的排气管长度不得超过 10 m。如果排气管长超过 4 m，那么管子超过 4 m 的部分都应隔热。隔热材料的径向厚度至少为 25 mm，其导热率在温度为 673 K 时，不得大于 0.1 W/(m·K)。

初级稀释风道（PDT）中应有足够的湍流强度和足够的混合长度，保证取样前柴油机排气管（EP）排出的排气经稀释空气滤清器（DAF）净化的稀释空气混合均匀。单级稀释系统的直径至少为 460 mm，双级稀释系统的直径至少为 200 mm。发动机的排气应顺气流引入初级稀释通道，并充分混合。

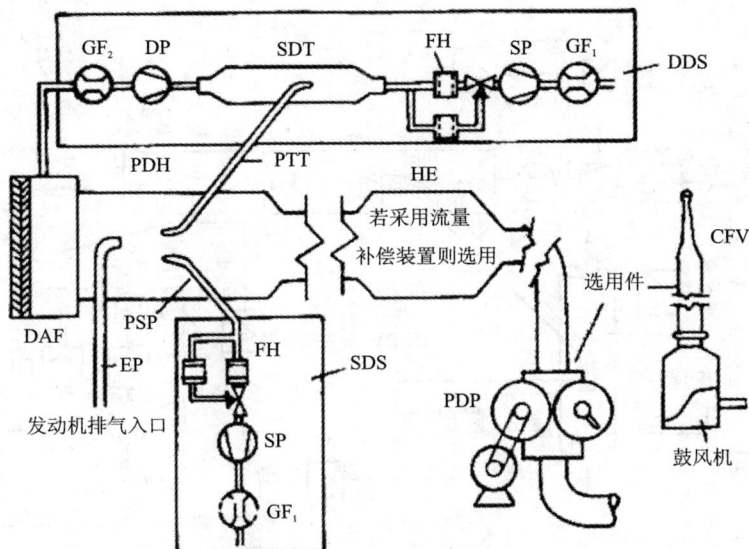

图 8 − 1　全流稀释取样系统流程图

EP—排气管；PDP—容积式泵；CFV—临界流量文杜里管；HE—热交换器；PDT—初级稀释通道；SDS—单级稀释系统；DDS—双级稀释系统；PSP—颗粒物取样探头；PTT—颗粒物传输管；SDT—次级稀释通道；DAF—稀释用空气过滤器；FH—滤纸保持架；SP—颗粒物取样泵；DP—稀释用空气泵；GF—气体计量仪或流量测定仪

对仅用于 SDS 的颗粒物取样探头（PSP）和仅用于 DDS 的颗粒物传输管（PTT），两者必须逆气流安装在稀释用空气和排气混合均匀的地方（即在稀释通道的中心线上、在排气进入稀释通道点的下游约 10 倍管径的地方），内径均至少为 12 mm，不得加热。从 PSP 探头前端到滤纸保持架的距离不得超过 1020 mm；从 PTT 传输管入口平面到出口平面不得超过 910 mm，颗粒物样气的出口必须位于次级稀释通道的中心线上，并朝向下游。

（2）分流稀释取样系统（PFDSS）

由于全流稀释取样系统设备笨重，占地面积大，测试功耗也大，所以对重型车用柴油机进行稳态测量微粒排放时，可把一部分柴油机排气输入稀释风道的分流稀释取样系统。图 8 − 2 为测量重型车用柴油机稳态微粒排放用的分流稀释取样系统。

柴油机排气管（EP）中的排气通过颗粒物取样探头（ISP 或 PR）和颗粒物取样传输管（TT）输送到稀释通道（DT）。通过 DT 的稀释排气流量用颗粒物取样系统（PSS）中的流量控制器（FC2）和颗粒物取样泵（SP）控制，稀释空气流量用流量控制器（FC1）控制。

（3）定容取样系统

现在，世界各国的排放法规大多规定对汽车的排气先用干净空气进行稀释，然后用定容取样（constant volume sampling, CVS）系统取样。除取样袋收集的气体外，大部分排气被排出取样器，由测量器测量排出气体的总流量。测量总流量的常用方法有：一是用容积泵（positive displacement pump, PDP）；二是用临界流量文杜里管（critical flow venturi, CFV）。

①带容积泵的定容取样系统

带容积泵的定容取样系统：容积泵 PDP 每转的抽气体积是一定的，只要转速不变，总流

215

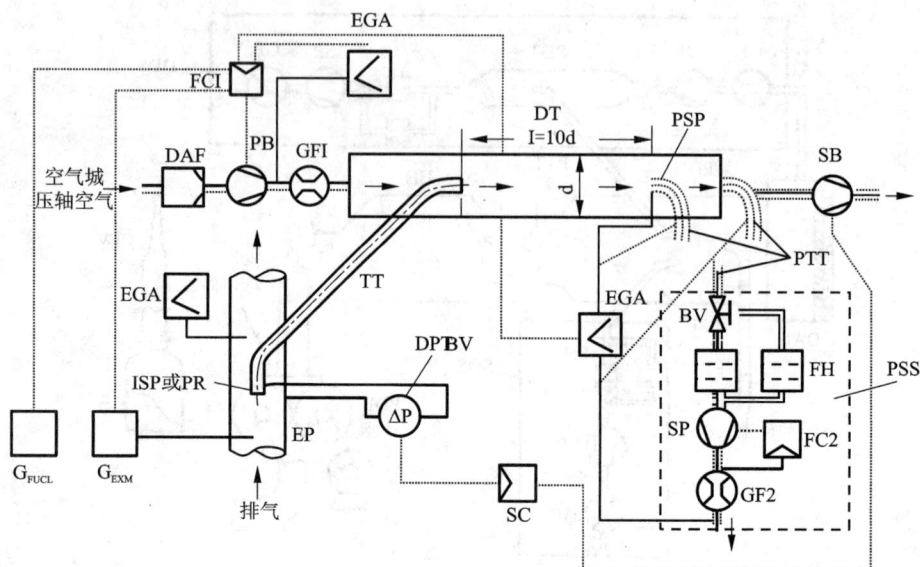

图 8-2 分流稀释取样系统

EP—排气管；PR—取样探头；ISP—等动态取样探头；EGA—排气分析仪；TT—颗粒物取样传输管；SC—压力控制装置；DPT—差压传感器；FC1—流量控制器；GF1—气体计量仪或流量测定仪；SB—抽风机；PB—压力机；DAF—稀释用空气过滤器；DT—稀释通道；PSS—颗粒物取样系统；PSP—颗粒物取样探头；PTT—颗粒物传输管；FH—滤纸保持架；SP—颗粒物取样泵；FC2—流量控制器；GF2—气体计量仪或流量测定仪；BV—球阀

量就不变。PDP 系统可使流量无级变化，但结构庞大，且流量受温度影响大。

②采用临界流量文杜里管的定容取样(CFV – CVS)系统

采用临界流量文杜里管的定容取样系统。其总流量由临界文杜里管 CFV 来确定，只要文杜里管一定，总流量就不变。该系统受温度影响较小，结构相对简单，但只可通过切换文杜里管来改变流量，且只能有级地改变。

为了保证 CVS 系统的取样精度，流经系统的稀释排气质量流量必须保持恒定。流量控制器 N，用于保证在试验过程中，从取样探头处采集的样气流量稳定(约 10 L/min)，气体样气流量应保证在试验结束时，样气足以够供分析用。流量计 FL，用于在试验期间调节和监控气体样气的流量稳定。

测试柴油机时，因较重的 HC 可能在样气袋中冷凝，需对 HC 进行连续分析，因此，稀释排气用加热到 463 K 的管路输送到分析器，并用积分器测试循环时间内的累计排放量。

8.2.3 分析仪器

目前，汽车排气中的 CO 和 CO_2 用不分光红外线气体分析仪测量，NO_x 用化学发光分析仪测量，HC 用氢火焰离子型分析仪测量。当需要从总碳氢化合物中分离出非甲烷碳氢化合物时，一般用气相色谱仪测量甲烷。发动机排气中的氧化多用顺磁分析仪测量。

1. 不分光红外线气体分析仪

不分光红外线气体分析仪(non – dispersive infrared analyzer，NDIR)是根据不同气体对红外线的选择性吸收原理提出的。红外线是波长为 0.8 ~ 600 μm 的电磁波，多数气体具有吸收特定波长的红外线的能力。如 CO 能吸收 $4.5 \sim 5$ μm 的红外线，CO_2 能吸收 $4 \sim 4.5$ μm 的红外线，CH_4 能吸收 2.3 μm，3.4 μm，7.6 μm 的红外线，NO 能吸收 5.3 μm 的红外线，不分光红外线气体分析仪根据其特定的吸收来鉴别气体分子的种类。

不分光红外线气体分析仪工作原理，如图 8 - 3 所示。红外线光源 1 射出的红外线经过旋转的截光盘 2 交替地投向气样室 7 和装有不吸收红外线的气体(如氮)的参比室 4，透过两室的气体后进入检测器 5。检测器有两个接收气室，当样气室中的被测样气浓度变化时，两个接受气室接受的红外线辐射能的差别也发生变化，导致分隔两气室的薄膜 6 两侧压变化。由截光盘调制的周期性变化引起电容器电容量周期变化，该信号经放大成为分析仪的输出信号。

为防止其他气体成分对被测成分测量的干扰，在光路上设置了滤波室 3 和 8，滤掉干扰气体能吸收的波段。如分析 CO，在滤波室中充以 CO_2 和 CH_4 等，分析时就不会受排气中的 CO_2 和 CH_4 成分的干扰；分析 CO_2 时，则应充入 CO，CH_4 等。

不分光红外线气体分析仪采用直接取样系统时，水蒸气对 CO 和 NO 的测定有干扰，在取样流程中应串联有冷却器或除湿器，以尽量除去水分。

图 8 - 3　不分光红外气体分析仪

1—红外光源；2—截光盘；3、8—滤波室；
4—参比室；5—检测器；6—电容器薄膜；
7—气样室

不分光红外线气体分析仪测量 NO 时，由于输出信号非线性且易受干扰，其测量精度低；测量 HC 时，只能检测某一波长段的 HC，如检测器接收室内充填正己烷，则测量仪器对非甲烷饱和烃敏感，而对非饱和烃和芳香烃则不敏感，测量的结果主要是反应了饱和烃的含量而不代表各种 HC 的含量，所以总的精确度较差。排放法规规定，CO 和 CO_2 用不分光红外线气体分析仪测量。

2. 化学发光分析仪

化学发光分析仪(chemical luminescence detector，CLD)被认为是目前测定汽车排气中 NO_x 的最好方法，也是各国汽车排放法规规定的测量方法。它具有的优点是灵敏度高，体积分数可达 10^{-7}，反应速度快，在 NO_x 体积分数为 $0 \sim 0.1$ 时的输出特性呈线性关系，以及适用于低浓度连续分析等。

CLD 只能直接测定 NO，其原理基于 NO 与臭氧的反应：

$$NO + O_3 \longrightarrow NO_2^* + O_2 \qquad (8-1)$$

$$NO_2^* \longrightarrow NO_2 + h\nu \qquad (8-2)$$

式中：h 为普朗克常数；ν 为光子的频率。

NO 和过量的 O_3 在反应器中混合，相互作用，产生电子激发态分子 NO_2^*。当 NO_2^* 衰减到基态就放射出波长 $0.6 \sim 3$ μm 光子 $h\nu$。放射的光子强度与 NO，O_3 两反应物的浓度乘积成正比，还与反应室的压力、NO 在反应室内滞留时间以及样气中其他分子种类有关。由于在正常工作情况下 O_3 量较大，其浓度几乎无变化，故化学发光强度正比于 NO 的浓度。

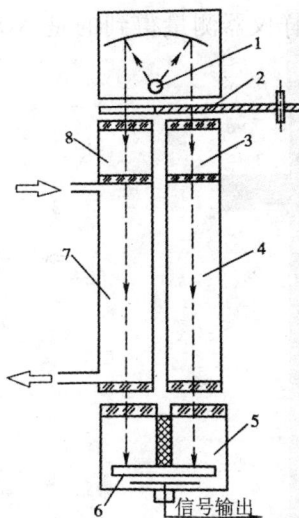

化学发光分析仪工作原理，如图 8 - 4 所示。样气根据需要由通道 A 或 B 进入反应室 1。通道 A 直接通向反应室，这个通道只能测量样气中 NO 的浓度；样气通过通道 B 时，样气中的 NO_2 将在催化转换器 7 中按下式转化成 NO，再进入反应室：

$$2NO_2 \longrightarrow 2NO + O_2 \tag{8-3}$$

这样仪器测量得到的是 NO 和 NO_2 的总和 NO_x 与 NO 的差值，即可确定样气中 NO_2 的浓度。

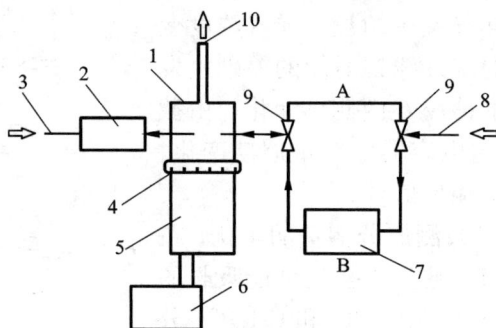

图 8 - 4 化学发光分析仪工作原理图

1—反应室；2—臭氧发生器；3—氧入口；4—滤光片；5—光电倍增管检测器；
6—信号放大器；7—催化转化器；8—样气入口；9—转换开关；10—反应室出口

使用滤光片 4 让光电倍增管检测器 5 只记录波长为 $0.6 \sim 0.65\ \mu m$ 的光，以避免其他成分气体对检测的干扰。检测器 5 的微弱信号经信号放大器 6 放大后输出。

为使 NO_2 尽可能完全地转化成为 NO，催化器中的温度必须在 920 K 以上。在实际测量中常会出现 NO_2 测量值过低的问题，主要原因有两个：一是催化器老化，NO_2 向 NO 的转化率下降；二是 NO_2 可能冷凝在水中。必须将取样系统加热，并且在使用过程中定期检查催化转化效率，当其低于 90% 时，应予以更新。

3. 氢火焰离子检测器

氢火焰离子型分析仪（flame ionization detector，FID）是目前测量汽车排放中 HC 的最有效手段。FID 灵敏度，可测到极小浓度的 HC，且线性范围宽，对环境温度和压力也不敏感。

FID 的工作原理是利用 HC 在氢火焰燃烧室，2300 K 左右的高温氢火焰会使 HC 离子化成自由离子，且离子数基本上与 HC 浓度成正比。如图 8 - 5 所示，待测气体与氢气混合后，由入口 4 进入燃烧器，由燃烧嘴 6 喷出，在空气的助燃下由通电的点火丝点燃。HC 在缺氧的氢扩散火焰中分解出离子和电子。这些离子和电离在周围 $100 \sim 300$ V 的电压下在离子收集器 1 中形成按一定方向运动的离子流，通过对离子流电流的测量就可测得碳原子的浓度，从而反映出相应的 HC 的浓度。

FID 不受样气中有无水蒸气的影响，但可能受其中氧的干扰。这种干扰可用两个措施来减小：一是用 40% 的 H_2 和 60% He 的混合气代替纯 H_2；二是用含氧量接近待测气体的零点气和量距气进行标定。

不同的 HC 分子结构对 FID 的影响不同。FID 显示的 C 原子数与实际的原子数之比，烷烃不低于 0.95，而对芳香烃特别是含氧有机物（如醇、醛、醚、酯等）响应的偏离较大。

因高沸点的 HC 在取样过程中会凝结，为避免这点，应对采样管路加热。测量汽油机排气时应加热到 400K 左右，测量柴油机排出的 HC 要用加热管路和加热氢火焰离子型分析仪（HFID）.

4. 四气体与五气体分析仪

对于 CO，HC，NO_x，CO_2 和 O_2 5 种气体成分的浓度，通常采用两类不同方法来测定，其中 CO，CO_2 和 HC 通过不分光红外线不同波长能量吸收的原理来测定，可获得足够的测试精度。而 NO_x 与 O_2 的浓度通常采用电化学的原理来测定，排气中含氧量的浓度通过在测试通道中设置氧传感器即可测定。从国内外来看，现在使用的氮氧化合物测试仪主要是化学发光分析仪。

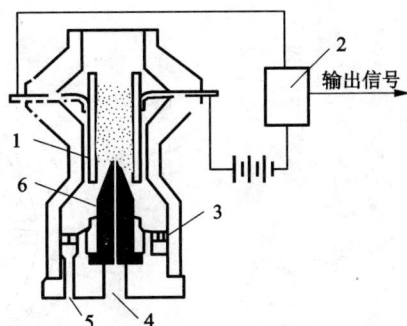

图 8 – 5　氢火焰离子型分析仪工作原理图
1—离子收集器；2—信号放大器；
3—空气分配器；4—氢和待测气体入口；
5—助燃空气入口；6—燃烧嘴

目前市场上提供的四气体分析仪所测气体为 CO、CO_2、HC 与 O_2 的浓度。因化学发光分析仪测定 NO_x 浓度的设备结构较复杂，市场上提供的在线快速检测的五气体分析仪没有采用，而多采用与 CO，CO_2，HC 相同的不分光红外线原理。但需说明的是，对 NO_x 来说，这种测定方法精度较低。

5. 顺磁分析仪

气体受不均匀磁场的作用时会受到力的作用，如果该气体是顺磁性的，此力指向磁场增强的方向；如果是反磁性的，则指向磁场减弱的方向。大多数气体是反磁性的，只有少数气体是高度顺磁性的。氧气是一种强顺磁性气体，氮氧化合物有较弱的顺磁性，NO 和 NO_2 的顺磁性分别为氧的 44% 和 29%。因为汽车排放中，氧的浓度要比 NO 高得多，所以可用顺磁分析仪测量排气中的氧浓度。

顺磁分析仪（paramagnetic analyzer，PMA）的工作原理如图 8 – 6 所示。样气 3 中的氧 2，在永久磁铁 6 产生的磁场吸引下自左向右充入水平玻璃管 5 中。在磁场强度最大的地方，样气被电热丝 4 加热。加热后的氧顺磁性下降，磁铁对它的吸引力小于冷态的氧。冷的样气被吸到磁极中心，挤走热的样气。冷的样气被加热后又被挤走。这样在玻璃管 5 中就形成了气体流动，也称磁风，其速度与样气中的浓度成正比。如果加热丝 4 同时起热线风速仪的作用，就可以简单地测定磁风速度，从而测得样气中的氧浓度。

8.2.4　气相色谱分析法（GC）

气相色谱仪（gas chromatography，GC）是将混合气体中各组分相互分离，以便于对混合气的组成和各成分的浓度进行详细的分析。它灵敏度高，需要样气数量很少，一次可完成多种成分的分析，是应用极为广泛的通用微量分析设备。

气相色谱仪工作原理如图 8 – 7 所示。

用样气注射器把一定体积的样气从试样注入口 1 注入仪器，与从载气入口 7 进入仪器的氢、氮、氩等载气混合后流入装有填充剂的色谱柱 6 中。由于样气的不同组分对色谱柱中的

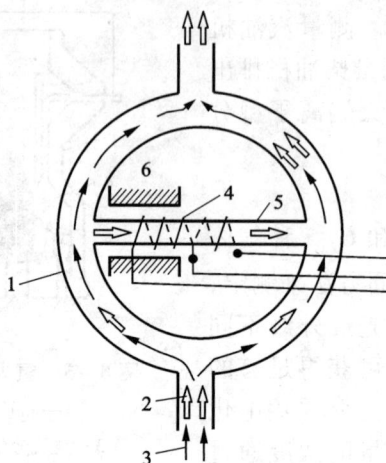

图 8-6 顺磁分析仪工作原理图

1—环形室；2—样气中的氧；3—样气；4—加热丝；5—玻璃管；6—永久磁铁

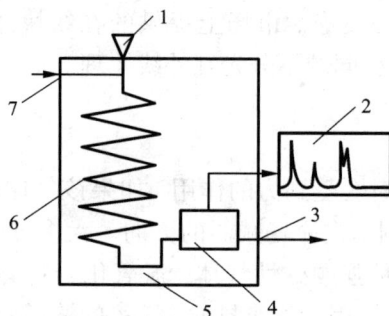

图 8-7 气相色谱仪工作原理

1—样气注入口；2—色谱图记录仪；3—气体出口；
4—检测器；5—温控槽；6—色谱柱；7—载气入口

填充剂的亲和力(吸附或溶解性)不同，在载气的推动下被分离。亲和力弱的组分，很难被滞留在填充剂中，首先流出色谱柱；反之，亲和力强的组分流出较晚。

色谱柱经分离后的各组分还需依次由载气送到出口处的检测器 4 进行检测，由检测器测定各组分的浓度。检测器除了氢火焰离子型分析仪(FID)外，常用的还有用于测量 CO 和 CO_2 等的热导率检测器(thermal conductivity detector，TCD)，测量含卤和含氧成分的电子捕获型检测器(electron capture detector，ECD)和测量含硫成分的焰光光度检测器(flame photometric detector，FPD)。

检测器可输出与被分离组分数量相对应的信号，在色谱记录仪 2 上以色谱峰点的形式记录下来。从注入试样开始到出现色谱峰点为止的时间，称为滞留时间或淘析时间。当测试条件相同时，试样中的每一组分的滞留时间是一个定值，所以可根据滞留时间来定性分析试样中所含的每一组分。而色谱峰的面积则与对应组分的含量成正比，可据此进行定量。

8.2.5　烟度测试

柴油机的排烟主要有黑烟、蓝烟和白烟,其排烟的多少以烟度来表征。常用的烟度计有滤纸式烟度计和不透光烟度计。

1. 用滤纸式烟度计测量烟度

滤纸式烟度计是一种用滤纸收集排烟,再比较滤纸表面对光的反射率来测量烟度的仪器。

（1）基本检测原理

用滤纸式烟度计检测柴油机烟度时,需从排气管抽取一定量的废气,并使之通过规定面积的标准洁白滤纸,于是废气中的碳烟微粒便过滤在滤纸上,使滤纸染黑,然后用光电检测装置测出滤纸的被染黑程度,该染黑程度即代表柴油机的排气烟度。滤纸染黑的程度不同,则对照射到滤纸表面光线的反射能力不同。据此烟度 S_F 可表示为:

$$S_F = 10(1 - R_0/R_C) \tag{8-4}$$

式中: R_0 为污染滤纸的反射因数, R_C 为洁白滤纸的反射因数。

R_0/R_C 的值由 0 到 100% ,分别对应于全黑滤纸的反射和洁白标准滤纸的反射。当污染滤纸为全黑时,烟度值为 10;滤纸无污染时,烟度值为 0。

（2）滤纸式烟度计结构原理

滤纸式烟度计有手动、半自动和全自动三种类型。滤纸式烟度计主要由取样装置、烟度测量与指示装置、控制装置、校准装置等组成。

①取样装置。该装置的作用是将柴油机的碳烟取出并吸附于滤纸上,然后送至烟度检测装置。取样装置由取样探头、活塞式抽气泵和取样软管等组成。取样软管把取样探头与活塞式抽气泵连接在一起,取样探头的结构形状能保证在取样时不受排气动压的影响。取样时,滤纸在泵筒内,取样探头在活塞式抽气泵的作用下抽取废气,抽气时碳烟留在滤纸上并将其染黑,夹持机构保证滤纸的有效工作面直径为 32 mm。取样完成后,滤纸夹持机构松开,染黑滤纸由进给机构送至烟度检测装置。

②烟度测量与指示装置。该装置由环形硒光电池、光源和指示仪表构成。检测时,光源的光线通过有中心孔的环形光电池照射到滤纸上,一部分光线被滤纸上的碳烟所吸收,另一部分光线被滤纸反射到环形光电池上,使光电池产生光电流。光电流的大小反映了滤纸反射率的大小,而滤纸反射率则取决于滤纸的染黑程度。滤纸染黑程度越高,则滤纸反射率越低,光电流就越小;滤纸染黑程度越小,则滤纸反射率越高,光电流就越大。

③控制机构。控制机构包括用脚操纵的抽气泵电磁开关、滤纸进给机构和压缩空气清洗机构等。压缩空气清洗机构可在废气取样前,用压缩空气清除探头内和取样管内积存的碳粒,以避免前一次测量残留在取样管内的炭烟影响。

④校准装置。烟度计在使用过程中,由于电源电压的变化,会引起灯光发光强度改变,影响测量精度,因此要经常校准。通常烟度计附带有供标定用的标准烟样纸,烟度校准时,把标准烟样纸放在污染计测量装置的规定位置上,开灯照射,再用仪表调整旋钮把仪表指针调到标准烟样纸所代表的污染度数值上即可。

滤纸式烟度计具有结构简单、调整方便、使用可靠,测量精度较高等优点,它曾广泛用于各国柴油机的烟度检测,目前,我国许多检测站仍在使用滤纸式烟度计。但滤纸式烟度计只能对废气作抽样试验，不能作连续测量和在线检测。

2. 用不透光烟度计测量烟度

不透光烟度计是一种根据光在排气中被烟气消减的程度来测量烟度的仪器。不透光烟度计可分为全流式和分流式两类。全流式不透光烟度计是通过测量全部排气的透光衰减率来检测烟度，而分流式不透光烟度计则是通过测量由取样管引入的部分烟气的透光衰减率来检测烟度。

基本检测原理：不透光烟度计主要由光源、光通道、光接收器等组成，其基本检测原理是不透光烟度计光源发出的可见光通过一定有效长度的、充满被测烟气的光通道，其光强度被烟气衰减，而透过烟气的被衰减的光量到达光接收器，于是光接收器输出与光强度衰减成正比的不透光度信号，从而检测烟度。

排气对光的吸收（或衰减）能力反映了排气烟度的大小，可用光吸收系数表示。光吸收系数是排气中单位容积颗粒数 n、颗粒物在光束方向上的法向投影面积 A 和颗粒物衰减系数 Q 的乘积。在测量排烟时，炭烟颗粒的 A 和 Q 值随发动机大部分运行工况变化不大，而每个颗粒本身的密度也大致相等，因此可近似认为光吸收系数与炭烟的质量浓度成正比。根据光的透射原理有：

$$\phi = \phi_0 e^{-KL} \qquad (8-5)$$

式中：ϕ_0 为入射光通量（lm）；ϕ 为出射光通量（lm）；K 为光吸收系数（m^{-1}）；L 为光通道有效长度（m）。

由式（8-5）可得：

$$K = -\frac{1}{L}\ln\frac{\phi}{\phi_0} \qquad (8-6)$$

由于我国新的排放标准中用光吸收系数作为柴油机排放烟度的评价指标，因此不透光烟度计应使用光吸收系数作为计量单位，它是一种光吸收的绝对单位。但有的不透光烟度计用不透光度作为计量单位，其不透光度是指光线被排烟吸收而不能到达光接收器的百分率。仪表的不透光度可用下式换算为光吸收系数：

$$K = -\frac{1}{L}\ln(1-\frac{N}{100}) \qquad (8-7)$$

式中：N 为不透光度读数（%）；K 为相应的光吸收系数值。

两种计量单位的刻度范围均以光全通过时为零，光吸收时为满量程。即烟气完全不吸光时，$N=0$，$K=0$；光线完全被烟气吸收时，$N=100$ 时，$K=\infty$。

测定前，用鼓风机向空气校正管吹入干净空气，旋转转换手柄，使光源和光电池分别置于校正管两侧，作零点校正。然后，再旋转转换手柄，将光源和光电池移至测试管两侧，并把需要测定的一部分汽车排气连续不断地导入测试管，光源发出的光部分地被排气中的烟气吸收衰减，光电检测单元则可连续测出光源发射光透过排放气体的透光强度，并通过光电转换显示测量结果。烟度指示值以 0 表示无烟，以 100 表示全黑。

不透光烟度计可以对柴油车排烟进行连续测量，可以按排放法规的要求进行稳态和非稳态工况下的烟度测量，在低烟度时有较高的分辨率，可以用来研究柴油机的瞬态碳烟排放特性，不透光烟度计目前在世界各国得到了广泛的应用。

8.2.6　汽油车排气污染物测量

1. 怠速法

怠速法是测量汽油车在规定怠速工况下排气污染的方法，主要是检测 CO 和 HC，其常用的检测仪器是不分光红外气体分析仪。

（1）怠速测量法

怠速工况时，发动机在无负载的最低稳定转速运转，混合气雾化条件较差，混合气相对较浓，燃烧状况不佳，CO 和 HC 的排放严重，因此怠速工况历来帮是作为 CO 和 HC 检测的一个重要工况。怠速测量法就是对汽油车怠速工况排气中的 CO 和 HC 浓度进行监测，其测量步骤如下：

①使发动机运行至规定的热状态，将发动机怠速转速和点火正时调整至规定值，并确保排气系统无泄漏。

②发动机空转，离合器处于接合状态，变速器置于空挡位置，加速踏板完全松开，采用化油器的供油系统应使其阻风门全开。

③发动机由怠速工况加速到至 0.7 倍的额定转速，维持 60 s 后降至怠速。

④发动机降至怠速状态后，将取样探头插入排气管中，深度等于 400 mn，并固定于排气管上。

⑤发动机在怠速状态，维持 15 s 后开始读数，读取 30 s 内的最低值及最高值，其平均值即为测量结果。

⑥若为多排气管时，取各排气管测量结果的算术平均值。

检测的 CO，HC 浓度应符合排放标准的要求，否则为不合格。

（2）双怠速测量法

双怠速测量法就是对汽油车怠速、高怠速工况排气中的 CO 和 HC 浓度进行监测。所谓高怠速工况是指发动机无负载稳定运转在 50% 额定转速或制造厂技术文件中规定的某一高转速时的工况。高怠速时，混合气的雾化及燃烧条件有所改善，CO 和 HC 的排放有所下降，为全面反映汽车 CO 和 HC 的排放状况，提高测量精度，并监控因催化转化器效率降低造成的汽车排气恶化，应将高怠速工况纳入检测范围。我国 GB 18285—2005《点燃式发动机汽车排气污染物排放限值及测量方法》规定，装用点燃式发动机的新生产汽车的型式核准和生产一致性检查以及在用汽油车的排放检查采用双怠速法。

双怠速测量法的测量步骤如下：

①保证被检测车辆处于制造厂规定的正常状态，发动机进气系统应装有空气滤清器，排气系统应装有排气消声器，并不得有泄漏。

②必要时在发动机上安装转速计、点火正时仪、冷却液和润滑油测温计等测量仪器。测量时，发动机冷却液和润滑油温度不应低于 80℃，或者达到汽车使用说明书规定的热车状态。

③发动机从怠速状态加速至 70% 额定转速，运转 60 s 后降至高怠速状态。轻型汽车高怠速为（2500 ± 100）r/min，重型车高怠速转速为（1800 ± 100）r/min；如有特殊规定的，按照制造厂技术文件中规定的高怠速转速。

④将取样探头插入排气管中，深度不少于 400 mm，并固定在排气管上。

⑤发动机在高怠速状态维持 15 s 后，由具有平均值功能的仪器读取 30 s 内的平均值，或者人工读取 30 s 内的最高值和最低值，其平均值即为怠速污染物测量结果。对于使用闭环控制电子燃油喷射系统和三元催化转化器技术的汽车，还应同时读取过量空气系数的数值。

⑥发动机从高怠速降至怠速状态 15 s 后，由具有平均值功能的仪器读取 30 s 内的平均值，或者人工读取 30 s 内的最高值和最低值，其平均值即为怠速污染物测量结果。

⑦若为多排气管时，取各排气管测量结果的算术平均值作为测量结果。

⑧若车辆排气管长度小于测量深度时，应使用排气加长管。

怠速和高怠速检测的 CO、HC 浓度应分别符合排放标准的要求，对于使用闭环控制电子燃油喷射系统和三元催化转化器技术的汽车，其高怠速时检测的过量空气系数还应在 1.00 ± 0.03 或制造厂规定的范围内，否则为不合格。

怠速法检测具有操作简便、测试时间短、效率高、成本低、测试仪器便于携带等优点，因而怠速法极适用于汽车检测站对在用汽车排放性能的年检测试、环保部门对在用汽车进行排放监测。但于由怠速时间占汽车运行时间的比例并不大，因而怠速工况下所排出的污染物总量并不高，更何况怠速是稳态工况. 而对于汽车排放影响最大的是非稳态工况。因此，怠速法的测量结果缺乏全匿代表性。

测量标准：在用汽车双怠速排气污染物排放限值见表 8 - 1，而过量空气系数要求在 1.00 ± 0.003 或制造厂规定的范围内。

表 8 - 1　在用汽车双怠速排气污染物排放限值(体积分数)

车型	各工况下的排放限值			
	怠速		高怠速	
	CO/%	HC/($\times 10^{-6}$)	CO/%	HC/($\times 10^{-6}$)
1995 年 7 月 1 日前生产的轻型汽车	4.5	1200	3.0	900
1995 年 7 月 1 日起生产的轻型汽车	4.5	900	3.0	900
2000 年 7 月 1 日起生产的第一类轻型汽车	0.8	150	0.3	100
2001 年 10 月 1 日起生产的第二类轻型汽车	1.0	200	0.5	150
1995 年 7 月 1 日前生产的重型汽车	5.0	2000	3.5	1200
1995 年 7 月 1 日起生产的重型汽车	4.5	1200	3.0	900
2004 年 9 月 1 日起生产的重型汽车	1.5	250	0.7	200

测量结果判定：检测污染物有一项超过表 8 - 1 规定的限值，则认为排放不合格；对于使用闭环控制电子燃油喷射系统和三元催化转化器技术的车辆，如果检测的过量空气系数超出要求，则认为排放不合格。

2. 工况法

工况法是将汽车若干常用工况和排放污染较重的工况结合在一起测量排放污染物的方法。工况法的循环试验模式应根据汽车的排放性能、行驶特点、交通状况、道路条件、车流密度和气候地形等因素，对大量统计数据进行科学分析而制定，以最大限度地重现汽车运行时的排放特性。

工况法在汽车底盘测功机上进行,利用底盘测功机模拟汽车行驶阻力、运动惯性以及各种道路行驶工况,按照规定的工况循环规范对汽车排放污染物进行测量。在世界各国的排放法规中,工况法采用的工况循环规范较多,下面仅介绍我国汽油车部分排放法规中应用的稳态工况法和瞬态工况法。

(1)稳态工况法(ASM)

稳态工况法由多种稳态工况组成。我国于 2005 年 7 月 1 日起实施的 GB 18285—2005《点燃式发动机汽车排气污染物排放限值及测量方法》规定,全国点燃式发动机在用汽车的排放监控,在机动车保有量大、污染严重的地区,可采用稳态工况法。

稳态工况又称加速模拟工况。稳态工况法是指汽车预热到规定的热状态后,加速至规定车速,根据汽车规定车速时的加速负荷,通过底盘测功机对汽车加载,使汽车保持等速运转的运行状态,在这样的工况下测试汽车排放的方法。进行 ASM 试验需要使用底盘测功机和排气分析仪。

稳态工况试验方法由两个试验工况组成,分别称为 ASM 5020 和 ASM 2540。试验过程如图 8-8 所示。表 8-2 给出了具体试验循环说明。

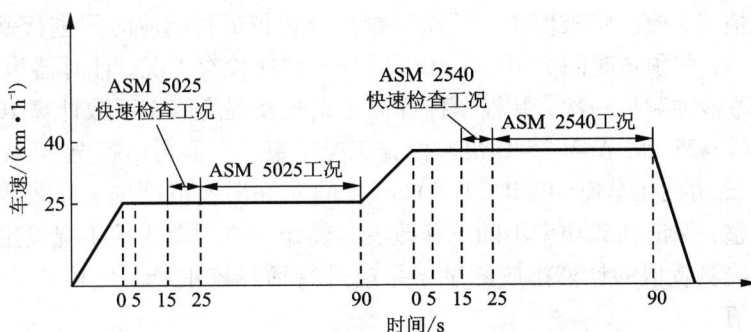

图 8-8　稳态工况法(ASM)试验运转循环

表 8-2　稳态工况法(ASM)试验运转循环

工况	运转次序	速度/(km·h^{-1})	操作时间/s	测试时间/s
ASM 5025	1	25	5	—
	2	25	15	
	3	25	25	10
	4	25	90	65
ASM 2540	5	40	5	—
	6	40	15	
	7	40	25	10
	8	40	90	65

①检测程序。车辆驱动轮位于测功机滚筒上，将分析仪取样探头插入排气管中，深度为 400 mm，并固定于排气管上，对独立工作的多排气管应同时取样。

ASM 5025 工况：车辆预热后加速至 25 km/h，测功机以车辆速度为 25 km/h、加速度为 1.475 m/s² 时的输出功率的 50% 作为设定功率对车辆加载，工况计时器开始计时（$t = 0$ s）。车辆以 (25 ± 1.5) km/h 的速度持续运转 5 s，如果底盘测功机模拟的惯量值在计时开始后持续 5 s 超出所规定误差范围，工况计时器将重新开始计时（$t = 0$ s）。如果再次出现该情况，检测将被停止。系统将根据分析仪最长响应时间进行预置，如果分析仪响应时间为 10 s，则预置时间为 10 s。10 s 后开始快速检查工况，计时器为 $t = 15$ s 时分析仪器开始测量，每秒钟测量一次，并根据稀释修正系数及湿度修正系数计算 10 s 内的排放平均值。运行 10 s（$t = 25$ s），ASM 5025 快速检查工况结束。车辆再运行至 90 s（$t = 90$ s），ASM 5025 工况结束。测功机在车速 (25.0 ± 1.5) km/h 的允许误差范围内，加载转矩应随车速的变化作相应的调整，保证加载功率不随车速改变。转矩允许误差为该工况设定转矩的 $\pm 5\%$。

ASM 2540 工况：ASM 5025 工况检测结束后车辆立即加速至 40 km/h，测功机以车辆速度为 40 km/h、加速度为 1.475 m/s² 时的输出功率的 25% 作为设定功率对车辆加载。工况计时器开始计时（$t = 0$ s）。车辆以 (40 ± 1.5) km/h 的速度持续运转 5 s，如果底盘测功机模拟的惯量值在计时开始后持续 5 s 超出所规定误差范围，工况计时器将重新开始计时（$t = 0$ s）。如果再次出现该情况，检测将被停止。系统将根据分析仪最长响应时间进行预制。如果分析仪响应时间为 10 s，则预置时间为 10 s。10 s 后开始快速检查工况，计时器为 $t = 15$ s 时分析仪器开始测量，每秒钟测量一次，并根据稀释修正系数及湿度修正系数计算 10 s 内的排放平均值。运行 10 s（$t = 25$ s），ASM 2540 快速检查工况结束。车辆再运行至 90 s（$t = 90$ s），ASM 2540 工况结束。测功机在车速 (40.0 ± 1.5) km/h 的允许误差范围内，加载转矩应随车速的变化做相应的调整，保证加载功率不随车速改变。转矩允许误差为该工况设定转矩的 $\pm 5\%$。

②排气污染物测量值的计算排放测试结果应进行稀释校正及湿度校正，计算 10 次有效测试的算术平均值。

测量结果计算式如下：

$$C_{HC} = \frac{\sum_{i=1}^{10} C_{HC}(i) DF(i)}{10} \tag{8-8}$$

$$C_{CO} = \frac{\sum_{i=1}^{10} C_{CO}(i) DF(i)}{10} \tag{8-9}$$

$$C_{NO} = \frac{\sum_{i=1}^{10} C_{NO}(i) DF(i) k_H(I)}{10} \tag{8-10}$$

式中：C_{HC} 为 HC 排放平均浓度（10^{-6}）；C_{CO} 为 CO 排放平均浓度（%）；C_{NO} 为 NO 排放平均浓度（10^{-6}）；$C_{HC}(i)$ 为第 i 秒 HC 测量浓度（10^{-6}）；$C_{CO}(i)$ 为第 i 秒 CO 测量浓度（%）；$C_{NO}(i)$ 为第 i 秒 NO 测量浓度（10^{-6}）；$DF(i)$ 为第 i 秒稀释系数；$K_H(i)$ 为第 i 秒湿度校正系数。稀释系数与湿度校正系数可参照相关计算公式计算。

③检测标准与结果判定。

ASM 5025 工况：在测量过程中，任意连续 10 s 内第 1 s 至第 10 s 的车速变化相对于第 1 s 小于 ±0.5 km/h，测试结果有效。快速检查工况 10 s 内的排放平均值经修正后如果等于或低于限值的 50%，则测试合格，检测结束；否则应继续进行至 90 s 工况。如果所有检测污染物连续 10 s 的平均值均低于或等于限值，则该车应判定为 ASM 5025 工况合格，继续进行 AMS 2540 检测；如任何一种污染物连续 10 s 的平均值超过限值，则测试不合格，检测结束。

在检测过程中如任意连续 10 s 内的任何一种污染物 10 次排放值经修正后均高于限值的 500%，则测试不合格，检测结束。

ASM 2540 工况：在测量过程中，任意连续 10 s 内第 1 s 至第 10 s 的车速变化相对于第 1 s 小于 ±0.5 km/h，测试结果有效。快速检查工况 10 s 内的排放平均值经修正后如果等于或低于限值的 50%，则测试合格，检测结束；否则应继续进行至 90 s 工况。如果所有检测污染物连续 10 s 的平均值均低于或等于限值，则该车应判定为合格。如任何一种污染物连续 10 s 的平均值超过限值，则测试不合格，检测结束。在检测过程中如任意连续 10 s 内的任何一种污染物 10 次排放值经修正后若高于限值的 500%，则测试不合格，检测结束。

（2）瞬态工况法

瞬态工况法由多种瞬态工况组成。我国于 2007 年 7 月 1 日起开始实施的 GB 18352.3—2005《轻型汽车污染物排放限值及测量方法》（中国Ⅲ、Ⅳ阶段）规定，在车辆型式核准中的Ⅰ型试验，采用如图 8-9 所示的运转循环，它由 4 个城区 15 工况循环和 1 个城郊 13 工况循环组成。检测时，将汽车放置在带有负荷和惯量模拟的底盘测功机上，并根据车辆参数自动设定测功机载荷，然后按规定的运转循环测量排放浓度。

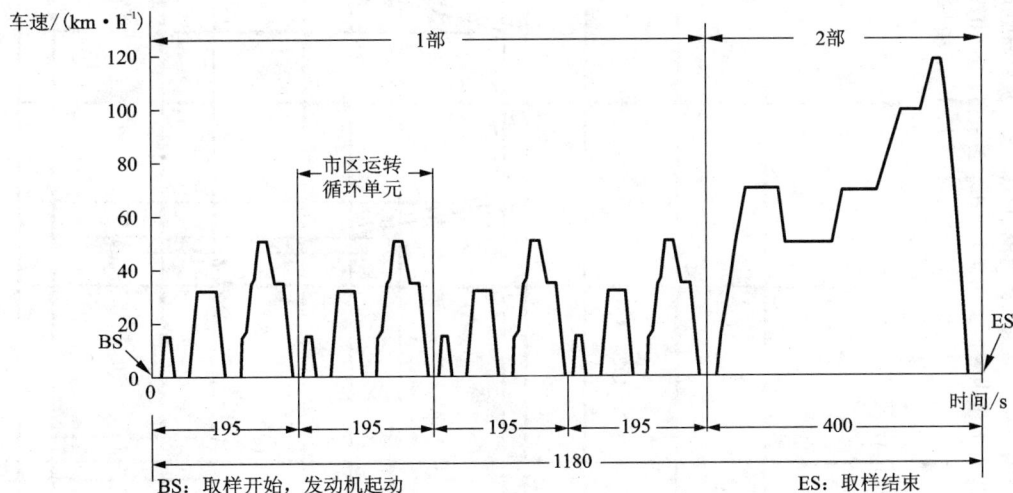

图 8-9　Ⅰ型试验运转工况

①城区 15 工况循环　城区 15 工况循环模拟的是城市条件汽车的行驶工况，其瞬态工况运转循环如图 8-10 所示，具体说明详见表 8-3。

图8-10 城区15工况循环

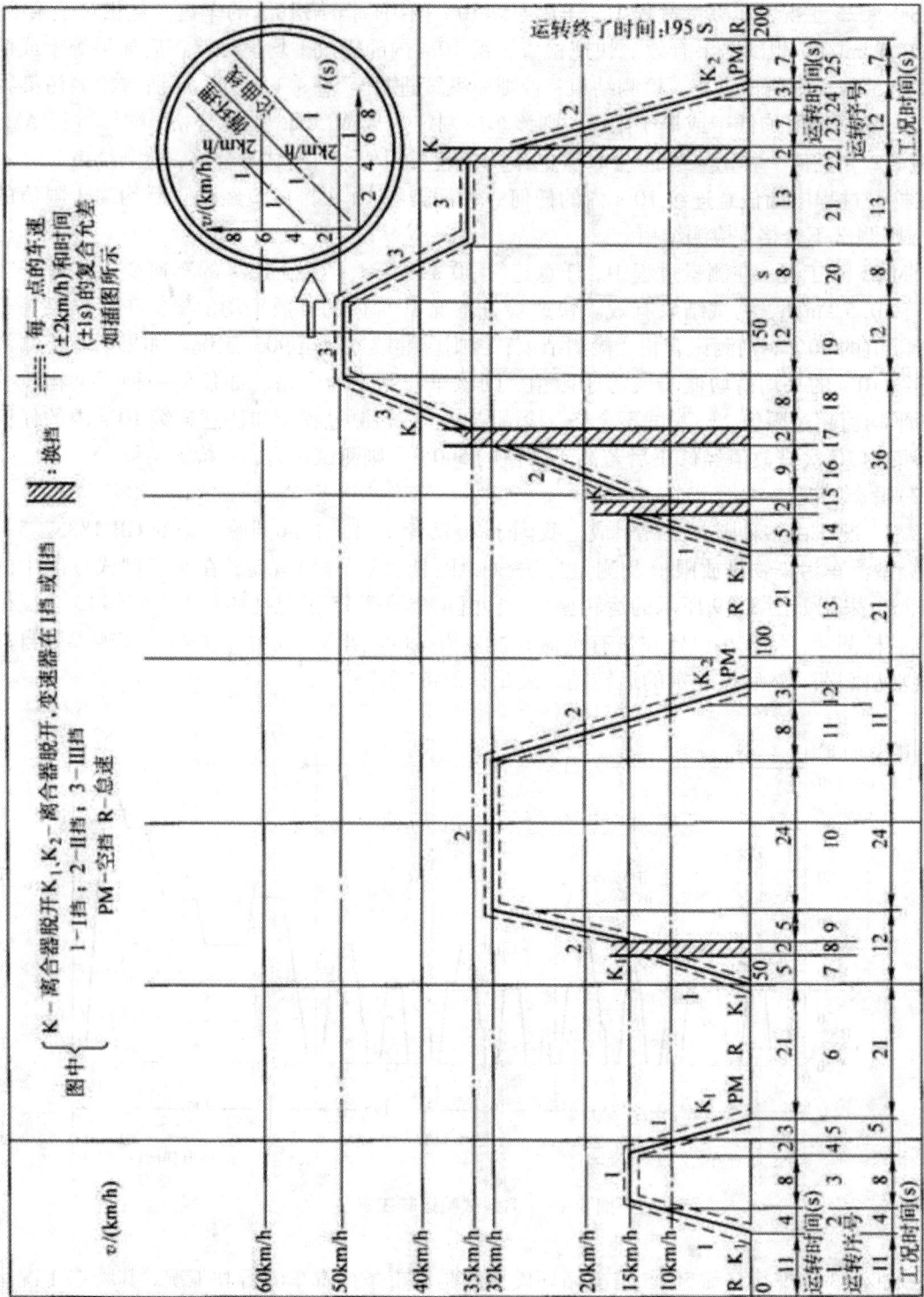

表8-3 城区15工况循环规范

工况	操作序号	状态	加速度/(m·s⁻²)	速度/(m·s⁻¹)	每次时间 操作/s	每次时间 工况/s	累计时间/s	手动变速箱使用挡位
1	1	怠速	—	—	11	11	11	6sPM① + 5aK₁②
2	2	加速	1.04	0→15	4	4	15	1
3	3	等速		15	8	8	23	1
4	4	等速	−0.69	15→10	2	5	25	1
	5	减速,离合器脱开	−0.92	10→0	3		28	K₁
5	6	怠速	—	—	21	21	49	16sPM + 5sK₁
6	7	加速	0.83	0→15	5	12	54	1
	8	换挡			2		56	—
	9	加速	0.94	15→32	5		61	2
7	10	等速		32	24	24	85	2
8	11	减速	−0.75	32→10	8	11	93	2
	12	减速,离合器脱开	−0.92	10→0	3		96	K₂
9	13	怠速			21	21	117	16sPM + 5sK₁
10	14	加速	0.83	0→15	5	26	122	1
	15	换挡③			2		124	—
	16	加速	0.62	15→35	9		133	2
	17	换挡			2		135	
	18	加速	0.62	15→35	8		143	3
11	19	等速	—	50	8	12	155	3
12	20	减速	−0.52	50→35	12	8	163	3
13	21	等速		35	13	13	176	3
14	22	换挡			2	12	178	—
	23	减速	−0.86	32→10	7		185	3
	24	减速,离合器脱开	−0.92	10→0	3		188	K₂
15	25	怠速	—	—	7	7	195	7sPM

注：①PM—变速器置空挡，离合器结合。

②K₁（或 K₂）—变速器挂 1 挡（或 2 挡），离合器脱开。

③如车辆装备自动变速器，驾驶员可根据工况自行选择合适的挡位。

②城郊 13 工况循环城郊 13 工况循环模拟的是城市郊区条件汽车的行驶工况，其瞬态工况运转循环如图 8 – 11 所示，具体说明详见表 8 – 4。

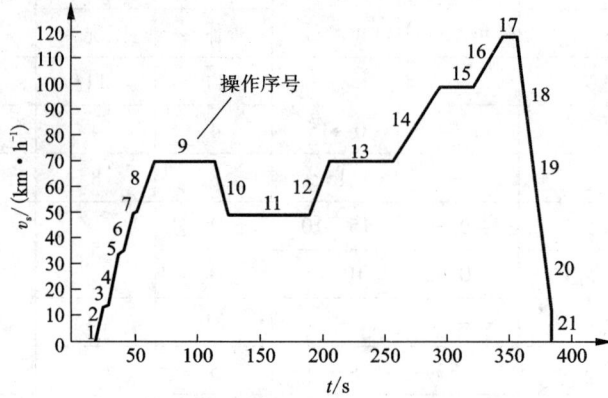

图 8-11 城郊 13 工况循环

表 8-4 城郊 13 工况循环规范

工况	操作		加速度 /(m·s^{-2})	速度 /(m·s^{-1})	每次时间		累计时间 /s	手动变速箱 使用挡位
	序号	状态			操作/s	工况/s		
1	1	怠速	—	—	20		20	K$_1$[①]
2	2	加速	0.83	0→15	5		25	1
	3	换挡	—		2		27	—
	4	加速	0.62	15→35	9		36	2
	5	换挡	—		2	20	38	—
	6	加速	0.52	35→50	8		46	3
	7	换挡	—		2		48	—
	8	加速	0.43	50→70	13		61	4
3	9	等速	—	70	50	50	111	5
4	10	减速	0.69	70→50	8	8	119	4s·5+4s·4
5	11	等速	—	50	69	69	188	4
6	12	加速	0.43	50→70	13	13	201	4
7	13	等速	—	70	50	50	251	5
8	14	加速	0.24	70→100	35	35	286	5
9	15	等速	—	100	30	30	316	5[②]
10	16	加速	0.28	100→120	20	20	336	5[②]
11	17	等速	—	120	10	10	346	5[②]
12	18	减速	-0.69	120→80	16		362	5[②]
	19	减速	-1.04	80→50	8	34	370	5[②]
	20	减速，离合器脱开	-1.39	50→0	10		380	K$_5$[①]
13	21	怠速	—	—	20	20	400	PM[③]

注：①K$_1$（或 K$_2$）为变速器挂 1 挡（或 2 挡），离合器脱开。②如车辆有多于 5 挡的变速器，使用附加挡位时应与制造厂推荐的相一致。PM 为变速器置空挡，离合器结合。

　　工况法是当今世界最为科学并得以广泛使用的汽车排放试验方法，是汽车排放检测的必然发展趋势，与急速法相比，工况法检测结果能较全面地评价车辆的排放水平；但工况法比急速法要复杂得多，工况法要有转鼓试验台，并具有齐备的模拟汽车行驶动能的飞轮系统，还要有经过大量调查研究与数据处理制订出模拟汽车道路运行工况的试验程序。还要配备复杂而昂贵的大型综合分析仪和保证汽车按试验程序运行所需的程序自动控制系统。因此，工况法的执行受到了很大限制，一般多用于新车的型式核准试验和生产一致性检查。

8.2.7　柴油车排气污染物测量

　　烟度法是指对柴油车排烟浓度进行监测的方法，它可分为稳态和非稳态测量两种。

　　1. 稳态烟度测量

　　稳态烟度测量是指在塞塑奎稳定转速工况下利用不透光烟度计检测其排气烟度。它主要有全负荷烟度测量法和加载减速工况法两种。

　　(1) 全负荷烟度测量法

　　全负荷烟度测量法是指柴油机在全负荷稳定转速下测量柴油机排气烟度的一种方法。由于柴油车冒黑烟在全负荷运转时较为严重，因此全负荷烟度测量法是柴油车烟度检测中最常用的方法。我国于 2005 年 7 月 1 日起实施的 GB 3847—2005《车用压燃式发动机和压燃式发动机汽车排气烟度排放限值及测量方法》标准中，规定压燃式发动机形式核准的烟度检测试验采用全负荷烟度测量法。

　　我国车用柴油机全负荷烟度测量法要求：在全负荷曲线上不同稳定转速下测定排气烟度（光吸收系数值），在最高额定转速和最低额定转速之间应选取足够多的转速工况点，其中必须包含最大转矩转速和最大功率转速点，对各种车用柴油机进行全负荷烟度测量，每一转速的烟度测量必须在柴油机运转稳定后进行，任何一次测量结果都不得超过允许限值。

　　全负荷烟度测量法既可在发动机（台架）上也可在汽车（底盘测功机）上进行。对于那些高度强化和增压柴油机，由于在突然加速等过程中排烟浓度很高，因此，这种稳态烟度测量就不能反映出柴油机的全部冒烟特性。

　　(2) 加载减速工况法

　　加载减速工况法是一种在底盘测功机上模拟车辆负载稳定运行时测量压燃式汽车排气烟度的方法。GB 3847—2005《车用压燃式发动机和压燃式发动机汽车排气烟度排放限值及测量方法》规定，在机动车保有量大、污染严重的地区，对于压燃式发动机在用汽车的排放监控采用加载减速工况法检测烟度。

　　(3) 测量系统检测

　　①车辆的预检。预检的目的是核实受检车辆是否和行驶证相符，并评价车辆的状况是否能够进行加载减速工况的排放检测。预检时，还应中断受检车辆所有主动型制动功能和转矩控制功能（自动缓速器除外），例如中断制动防抱死系统（ABS）、电子稳定程序（ESP）等，并关闭车上所有以发动机为动力的附加设备，或切断其动力传递机构。

　　②检测系统的检查。其检查的目的是为了判断底盘测功机是否能够满足待检车辆的功率要求，同时检查检测系统的工作状态是否正常。将待检车辆驶入底盘测功机正确放置，连接好发动机转速传感器，选择合适的挡位，进行功率试测，其功率应在检测范围内。连接好不透光烟度计，插入采样探头，深度不得低于 400 mm，检查不透光烟度计的零刻度和满刻度。

③排气烟度的检测。在汽车发动机冷却液温度达到制造厂规定的正常温度、检测系统正常时进行下述加载减速排气烟度的检测。

a. 起动发动机，变速器置空挡，逐渐增大油门踏板直到开度达到最大，并保持在最大开度状态，记录此时发动机的最大转速，然后松开加速踏板，使发动机回到怠速状态。

b. 选择合适挡位，使加速踏板全开时，测功机的指示车速最接近 70 km/h，但不能超过 100 km/h。若两个挡位接近的程度相同，则检测时选用低挡位。对装有自动变速器的车辆，应注意不要在超速挡下进行测量。

c. 加速踏板全开，按下检测开始键，底盘测功机进入自动检测状态，检测最大轮边功率以及相对应的发动机转速和转鼓线速度（VelMaxHP），同时检测该点的光吸收系数 k。

d. 计算机控制系统自动按照规定的加载减速检测程序改变底盘测功机的负载，实现加载减速检测。第一次加载使 VelMaxHP 降低 10%，检测该点的光吸收系数 k；第二次加载使 VeIMaxHP 降低 20%，检测该点的光吸收系数 k。

e. 自动控制系统采集三工况点（VelMaxHP，90% VelMaxHP，80% VelMaxHP）的检测数据，包括轮边功率、发动机转速和排气光吸收系数 k，以判定受检车辆的排气烟度是否达标。

f. 检测结束，加速踏板松开，打印检测报告并存档。

④车辆驶离底盘测功机。加载减速工况法模拟了实际车辆行驶的部分工况，较客观地反映了被检车辆的烟度排放状况。由于限值中配套有轮边功率及发动机转速的控制要求，可以有效防止检测作弊。加载减速工况法检测烟度实际上是全负荷烟度测量法的一种简化，只有三个检测点，因此其操作相对简便，检测速度快。

（4）检测结果判定

①采用加载减速法进行排放检测时，如果在三工况点测得的光吸收系数 k 中，有一项超过标准规定的相应限值，则判定受检车辆排放不合格。

②如果受检车辆在功率扫描过程中测得的实际最大轮边功率值低于制造厂规定的发动机标定功率值的 50%，也判定为排放不合格。

在用汽车加载减速工况法排气烟度排放限值由采用加载减速工况法的地区自行制定。表 8-5 为广东省规定的地方标准 DB 44/593—2009《在用压燃式发动机汽车排放烟度排放限值及测量方法（加载减速工况法）》中规定的加载减速法排放限值。

表 8-5　加载减速法排放限值

车辆类型		光吸收系数 $/\text{m}^{-1}$	相应烟度 /HSU
轻型车	重型车		
2005 年 7 月 1 日起生产的第一类轻型汽车和 2006 年 7 月 1 日起生产的第二类轻型汽车	2004 年 9 月 1 日起生产的重型车	1.39	45
2000 年 7 月 1 日起生产的第一类轻型汽车和 2001 年 10 月 1 日起生产的第二类轻型汽车	2001 年 9 月 1 日起生产的重型车	1.61	50
2000 年 7 月 1 日以前生产的第一类轻型汽车和 2001 年 10 月 1 日以前生产的第二类轻型汽车	2001 年 9 月 1 日以前生产的重型车	1.86	55

2. 非稳态烟度测量

非稳态烟度测量是指柴油车在变工况条件下检测其排气烟度。柴油机在非稳态下的排气烟度受多种不稳定因素影响而变化很大，为了客观公正地反映柴油车的排烟特性，对非稳态烟度测定应有严格控制的试验规范。目前，非稳态烟度测量广泛使用自由加速烟度法。我国2005 年 7 月 1 日实施的 GB 3847—2005《车用压燃式发动机和压燃式发动机汽车排气烟度排放限值及测量方法》中，规定在用汽车检测使用自由加速烟度法。

（1）自由加速滤纸烟度法试验

自由加速工况是指在发动机怠速下，迅速但不猛烈地踩下加速踏板，使喷油泵供给最大油量。在发动机达到调速器允许的最大转速前，保持此位置。一旦达到最大转速，立即松开加速踏板，使发动机恢复至怠速。

在自由加速工况下，从发动机排气管抽取规定长度的排气柱所含的炭烟使规定面积的清洁滤纸染黑的程度，称为自由加速滤纸式烟度。

①测量方法。

a. 检测仪器的准备。在未接通电源时，检查指示仪表指针是否在机械零点。若指针失准，可用零点调整螺钉使指针与"0"刻度重合。接通电源，预热仪器。用标准烟度卡对仪表指针进行校准，使表头指针指在标准烟度卡所代表的烟度值上。检查取样装置和控制装置中各部件的工作性能，特别要注意脚或手控制的抽气泵开关与抽气动作是否同步。检查控制用压缩空气的压力和清洗用压缩空气的压力是否达到 300～400 kPa。检查滤纸是否合格，然后将合格的滤纸装到烟度计上。

b. 被检测车辆的准备。起动、预热发动机至规定的热状态。检查燃用柴油是否添加了消烟剂，如有添加，应予更换。此外，排气系统不得有泄漏。

c. 测量程序。用压力为 300～400 kPa 的压缩空气清洗取样管路，将抽气泵置于待抽气位置，洁白的滤纸置于待取样位置，夹紧滤纸；将取样探头固定于排气管内，插深等于 300 mm，并使其中心线与排气管轴线平行；先重复 3 次自由加速工况，以清除排气系统内的存积物；将抽气泵开关引入汽车驾驶室或将手动橡皮球通过真空软管引入汽车驾驶室。将抽气泵活塞压下锁止；重复 4 次自由加速工况，取后 3 次读数的算术平均值即为所测烟度值。每两次测量时间间隔不超过 20 s。

图 8 - 12 所示即为柴油机自由加速滤纸烟度法的检测规程。

②测量结果判定。自 1995 年 6 月 30 日以前生产的在用汽车，所测得的烟度值应不大于5.0 Rb；自 1995 年 7 月 1 日起至 2001 年 9 月 30 日期间生产的在用汽车，所测得的烟度值应不大于 4.5 Rb。

（2）自由加速不透光烟度法试验

①测量方法。

a. 测量仪器的调整和标定。在光束通过充满清洁空气的烟室或通过具有相同特性的腔室时，调整指针至零位。当关掉灯泡时，无论测量电路处于断开或接通状态，光吸收系数的读数应趋于 ∞ m^{-1}，而当测量电路重新接通时，读数仍应保持在趋于 ∞ m^{-1}。将代表一种光吸收系数 k 已知的气体的遮光屏置于烟室中，不透光烟度计显示仪上的读数与已知后值相差不超过 0.05 m^{-1}。

b. 被检测车辆的准备。起动、预热发动机至规定的热状态。检查燃用柴油是否添加了消

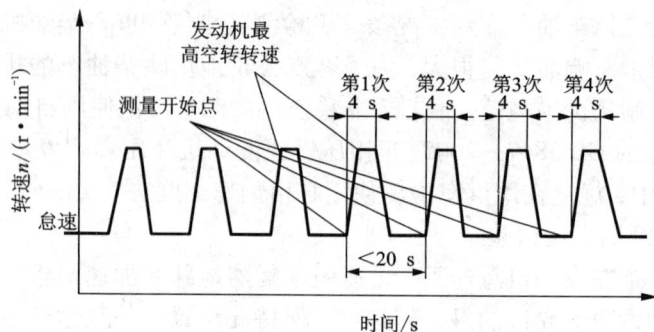

图 8 – 12　自由加速滤纸烟度法检测规程

烟剂,如有添加,应予更换。排气系统不得有泄漏。

c.检测过程。采用至少 3 次自由加速工况过程或其他等效方法对排气系统进行吹拂;取样探头开口端向前并位于排气管或其延长管(必要时)的轴线上,探头的端部应位于直管段,取样点上游直管长至少为 6 倍排气管开口处直径,下游直管长至少为 3 倍排气管开口处直径,探头开口处的背压不应超过 735 Pa;进行多次自由加速工况测量,取最后 3 次读数的算术平均值即为所测烟度值。

②测量结果判定。自 2001 年 10 月 1 日起至 2005 年 6 月 30 日期间生产的在用汽车,对于自然吸气式发动机所测得的排气光吸收系数应不大于 2.5 m^{-1},对于涡轮增压式发动机应不大于 3.0 m^{-1}。

自 2005 年 7 月 1 日起生产的在用汽车,所测得的排气光吸收系数不应大于车型核准批准的自由加速排气烟度排放限值,再加 0.5 m^{-1}。

自由加速烟度检测具有操作简便易行、测试仪器价格便宜且便于携带、检测时间短等特点,它广泛应用于柴油车的年检、路检。但自由加速烟度法也存在一些缺陷:如操作时将加速踏板迅速踩到底中的速度与力度不同,维持及松开加速踏板的时间不一,会使测量的不确定性大,重复性差;另外,自由加速烟度法是在发动机空载下检测的,因此对于车辆有负载时的排气烟度仍然难以反映出来,尤其是对采用涡轮增压技术的压燃式发动机在用汽车,由于这种柴油车需要更长的起效时间因而导致自由加速烟度法测量时烟度值偏高。

8.3　噪声测量

噪声是指人们不需要的、令人烦躁、讨厌的声音总称。汽车噪声是由多种声源组成的综合性噪声,它主要是指发动机、传动系、轮胎以及车身扰动空气所发出的响声,其噪声的强度通常与汽车和发动机的结构形式、技术状况和运行条件(车速、载荷、道路等)有关。汽车噪声可简要分为以下几种,即发动机噪声、进/排气系统噪声、风扇噪声、传动系统噪声、轮胎噪声、制动噪声、起动噪声、车身结构噪声等。

汽车噪声是汽车的第二公害,它不仅会破坏安静的环境,使人心情不安、烦躁、疲倦和工作效率降低,而且还会损害人体健康,引起某些疾病,如听力下降、噪声性耳聋以及神经系统和血液循环系统疾病。噪声的强度愈大、频率愈高、作用时间愈长、个人耐力愈小,则危害愈严重。据统计,当环境噪声大于 45 dB 时,人会感到明显不适;当噪声达到 60～80 dB 时,会影响睡眠;当噪声超过 90 dB 时,就会对身体产生伤害。而汽车噪声强度一般可达 60～90 dB,所以汽车噪声是一种环境污染。

汽车为移动性噪声源,其噪声影响范围大,干扰时间长,因而受害人员多。另外,车内噪声过大还会影响驾驶员的正常操作而诱发汽车交通事故。因此,对汽车的噪声应根据国家标准进行检测与控制。

8.3.1　噪声测量中的基本声学概念

不论是何种噪声,都是振动能量在弹性介质中的传播,它是声波的一种,因此具有声波一切的物理特性。噪声的物理量用声压级、声强级、声功率级来表示其强弱,用占有的频率成分和频谱来表示其高低。

1. 声压和声压级

当声波在介质中运动时,使介质的压力在稳定压力附近增加或减少,这个压力的变化量即为声压,单位为 Pa,声压大小表示声音强弱。声压大,则声音强(响);声压小,则声音弱(低)。正常人耳在声波频率为 1000 Hz 时,能听到最小声压为 2×10^{-5} Pa,称为听阈声压;当声压为 20 Pa 时,使人耳产生疼痛,称为痛阈声压。

人耳能从听阈声压到痛声阈声压,其绝对值相差达 100 万倍,因此用声压的绝对值来表示声音强弱是很不方便的,通常用声压级表示,声压级的单位是 dB。所谓级是指实际量与基准量比值的对数,它是一种作相对比较的无量纲单位。大多数声学测量仪器,直接测量声源的声压,因此声压级 L_p(dB)是声学中最常用的测量单位。声压与基准声压之比,取常用对数的 20 倍称声压级,即

$$L_p = 20 \lg \frac{P}{P_0} \qquad\qquad (8-11)$$

式中: L_p 为声压级(dB); P 为声压(Pa); P_0 为基准声压(Pa),取为 2×10^{-5} Pa。

2. 声强和声强级

声音具有一定的能量,在声场中,单位时间内在与声波垂直方向单位面积上的能量叫作声强。用符号 I 表示,单位为 W/m²。

人耳听觉所能感受的声波不但有一定的频率范围,而且也有一定的声强范围。声强不够,听觉就感受不到,声强太大,听觉就会收到损害,正常人耳听觉能感受的声强为 10^{-12}～1 W/m²。

用声强级来描述声波的强度。实际声强与基准声强之比,取常用对数的 10 倍,用符号 L_I 表示,单位为分贝(dB),即

$$L_I = 10 \lg \frac{I}{I_0} \qquad\qquad (8-12)$$

式中: L_I 为声强级(dB), I 为声强(W/m²), I_0 为基准声强(W/m²)。

3. 声功率与声功率级

声功率指声源在单位时间内向外辐射的声能,声源声功率有时指的是和在某个频带的声功率,此时需要注明所指频率范围,在噪声检测中,声功率指的是声源总声功率。用 W 表

示,单位为 W。

用声功率级来衡量声源辐射能量的大小。实际声功率与基准声功率之比,取常用对数的
10 倍,用符号 L_w 表示,单位为分贝(dB),即

$$L_w = 10 \lg \frac{W}{W_0} \tag{8-13}$$

式中:L_w 为声功率级,dB;W 为声源辐射的声功率,W;$W_0 = 10^{-12}$W,为基准声功率。

4.频带声压级与声压谱级

声音的高低主要与频率有关,而噪声可能包含复杂的频率结构。对于工程噪声的测量仅仅测得总声压级是不能达到防治噪声和控制噪声的目的。而是要弄清噪声含有哪些频率成分,分布在哪些频带上,即要对噪声作频谱分析。

这种分析一般是按一定频带宽进行的,即分析各频带宽度所对应的声压级。在某一频带宽内,噪声的声压级称频带声压级。因此,用频带声压级对噪声进行分析时,除了注明声压值外,还需注明频带宽度。在噪声测量中,常用的频带宽是倍频程带宽和 1/3 倍频程带宽。在寻找噪声源时,需要在更窄的频带宽度上进行分析。通常采用恒定带宽。

为了比较不同的频带声压级,若噪声在所考虑的频率范围内是连续频谱的噪声,则可采用声压谱级。噪声的声压谱级是指噪声在某一中心频率上,所对应带宽 B 的平均声压级。声压谱级 L_{ps} 可以通过下式计算求得:

$$L_{ps} = L_{pB} - 10 \log_{10} B \tag{8-14}$$

式中:L_{pB} 为某中心频率上,带宽为 B 的频带声压级;B 为频带宽度。

8.3.2 噪声测量中的声级计算

1.噪声的综合运算

在声场中有两个以上的声源,其中任何一点所测得的声压级或者声功率,就不是单独一个声源的作用结果,而是受到每个声源发出的压力波的作用之和。声压级、声强级、声功率级都是对数量,在声场中求两个以上声源的噪声叠加就不是它们的声压级(声强级或声功率级)的代数和。先求出各个声压级的反对数,再取它们的反对数和的对数,这才是多个声源声压级的总和。这种运算称为噪声的综合运算。

假设声场中有两个声源,它们发出的声压级分别为 L_{P1} 和 L_{P2},由式(8-11)可得:

$$L_{P1} = 10 \lg \left(\frac{P_1}{P_0}\right)^2$$

$$L_{P2} = 10 \lg \left(\frac{P_2}{P_0}\right)^2$$

总声压 P 为 $P^2 = P_1^2 + P_2^2$,所以 $L_{Pt} = 10 \lg \left[\left(\frac{P}{P_0}\right)^2 + \left(\frac{P}{P_0}\right)^2\right]$,$L_{pt}$ 为总的声压级。

由于 $$L_p = 10 \lg \left(\frac{P}{P_0}\right)^2, \left(\frac{P}{P_0}\right)^2 = 10^{\frac{L_p}{10}}$$

所以

$$L_{pt} = 10 \lg \left(10^{\frac{L_{p1}}{10}} + 10^{\frac{L_{p2}}{10}}\right) \tag{8-15}$$

如果两个声源的声压相等,即 $P_1 = P_2$,则有:

$$L_{\mathrm{pt}} = 10\lg(2 \times 10^{\frac{L_{\mathrm{p1}}}{10}}) = 10\lg(10^{\frac{L_{\mathrm{p1}}}{10}}) + 10\lg2 = 10\lg\left(\frac{P_1}{P_0}\right)^2 + 3 \qquad (8-16)$$

几个不同声压级的噪声的综合，有：

$$L_{\mathrm{pt}} = 10\lg(10^{\frac{L_{\mathrm{p1}}}{10}} + 10^{\frac{L_{\mathrm{p2}}}{10}} + \cdots + 10^{\frac{L_{\mathrm{pn}}}{10}}) = 10\lg\left[\sum_{i=1}^{n} 10^{\frac{L_{\mathrm{pi}}}{10}}\right] \qquad (8-17)$$

同理 n 个不同声功率级的噪声的综合有：

$$L_{\mathrm{wt}} = 10\lg(10^{\frac{L_{\mathrm{w1}}}{10}} + 10^{\frac{L_{\mathrm{w2}}}{10}} + \cdots + 10^{\frac{L_{\mathrm{wn}}}{10}}) = 10\lg\left[\sum_{i=1}^{n} 10^{\frac{L_{\mathrm{wi}}}{10}}\right] \qquad (8-18)$$

如果两个不等的噪声源，其声压级相差 6 dB 时，综合后的声压级只比较大的噪声源的声压级增加 1 dB。当两个声源的声压级相差 10 dB 以上时，综合后的声压级几乎等于原来较大的那个声源的声压级。原来噪声较小的那个声源对综合几乎没有影响。在治理噪声时，首先要从噪声最大的那个声源着手。

2. 噪声的分离运算

在有些场合，希望测量单个声源所产生的声压级，这在一般的情况是不可能直接测出的。在实际测量时，除了被测声源发出的噪声外，还会有其他声源的噪声存在。这些其他噪声对被测噪声来说，被称为背景噪声或本底噪声，用 L_{pb} 表示。背景噪声会影响测量的准确性，要得到单独声源的声压级，就必须从总噪声中扣除背景噪声的影响，才能把被测噪声从总的噪声中分离出来。这种噪声运算称为噪声的分离运算。

例如，要测量某一噪声源的声压级，应测出该噪声源未发出噪声时的背景噪声的声压级 L_{pb} 和该噪声源发出噪声时的总噪声的声压级 L_{pt}。

分离后的被测声源的声压级为：

$$L_{\mathrm{pd}} = 10\lg\left[10^{\frac{L_{\mathrm{pt}}}{10}} - 10^{\frac{L_{\mathrm{pb}}}{10}}\right] \qquad (8-19)$$

如果总的噪声与背景噪声之差大于 10 dB，则背景噪声的影响可以忽略不计；当总噪声与背景噪声之差小于 3 dB 时，被测声源最好能换到比较安静的环境中去测量，或当环境较安静的时候再测，否则测量误差就比较大。

3. 噪声的平均运算

在噪声测量的某些场合往往要进行噪声的平均运算。例如，有时要求确定距噪声源等距离上噪声的平均声压级；有时希望计算单一位置多次连续测得的噪声的平均声压级。噪声的平均运算方法如下：

设 n 次（或 n 个测点）所测得的声源的声压级分别为 L_{p1}，L_{p2}，$\cdots$，L_{pn}，并有 $10^{\frac{L_{\mathrm{p1}}}{10}} + 10^{\frac{L_{\mathrm{p2}}}{10}} + \cdots + 10^{\frac{L_{\mathrm{pn}}}{10}} = \sum\limits_{i=1}^{n} 10^{\frac{L_{\mathrm{pi}}}{10}}$，则 n 次测得的声压级的平均值为：

$$\overline{L}_{\mathrm{p}} = 10\lg\left(\frac{1}{n}\sum_{i=1}^{n} 10^{\frac{L_{\mathrm{pi}}}{10}}\right) \qquad (8-20)$$

在实际应用中，当逐点（或多次）测得的声压级的波动范围在 10 dB 以内时，平均声压级有以下的近似计算公式。

（1）当逐点（或多次）测得的声压级的变化在 5 dB 或不足 5 dB 时，也就是 $L_{\mathrm{pi,max}} - L_{\mathrm{pi,min}} \leqslant 5$ dB 平均声压级近似为算术平均值：

$$\overline{L}_p = \frac{1}{n} \sum_{i=1}^{n} L_{pi} \qquad (8-21)$$

（2）当逐点测得的声压级的变化为 5~10 dB，即 5 dB $< L_{pi, max} - L_{pi, min} \leqslant 10$ dB 时，平均声压级可近似为：

$$\overline{L}_p = \left(\frac{1}{n} \sum_{i=1}^{n} L_{pi}\right) + 1 \qquad (8-22)$$

8.3.3　噪声评定值

引入声压级这一概念后，就把可闻声声压百万倍变化范围变成从 0~120 dB 的变化，这样就显著减少了数量级。在噪声测量中，通常是测量它的声压级。然而，人耳对高频声反应敏感，而对低频声反应迟钝。声压级相同而频率不同的声音，听起来并不完全一样响；相反，不同频率的声音，虽然声压级不同，但有时听起来却一样响。因此，用声压测定的声音强弱与人耳的主观感受往往不一样，这说明主观感受与客观物理量之间并不完全一致。在噪声研究中，应将这种主观感受与客观反映加以统一，否则无法对噪声做出有用的评价。因而，对噪声的评价常采用下列与人耳主观感受相适应的指标。

1. 响度与响度级

响度是人耳主观感受的声音强弱程度。响度的大小主要依赖于声强，也与声音的频率有关，因此声音的响度是声压级和频率的函数。响度单位为宋（sone），1 宋是声压级为 40 dB、频率为 1000 Hz 纯音所产生的响度。

响度级是表示响度的主观量，它是以频率 1000 Hz 的纯音作标准，将其他频率声音的强度级换算成主观音响感觉与之相同的标准音的强度级。响度级用于不同频率、不同强度级声音的主观音响感觉的比较。响度级的单位是方（phon），它是 1000 Hz 纯音的声压级分贝值，如 1000 Hz 纯音的声压级为 40 dB，则响度级是 40 方。若其他频率的声音响度与 1000 Hz 的纯音响度相同，则把 1000 Hz 的响度级当作该频率的响度级。

把不同频率、相同响度级的点连成的曲线称为等响曲线或叫等响特性。为了确定声压级与响度级的关系，通过许多人的听觉试验，得到 1000 Hz 纯音各分贝值的等响曲线，图 8-13 所示为 ISO 推荐的等响曲线。图中的纵坐标是声压级（dB），横坐标是频率（Hz），二者都是声波客观的物理量。因为频率不同时，人耳的主观感觉不同，所以每个频率都有各自的听阈声压级和痛阈声压级。如果把它们连接起来，就能得到听阈线和痛阈线。两线之间按响度的不同可分为若干个响度级，通常分成 13 个响度级，单位是方，听阈线为零方响度线，痛阈线为 120 方响度线。两者之间通常标出 10 方，20 方，……，100 方，110 方响度线。

凡在同一条曲线上的各点，虽然它们代表着不同频率和声压级，但其响度（主观感觉）是相同的。每条等响曲线代表的响度级由该曲线在 1000 Hz 时的声压级的分贝值而定。实际上是以 1000 Hz 纯音做为基准声音，当某一噪声听起来与该纯音一样响，则该噪声的响度级（方值）就等于这个纯音的声压级（分贝值）。例如某噪声听起来与声压级 85 dB、频率 1000 Hz 的基准声音一样响，则该噪声的响度级就是 85 方。

2. A 声级

声级计是测量声音强弱的仪器，声级计的"输入"是声音客观存在的物理量——声压和频率，而"输出"不仅要求是对数关系的声压级，还应该是符合人耳特性的主观量——响度级。

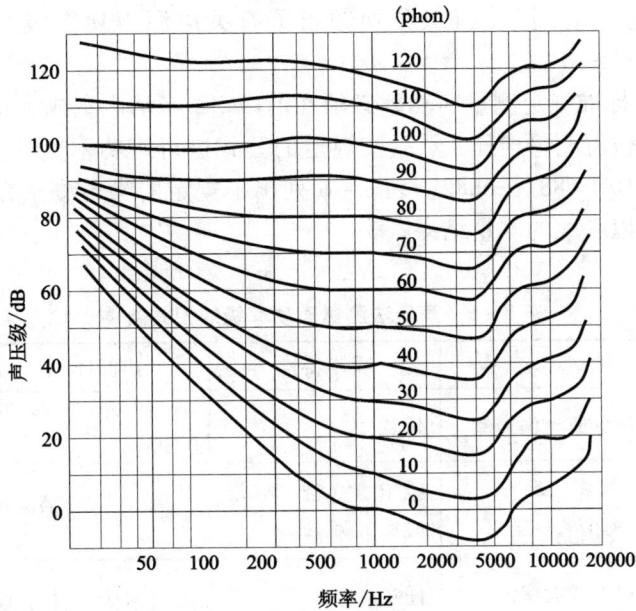

图 8 - 13　等响曲线

然而声压级没有反映出频率的影响，它具有平直的频率响应。为使声级计的输出符合人耳的听觉将性，应通过一套电学的滤波器网络，对某些频率成分进行衰减，这种特殊的滤波器叫计权网络。通过计权网络测得的声压级，已不再是客观物理量的声压级，而是经过听感修正的声压级，叫做计权声级。

通常，声级计设有三套修正电路(即 A，B，C 三种计权网络)，它能对不同频率的声音信号进行不同程度的衰减。

A 网络是效仿 40 方等响曲线而设计，其特点是对低频和中频声有较大的衰减，即测量仪器对高频敏感，对低频不敏感，这正与人耳对声音的感觉比较接近。

B 网络是效仿 70 方等响曲线，使被测声音通过时，在低频段有一定的衰减。

C 网络是效仿 100 方等响曲线，任何频率都没有衰减，因为 100 dB 的声压级和 100 方等响曲线基本上是一条重合的水平线。它对各种频率声音，几乎等同对待，不加滤波。C 声级可以代表噪声的客观数值，通常为总声级。

经过 A 计权网络测出的 dB 读数称 A 计权声级，简称 A 声级(L_A)，并用分贝 dB(A)表示其单位。由于噪声的 A 声级，与人们的主观感觉比较接近，同时 A 声级的测量比较方便，因此，A 声级已成为国际标准化组织和绝大多数国家作为评价噪声的主要指标。

所以，一般在表示噪声测量结果时，都应注明采用的是哪种计权网络。如 90 dB(A)，即代表用 A 计权网络测量出的声级为 90 dB。

8.3.4　声压和声强测量的基本原理

热能与动力工程中经常通过比较同类热力设备辐射的声功率来判断相应的设计与制造水平，对于多种动力机械还有强制的噪声限制要求，为此需要将设备作为一个噪声源进行声功率测定。但实际上，声功率级的数值并非直接测量得到，而是通过测量相应条件下的声压或声强换算而来。为此，国际标准组织分别颁布了有关声源声功率级测定方法的标准 ISO 3741—3748 和 ISO 9641—1。

ISO 3741—3748 标准规定测量声功率必须在消声室、半消声室或满足要求的混响室内进行，用传声器在不同位置测量声压，然后按规定的公式进行声功率换算。对此，我国也制定了相应的国家标准 GB/T 6881—6882。表 8 - 6 列出了规定的噪声测量方法及其适用的测试环境、声源体积和可以获取的测量结果。

表 8 - 6　声压法测量声功率级的相关条件

测量方法	测试环境	噪声特性	声源体积	获取的声功率级
精密法	消声室或半消声室	任意	小于测试室的 0.5%	A 计权及 1/3 倍或 1 倍频程
工程法	温声室	稳定、宽带、窄带或离散频率	小于测试室的 1%	1/3 倍或 1 倍频程
	专用测试室			A 计权及 1 倍频程
	户外或大房间	任意	体积不限，只受测试环境限制	A 计权及 1/3 倍或 1 倍频程
简测法	无专用测试室	稳定、宽带、窄带或离散频率		A 计权

在实际工程中，有些设备因体积大或质量重而无法安装到消声室或专用测试室中，也有些设备是大系统中的一个组成部分，无法单独运行，为此，可以用声强法进行现场测量。用声强法测量声源声功率有两种方式：分布测点法和扫描法。ISO 9614—1 是一部关于声强分布测点法的标准。

由上可见，噪声测量中最为基本的是声压和声强的测量。下面主要介绍声压和声强测量的基本原理。

1. 声压测量的基本原理

噪声测量中通常利用声 - 电效应进行声压测定。感应声压变化并实现电信号转换的元件称为传声器。根据不同的工作原理，传声器分为动圈式、压电式和电容式等类型。

（1）动圈式传声器

动圈式传声器的工作原理是使位于磁场中的线圈在声压的作用下产生运动，从而形成感应电动势，完成声 - 电信号转换。这种传声器的缺点是灵敏度较低，体积较大，易受电磁干扰，频率响应特性也不平直，而且对低频段声音衰减大，故已不常采用；优点是固有噪声小，能在高温下工作。

（2）压电式传声器

压电式传声器利用电晶体受声压作用后产生的正压电效应实现声 - 电转换，其灵敏度高，频率特性好，结构简单，价格便宜，但工作性能受温度影响较大。

（3）电容式传声器

电容式传声器，由膜片（振膜）和后极板组成电容的两个电极，两电极间预先加一恒定的直流电压，使之处于不变的充电状态。当膜片在声压作用下产生振动时，电极间距离发生变化,即电容发生变化,从而引起极板间电压的变化。这种传声器的灵敏度高,频带宽,输出性能稳定,但成本较高,且需要配备十分稳定的直流偏压和前置放大器。

2. 声强测量的测量方法

声强测量方法可以分为两类:一类是双传声器法,简称 p – p 法;另一类是将传声器和直接测量质点速度的传感器相结合,简称 p – μ 法。

8.3.5 噪声源的声功率测量

声功率是一个重要的物理量,它对研究噪声及其影响具有重要的意义。在一定的状态下,一个噪声源的声功率往往是不变的,它不像声压级那样随着距离的变化而改变。当需要客观地表示某个噪声源的特性时,常常应测定它的声功率级。此外,声功率级与声压级之间有确定的函数关系,所以若已知某声源的声功率级,就能推算出该声源在各种环境中不同地点的声压级。

声功率不能直接进行测量,需要在特定的条件下,通过测量声压级来计算出声功率级。所谓"特定条件",是指把声源放在特定的声学环境中进行测量。

1. 自由声场法

自由声场就是声波可以无反射地自由传播的场所,即没有任何声反射障碍的场所。当然,自由声场是一个理想的情形,在实际中是不存在的。接近自由场的地方,一是空旷的野外,二是用高效能吸声结构建造起来的消音室。这就是上面所说的一种特定的声学环境。把被测声源置于自由声场环境中测量声功率的方法称为自由声场法。

声功率级的表达式为 $L_w = 10\lg \dfrac{W}{W_0}$,声强级表达式为 $L_p = 20\lg \dfrac{p}{p_0}$,参考声功率为 $W_0 = 10^{-12}(W)$,它与参考声强的关系为 $W_0 = I_0 A_0$,$W = IA$,声强 I 与声压 p 之间,参考声强 I_0 与参考声压 p_0 之间的关系:$I_0 = Kp_0^2$,$I = Kp^2$

由上述各关系式进行如下推导:

$$L_w = 10\lg \frac{W}{W_0} = 10\lg \frac{IA}{I_0 A_0} = 10\lg \frac{Kp^2 A}{Kp_0^2 A_0} = 10\lg \left(\frac{p}{p_0}\right)^2 A = 20\lg \frac{p}{p_0} + 10\lg A$$

$$L_w = L_p + 10\lg A \qquad (8-23)$$

当声波沿自由空间(即无反射空间)传播时,声波的接受面积可以设想为一半径为 r,以声源为中心的围绕声源的球面面积。在这个球面上测量声压级时,声能流过的面积就是球面面积。这样,式(8-23)可改写为:

$$L_w = L_p + 10\lg A = L_p + 10\lg 4\pi r^2 = L_p + 20\lg r + 10\lg 4\pi$$

$$L_w = L_p + 20\lg r + 11 \qquad (8-24)$$

式中:L_p 表示离声源 $r(m)$ 处的声压级。

当被测声源放置在开阔地面上时,声波沿半个球体空间传播,这时,声能流过的面积为半个球面的面积,即 $A = 2\pi r^2$。则:

$$L_w = L_p + 10\lg A = L_p + 10\lg 2\pi r^2 = L_p + 20\lg r + 10\lg 2\pi$$

即

$$L_w = L_p + 20\lg r + 8 \qquad (8-25)$$

根据测得的声功率级,就可以计算出声源的声功率。

因为

$$L_w = 10\lg \frac{W}{W_0} = 10\lg W + 120$$

所以

$$W = 10^{(\frac{L_w}{10} - 12)} \tag{8 - 26}$$

自由声场法声功率测试要求：

①被测噪声源应放在空间足够大的自由声场和近似自由声场的环境中。

②传声器与被测声源的距离应大于声源最大尺寸的两倍（最好是 5 倍），而且该距离的实际数值绝不应小于 1 m。

③在消声室内传声器与房间墙壁间的距离不可小于 $\lambda/4$，λ 是被测噪声最低频率分量的波长。

④在野外半球面点阵测量时，还要求传声器离地面的距离一般应等于被测物体的半高度，或选择机器水平轴所处的平面，但离地面至少应大于 0.5 m。若在距离声源 30 m 以外进行测量，则应对大气的影响进行修正。

2. 标准声源法

大多数现场都不能满足自由声场的条件，一般都属于有限吸声的房间。在这种情况下测量声功率级时，适用于自由声场的那些关系式，在这里就不再适用了。采用一个已知声功率的标准声源作为参考基准，进行比较测量。标准声源通常是一个相似于机器的、并在一定频带内所辐射的声功率谱相当均匀的特别声源，即在一定的频带内近似为白噪声声源。标准声源的功率级 L_{wn} 是预先在声学实验室内标定好的。在现场测量时，可以在以被测声源为中心、半径等于 r 的半球面上测出平均声压级 $\overline{L}_{p0}$，然后关掉噪声源，并以标准声源取代被测声源，在同样的测点处测得标准声源的平均声压级 $\overline{L}_{pn}$，则被测声源的声功率级为

$$L_w = L_{wn} + \overline{L}_p - \overline{L}_{pn} \tag{8 - 27}$$

8.3.6 噪声测量仪器

1. 声级计

声级计是一种最基本的噪声测量仪器，它可以按人耳相近的听觉特性检测汽车噪声和喇叭声响。根据所用电源不同，声级计可分为交流式和直流式（干电池）两种。其中直流干电池式声级计因体积小、质量轻、操作携带方便，应用比较广泛。图 8 - 14 所示为国产 ND$_2$ 型便携式精密声级计。

（1）声级计基本结构

声级计一般由传声器、放大器、衰减器、计权网络、检波电路、指示仪表和电源等组成。

①传声器。传声器常称为话筒，是声级器的传感器。其作用是将噪声信号转变为电压信号。常见的传声器有晶体式、驻极式、动圈式和电容式多种。其中电容式传声器是声学测量中比较理想的传感器。电容式传声器主要由金属电极构成

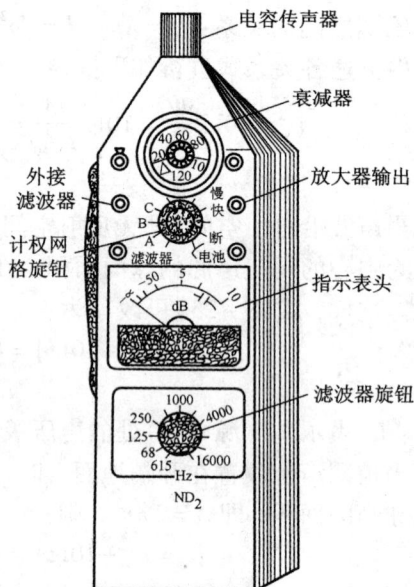

图 8 - 14 ND2 型便携式精密级声级计

了平板电容的两个极板，当膜片收到声压作用时发生变形，使两个极板之间的距离发生改变，电容量也随之变化，从而产生交变电压。其波形在传声器线性范畴内与声压级波形成比例。

电容式传声器动态范围大、频率响应平直、灵敏度高，在一般测量环境中稳定性好，但需要通过前置放大器进行阻抗变换。前置放大器装在声级计内部靠近安装电容式传声器的部位。

②放大器和衰减器。一般声级计的放大线路中都采用两级放大器，即输入放大器和输出放大器，将微弱的电信号放大。输入衰减器和输出衰减器用来改变输入信号的衰减量和输出信号的衰减量，使表头指针指在适当的位置，其每一挡的衰减量为 10 dB。输入放大器使用的衰减器调节范围为测量低端(如 0～70 dB)，输出放大器使用的衰减器调节范围为测量高端(如 70～120 dB)。输入和输出两个衰减器的刻度盘常做成不同颜色，目前为黑色与透明色。由于许多声级计的高、低端以 70 dB 为界限，故在旋转时要防止超过界限，以免损坏装置。

③计权网络。通过计权网络测得的声压级，已不再是客观物理量的声压级(线性声压级)，而是经过听感修正的声压级，即计权声压级或噪声级。从声级计上得出的噪声级读数，必须注明测量条件。声级计内通常设有 A，B，C 三种标准的计权网络。

④检波器和指示仪表为了使经过放大的信号通过表头显示出来，声级计还需要检波器。检波器将迅速变化的电压信号转变成变化较慢的直流电压信号，这个直流电压的大小正比于输入信号的大小。指示仪表是一只电表，只要对其刻度进行一定的标定，即可从表头上直接读出噪声级的分贝值。

声级计面板上一般还备有一些插孔。这些插孔如果与便携式倍频带滤波器相连，可组成小型现场使用的简易频谱分析系统；如果与录音机组合，则可把现场噪声录制在磁带上储存下来，待以后进行更详细的分析；如果与示波器组合，则可观察声压变化的波形，并可用照相机将波形拍摄下来。此外，还可根据测试条件和测试要求，将分析仪、记录仪等仪器与声级计组合、配套使用。

(2)声级计工作原理声级计检测时，噪声通过传声器转换成电压信号，并由前置放大器变换阻抗，使其与输入衰减器匹配，然后信号经输入放大器送入计权网络处理，再经输出衰减器及放大器将信号放大到一定的幅度，最后经有效值检波器进入指示仪表，从表头得到相应的声级读数。

声级计检测时，应根据被测噪声的性质和特点选择声级计的"快"挡或"慢"挡。声级计表头阻尼一般都有"快"和"慢"两挡，其中"快"挡的平均时间为 0.27 s，很接近于人耳听觉器官的生理平均时间；"慢"挡的平均时间为 1.05 s。当对稳态噪声进行测量或需要记录声级变化过程时，使用"快"挡比较合适；在被测噪声的波动比较大时，使用"慢"挡比较合适。

声级计检测时，还可根据如图 8 - 14 所示的声级计 A，B，C 计权网络频率响应频率特性，通过声级计 A，B，C 三挡对同一声源测量所得的读数大致地估计出所测噪声的频谱特性：若 $L_A = L_B = L_C$，则表明噪声中的高频成分较突出；若 $L_A = L_C > L_B$，则表明中频成分略强；若 $L_C > L_B > L_A$，则表明噪声呈低频特性。

(3)声级计的校准。

声级计长时间未使用或使用一段时间后需对其指示表头进行校准。目前，在汽车噪声测试中采用电器校正和绝对声压校正两种方法。前者是利用自身所产生的标准电信号来校准放大器等电子线路的增益。如仅进行该项校准，则实陈中常因传声器性能变化而难以实现整台仪器校准的目的。而后者则是将一定频率和声压级的声源装于传声器前，并使之发声，检查并调整声级计读数与声源标准值相吻合即可。

目前常用的标准声源有两种，即活塞发声器和声级校准器。通常，活塞发声器工作频率设计为 250 Hz，而声级校准器工作频率则设计为 1000 Hz。因而，前者只能校准声压级；后者频率是标准计权网络参考频率，可校准声级计声压级和 A，B，C，D 计权声压级。但从整体精度上看，活塞发声器校准精度比声级校准器要高些。声级校准器主要适合于普通声级计和其他要求不高的声级测量仪器的校准。

2. 频率分析仪

汽车噪声是由大量的不同频率的声音复合而成的，为了分析产生噪声的原因，需对噪声进行频谱分析。

所谓频谱分析就是应用数学原理(傅立叶变换)，将原来由时间域表征的动态参数转换为由频率域表征。实现这一转换的最基本装置是滤波器，利用滤波器将待分析的噪声信号所包含的不同频率的分量分离出来，由记录器记录测量结果。通常，根据测量结果，以频率为横坐标，以声压级为纵坐标作出的噪声曲线称为噪声的频谱图。它在频域上描述了声音强弱的变化规律。

用于测定噪声额谱的仪器称为频率分析仪或频谱仪。频率分析仪主要由滤波器、测量放大器和指示装置组成＝检测时，噪声信号经过一组滤渡器。使被测信号中所含有的不同频率分量逐一分离出来，并由测量放大器将其幅值放大，然后由指示装置直接显示测量结果或绘制频谱图。

复习思考题

8-1 汽车排气污染物包括哪些主要成分，测量仪器主要由哪些？简述其基本测量原理。

8-2 比较分析吸收式和透光式烟度测量方法的特点。

8-3 柴油车排气污染物的测量仪器主要有哪些？简述其基本测量原理。

8-4 柴油车烟度测量由哪几种方法？

8-5 简述下列物理量的定义并分辨相互间的关系：声压、声压级、声强、声强级、声功率、声功率级、响度、响度级、计权声级(A 声级、B 声级、C 声级)等

8-6 车间内有 3 台压气机，单台压气机的噪声(A 声级)为 90 dB，求 3 台压气机同时工作时的噪声级是什么？

第 9 章　典型总成与零部件试验

内容概要：本章主要从汽车发动机、离合器、变速器总成、驱动桥总成、车轮性能及减振器特性等介绍台架试验项目、试验方法和试验评价。

9.1　发动机试验介绍

发动机试验是指通过相关实验仪器设备，对发动机被测系统中所存在的相关参数进行测试和数据处理的全部过程。发动机试验是发动机生产制造和科学研究中不可缺少的一个环节，发动机试验技术和方法是发动机生产、技术开发与保障的必备知识。无论是发动机新产品、新技术的开发，还是技术改进，都需要经过试验来检验。通过发动机试验，检验设计思想是否正确，设计意图能否实现，设计的产品性能是否符合使用要求等。

汽车发动机试验教学的目的与意义可以归纳为以下三点：

（1）汽车发动机试验教学是汽车专业人才培养中重要的实践性环节

汽车发动机的原理和规律是百年来广大科技人员和工程技术人员大量实践和经验的总结，具有极强的实践性质，但还有很多问题和现象无法解释。光大工程技术人员和学生仅仅凭课堂和书本上的知识是无法真正理解和解决相关技术问题的。在发动机实验室所花的几个小时可以说是对汽车发动机的"真实世界"的最好介绍，是对课堂教学或者计算机模拟的最佳鉴别和考核。因此，通过汽车发动机试验，可以使学生进一步全面了解复杂的发动机，并且培养学生根据所学知识（如汽车发动机原理、测试技术、计算机技术、试验技术等），来综合分析和解决实践中遇到的各种问题的能力。这一环节的培养，将促使学生增进工程意识、创新意识、专业素养及处理事件的能力，以适应社会对人才的需求。

（2）汽车发动机实验技术和方法是从事汽车发动机生产、技术开发工作的必备知识

发动机是汽车的动力，作为汽车的心脏，其特点是零部件多，使用条件复杂，对性能、寿命、质量和成本等方面的要求极高。而影响汽车发动机质量和性能的因素又多，所涉及的技术领域极为广泛，对其中一些问题的研究目前还不够充分。因此对汽车发动机而言，无论是新设计、开发的产品还是生产中的产品，即使在设计和制造上考虑的非常充分，也必须经过试验来检验设计思想是否正确，设计意图是否能实现，设计的产品性能是否符合使用要求。

另外，由于现代汽车行驶的地区、道路及交通情况十分复杂，气候条件也有很大差异，汽车发动机必须具备在各种条件和环境下使用的动力性能、经济性能和排放性能。因此，准确测定汽车发动机在各种条件及工况下的各种性能具有非常重要的意义。

所以，汽车在发动机生产和技术开发过程中，试验是必不可少的，了解和掌握汽车发动机试验技术和方法就成为汽车发动机技术人员必备的专业知识。

（3）试验技术与设备是汽车发动机研发、创新、理论发展的必备手段

众所周知，汽车发动机技术的创新和新产品的涌现离不开先进的试验测试技术，而发现新理论、新规律的灵感往往是在实践和试验中萌发的。工程创新人才总是在长期实践和试验工作中成长起来的。此外，随着汽车工业的发展，人们从节约燃料消耗、扩大燃料品种、提高有效功率、降低排气污染到耐久性等方面都对汽车发动机提出了更高的要求，这就需要人们不断地研究发动机的内部规律和新技术，制定更严格的排放法规，这就对试验标准、试验技术和设备提出更高的要求。同时为了提高发动机各类参数的测量精度，也需要有先进的发动机试验技术。因此，国内外各大汽车制造厂商纷纷投入巨资建立现代化的发动机实验室，对发动机进行各种各样的整机系统及零部件试验。目前国际上涌现了不少先进的发动机测试系统，如德国申克公司 X－ONE 系列发动机试验系统、AVL 公司的 PUMA 系列发动机测试系统等已经为世界各国普遍采用。这些先进的系统为发动机的各种测试提供了完备的工具，也为技术创新和理论研究提供了不可缺少的硬件条件。因此，通过汽车发动机试验将使学生懂得熟练使用这些先进的试验设备和掌握各种测试技术，也是发动机研发、创新过程中的必备手段。

9.1.1　发动机台架试验系统

在汽车用发动机的研究和开发过程中，由于影响因素非常复杂，只靠模拟计算很难获得精确的结果；因此，有效的试验技术就显得格外重要。而先进的发动机试验系统是保证发动机进行开发和试验研究的基础。随着计算机技术、信息技术和自动控制技术的发展，发动机试验系统更加完善，不仅简化了试验操作，而且在试验功能、试验精度和可靠性等方面都有了很大扩展和提高。

在工程实际中，发动机试验主要包括台架试验和实车试验两大类。实车试验一般针对已生产定型的发动机，开展实车动态性能试验、标定实验等，实验目的是检验发动机性能或进行改进试验。由于实车试验时发动机不"解体"，试验结果较真实。发动机台架试验是将发动机测功设备和各种测试仪表组成一个测试系统，按照规定的方法和要求模拟发动机实际使用的各种工况而进行试验。台架试验通常在发动机台架试验室内进行。发动机台架试验室是进行发动机实验研究和技术开发的基础，发动机技术的发展很大程度上取决于试验台架的技术水平，其水平的高低直接影响到能否如实反映发动机的性能，能否提供发动机设计和改进的依据，它对提高发动机的性能和质量十分重要。

通常，发动机试验是在发动机台架实验室内进行的。发动机台架实验室一般包含试验间和控制室两部分。而实验室内的试验系统主要由试验测试系统和实验室环境系统两大部分组成。测试系统由对发动机进行加载与测量的装置——测功机、保证发动机运行的燃料供应系统、空气供给系统、冷却系统和控制系统及数据采集系统组成；实验室环境系统主要包括通风系统、发动机进排气系统和消声与隔声系统，以保证发动机在所需的正常环境中运行，避免室内外噪声和排放物的污染。试验系统的控制部分及操作界面放在实验室的控制间内。为保证试验系统的正常工作，发动机实验室的设计是非常重要的，这是因为发动机实验室很复杂，集机器、仪器和辅助设备于一体，所有这些都必须作为一个整体来运行。

图 9 - 1 所示为发动机实验间布置简图,图 9 - 2 所示为某柴油发动机实验间实图。

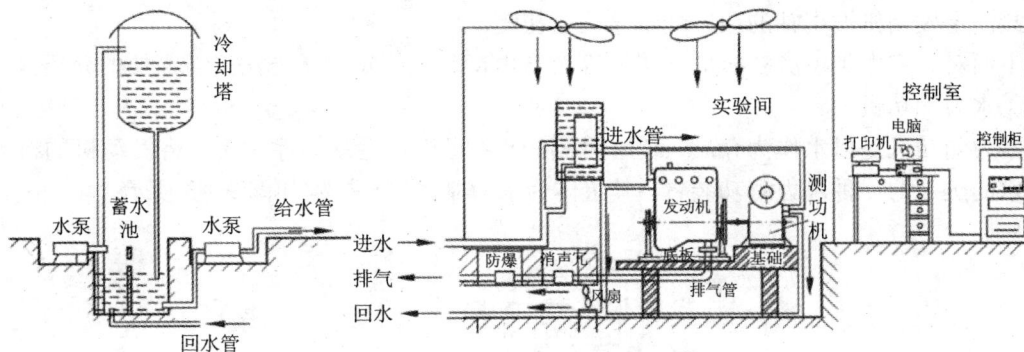

图 9 - 1　所示为发动机实验间布置简图

图 9 - 2　所示为某柴油发动机实验间实图

1. 测试系统

(1)加载与测量装置——测功机

在发动机产品研发、生产制造、品质管理以及维修保养的各个环节,都需要检测发动机的各种性能参数和特性曲线。检测的前提是保证发动机在所需工况下正常运行,为此要给被测发动机加上模拟的负载,控制并吸收其输出的能量,通过扭矩及转速的测量计算出发动机输出功率。用于发动机试验的加载与测量装置叫测功机。它主要包括三部分:一是用于吸收发动机功率的加载装置,就是吸收发动机输出的机械能并转为电能再反馈到电网当中,如电力测功机的发电机本体;二是负载调控装置,用来改变测功机的制动负载特性并与被测发动机的动力输出特性相匹配,以形成所需测试工况;三是扭矩、转速测量装置,从而获得功率值。

(2)测功机的种类及结构原理

发动机将其输出的机械能传送给测功机,测功机根据吸收的能量所转换的形式,可分为水力型、电力型和电涡流型三大类。

在上述三大类型中,水力型及电涡流型测功机是将所吸收的能量最终变为水或电涡流的热能而散发掉;电力型测功机则将吸收的能量变为电能再反馈到电网中加以利用。对于应用

247

于稳态测试的测功机，大都将其外壳做成可自由摆动（浮动）的形式，工作时直接测量外壳所承受的反作用力来确定扭矩。进行发动机动态测试时，由于动态响应要求很高，通常用扭矩仪直接测定发动机输出轴的扭转变形来确定扭矩。

下面对于三大类型测功机的结构原理及自由摆动式扭矩测量方法进行简要的介绍。

①水力测功机。

水力测功机是以水作为介质，利用固、液体之间相对运动的摩擦力，将发动机的机械能转为水的热量的一种液力测功装置，其主体为水力制动器，结构如图 9 - 3 所示。

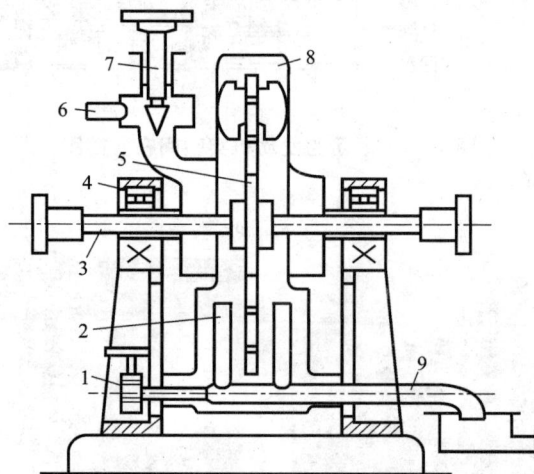

图 9 - 3　圆盘式水力测功机

1—涡轮；2—引水管；3—转轴；4—轴承；5—转盘；
6—进水口；7—进水阀；8—外壳；9—出水管

在测功机工作时，与发动机输出轴相连的转轴 3 带动转盘 5 高速旋转。盛有一定厚度水层的外壳 8 为不转动的定子。由于转子和定子之间的特殊结构，转盘旋转搅水时，二者之间形成强烈的水涡流，消耗发动机发出的能量，产生了对发动机制动的阻力矩。支承在轴承 4 上的测功机外壳 8 是自由摆动的。外壳的一侧固定有力臂，与测力机构相连。根据作用与反作用的原理，测力点必须给外壳一个反力矩用于平衡水流对外壳的作用力矩。于是，由测力点测得的力，乘以力臂的长度就是阻力矩值。可通过调节排水量，改变腔内水层的厚度来调节阻力矩，用以控制测功机吸收功率的大小。发动机输出功率所转变成的摩擦热量由水带走。为保证测功机的正常运转，测功机出水温度应在 60° 左右，以免产生气泡，使阻力矩急剧变化，影响工作的稳定性。

水力测功机结构简单、体积小、制造成本和使用成本都较低，曾在汽车发动机企业中广泛使用。但由于其低速时制动力不足，低负荷时工作不够稳定，动态响应太慢以及自动化程度不高等缺点，目前已为电涡流测功机所取代，此处不再过多介绍。

②电力测功机。

电力测功机的原理与普通发电机基本相同，即把发动机的机械能转换为发电机的电能，发电机就起到制动机的作用。根据直流电机或交流电机的不同可制成直流电力测功机或交流电力测功机。

③直流电力测功机。

直流电力测功机就是一个外壳可浮动的直流发电机，其结构如图 9-4 所示。它与一般电机的主要不同之处是定子外壳被支承在一对轴承上，并可以绕轴线自由摆动。在定子外壳上固定一个力臂，它与测力机构连接，用以测定扭矩。在工作时，发动机带动直流电机的转子旋转而发出直流电，再经电力电子装置逆变成交流电，并反馈到电网中去。通过测量电机的电流与电压值也可算出负载功率和阻力矩。由于直流电机的可逆性，外部电网中的交流电可经过其电力电子控制装置整流成直流电，变成电动机，可倒拖发动机旋转，以测定摩擦功。改变电机磁极的磁场强度和负载电阻（对发电机）或端电压（对电动机），便可改变电机的功率。直流电力测功机的优点是负荷和转速调节范围广、工作稳定、测量和控制精度高，而且发动机能量还可以再利用。然而，直流电力测功机的结构上存在机械换向器和电刷，因此具有一些固有缺点，如维护费用高，占地面积大，单机容量、最高电压和最高转速都受到一定的限制等，导致直流电力测功机在大容量、高速测功系统中难以广泛运用。

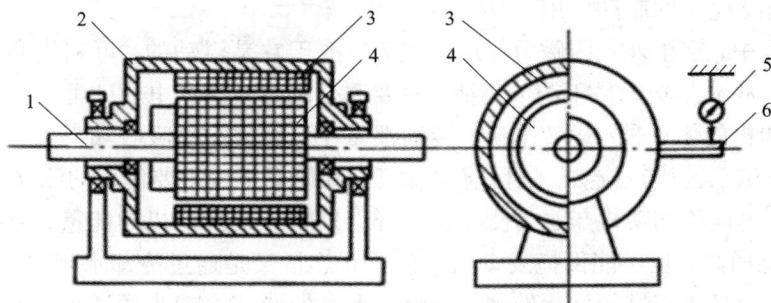

图 9-4　直流电力测功机结构简图

1—转子；2—定子；3—励磁绕组；4—电枢绕组；5—测力机构；6—力臂

④交流电力测功机。

交流电力测功机在功能上与直流电力测功机基本一致，它使用交流异步电机或同步电机作加载设备。交流电机由变频器提供可变频率的驱动电源，并精确控制其扭矩和转速。与直流电力测功机相比，交流电力测功机不存在换向器问题，因而结构简单，并且交流电力测功机受电网电压的波动影响更小，而且转子部分转动惯量很小，具有优异的扭矩动态响应、高精度的扭矩和转速控制特性、高效节能和高可靠性，因此更适合发动机复杂的动态测试和模拟测试。随着电力电子技术的发展，交流传动控制技术的日趋成熟，交流测功机在发动机测试领域得到了广泛应用，从简单的稳态测试到高级的动态测试，并能设计出许多传统的机械测功机无法实现的测试方案，如能量回馈等。

⑤电涡流测功机。

电涡流测功机的基本原理是旋转时引起磁路中磁通变化，从而产生电涡流来吸收发动机的功率，并转化为热量，再由冷却水带走。其结构如图 9-5 所示。

电涡流测功机的制动器主要由定子和转子组成。定子 1 上有励磁线圈 2 和涡流环 5，转子由带齿形的感应子 3 和转轴 4 组成。当直流电流通过励磁线圈时，就会在定子和转子之间的一个闭合磁路中产生静态磁通。这个磁场在锯齿形的感应子的凹凸处的磁通密度不同，当

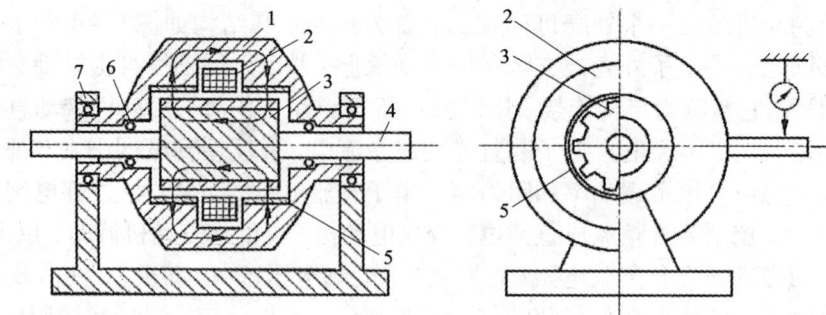

图 9 – 5　电涡流测功机结构简图

1—定子；2—励磁线圈；3—感应子；4—转轴；5—涡流环；6—转轴轴承；7—摆动外壳(定子)轴承

感应子旋转时涡流环的磁通密度不断变化，因而在涡流环表面形成涡电流，以阻止磁通的变化，从而产生对感应子的制动作用。

在旋转过程中，定子外壳因磁力作用而受力，由于它是浮动的，可利用测功机的测力机构测定扭矩。电涡流测功机易于调节负荷，只要改变励磁线圈的电流即可。

电涡流测功机的优点是：运转平衡，转动惯量小，体积小而吸收功率大，成本低于直流电力测功机，测试工艺比较成熟，是目前发动机厂和研发机构主要使用的测功机之一。

其缺点是：电涡流测功机与水力测功机一样，只能吸收发动机的能量，将其全部转化为热能消耗而不能回收，也不能倒拖发动机运转；而热量又是通过冷却水带走，因此，需通入足够的冷却水，而且还需进行软化处理，以免产生水垢堵塞冷却水通道；另外水可能会导致设备的腐蚀，同时还易受不利的冷却冲击。由于上述原因，使得其精度的提高和实际应用受到限制。

2. 测功机的调控与选配

(1) 测功机的选配要求

① 测功机的特性与发动机特性要良好配合，以保证发动机能稳定运行；

② 随着电子控制技术的发展，测功机应能快捷、方便地调整其内部控制参数，改变测功机内部的特性，从而扩展测功机的应用范围，提高试验的质量；

③ 被测发动机的工况范围应在测功机工作范围(允许运行的工况范围)之内，即发动机输出的机械能应全部被测功机吸收，机组运行要安全，而且应处于性能较佳，误差较小的部位。

(2) 发动机 – 测功机机组稳定运行的条件

发动机油门执行器处于某一确定位置时，发动机输出一条固定的功率曲线(速度特性线)；测功机负载调节阀(水力测功机为排水阀，电力测功机为控制器，电涡流测功机为励磁电流调节器)处于某一确定位置时，有一条产生阻力的制动负载特性线。如不对两者进行任何调控，要使发动机和测功机所形成的系统能正常稳定工作，必须同时满足下列两个条件：

① 发动机输出特性曲线与测功机制动特性曲线应在测试的工况点上相交，如图 9 – 6 的交点 A 就是所控制的测试工况点。

② 当运行工况偏离交点时，系统应能产生回复力矩，使其快速自动收敛到工作点，而不是发散到其他位置或者不正常地往复摆动。

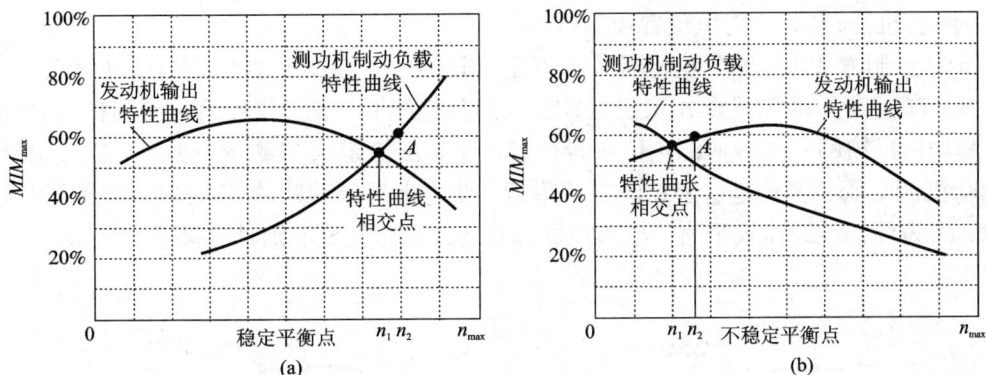

图 9 - 6　测功机与发动机特性曲线相交的两种不同情况

图 9 - 6 所示为测功机和发动机特性曲线相交的两种不同情况。从图 9 - 6(a) 中可看出，当测试工况点 A 处发动机特性线的斜率小于测功机负荷特性线的斜率时，若因某种原因造成发动机转速由 n_1 增加到 n_2 时，发动机的输出扭矩下降；而在同样的转速下，测功机的制动扭矩却将上升。由于此时测功机的制动扭矩大于发动机的输出扭矩，必将使发动机的转速下降而回到原来的交点处，迫使发动机回到原来工况点的扭矩差，即为系统的回复力矩。有这种特性的相交点，称为稳定平衡点。而图 9 - 6(b) 中，测试工况点处，发动机特性线的斜率大于测功机负荷特性线斜率时，情况恰恰相反。当发动机工况因转速升高而偏离交点时，即升到一定转速时，输出扭矩上升；在同样转速下，测功机的制动扭矩反而下降。因制动扭矩小于输出扭矩，发动机的转速不仅不能回到平衡点，反而将继续偏离平衡点，此时系统产生的是偏离力矩。这样的相交点称作不稳定平衡点。

3. 测功机制动负载特性与发动机输出功率特性的匹配

在发动机 - 测功机机组实际运行中，某些工况条件下，如按照两者固有的特性曲线工作，会出现上述不稳定运行，或者虽能稳定运行，但是稳定的过渡时间过长以及振动很剧烈的情况（后者常常出现在两条特性线接近平行的情况下）。为此要采取特定的控制措施，对测功机特性，有时也要对发动机特性进行人为的反馈调控，改变特性曲线的走向，达到稳定运转的目的。

进一步说，发动机的制动负载是由测功机及其控制回路构成的，测功机在不同的控制模式下运行，即意味着为发动机提供了不同的制动负载特性。对发动机而言，油门执行器控制回路运行于不同的控制模式时，也可使发动机具有不同的输出特性。因此，要获得发动机的不同特性曲线，需采用不同的控制模式。测功机常用的控制模式主要有以下 4 种。

(1) 测功机恒扭矩/油门恒位置控制模式 (M/P)

在 M/P 控制方式下，油门执行器位置恒定，通过反馈控制使测功机为恒扭矩负载特性，达到图 9 - 7(a) 所示的工况点 A 稳定运转要求。其控制原理为：测控仪给定测功机的扭矩控制值，与测功机反馈的实际测量值进行比较，计算出给定值与测量值的偏差，通过 PID 自动调节测功机调节阀，将扭矩稳定在给定值附近，获得近于等扭矩的特性线。该模式适合柴油机调速特性试验，因为柴油机调速特性线接近垂直，与测功机等扭矩特性线接近正交，具有极佳的稳定性。

（2）测功机恒转速/油门恒位置控制（n/P）

在 n/P 控制方式下，油门执行器位置恒定，通过反馈控制使测功机为恒转速负载特性，达到图 9－7（b）所示的工况点 A 稳定运转要求。其控制原理为：仪器给定测功机的转速控制值，与测功机反馈的实际转速测量值进行比较，计算出给定值与测量值偏差，通过 PID 自动调节测功机调节阀，将转速稳定在给定值附近，获得近乎等转速的特性线。该模式适合外特性试验，因为外特性线比较平直，与测功机等转速线接近正交，则具有极佳的稳定性。

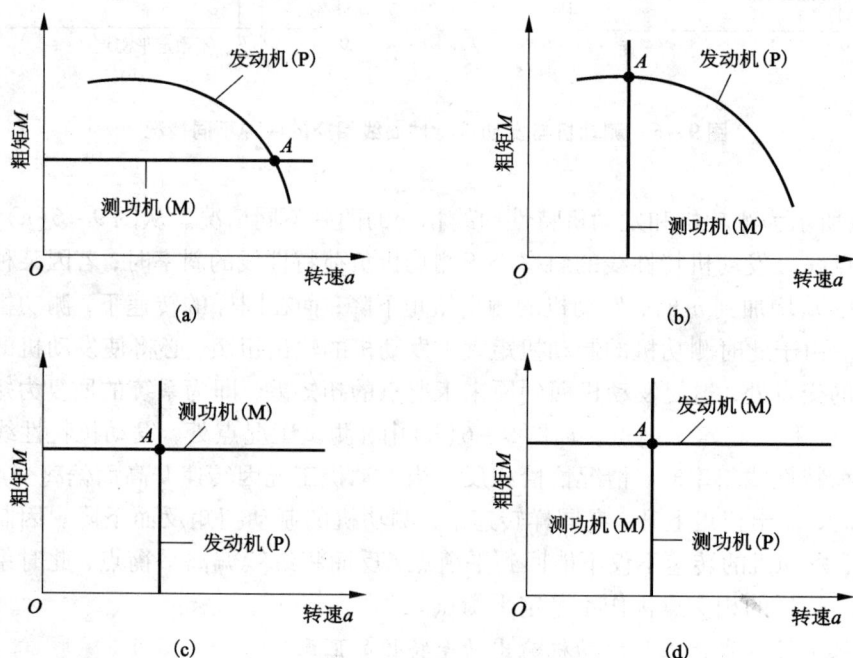

图 9－7　测功机不同控制模式

（3）测功机恒扭矩/油门恒转速控制（M/n）

在 M/n 控制方式下，控制测功机为恒扭矩，同时控制发动机为恒转速，以测功机被控为等扭矩特性为主，即扭矩控制优先于转速。其控制原理为：测控仪给定测功机的扭矩控制值和给定发动机的转速控制值，与测功机及发动机反馈的实际测量值进行比较，计算出给定值与测量值的偏差，通过 PID 自动调节测功机调节阀和发动机油门开度，将扭矩和转速稳定在给定值附近，获得测功机与发动机特性正交的特性线，如图 9－7（c）所示。因为两个参数同时控制，所以工况点是恒定的。

（4）测功机恒转速/油门恒扭矩控制（n/M）

在 n/M 控制方式下，控制测功机为恒转速，同时控制发动机为恒扭矩，以测功机被控为等转速特性为主，即转速控制优先于扭矩。其控制原理为：测控仪给定测功机的转速控制值和发动机的扭矩控制值，与测功机反馈的实际转速和发动机反馈的实际扭矩测量值进行比较，计算出给定值与测量值的偏差，通过 PID 自动调节测功机调节阀和发动机的油门开度，将转速、扭矩稳定在给定值附近，获得同样的正交特性线，如图 9－7（d）所示。因为两个参数同时控制，所以工况点是恒定的。

4. 测功机的选配

选用测功机类型和型号时，在满足稳定运行的前提下，还应遵循以下原则：

（1）被试发动机的工况面应在测功机被允许运行的工作范围内并处于性能较佳的位置。各种类型的测功机都有其被允许运行的工况范围。

图9-8所示的是电涡流测功机允许工作的制动功率范围示意图。在该图所示的 OABCO 封闭曲线中，OA 段表示励磁电流最大时，吸收功率随转速上升的曲线。当功率达到一定值时（A 点），由于测功机热负荷（最高温度）的限制，吸收功率不能继续增加而保持恒定，当近乎恒定的功率保持到 B 点的转速时，达到测功机允许运行的最高转速，即 BC 段为测功机旋转件受离心力负荷或轴承允许转速所限制的最高转速限制线，AB 段则为测功机能吸收和测量的最大功率限制线。在无励磁电流时（OC 段），测功机的特性曲线相当于不同转速下测功机的机械损耗特性曲线，这一曲线的下方部分是不能进行有效测试的。

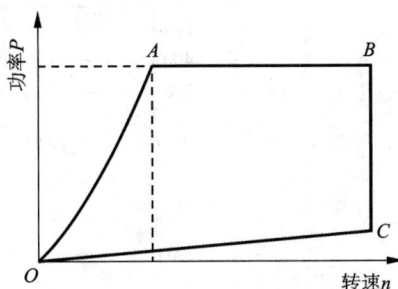

图9-8 电涡流测功机功率特性图

实际中，为保证安全，被试发动机的最高功率、最大扭矩以及最高转速都要小于上述限值，比如最高功率通常为测功机最大功率的 75%~80%。图9-9表示了某种型号的3种类型的测功机所允许的工况范围图。图中曲线 OABCDO 或 OABCO 所包围的面积，即是测功机所允许吸收功率的范围。相应的发动机扭矩也要落在测功机扭矩工作范围内。此外发动机的各项性能指标也不能远远低于上述限值，否则被测值相对测量量程会过小，导致测量误差加大。

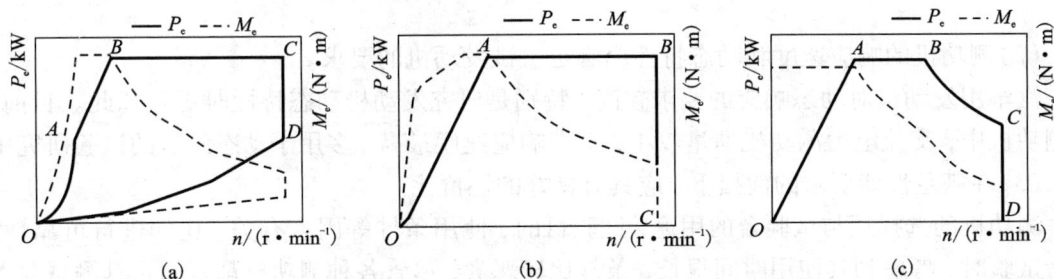

图9-9 3种测功机所允许的工况范围图

(a)水力测功机；(b)电涡流测功机；(c)交流电力测功机

同一类型测功机，按功率和转速范围大小有一系列大小不同的型号。如图9-10所示的德国申克公司生产的不同型号的交流电力测功机扭矩、功率特性曲线图。当试验对象发动机最大功率在 220 kW，最大扭矩在 1080 N·m 附近时，根据上述测功机选择原则，可选型号为 HT350 的电力测功机作为发动机负载。

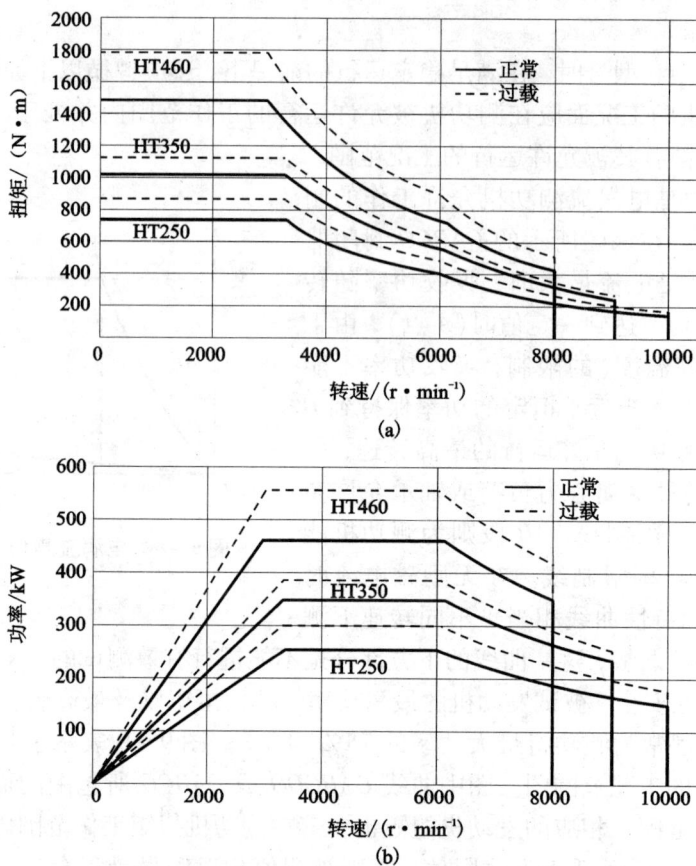

图 9-10 申克交流电力测功机系列的扭矩与功率特性曲线图

(a)扭矩曲线；(b)功率曲线

(2)测功机的响应速度和动态特性应满足被试发动机的要求。

汽车用发动机对动态响应的要求较高，特别是研究发动机动态特性时更是如此。目前各类测功机中，交流电力测功机惯量较小，动态响应速度最高，多用于动态测试的试验研究中。

(3)在满足性能要求的前提下，应具有良好的性价比。

测功机的选择还与试验台的用途、试验目的、使用条件等因素有关，比如进行可靠性及寿命试验时，考虑到其使用时间很长、条件比较恶劣，尽管各种测功机都能满足其测试要求，但仍以选用成本较低的电涡流测功机或水力测功机使其具有良好的性价比为佳。

5. 测功机、发动机机组安装

试验台基础及其上固定的刚性底板用于安装测功机和发动机，见图 9-1。由于发动机工作时振动很大，因此试验台架的基础设计、测功机与发动机的连接及安装都是非常重要的。安装质量将对试验质量和测试精度产生很大影响。

(1)台架基础

在台架基础设计时，应注意考虑以下几方面：

①试验台应靠近有水源的一边，基础与墙壁距离不少于 1.5 m，并应注意使测功机离开

墙壁的距离留有校正臂的安装位置，校正臂有一定的长度，是扭矩标定时使用的装置。整个实验室要求通风好，光线足，照明设备符合规定要求。

②台架基础应有足够的质量，以使发动机试验时的振动降至最低限度。地基基础用高于 90 号的混凝土浇注。基础的浇注及厚度应考虑到被测对象，使安装好的测功机能适用于在其测试范围内的各种型号的发动机。试验台基础及其上的底板与支架应有足够的刚性，否则在强烈的振动下会产生挠性变形。尤其要注意结构件的谐振频率应避开发动机运行时的频率范围。

③应采取有效的隔振措施，减少试验台振动能量向外界传递。简单的办法是在混凝土基础下面垫一层黄沙，并在基础四周开防振槽，用木屑或炉渣充填，并用沥青盖顶。

④地下埋设线管应在浇注混凝土前进行，发动机排气管如安装在地下时，则应和线管相距 0.5 m 以上。

(2)测功机与发动机的安装

在紧固测功机地脚螺栓前，需用水平仪校正测功机在两个互相垂直方向的水平度，其安装精度为 1/1000，以保证测功机的灵敏度和正确性；发动机的支架固定在底座上，支架一般需要 3~4 个。固定发动机的支架与发动机之间有弹性减振块。被测试发动机经常变换时，发动机最好安装在 3 个自由度均可变位的附件支架上，使安装和调整更方便。发动机安装油门执行器时，要确保发动机调速手柄行程在油门执行器行程之内。

(3)测功机与发动机的连接

发动机与测功机的连接件一般采用万向联轴器或弹性联轴器。发动机与测功机连接后，要进行找正工作，以保证旋转轴的同轴度，一般要求同轴度在 ϕ 0.05 mm 以内。无论哪种连接方式，要尽可能减少作用于测功机上的附加力矩和轴向力，以免引起发热或发生设备、人身事故，无法正常测试。为保证安全通常在靠近测功机端加装一辅助支座。在发动机与测功机的联轴器处加装安全罩，以防机件飞出伤人。

9.1.2　数据采集及处理系统

1.数据采集及处理系统的任务、结构与特点

发动机进行试验时，数据采集系统的任务就是完成试验台实时数据采集、记录、处理和输出功能，以完全反映发动机现场运行特性。试验过程中所需要测量的参数很多，如发动机的功率、扭矩、转速、燃料消耗量和燃料消耗率、燃油温度、润滑油压力和温度、进气压力和温度、排气温度和压力、冷却水的进出口温度等。数据采集系统示意图如图 9 – 11 所示。

发动机试验时待测的众多参数大部分是通过各种类型的传感器实时测量的，但有些参数则需根据测量到的参数和公式进行换算得出。先进的测试系统一般都提供数据的后处理，可按用户要求提供所需数据的最终处理结果，以表格和曲线等形式表示。

目前，在汽车发动机试验中，有很多非电物理量(后简称非电量)，非电量的电测系统成为最常用的采集系统。所谓非电量的电测系统是一种利用电或电子技术的先进手段对各种非电量进行测量的方法。一般都是先把被测的非电量转换为电量，然后经电子仪器予以放大、记录及数据处理。典型的测量过程如图 9 – 12 所示。

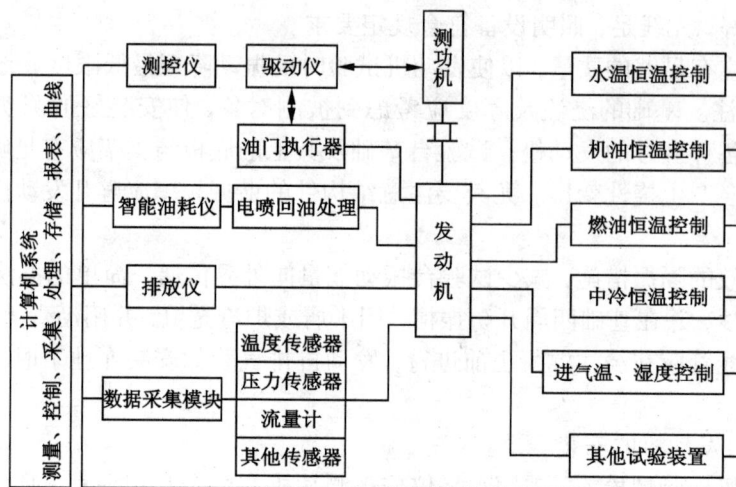

图 9 – 11　发动机试验数据采集系统结构示意图

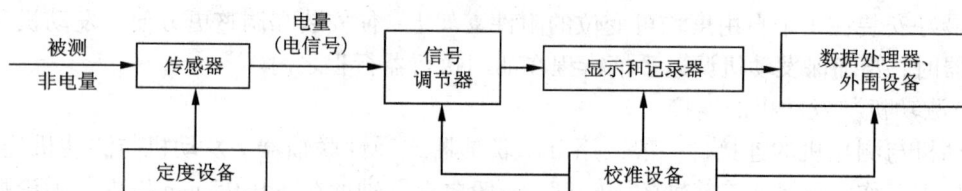

图 9 – 12　非电量采集系统示意图

从图 9 – 12 中可看出，非电量测试系统主要包括以下几种：

（1）传感器：将输入的被测非电量转换为电信号。

（2）信号调节器：将传感器输出的电信号变换成传输不失真，且便于记录、处理的电信号，如信号源的阻抗变换，信号的放大、衰减与波形变换，信号滤波，多路信号切换等。

（3）显示和记录器：显示和记录信号调节器输出的信号。显示必要的数据变化图形，供直接观察分析，或将其保存，供后续仪器分析、处理。

（4）数据处理器：将记录的信号按测试目的与要求提取有用信息，通过专用计算机进行分析、处理，如概率统计分析、相关分析、功率谱分析和传递特性分析等。

除此之外，非电量测试系统还包括完成数据采集所需的计算机硬件和软件。为保证采集系统的准确性，系统中还有定度和校准等系统附加设备。测试前要对传感器及测试系统确定其输入与输出物理量转换关系的定度曲线，并利用一种较高精确度的参考仪器进行校准，以确定整个测试系统的精度。

此外，由于被测量有静态与动态之分，数据采集系统的基本特性也可分为静态特性和动态特性两类。

发动机台架试验根据试验目的和任务的不同，所配备的传感器和数据分析处理软件也是不同的。但就整个系统的结构设计思路而言则是差不多的。以某重型柴油发动机排放测试系统为例，对发动机采集系统的硬件和软件设计和功能进行简要描述。

2. 数据采集处理系统的硬件

图 9-13 是某重型柴油发动机排放测试系统示意图。整个系统中的测试设备包括测功机、油耗仪、空气流量计、环境站(主要指大气温度、湿度大气压力等)、排放分析仪、CVS 采样控制系统、颗粒采样控制系统等。主控计算机系统协调管理这些设备,实现整个试验过程的数据采集、流程控制和数据处理。从图中可以看到主控计算机系统在整个测试系统中起到关键作用。

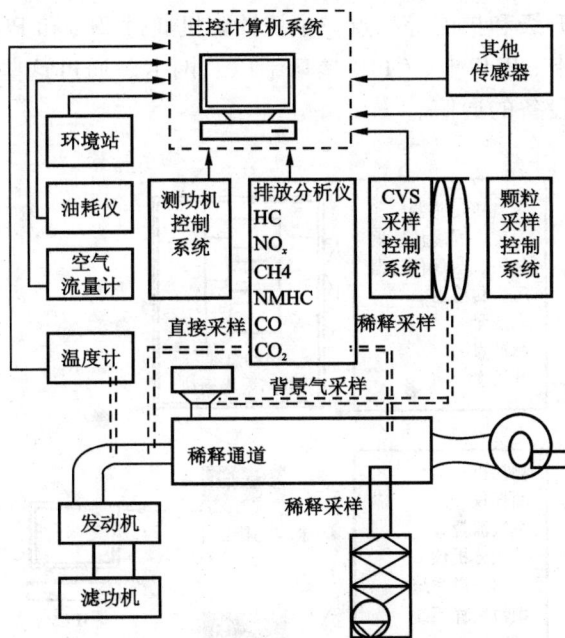

图 9-13　某重型柴油发动机排放测试系统示意图

测试系统通过传感器和测试设备测量所需各类参数。所需测量的主要参数、相应的传感器或测试设备以及输出接口形式如表 9-1 所示。

表 9-1　测试设备及接口形式

测量参数	测试设备	输出接口
大气压、温度、湿度	大气压传感器 温度、湿度传感器	电压
温度、压力	热阻、热偶传感器	电阻
	压力传感器	电压
燃油消耗量	油耗仪	RS232/电压
进气量	空气流量计	RS232/电压
转速、扭矩	测功机	RS232/电压
污染物浓度	排放分析仪	RS232/GPIB/LAN
稀释排气流量	CVS 采样系统	RS232/GPIB/LAN
颗粒取样流量	颗粒采样系统	RS232/GPIB/LAN
烟度	透光式烟度计	RS232/GPIB/LAN

由于发动机排放测试系统中传感器和测试设备较多，输出接口形式多种多样，加之现场发动机以及各种大功率电子设备干扰较强，为保证系统的可靠性和准确性，主控计算机系统必须具有良好的抗干扰能力和扩展能力，同时需采用工业控制计算机作为主控计算机系统的主机，以保证系统的稳定性。

主控计算机系统硬件设计如图 9 - 14 所示。系统硬件是基于工业控制计算机 IPC 设计的。基于 IPC 的硬件结构是一种开放式结构，工业控制计算机具有抗干扰、性能可靠、有丰富的软硬件支持、便于升级和扩展等特点。主控计算机通过 ISA 和 PCI 总线接口扩展各种通信接口，包括 485 接口卡、串口卡、GPIB 接口卡以及网卡。通过这些接口卡实现与测功机、油耗仪、排放分析仪等设备的通信。

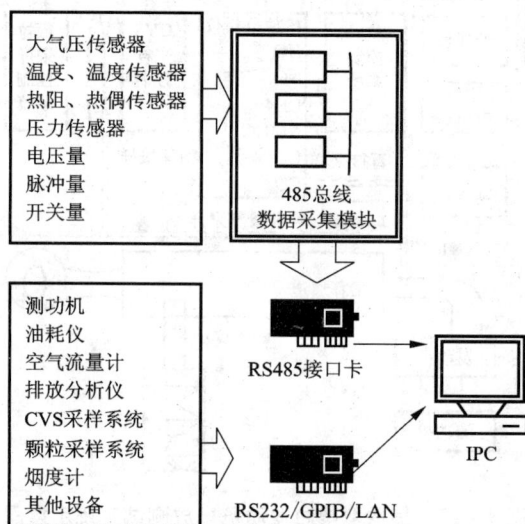

图 9 - 14　主控计算机系统硬件布置图

主控计算机系统通过 485 总线数据采集模块采集各种传感器以及模拟量、开关量和脉冲量信号。现场总线结构的数据采集系统具有结构简单、抗干扰能力强、便于扩展等优点。采集模块包括模拟量模块、热阻模块、热偶模块、开关量模块和脉冲量模块，各个模块通过 RS485 总线连接在一起，系统采用两位 16 进制数编址，总线上最多可连接 256 个模块。通道可以方便地进行扩展。

3. 数据采集处理系统的软件

主控计算机系统软件在 Windows XP 环境下，采用虚拟仪器开发平台 LabVIEW 开发。重型发动机排放测试主控计算机系统的主要任务括传感器及测试设备的数据采集，控制外围设备实现法规规定的试验流程以及原始数据及计算结果表格的打印输出。软件主要功能模块如图 9 - 15 所示。

系统维护模块能实现模拟量采集通道的标定功能，并通过曲线拟合算法计算出模拟量和工程量的转换系数。试验过程模块实现各类排放试验的数据采集和流程控制，将测量结果存入数据文件。试验类别包括如欧Ⅲ法规规定的 ESC，ELR 和 ETC 等试验。数据处理模块实现试验数据的处理任务及计算结果表格的打印输出，试验过程中能以 10 Hz 频率记录全部测量

```
         ┌────────────────────────────────┐
         │  重型发动机排放测试主控计算机系统  │
         └────────────────────────────────┘
          │            │              │
      ┌───────┐    ┌───────┐     ┌───────┐
      │系统维护│    │实验过程│     │数据处理│
      └───────┘    └───────┘     └───────┘
          │       │  │  │        │  │  │  │
      ┌───┐  ┌──┐┌──┐┌──┐  ┌──┐┌──┐┌──┐┌──┐
      │通 │  │ES││EL││ET│  │原││计││实││其│
      │道 │  │C ││R ││C │  │始││算││时││他│
      │标 │  │试││试││试│  │数││结││曲││曲│
      │定 │  │验││验││验│  │据││果││线││线│
      └───┘  └──┘└──┘└──┘  │表││表│└──┘└──┘
                           │格││格│
                           └──┘└──┘
```

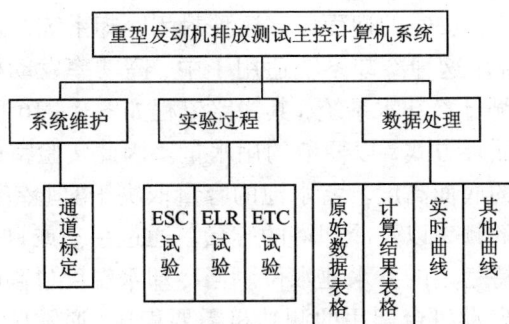

图 9 – 15　软件功能模块

数据,通过实时曲线功能打印输出,包括研究开发过程中需要的其他形式的数据处理结果,如 ESC 试验排放污染物工况分担率曲线等。

9.1.3　控制系统

发动机台架控制系统是完成各类发动机常规性能试验、测量和数据处理的计算机系统。可手动或自动进行发动机测试,而且可以在两种控制方式之间平稳切换。

控制系统的功能为:对发动机油门和测功机负载调节装置实施控制,以便于发动机进行各种各样的试验;通过控制燃料消耗仪,实现对发动机燃料消耗量的自动测量;对发动机冷却系统和机油温度实施恒温控制;在测试过程中对发动机实施监控和报警保护,如超速,低油温,水温、油温和油压过高,负载过大等。

控制系统的核心是一个能独立工作的计算机系统。工作时,系统首先根据试验类型(功率特性、负荷特性、调速特性、工况法试验等),确定当前的控制方式,如恒转速、恒扭矩等。然后由被测试的工况计算出理想的油门位置,理想的测功机负载调节装置位置,并结合当前传感器的反馈信号不断地测量实际工况与理想工况值之间的偏差,通过 PID 算法,计算出实际的发动机油门位置和测功机负载调节装置位置的大小,再驱动它们向理想值方向调整。最后通过数据量 I/O 和模拟量 A/D 接口卡,采集扭矩、转速、燃油消耗量等参数,同时将数据送往显示器进行显示。

9.1.4　冷却系统

在进行发动机试验过程中,试验台有专门的冷却系统,包括水箱、加温器和温度控制器等零部件。

实验室冷却水系统主要用于冷却下列部分:

(1)来自试验台架的热量;

(2)测功机热量;

(3)发动机冷却系统热量;

(4)燃料及润滑油温度控制。

此外还可用于保持稳定液面(水力测功机)及清洗等功能。

冷却系统一般有以下两种形式:

（1）内循环式冷却系统。模拟实际装车情况，发动机的水泵将热水送入散热器，散热器前面有冷却风扇，模拟汽车行驶时的迎面风。这种封闭冷却系统，适用于中、小功率发动机。

（2）外循环式冷却系统。这种冷却系统适用于中、高功率发动机。一般来说，实验室所有发动机台架共用一个外循环冷却水系统，其线路流程如图 9-16 所示。由于试验用水量很大，冷却水系统都应采用循环方式，以便节约用水量。因此实验室都有一个位于地下的蓄水池，水平面应低于测功机的底面高度。蓄水池的容量取决于实验室的台架数及设计功率、测功机型式、使用台架试验的频率以及冷却塔的容量。通过手动或自动调节方式，将城市自来水补充到蓄水池中，以保持稳定的蓄水池水位。当冷却水温度过高时，通过水泵将部分水送至冷却塔进行冷却。由于发动机台架用的测功机需要稳压（通常压力为 350~400 kPa）以保持水位不变，因而需要一个稳压阀加以调节。此外加压后的冷却水还要用于燃料、水冷发动机和发动机机油的冷却，由于冷却温度不同，通常应配置热交换器。所有台架的废水经回流水管流回蓄水池。

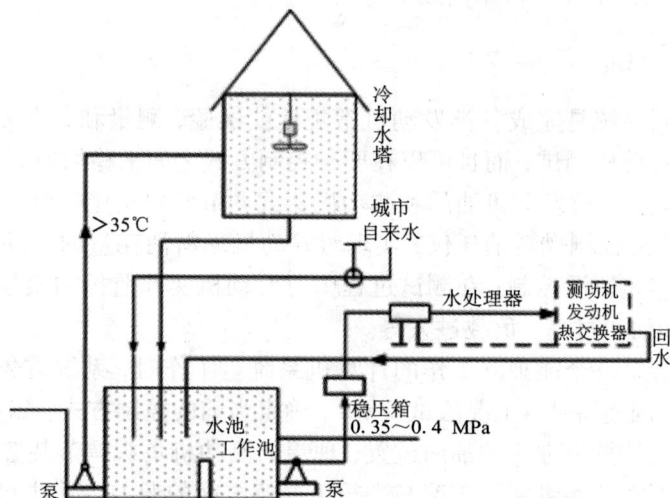

图 9-16 发动机实验室外循环冷却水系统示意图

整个冷却水系统的水泵和阀门都应能自动控制与调节。考虑到冷却系统为各台架共用，因而每个台架的操纵台都可对其控制，保证只要有一个台架使用水泵，水泵就处于运行状态；只有当所有的台架都不使用时，才关闭水泵。为节约用电，也可以应用多台水泵，用水量少时，启用一台水泵；用水量多时，用多台水泵。

如果冷却水的吸热量很大，在气温较低地区可以考虑热量的回收，作为实验大楼的供热。

水管的布置应尽量安排在台架下面的地下室。由于台架是弹性的，因此与台架相接的水管应尽量考虑使用柔性连接管。此外，冷却水还要进行水处理以软化和去盐。

9.2　实验室环境系统

9.2.1　通风系统

为把汽车发动机台架室内发动机辐射出来的热量和泄漏的废气排出室外和保持控制室内空气的温度和废气浓度在规定的范围内,实验室需要有通风系统。

发动机室内的气流组织有两种方式:

(1)上送下排式,有利于发动机泄漏于室内的废气和烟尘被直接吸入地下室排出室外,减少废气对室内的污染;

(2)下送上排式,使进入室内的空气直接冷却发动机,可得到较好冷却效果,且通风系统简单,投资较少。

由于发动机台架实验室的热源——发动机的散热量多,变化也很大,精确地确定散热量比较困难,同时由于发动机排气中的有害气体对环境和人体的影响,因此,对发动机实验室的通风设计提出了更高的要求。在设计中,若通风量选得过大,则使制造成本提高和运行费用增加,但若通风量不足,则影响到试验的正常运行。

9.2.2　发动机进、排气系统

1.发动机进气

一般情况下,发动机的进气可直接采用台架室的空气,也可以采用专用空气源供给系统。专用气源供给方式有两种:一种是采用直接管道法取得室外新鲜空气,此时应考虑有足够的流通截面,同时要考虑进气滤清和消声;另一种是采用进气调节系统供气,通过该系统来调节进气状况(温度、湿度和压力),并保证进气的洁净度。若将进气调整为标准状态,则不必进行大气修正,此外也提供了进行一些环境模拟试验的可能。如用专用气源,则要保证送气量能满足试验发动机的进气要求。

根据国家标准 GB/T 18297—2001《汽车发动机性能试验方法》规定的发动机进气状况的要求,最佳供气条件应接近标准状况。目前国内已有产品能满足恒压、恒温、恒湿的进气要求,从而可大大地减少校正误差。

2.发动机排气

为减小发动机的排气背压,实验室的排气管直径要大于发动机排气管直径。废气应排到室外排气坑内进行消声、防爆及一些废气过滤处理。有些时候为了模拟整车的实际使用状况,要用节气门等节流装置改变背压。

9.2.3　实验室消声与隔声系统

发动机的噪声已成了环境污染的重要来源之一。常规实验室一般只是在实验室墙壁周围装用吸音材料。另外为降低发动机控制间的噪声,在控制台前面的观察窗是双层、加厚、高强度的玻璃窗。双层玻璃不仅起到隔音的作用,也能保证试验人员的安全,因为发动机试验时实验间有可能会飞出碎片击毁单薄的观察窗。

通常用于发动机噪声试验和开发研究的实验室，必须经过特别的消声处理，以降低背景噪声。

如有特殊需要，可建设专用的消声室。发动机消声室有两类：一类是用于发动机整机试验的大型消声室；另一类为消声器试验用的小消声系统。前者的建设费用很高，一般只在大型企业和专门研究机构中采用。

上述发动机试验系统设计的基本原则是要从试验对象、试验目的和要求出发，达到技术上合理，经济上节约的效果。

发动机通风系统、进排气系统设计需要考虑很多因素，如热量的来源、流出、损失等，这些并非本书的重点，需要时读者可参阅相关的专题资料。

9.3　发动机主要性能参数的测量

发动机进行试验研究所需的参数中，有些参数可以直接测量，有些参数则需利用直接测得的参数或已有数据经过计算求出。发动机试验测量、计算后所需的参数项目主要分为以下几种类型。

（1）与常规动力、经济性能直接有关的项目：发动机的转速、扭矩、功率、燃油消耗率、点火提前角、供油提前角、空气消耗量、进气压力和温度、排气压力与温度、中冷前后温度和压力（对于增压发动机），润滑油的压力和温度，冷却水温度，燃油温度、密度等。

（2）与发动机尾气排放有关的项目：一氧化碳（CO）、二氧化碳（CO_2）、碳氢化合物（HC）、氮氧化物（NO_x）、柴油机的微粒（PM）和烟度等。

（3）与试验环境有关的项目：大气压力、温度和湿度、排气背压等。

（4）其他项目：根据一些特殊要求进行的测试项目，如柴油发动机高压喷油泵泵端和嘴端压力、充气效率、过量空气系数，气缸内的最高爆发压力、平均有效压力、压力升高率、噪声、振动等。

9.3.1　发动机转速、扭矩测量和功率计算

在汽车发动机中，功率是一个十分重要的性能参数。发动机某工况的有效功率是测定有效扭矩和转速值后计算而得。计算公式如下：

$$P_e = \frac{2\pi M_e n}{60 \times 1000} = \frac{M_e n}{9550} \qquad (9-1)$$

式中：P_e 为有效功率（kW）；M_e 为实测有效扭矩（N·m）；n 为实测转速（r/min）。

从式中可看出，发动机的有效输出功率正比于有效扭矩与转速的乘积。

1. 转速测量

转速是单位时间内曲轴的平均旋转次数，通常以每分钟的转数（r/min）作为计量单位。对于发动机转速的测量，可用的传感器有很多种，目前主要用磁电式转速传感器、光电式传感器和霍尔（Hall）传感器。现以磁电式转速传感器和霍尔传感器为例简要说明其测量方法。

（1）磁电式转速传感器

磁电式转速传感器是通过磁电作用把被测参数转换为感应电动势的一种器件。它是利用

带齿的含铁导磁材料在磁场中切割磁力线所产生的感应电动势来计算转速的。其结构原理简图如图 9 – 17 所示,由被测转轴上安装的带齿的含铁导磁材料制成的信号盘 1、永久磁铁 2、铁芯 3 和线圈 4 组成。磁电式转速传感器安装在试验台架支架上(发动机使用时通常固定在机体上)。磁铁与信号盘保持有 0.5 ~ 1.2 mm 的间隙 d。当信号盘旋转时,齿的凹凸引起磁阻的变化,使磁通量发生周期变化,因而在线圈 4 中感应出交变的电动势。我们以 f 表示感应电动势的频率,则频率 f(Hz) 与转速间的关系为:

$$n = \frac{60f}{z} \qquad (9-2)$$

式中:n 为发动机的转速(r/min);z 为信号盘齿数;f 为感应电动势频率(s^{-1})。

利用磁电式转速传感器也可以进行转角的度量;将转盘中的某些齿做出特殊齿形或间隔,也可以作为某一具体角(位置)的标志。

磁电式转速传感器的突出优点是不需要外加电源、结构简单、工作安全可靠、转速精度高、输出阻抗小、测速范围较广等,因此在发动机中应用较为广泛。

图 9 – 17　磁电式转速传感器

1—信号盘;2—永久磁铁;3—铁芯;4—线圈

(2)霍尔传感器

霍尔传感器主要由霍尔元件或霍尔电路、永久磁铁和触发轮等组成,触发轮一般为叶片或轮齿形式,通常装在曲轴上或者凸轮轴上。图 9 – 18 所示为霍尔传感器信号发生器的示意图。当叶片进入永久磁铁与霍尔元件之间的空隙时,由于霍尔元件的磁场被触发叶片所旁路(或称隔磁),霍尔元件不产生霍尔电压;当触发叶片离开空隙后,永久磁铁的磁通便穿过霍尔元件而产生霍尔电压。利用霍尔电压方波信号的频率,可算出转速值来。

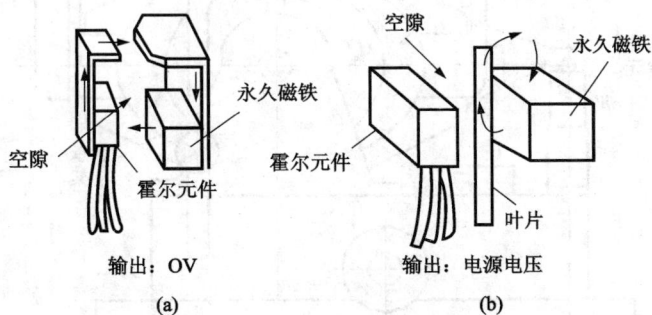

图 9 – 18　霍尔传感器信号发生器示意图

(a)有霍尔电压(叶片离开空隙);(b)无霍尔电压(叶片在空隙中)

霍尔传感器是 1879 年由 Edwin Hall 利用 Hall 效应发明的。20 世纪 80 年代以来,汽车上应用的霍尔式传感器与日俱增,其主要原因在于霍尔传感器有两个突出优点:一为输出的电压信号近似于方波信号;另一为输出电压与被测物体的转速无关。但这种传感器需要外加电源。

2. 扭矩测量

(1)扭矩测量原理及装置

前面已介绍过,在发动机台架上,要想精确地测出发动机扭矩的大小,通常的办法是给发动机施加阻力矩(负荷),即通过测功机给发动机一个"负荷",利用测功机浮动外壳的测点受力来测量发动机的扭矩。为此,测功机本身应具有吸收能量或传送动力的功能,并具有测量扭矩的装置。

根据扭矩测量原理的不同,测量扭矩的装置分为传递法和平衡力法两种类型。传递法主要应用扭矩仪(传感器)在动力的传递过程中测出扭矩值。平衡力法则如前面所述,利用作用在测功机上的作用扭矩与反作用扭矩大小相等、方向相反的原理来测量扭矩。目前测试发动机稳态运转时的扭矩普遍应用的是利用平衡力法测扭矩的测功机,也叫摇摆式测功机。但传递式扭矩测量装置的应用也日益增多,因为此种装置精度较高,瞬态性能好,常用在动态测试试验台上。

①平衡力法。

平衡力法的测量原理及结构简图如图9-19所示,将测功机的外壳通过轴承支撑在支架上,外壳能自由地回转,在外壳上装有力臂,连接载荷单元。工作时在发动机扭矩作用下,载荷单元承受的作用力 W 乘以力臂长度 L 就是扭矩值。扭矩的表达式如下:

$$M_e = W \cdot L \qquad\qquad (9-3)$$

式中: M_e 为实测有效扭矩(N.m)。 W 为作用在载荷单元上的力(N); L 为力臂长度(m)。

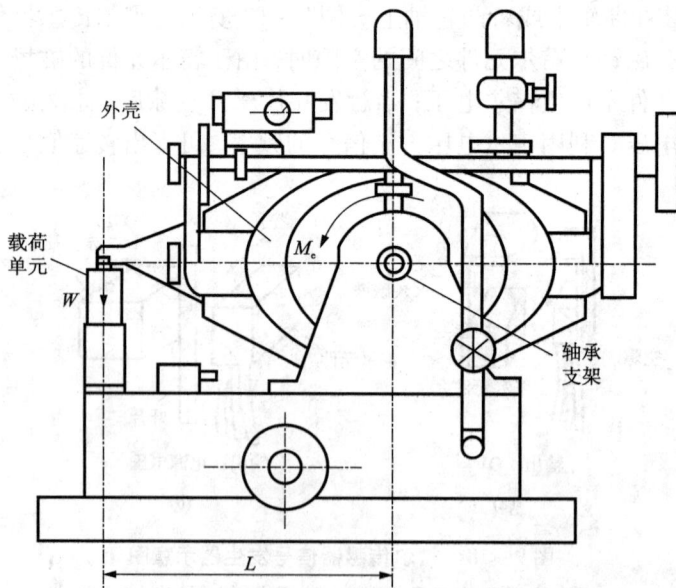

图9-19 测扭矩机构(测功机后视图)

②传递法。

转轴受到扭矩作用时会产生变形,传递法就是通过测量轴变形,利用应力与应变的关系来测量扭矩的。根据扭矩信号的传输方式,扭矩传感器可分为接触式扭矩传感器和非接触式扭矩传感器。非接触式扭矩传感器使用的是磁、光和感应技术，在其内部的输入和输出之间没有机械连接，不会受到磨损，故精度高，常用于发动机试验测试中。利用磁、电感应的非接触式扭矩传感器的结构原理如图 9 - 20 所示，在一根弹性轴的两端安装有两只信号齿轮，在两齿轮的上方各装有一组信号线圈，在线圈内均装有磁铁，与信号齿轮组成磁电信号发生器。在弹性轴受扭时，将产生扭转变形，使两组交流电信号之间的相位发生变化。在弹性变化范围内，相位差变化的绝对值与扭矩的大小成正比。扭矩传感器一般安装示意图如图 9 - 21 所示。

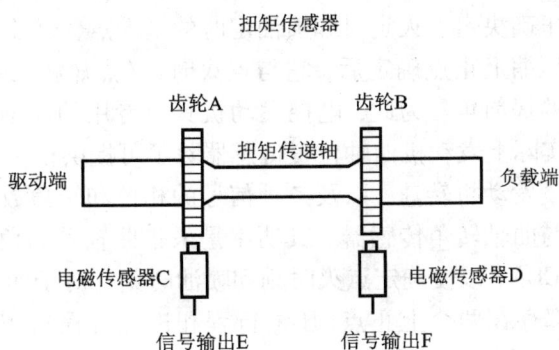

图 9 - 20　测扭传感器工作原理图

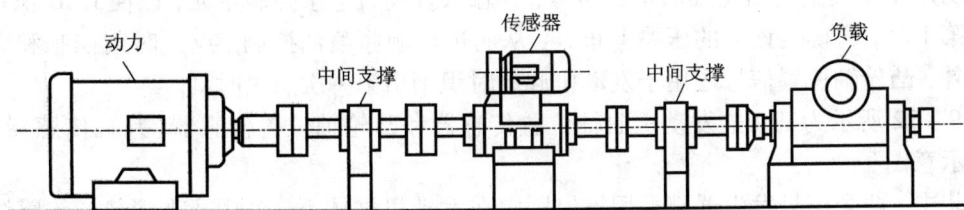

图 9 - 21　扭矩传感器一般安装示意图

（2）扭矩测量误差及测功机的校正

平衡力法扭矩测量误差除了非电量电测装置带来的误差外，主要是测功机的误差。各种测功机的一个共同的主要误差来源，就是浮动定子两端轴承摩擦带来的误差。由于定子只在很小角度内摆动，长期和过载使用会造成局部的压痕而带来较大摩擦阻力。因此，除关心轴承的润滑状况外，应定期进行检查和标定。

电力测功机多用风扇进行冷却，形成鼓风损失，且随转速增加而大幅上升。这是一种系统误差，可事先预估进行修正。

电力和电涡流测功机电线的刚性和水管、润滑油的刚性会产生摆动阻力，带来误差，因此宜采用柔性管线，并尽可能从中心引入。水力测功机水位的波动，也是误差的来源之一。

由于测功机误差随使用时间和装配情况而变化，所以长期使用和维修安装后应重新进行校正标定。标定的方法是将测功机与发动机脱离，在测功机侧面安装标准长度的加载杆（力臂），并用标准砝码加载，获得施加于测功机的标准扭矩，再记录载荷单元的读数。应该注意机械摩擦阻力有方向性,单纯的加载测量会形成无法估计的系统误差,所以应记录顺序加载和顺序减载时的两组数据,取其平均值作为标定结果。

9.3.2 活塞压缩上止点与点火提前角和喷油提前角的测定

1. 曲轴位置及气缸识别传感器

发动机的大多数性能都与点火提前角(点燃式发动机)和喷油提前角(柴油机)有紧密的关系。电控发动机要标定提前角的 MAP 图;研发试验中要进行大量随提前角而变化的性能参数试验,如最大功率空燃比和最经济空燃比的确定等,因此必须准确确定提前角数值。提前角准确测量的前提是正确决定点火定时和喷油定时的基准点,即必须准确测定曲轴在压缩上止点时的位置。因为压缩上止点确定后,它与点火时刻(点燃机)或喷油时刻(柴油机)角度的差值就是所需测定的提前角。为此,电控发动机具有专用的曲轴位置传感器(crankshaft position sensor,CPS)。实际上发动机曲轴位置传感器除了可提供相对于活塞上止点位置的曲轴转角信号外,还可测量发动机转速,以及各种信号的相位和转角数值,因此,曲轴位置传感器又称为发动机转速与曲轴转角传感器。其功用是采集曲轴转动角度和发动机转速信号,并输入电子控制单元(ECU),以便确定点火时刻和喷油时刻。对于四冲程发动机,由于每循环曲轴旋转两周,各缸都存在两个上止点(压缩行程和进气行程),因此还需要识别是哪一缸,哪一个上止点,即需要气缸识别传感器。该传感器通常安装在凸轮轴上,又称凸轮轴位置传感器。因为凸轮轴转一圈正好是发动机的一个工作循环,只要它的位置信号与某缸压缩上止点相对应,则该信号出现的时刻,必然对应于该缸的压缩上止点。因此,凸轮轴位置传感器的功用是采集配气凸轮轴的位置信号,并输入发动机电子控制单元,以便 ECU 识别顺序排列的第 1 缸,再确定该缸的压缩上止点,从而进行顺序喷油控制、点火时刻控制和爆燃控制。此外,凸轮轴位置信号还用于发动机起动时识别出第一次点火时刻。

图 9 - 22 所示为某 4 缸发动机曲轴位置传感器和凸轮轴位置传感器(判缸传感器)的安装位置示意图。

安装中,两个信号发生器都是用螺钉固定在发动机缸体上,各由永久磁铁、传感线圈和线束插头组成。永久磁铁上带有磁头,分别正对安装在曲轴上的齿盘和凸轮轴上的信号转子。

4 缸机凸轮轴信号转子转一圈(360°凸轮轴转角合 720°曲轴转角)为一个周期。一个周期内,有 4 个均匀分布的正常齿,每缸对应一个,并有一个多齿,在第 1 缸正常齿与第 3 缸正常齿之间的 1/5 处,作为判缸标志。

曲轴信号转子为齿盘式,在其圆周上均匀间隔地制作有 58 个凸齿、57 个小齿缺和 1 个大齿缺。图 9 - 22 所示的位置正好对应发动机第 1 缸压缩上止点。每个凸齿和每个小齿缺各占的曲轴转角均为 3°,大齿缺所占的曲轴转角为 15°。于是,在测试信号中的 15°宽脉冲信号处,必定是 1 缸或 4 缸(按 1—3—4—2 着火顺序)的上止点处。若同时又出现凸轮轴信号转子多齿数的非正常齿间信号时,就可以判别为被测第一缸的压缩上止点了,如图 9 - 23 所示,因为通常传感器安装时已确定第 1 缸压缩上止点处大齿缺同凸轮轴非正常齿相对应。将两个轴的齿形展开图进行对比,即可判断何时为第 1 缸的压缩上止点。

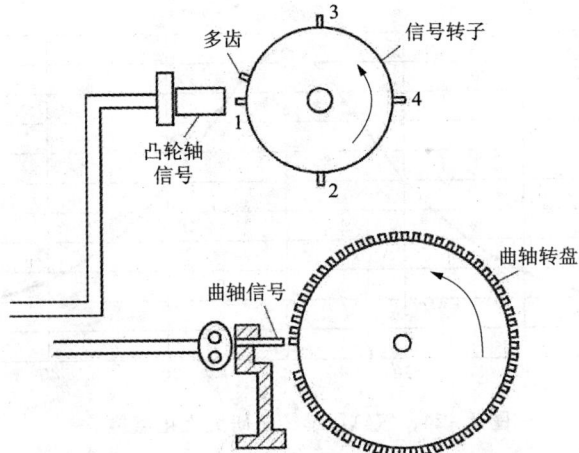

图 9 - 22　曲轴位置传感器和凸轮轴位置传感器的安装位置示意图

(图为第 1 缸压缩上止点时的位置)

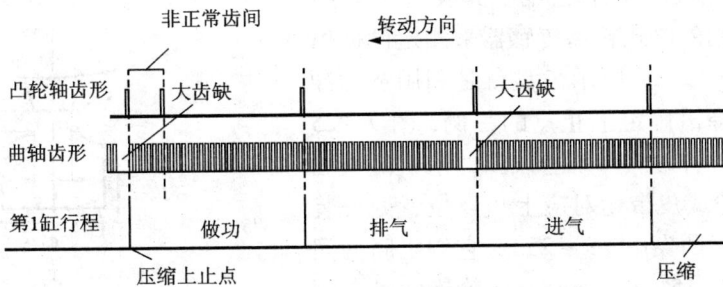

图 9 - 23　气缸识别信号

2. 上止点真实位置确定

利用图 9 - 22 所示的曲轴齿盘宽脉冲信号或其他方法显示上止点相位时，其准确度首先取决于曲轴上止点真实位置的判定。一般来说常用的判定方法有以下几种。

(1) 气缸压缩线法(倒拖法或灭缸法) 利用气缸压力传感器记录不着火(倒拖或灭缸)发动机的压缩及膨胀压力线，如图 9 - 24 所示。在曲线的上部作若干条平行于横坐标的直线，各直线中点连线的延长线与横坐标的交点即为上止点相位。

一般来说，此时上止点附近的压缩与膨胀曲线是对称的，此法有一定的准确性。但当发动机冷却散热强烈时，压缩与膨胀线对应点的温度不等，压力有差别，就会出现一定的误差，见图 9 - 24 中的 Δa。

(2) 活塞位置测量法

利用气缸头上的孔(喷油器孔或火花塞孔，不方便时，可卸下缸盖)安装深度百分尺测量活塞顶的位置。先顺时针转动活塞，测定行程中段到顶点的几个位置的尺寸，并记录对应的曲轴相位或飞轮位置，然后逆时针转动上行，记录与上行时同样位置尺寸所对应的曲轴相位

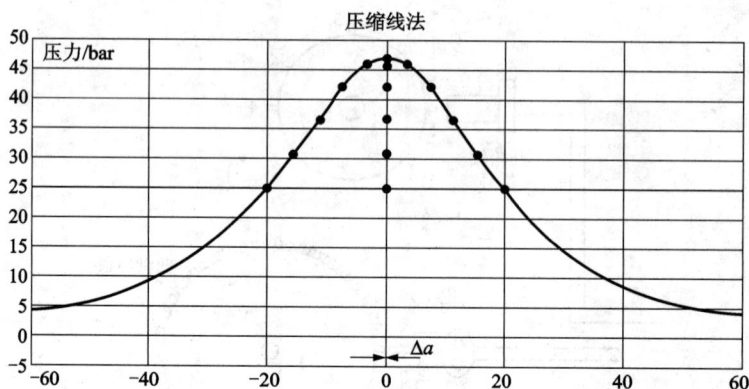

图9-24　气缸压缩线法研究上止点位置

或飞轮位置。各位置两次测量值中点的平均值就是上止点的位置。此法简易，还可消除活塞连杆接头间隙所造成的误差。但发动机工作中的真正压缩上止点是活塞上行消除间隙后的最高位置，显然这一方法也有其不足之处。

（3）测定上止点位置的传感器及其误差与校正

近代大多使用磁电式转速传感器来测定已标出的上止点位置，图9-25所示齿盘就是利用宽脉冲信号上升沿或下降沿确定上止点的一例，图9-25所示也是常用的一种形式。绕有线圈的永久磁铁固定在机体上，飞轮或皮带轮对应上止点位置处安装了导磁材料制成的凸尖（图9-25），它们之间的间隙 A 一般调整到 $0.15 \sim 0.2$ mm。飞轮旋转时在图示位置产生感应电动势脉冲（图9-25中曲线），即可确定上止点位置。

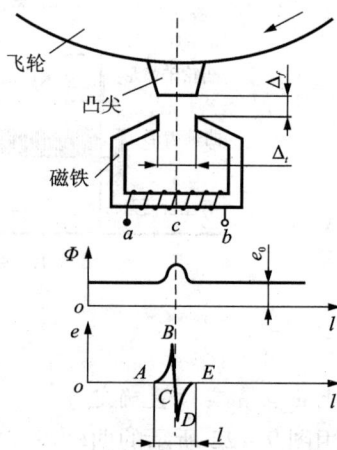

图9-25　磁电法制取上止点位置

由于传感器安装时不可避免地存在位置误差，可以利用前述上止点位置确定的方法进行校正，当作系统误差处理。要注意测试时的传感器频响问题。此外，曲轴扭转变形也会造成上止点位置的误差，特别是对距离飞轮端较远的气缸。目前市场上已有专用上止点测定仪（如 AVL 公司生产的上止点测定仪），该测量仪能比较容易地确定上止点的位置，并可作为发动机动态上止点信号，但它的精度同样受安装位置的影响。

3. 点火提前角与喷油提前角的判定

提前角的测定精度首先取决于上止点信号的位置精度，其次取决于记录的点火或喷油始点信号是否准确，此外还取决于曲轴齿盘的分度精度。电控发动机的这些信号和真实的着火与喷油时刻有一定的延迟，而且随不同工况而变。有关点火提前角与喷油提前角的测量方法和误差，可参阅相关专业资料。

9.3.3　其他热力状态参数的测定

发动机进行试验时，除各种压力测定外，还需测定各种温度、大气湿度和燃油密度。这些热力状态参数的不同会影响实际进入发动机气缸的空气量和燃料量，必然会对主要性能指标(功率、油耗、排放)产生较大的影响，使得测量的数据没有可比性。为此，需测定这些参数并根据这些参数对发动机性能进行修正。

1. 液温、进排气温度及大气温度的测量

发动机试验中的温度测量主要包括冷却液温度(进、出水温度)、中冷前后进气温度、机油温度、排气温度、燃油温度和环境温度等。

为了进行专项性能试验研究，有时还需测定某些零件的温度(如气缸盖、排气门、缸套、活塞)，因为这些参数能直接反映或影响发动机的性能。

发动机水温、油温、进气温度等的测量通常用热电阻传感器来进行。热电偶也可以测量发动机的所有温度，但常用于排气温度的测量。

(1)热电阻温度计

金属导体和半导体的电阻值是温度的函数。只要知道了这种函数，并能测出导体的电阻值，就能知道热电阻本身的温度，从而知道该电阻所处的环境或介质的温度。下式是一定温度范围内的近似关系。

$$R_t = R_0 \left[1 + a(t - t_0) \right] \tag{9-4}$$

式中：R_t 为热电阻在 $t(℃)$ 时的电阻值(Ω)；R_0 为热电阻在 $t(℃)$ 时的电阻值(Ω)；a 为热电阻的电阻温度系数$(℃^{-1})$。

电阻温度系数 a 对于大多数金属导体来说并不是一个常数，而是温度的函数。但在一定的温度范围内，a 可近似看作常数。不同的金属导体，a 保持常数所对应的温度范围不同。因此用来做热电阻的材料应满足以下要求：

①电阻温度系数 a 要大。电阻温度系数越大，制成的温度传感器的灵敏度越高。电阻温度系数与材料的纯度有关，纯度越高，a 值越大，因此纯金属的 a 比合金高。

②材料应具有比较大的电阻率，这样可使热电阻体积较小，热惯性较小。

③在测温范围内，材料应具有稳定的物理化学性质。

④在测温范围内，电阻温度系数 a 希望保持常数，便于电阻与温度关系近于线性或为平滑的曲线，而且这种关系应有良好的重复性。

⑤易于加工复制。

因此，比较适于制作热电阻的材料有铂、铜、铁及镍。目前常用一种热敏电阻的半导体测温元件，它的温度系数比金属丝大一个数量级。使用热电阻温度计时，电阻和温度系数进行良好匹配常有困难，因此，常用适当电路进行补偿。

(2)热电偶温度计

①基本原理。

热电偶是利用两种不同导体 A 和 B 之间的"热电效应"制成的一种测温元件，也就是说当两个接点的温度不同时，回路中就会产生热电势。其测量原理的示意图如图 9-26 所示。

在热电偶回路中，A 与 B 导体称为热电极，两导体焊接在一起的一端 t 为工作端，测温时要插入被测的介质中，故又称热端。另一端 t_0 通过连接导线引向测温仪表，称为冷端，又叫做自由端，要求置于恒定温度中。如果回路中插入另一种金属时，其两端节点的温度必须相同，以保证热电偶两端产生的电动势不受意外电动势的影响而发生变化。

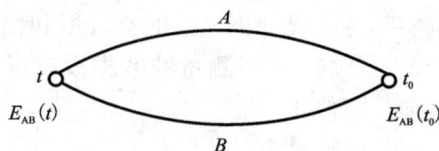

图9－26　两种不同导体组成的热电偶回路

闭合回路热电势的大小取决于两种金属的性质和两端的温度，与金属导线尺寸、导线途中的温度及测量热电势在电路中所取的位置无关。即当 A, B 材料选定后，热电势 $E_{AB}(t, t_0)$ 是温度 i 和 k 的函数差，可表示如下：

$$E_{AB}(t, t_0) = f(t) - f(t_0) \tag{9-5}$$

式中：$E_{AB}(t, t_0)$ 为热电动势（V）；t 与 t_0 与为两个接触点的温度（℃）；函数 f 的形式与两种金属的性质有关。

若冷端温度 t_0 保持不变，则热电势 $E_{AB}(t, t_0)$ 为 t 的单值函数，这样就可以通过测量 $E_{AB}(t, t_0)$ 测出被测温度 t。

一般试验用热电偶结构如图9－27所示，它主要由感温元件、接线座、接线柱、保护管和接线盒组成。

②热偶主要特性。

由于各种材料具有不同的物理化学性质，特别是不同的材料所制成的热电偶，在相同的温差下，所产生的热电势差别很大，因此，对制造热电偶的电极材料有一定的要求。这些要求是：能产生较高的热电势，性能稳定，抗氧化、抗腐蚀能力强，电导率高，制造容易等。热电偶的主要特性列于表9－2中。

③热电偶冷端温度的影响及其补偿方法。

前已述及，如果要直接测出介质的温度，则必须使测温仪表所指示的数值只与热端的温度有关，这就得保持冷端的温度恒定不变。

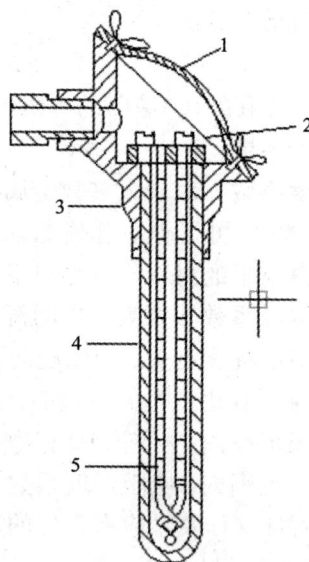

图9－27　热电偶结构简图
1—接线盒；2—接线柱；3—接线座；
4—保护管；5—感温元件

这种保持冷端温度恒定，以消除其温度的变化而引起测量误差的方法，就称为冷端温度补偿。具体温度补偿方法很多，如冷端恒温法、冷端温度校正、补偿导线法和热电偶冷端补偿器。

表 9 - 2　常用热电偶主要特性

名称	分度号	测温范围/℃		$t=100℃$时的热电势/mV	允许误差		特点及用途
		短期	长期		温度	偏差	
铂铑$_{30}$ - 铂铑$_6$	LL - 2	0～1800	0～1600	0.034	<600	±3℃	精度高,稳定性好,可作标准传递、高温测量
					>600	±0.5% t	
铂铑$_{10}$ - 铂	LB - 3	0～1600	0～1300	0.643	<600	±2.4℃	性能稳定,复现性好,可用作一、二等标准传递,高精度测量
					>600	±0.4% t	
镍铬 - 镍硅 镍铬 - 镍铝	EU - 2	0～1200	0～1000	4.10	<400	±4℃	长期使用稳定,线性好,常用于测排气活塞、排气门的温度
					>400	±0.75t	
镍铬 - 考铜	EA - 2	800	600	6.95	0～400	±4℃	灵敏度高,廉价,可用到 -200℃,适用于还原和中性介质
					>400	±1% t	
铜 - 康铜	CK	300	200	4.26	-43 -400	±0.75% t	稳定性、复现性好,廉价、易氧化,可测到 -200℃,可作二等标准热电偶

④安装与校正。

热电偶应选择合适的安装位置。由于热电偶所测得的温度仅仅是工作端周围一小部分区域的温度,所以在安装时要选择具有代表性的测量点,并应尽量避免热辐射、强磁场和强电场的影响。测发动机排温时,热偶端头应在离发动机排气歧管出口或涡轮增压器出口 50 mm 处测量,并位于排气连接管的中心,逆气流方向插入。安装示意图如图 9 - 28 所示。

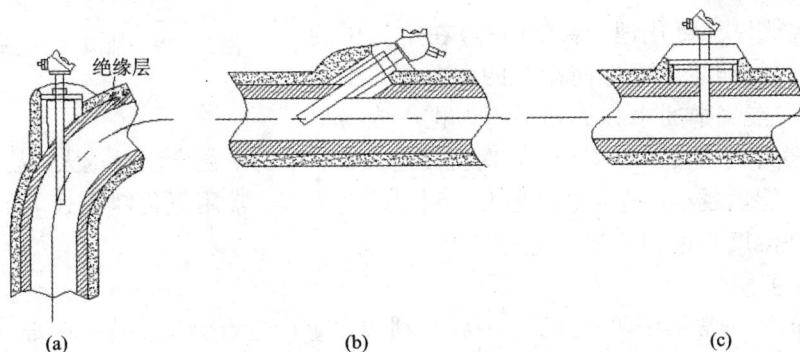

图 9 - 28　热电偶安装方式
(a)水平安装；(b)倾斜安装；(c)垂直安装

新一轮试验前,热电偶应进行校正。长期使用也要定期校正。校正方法是用标准热电偶和被测热电偶在同一校验炉中进行对比。

最后应该指出，温度测量是一个复杂的问题，前面谈到的主要是稳定温度的测量问题。发动机试验中，还会涉及高速脉动气流，动态温度等的测量，此时由于热惯性的关系，测温的动态响应问题十分突出。限于篇幅，本书不再述及，读者可参阅相关文献资料。

2. 大气湿度和燃油密度的测定

(1) 大气湿度

常用的大气湿度测量仪有：毛发湿度计、干湿球湿度计，还有电阻式和电容式湿度传感器与变送器。国家标准 GB/T 18297—2001《汽车发动机性能试验方法》规定进气湿度的测量是在实验室内不受阳光和热辐射的部位测量，采用抽风式干湿球温度计，通过查抽风式湿度计用湿度图得到水蒸气分压，进而计算大气湿度及相对湿度。详细内容参见标准 GB/T 18297—2001《汽车发动机性能试验方法》。随着传感器技术的进步，湿度传感器得到了广泛应用，通过湿度传感器可直接测得大气湿度。

① 干湿球湿度计。

干湿球测湿法采用间接测量方法，通过测量干球、湿球的温度经过查表计算得到湿度值。干湿球湿度计由两支相同的温度计 A 和 B 组成，如图 9 - 29 所示。A 直接指示室温，而 B 的感温泡上裹着细纱布，布的下端浸在水槽内。如果空气中的水蒸气不饱和，水就要蒸发，由于水蒸发吸热，而使 B 的感温泡冷却，因而湿温度计 B 所指示的温度就低于干温度计 A 所指示的温度。环境空气的湿度小，水蒸发就快，两支温度计指示的温度差就大。干湿球温度测量中要用小风扇强制吹风，湿包测点处的风速保持为 3 ~ 4 m/s。由于湿球温度测量中要用水，所以这种湿度计只能在 0℃ 以上的环境测湿。

② 电子湿度计。

利用某些金属盐（氯化锂、氯化钙等）在空气中的强吸湿性特点进行测量。吸湿使盐中的水分增加，直到盐中的水分与空气中的水分达到平衡为止。盐的平

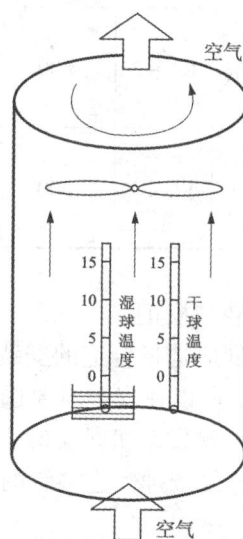

图 9 - 29 抽风式干湿球湿度计

衡含水量与空气相对湿度一一对应，相对湿度越大，盐中的平衡含水量越大，盐的电阻越小；反之，空气相对湿度越小，盐的电阻越大。利用这个道理，常用氯化锂作为电阻式湿度计的金属盐用料，在湿度测量和控制中使用。

(2) 燃油密度测量

燃油密度的测量常采用两种方法：一种是利用比重计进行测量，另一种是采用天平法进行测量。

利用比重计测量燃油密度方便，可初步估算燃油密度，但精度不高；采用天平法进行测量精度较高，但不如前一种简单，其测试原理示意图如图 9 - 30 所示。

从图 9 - 30(a) 中可看出，测量燃油密度前，天平两端分别放有砝码和浮子，且处于平衡状态，当将具有一定体积的浮子放入装有燃油容器时，见图 9 - 30(b)，由于向上的浮力，天平会出现向砝码一边倾斜现象，为使天平平衡，需要去掉一边的砝码（有不同等级重量的砝

码),最终使天平平衡,根据去掉的砝码重量及浮子体积,即可计算出在某温度下的燃油密度(因温度会影响燃油密度)。

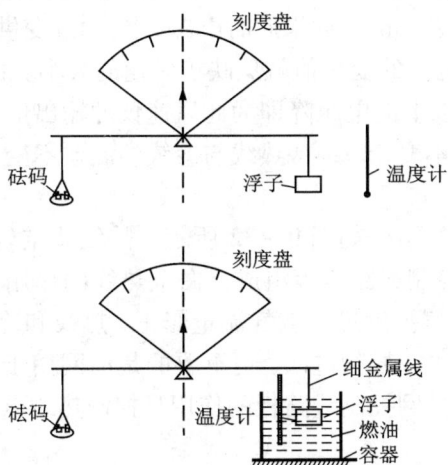

图 9 - 30 天平测量燃油密度示意图

3. 进气流量及燃油消耗率的测定

(1)进气流量的测定

测量进气流量的目的是计算空燃比、充气效率和废气再循环等重要参数。充气效率是决定发动机输出功率的重要因素;废气再循环率则与排放、经济性和动力性相关;而通过空燃比可分析发动机的燃烧过程。进气流量与发动机的动力、经济性和排放特性都有直接或间接的关系。因此,发动机试验时都要使用空气流量计来测定进气流量。

测量空气流量的方法很多,如节流差压法、测速法、热线风速法、激光(光学多普勒效应)法、振荡测频法、柱塞法等。转子流量计也是其中的一种,其测量误差可以小于 1%。对于这些气体流量计,只要测量范围及测量精度满足试验要求,都可以作为发动机稳态试验的流量测量。

在发动机试验台上进行稳态工况测试时,因为不论工况稳定与否,进气流动都是脉动的,因此需要在流量计后面加装稳压箱,使稳压箱前的管道中出现稳定流,则可使用稳流的流量计,以避免在脉动流中进行动态测量而影响测量精度。

在电子控制燃油喷射发动机中,空气量的测量不仅要求有一定的测量精度,而且还要求有很好的动态响应速度。适用于该系统的空气流量计有多种形式,目前常见的有热膜式、热线式、文丘里管流量计等。为保证测量精度,这些流量计在设计过程中需要考虑连接传感器的前后管径、长度大小及长度与管径之比(通常传感器前的管长要大于 6 倍的管径,传感器后的管长要大于 5 倍的管径)。现以热线式、热膜式气体质量流量计为例简要说明其原理。

①热线式空气质量流量计。

a. 工作原理。

当气流通过加热的电阻丝时,热量被风吸收,电阻丝变冷,温度下降,风速越大,下降越多,而电阻丝的电阻又随温度而变化,因此可以通过测量热线电阻来确定气流速度,这是热线风速仪的基本原理。目前使用的恒温法热线风速仪是将风速仪的热线探头作为惠斯登电桥的一臂，见图9-31的R_H（热线电阻），电桥的另外三臂为图上的和R_K，R_A和R_B。测量时由仪器电源A给供电，使其温度高于空气温度。当不进气时使电桥保持平衡，则出现气流后，因热线电阻改变而使电桥失去平衡。如果此时电源A自动改变供应热线的电流，使电桥恢复平衡，即恢复热线温度，则电流的变化值就反映了风速的大小。由于电流变化在精密电阻R_A上引起同样的电压变化，所以上的电压降即为此风速仪的输出信号。这种热线风速仪因为工作时一直反馈保持热线温度不变，即维持热线与冷线的温差不变，故以恒温法为名。

b. 结构。

恒温热线式空气流量计的结构如图9-32所示。热线式空气流量计由防护网、取样管、白金热线、温度补偿电阻、控制线路板等组成。白金热线的作用是感知空气流量，温度补偿电阻（冷线）的作用是根据进气温度进行空气流量修正，热线和冷线的电阻均随温度而变化。防护网的作用不仅是防止灰尘或异物进入，更重要的是前网用于进气整流，后网用于防止发动机回火时把铂丝烧坏。防护网控制线路板的作用是控制热线电流并产生输出信号。

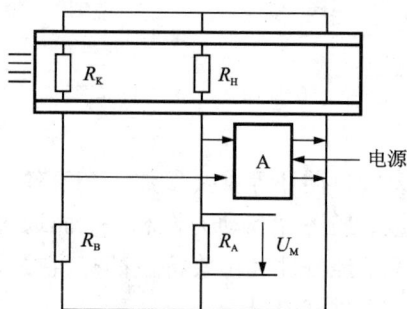

图9-31 热线式空气流量计基本电路图
A—混合集成电路；R_H—热线电阻；R_K—温度补偿电阻；K_a—精密电阻；K_b—电桥电阻

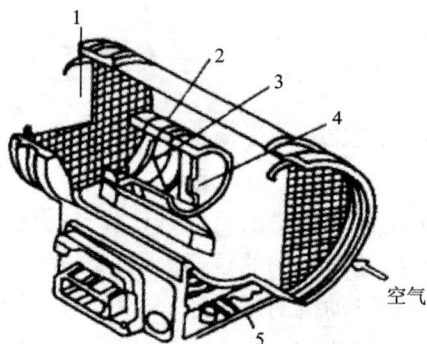

图9-32 热线式空气流量计结构
1—防护网；2—取样管；3—白金热线；4—温度补偿电阻；5—控制线路板；6—电器接口

根据白金热线在壳体内安装的部位不同，又可分为主流测量方式和旁通测量方式两种结构形式。图9-32所示的风速仪就是主流测量式结构。从图中可看出取样管2置于主空气通道中央，两端有金属防护网1，防护网用卡箍固定在壳体上。

②热膜式空气质量流量计。

热膜式空气质量流量计的结构和工作原理与热线式空气流量计基本相同，只是将发热体由热线改为热膜。热膜是由发热金属钻固定在薄的树脂上构成的，其结构如图9-33所示。这种结构可使发热体不直接承受空气流动所产生的作用力，增加了发热体的强度，提高了工作可靠性。

热膜式空气质量流量计对小流量敏感，响应时间短，量程范围宽，测量精度高，特别适用于流量测控精度要求高的场合，可用于直径（DN）50至直径（DN）1200管道，压力达16 bar，气体温度可达100℃，并适用于各种测量环境和各种气体流量的测量。该仪表安装简单、编程、设定方便，精度高，寿命长，可靠性高，可用于测量一些危险性的气体。

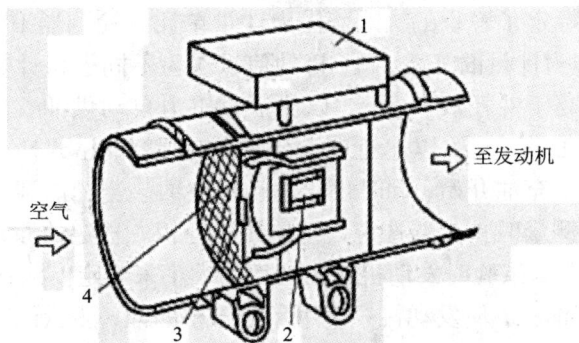

图9-33 热膜式空气质量流量计结构

1—控制电路；2—热膜；3—温度传感器；4—金属网

总的来说，热膜式、热线式空气流量计测量的均是进气质量流量，而不像孔板流量计那样只是测定容积流量。它已把空气密度、海拔高度等影响考虑在内，所以可以得到精确的空气流量信号。此外，它们探头的几何尺寸较小，对气流的干扰也小。由于热线、热膜的热惯性小，也比其他流量计更适于非定常气流的测量。不过热惯性的存在总会对频率响应有所影响，测量线路上都要加入补偿电路。热线式空气流量计是发热体直接承受空气流动所产生的作用力，而热膜式不是，因此热线式比热膜式气体质量流量计的使用寿命短。

（2）燃料消耗率的测定

评价发动机的性能，不仅要看它的动力性（即输出功率的大小），还要看它的经济性（即它在输出一定功时所消耗燃料的多少）。发动机每小时消耗燃料的数量，叫做小时耗油量G_t，可用容积或质量来表示。燃油质量消耗量的计算公式为：

$$G_f = 3.6\Delta V\rho_t / \Delta t = 3.6\Delta m / \Delta t \tag{9-6}$$

式中：G 为燃料消耗量或供油量（kg/h）；ΔV 为燃料消耗容积（cm^3）；ρ_t 为燃油密度（g/cm^3）；Δt 为燃料消耗时间（s）；Δm 为燃料消耗量（g）。

小时耗油量是整机在一小时内消耗的燃料量，不能用作相对比较的评价指标。因此，在评价发动机经济性时多采用燃油消耗率，以发动机输出固定功率时所消耗的燃油量来表示，单位是每千瓦小时消耗多少克燃油，其表达式如下：

$$g_e = G_f / P_e \times 1000 \tag{9-7}$$

式中：g_e 为燃油消耗率[g/（kW·h）]；G_f 为燃油消耗量（kg/h）；P_e 为发动机功率（kW）。

测量燃油消耗量的方法可分稳态测量和瞬态测量，具体来说有容积法、质量法、采用科里奥利质量流量计及碳平衡法。容积法和质量法主要用于发动机在台架试验时油耗的稳态测量上，前者一般用于汽油发动机，后者一般用于柴油发动机。进行动态测试可采用科里奥利质量流量计；进行整车转鼓试验时，燃油发动机的油耗测量一般采用尾气碳平衡法。

①容积法。

容积法是使燃油通过一个已知容积的玻璃量瓶，然后测定消耗一定容积的燃油所需的时间来计算容积耗油量。其常用的仪器由测量装置和显示仪两部分组成，图9-34表示其测量装置的结构。由图9-34中可看出，测量装置主要由液面检测器1、量泡管2和阀门（N）组成。量泡管用玻璃材料制成,以利检测和观察。量泡管是多个由小到大的不同容积的量泡组成,每个量泡都准确地标定了容积的大小,作为计量单元。检测器 P 装在每个量泡的前后,油面降到 P_1 时的信号作为计量的开始,$P_2 \sim P_6$ 的信号作为不同容积计量时的结果。在发动机试验台上,油箱至少应高于油耗仪 1.5 m,以保证靠重力自动供油。同时,在油耗仪与油箱之间的管路中应安装燃油滤清器,以避免进入杂质影响阀门的密封性。

工作时,打开 N 阀,充油开始,同时也给发动机供油。当燃油到达液面检测器 P_1 时,关闭阀门开关充油孔 N。测量时首先要选定计量单元的容积。选定的原则是要保证每次测量的时间不得少于 20 s,应根据试验时发动机输出功率的大小来确定。测量开始时,按下测量键,同时关闭三通阀 N 的进油孔,使发动机只使用量泡管中的油,然后记录测定开始到结束的时间,根据公式(9-6)即可计算出小时燃油消耗量 G_f。相同的工况,应重复测量一次以上,求其平均值,以使测量更准确。

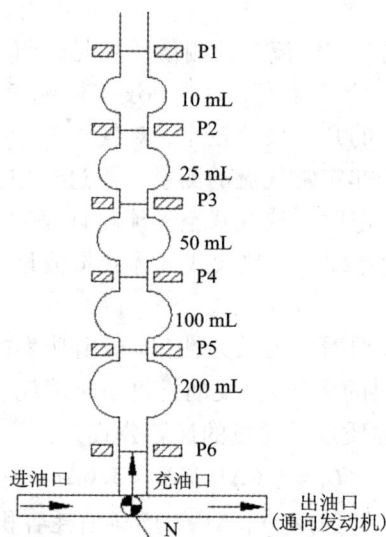

图 9 - 34 容积式油耗测量装置
1—液面检测器;2—量泡管;N—三通阀

这种装置多用于汽油机发动机台架,由于是定容积测量,记录的是一段时间,故不能作瞬态油耗的测量。

②质量法。

所谓质量法即是测量来自测量容器中燃油的质量,具体有两种测量方法,一是测量设定的燃油质量所需的时间,二是测量规定时间内所消耗的燃油量。

质量法的特点是能直接测出燃油消耗的质量,不需要测定燃油的密度。

质量法的测量装置最初大都由精密天平、秒表、三通阀和油杯等组成。测试前,油杯与砝码平衡。取下确定质量的砝码后,开始用油杯燃油进行测试,记录天平再次平衡所需的时间。由该时间与取下的砝码质量(即燃油消耗量),通过式(9-6)即可计算出小时燃油消耗量 G_f,并由发动机的输出功率按式求出燃油消耗率。

这种装置结构简单,为保证测量精度,每次测量所消耗的燃油量(即取出的砝码量),应根据试验时发动机输出功率的大小来确定，但应使每次测量的时间不得少于 20 s，以减小因发动机扭矩和转速在短期内波动对测量精度的影响。相同的工况，应重复测量一次以上，求其平均值，以使测量更准确。

随着测试技术的进步，现普遍采用传感器技术使测量自动化。图 9 – 35 所示的是具有自动控制的质量式油耗仪，该质量式油耗仪由称重装置和控制装置组成。称重装置通常利用天平改制，一端为装油油杯，另一端为砝码或拉压（位置）传感器。控制装置由电磁阀和运算处理系统组成。电磁阀控制进入油杯的燃油：测量后油杯内燃油达到下限时电磁阀打开，进行充油；当油杯内燃油达到上限时多余的油会由油杯溢回油箱；测量时电磁阀封闭进油路，单独由油杯供油。在测量时，油杯中油量变化由称重传感器感知，或由另一端的位移传感器感知，变成一个电信号输出，再由二次仪表计算出设定时间内消耗的燃油质量，此时即可按式 (9 –6) 算出单位时间内发动机的燃油消耗量 G_f（kg/h）。该仪器量程一般为 0 ~ 10 kg，误差为 ±0.1%。这种测量方法使用方便，精度高。

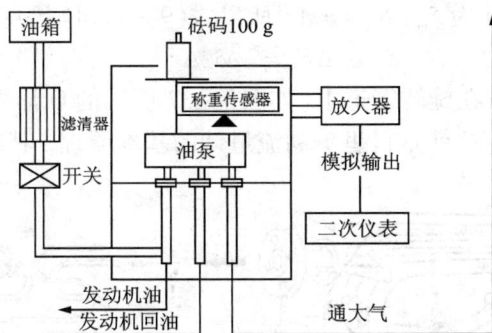

图 9 – 35　质量式油耗仪测量装置结构见图

上述的质量式油耗仪存在系统误差，即油杯中油面高度变化时，伸入油杯中的油管浮力的反作用力也在变化，造成称重时的系统误差。此项系统误差须根据汽车发动机耗油量及油杯液面高度变化进行修正。

③科里奥利质量法。

若流体在管内进行直线运动的同时处于一旋转系中，则会产生与质量流量成正比的科里奥利力。利用这一原理制成的一种直接式质量流量仪表就称为科里奥利流量计。科里奥利质量法的原理如图 9 – 36 所示，当质量为 m 的质点以速度 v 在对 P 轴作角速度 ω 旋转的管道内移动时，质点受到两个分量的加速度及其力：

a. 法向加速度，即向心加速度 a_r，其量值等于 $2\omega r$，方向朝向 P 轴；

b. 切向加速度 a_t 即科里奥利加速度，其量值等于 $2\omega v$，方向与心垂直。

于是在质点的 a_t 方向上作用着科里奥利力 $F_c = 2\omega vm$，管道对质点作用着一个反向力 $-F_c = -2\omega vm$。

当密度为 ρ 的流体在旋转管道中以恒定速度 v 流动时，任何一段长度 Δx 的管道都将受到一个 ΔF_c 的切向科里奥利力，其表达式为：

$$\Delta F_c = 2\omega vmA\Delta x \tag{9 –8}$$

277

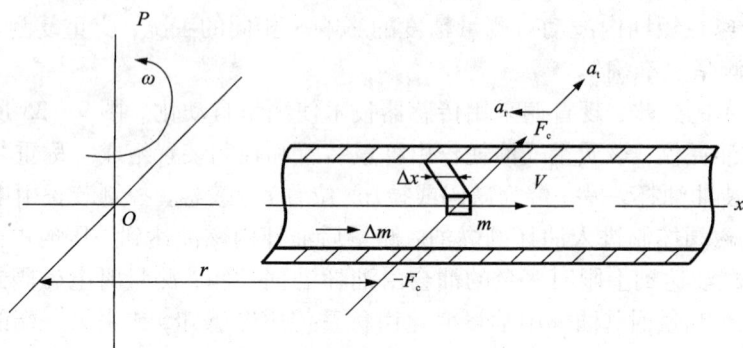

图 9 – 36　科里奥利质量法原理图

式中：A 为管道的流通内截面积。

由于质量流量计流量即为 δ_m，$\delta_m = \rho v A$，所以式（9 – 8）可写为：

$$\Delta F_c = 2\omega \delta_m \Delta x \tag{9 – 9}$$

因此，直接或间接测量在旋转管道中（如图 9 – 37 所示的 Q 形管）流动流体产生的科里奥利力就可以测得质量流量，这就是科里奥利流量计的基本原理，其结构图如图 9 – 37 所示。

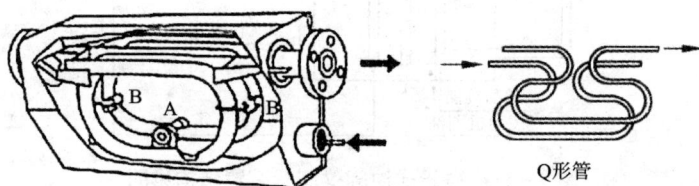

图 9 – 37　科里奥利质量流量计传感器实例

A—驱动线圈；B—检测探头

这种油耗仪适用于动态测试，测试的响应频率可达 10 Hz，比常规的称重法响应速度快，精度高。若与空气流量计结合使用可以计算出瞬时的空燃比。此种测量方法，其管内壁磨损、腐蚀或沉积结垢会影响测量精确度，尤其对薄壁测量管的流量计更为显著，而且油路内的气泡也会影响测试，为此常在流量计前增加液压泵。

其常用的连接方法如图 9 – 38 所示：连接方法 A 的动态性能好，精确，但是需要使用两个流量计，增加了成本；连接方法 B 采用一个流量计，但是由于冷却器（由于回油温度比较高，为降低温度需增加冷却器）容量的增大，影响了动态性能。

④碳平衡法。

碳平衡法是利用所消耗燃油中的含碳量与排气中 CO，CO_2，HC 所含碳的总量应相等的特点，由排气分析的结果来计算燃油消耗量的一种方法，即通过对尾气中 CO，CO_2，HC 容积排放量的分析计算，得到排气中单位里程内的碳元素含量，再与所用燃油中碳元素含量相比而间接得出燃油消耗量。碳平衡法的优点是不仅具有不解体测量油耗的优点，而且可获得与容积法、质量法相类似的精度及相当高的试验稳定性。利用碳平衡法测量的计算公式如下：

汽油机：

$$F_c = 0.1154(0.273\omega_{CO_2} + 0.429\omega_{CO} + 0.866\omega_{HC})/SG \qquad (9-10)$$

柴油机：

$$F_c = 0.1155(0.273\omega_{CO_2} + 0.429\omega_{CO} + 0.866\omega_{HC})/SG \qquad (9-11)$$

式中：F_c 为燃油消耗量（L/100 km）；SG 为 288 K（15℃）下试验燃油的密度（kg/L）；ω_{CO} 为测得的 CO 的排出量（g/km）；ω_{CO_2} 为测得的 CO_2 的排出量（g/km）；ω_{HC} 为测得的 HC 的排出量（g/km）。

上述公式来自国标 GB/T 19233—2003。式（9-10）、式（9-11）中的系数 0.1154 和 0.1155 是由公式：(12 + 氢碳比)/120 计算获得的。氢 - 碳比采用固定值，汽油为 1.85，柴油为 1.86。另外，标准允许将试验中的实测氢 - 碳比代入此两式求得新系数，按新系数计算燃料消耗量。公式中 0.273，0.429 及 0.866 分别是汽、柴油排气中 CO_2，CO，HC 碳质量比率。

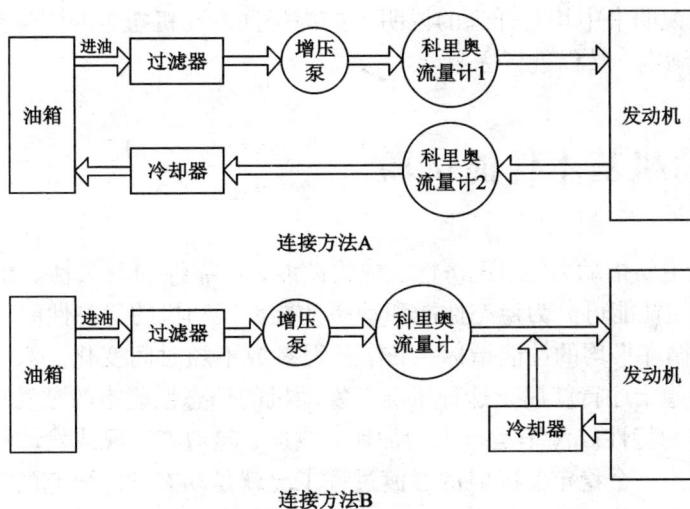

图 9-38　科里奥利质量流量计连接安装示意图

4. 性能参数的测量精度及标准

对上述各种参数的测量，试验人员应能对测量精度进行分析，了解测量值的真实性。测量精度的分析，即误差分析，在工科院校物理学等课程中已作过详细讲述，本书不另作讲解。直接测量的参数的误差，如转速、温度、测功机读数的误差，与测量装置、传感器、仪表、显示方式（或人工读数方法）等都有密切关系，本书前面章节中已作了必要的介绍。若要详细计算和了解，须参考相关书籍。间接测量参数，如功率、燃油消耗率等，有专门的计算公式，其误差要根据误差分析原理由各公式中的直接测量参数的误差来确定。比如，按式（9-7）求取发动机燃油消耗率时，需要先测量 3 个参数值，即发动机转速、发动机扭矩、燃油消耗量，由前两个参数可算出发动机功率，而燃油消耗量又是通过测量时间、燃油体积或质量获得，因此燃油消耗率的精度至少受 4 个因素的影响，故其精度要比这 4 个参数的精度低。

为保证测量结果的可靠性，保证各测量参数的测试精度是非常重要的。GB/T 18297—2001《汽车发动机性能试验方法》中对仪表精度及测量参数均有严格的要求，如：

（1）扭矩：误差不超过所测发动机最大扭矩值的 ±1%。

（2）转速：误差不超过所测值的 ±0.5%。

（3）燃油消耗量：误差不超过所测值的 ±1%。

（4）温度分不同情况有不同要求。

①冷却液温度：在靠近发动机冷却液出口及入口两处测量；误差不超过 ±2 K。

②机油温度：在主油道、主油道的入口或有代表性部位测量；误差不超过 ±2 K。

③排气温度：传感器端头离发动机排气歧管出口或涡轮增压器出口 50 mm 处测量，并位于排气连接管的中心，传感器逆气流方向插入；误差不超过 ±15 K。

④燃油温度：柴油温度在燃油喷射泵进口处测量 T，汽油温度在靠近化油器或喷油器的入口处测量。若有困难，可按制造厂推荐有代表性的部位。误差不超过 ±2 K。

为保证测量精度的要求，在进行试验前需对各测试仪器和设备进行标定，关于其标定方法在各仪器和设备说明书中均有详细的说明。如为保证发动机扭矩的测量精度，试验前需对测功机扭矩零点、满度、量程进行标定。

9.4 发动机基本性能试验

发动机的性能主要指动力性、经济性、排放性能、可靠性和耐久性。根据发动机的不同运行工况，发动机的性能可分为稳态性能和动态性能。发动机的稳态性能对应发动机的稳定运行，此时发动机循环平均的性能指标、工作过程参数不随时间变化。汽车的匀速行驶、发动机台架试验中的稳定运行就属于这种工况。发动机的动态性能指的是发动机在过渡过程或不稳定工作过程中的特性。汽车运行中的加速、减速、起动等工况或发动机台架试验中从一个稳定工况过渡到另一个稳定工况时的过渡过程工况就是动态性能研究的对象。本章重点介绍发动机稳态的一般性能试验，目前排放性能、可靠性和耐久性已成为影响发动机发展的一个重要方面，它们的试验测试方法与一般性能试验有较大差异。

发动机性能试验的内容包括一般性能试验、性能匹配调整试验和研究性试验。而发动机一般性能试验如何组织和进行，即试验目的、试验条件、试验方法、测量项目及数据整理等，在国家标准 GB/T 18297—2001《汽车发动机性能试验方法》中都有详细说明。

国家标准 GB/T 18297—2001 中规定了 10 项发动机一般性能试验的内容和试验方法，这10 项性能试验分别是：①功率试验；②负荷特性试验；③万有特性试验；④机械损失功率试验；⑤起动试验；⑥怠速试验；⑦压燃机调速特性试验；⑧各缸工作均匀性试验；⑨机油消耗量试验；⑩活塞漏气量试验。

9.4.1 发动机功率试验

速度特性是发动机油门开度不变时，发动机性能指标和特性参数随转速的变化规律。功率试验，就是发动机油门全开时与动力、经济有关的速度特性试验。它是在发动机油门开度在100%的位置时，在发动机工作转速范围内，发动机动力、经济性能指标（M_e, G_f, g_e, P_e,

T_e）随转速而变化的特性试验，也称外特性试验。

　　发动机功率试验的目的，首先是评价发动机在额定工况下的动力性、经济性，包括额定功率、扭矩、油耗率等；其次是确定其他工况下的最大动力性能指标，包括整机的最大扭矩、最高转速与最大功率值；此外还可了解外特性段的有害排放情况。

　　功率试验分为总功率试验和净功率试验，它们的区别在于发动机工作所需的附件不同（见 ISO 1585JSO2534，QC/T 524—1999，GB/T 18297—2001）。总功率试验时，发动机仅带有能保证其工作的附件，如曲轴箱通风装置、发电机、调压器及蓄电池、发动机电控系统等，没有这些附件发动机就不能工作。它表示发动机运转时能达到的最大性能指标。

　　净功率试验时，发动机应安装整车运行时所需配备的各种附件，而且这些附件应该是原生产装备件，安装位置应尽可能与实际安装情况相同。它表示发动机装在汽车上运转时，曲轴端能输出的最大有效性能指标。随着汽车排放法规日趋严格，为了使真实运行时的排放性、动力性和经济性达到最佳匹配，匹配调整试验必须在净功率试验状态下进行，所以现代汽车发动机的性能指标常用净功率指标来表示。

　　1. 试验内容及测试项目

　　在进行功率试验时，发动机油门开到最大位置，即油门开度设定到100％位置，在发动机等于及低于额定转速范围内均匀地选择不少于 8 个点的稳定工况点，其中必须包括额定点和最大扭矩点。测量各稳定工况点的转速、扭矩、油耗量，并计算功率和燃料消耗率等。绘制出如图 9 – 39 所示的性能曲线图。

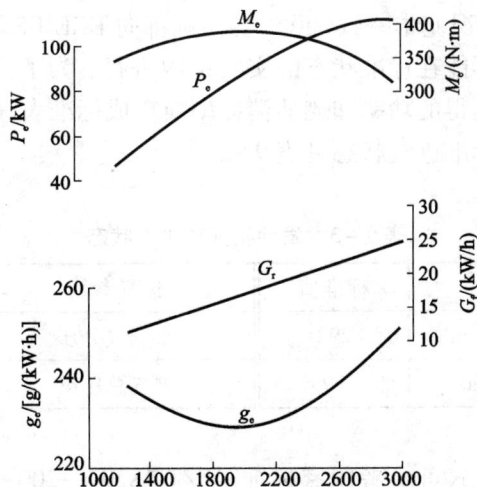

图 9 – 39　某发动机功率试验性能曲线

　　需要指出的是，对同一机型，如果用途不同、标定目标不同，就会通过一定的技术手段使得发动机外特性曲线形状、额定功率、额定转速等参数都不同。例如当发动机作为赛车动力时，最关心的是发动机的最大功率和最大扭矩，故它标定的最大功率、最大扭矩就要大于当它作为轿车动力时的最大功率、最大扭矩。轿车用发动机使用时的负荷率一般都较低，动力性能有所保证，所以更需要具有高可靠性、高经济性和低排放性。可见，额定工况的指标是人为标定的结果，与发动机最大可能的性能指标是有区别的。

试验所需测量的主要项目有以下几个：

(1)转速、扭矩：发动机功率试验中可直接测量发动机的扭矩和转速，通过转速和扭矩再计算出功率。扭矩、转速和功率决定了发动机的动力性能，从而也是决定汽车动力性能三要素——车速、爬坡能力和加速能力的最重要的参数。

(2)燃料消耗量：为了解发动机在全负荷工况下的经济性，需测量发动机燃料消耗量，再由此计算出外特性各工况的燃料消耗率。

(3)排放污染物：根据国家标准，压燃机的排气可见污染物的测量按 GB 3847—1999《压燃式发动机和装有压燃式发动机的车辆排气可见污染物限值及测试方法》进行，点燃机的空燃比或 CO 测量按 GB 14761—1999《汽车排气污染物限值及测试方法》进行。此处测试排放污染物是为了了解外特性段的排放情况，而不是按排放法规进行排污、标定试验。有关排污标定问题。

(4)排气温度、点火或喷油提前角、水温、润滑油温、油压以及燃油温度和燃油牌号等，测量目的是保证试验工况处于最佳调整和正常工作状态。

(5)进气状态：主要指大气温度、湿度、大气压力，测量目的是为了计算有效功率及压燃机的燃油消耗率(根据 GB/T 18297—2001 压燃机在全负荷的燃油消耗率应校正)，以便进行对比分析。

2.大气校正

为使试验数据具有可比性，各国都制定了发动机性能试验标准，严格地规定了试验条件和标准大气状态。现在各国的试验标准都向国际标准(ISO)靠拢。从 20 世纪 90 年代开始，美国、日本都和 ISO 标准状况基本一致，欧洲各国则都向 ECE R85 靠拢。

如果进行功率试验时不能在标准状态的实验室内进行，为了便于比较、评价和配套，必须将非标准大气状况下所测得的功率和燃油消耗率换算成标准大气状况下的数值。这种换算就称为大气校正。发动机标准进气状态见表 9 - 3。

表 9 - 3 发动机标准进气状态

进气参数	单位	标准值	进气参数	单位	标准值
进气温度 T	K	298	水蒸气分压	kPa	1
进气干空气压 A_i	kPa	99	进气总压夕	kPa	100

有关详细校正的计算公式可参考国家标准 GB/T 18297—2001《汽车发动机性能试验 方法》。在这里仅以发动机功率修正为例进行说明。

发动机功率修正计算公式：

点燃机

$$P_{eo} = a_a P_e \tag{9-12}$$

压燃机

$$P_{eo} = a_d P_e \tag{9-13}$$

式中：P_{eo} 为校正有效功率(kW)；P_e 为实测有效功率(kW)。

a_a 为空燃比不变的化油器式、电控式点燃机功率校正系数，该校正系数心应为 93 ～ 1.

07，如果超出该范围，应在试验报告及试验曲线上注明实际进气状态，a_a 的计算公式为：

$$a_a = (99/p_d)^{1.29}(T/298)^{0.6} \qquad (9-14)$$

a_d 为循环供油量确定不变的压燃机功率校正系数，计算公式为：

$$a_d = (f_a)^{fm} \qquad (9-15)$$

上两式中：T 为进气温度（kW）；p_d 为进气干空气压（kPa），其计算公式为：

$$p_d = p - p_w \qquad (9-16)$$

式中：p 为进气总压（kPa）；p_w 为水蒸气分压（kPa）。

应注意：在全负荷的工况下，进气温度为 298～308 K，进气干空气压缩在 80～110 kPa。

f_a 为进气因素，分以下三种情况：

①对于非增压及机械增压压燃机，有：

$$a_a = (99/p_d)(T/298)^{0.7} \qquad (9-17)$$

②对于涡轮增压带或不带空/空中冷器时，有：

$$a_a = (99/p_d)^{0.7}(T/298)^{1.5} \qquad (9-18)$$

③对于涡轮增压带水/空中冷器时，有：

$$a_a = (99/p_d)(T/298)^{0.7} \qquad (9-19)$$

式中：f_m 为压燃机特性指数，计算公式为：

$$f_m = 0.036q/r - 1.14 \qquad (9-20)$$

式中：q 为比排量循环供油量；r 为增压比。

有效功率的换算是一个比较复杂的问题。目前世界各国关于功率校正的公式尚不统一，而是根据各国的具体条件来确定的。在其有关的试验标准中，均有相应的规定。各种校正方法都有一定的前提和假设条件，适用范围也有一定的局限性。

因此，人们在做发动机试验研究中，为有效地比较不同发动机性能，通常的办法有：

①将进气系统做成标准进气状态；

②不同种机型试验的时间都安排在试验环境接近时，如规定试验均在早上进行等，这样可减小试验结果误差。

3. 功率特性试验的应用

功率特性试验是汽车及发动机生产中以及产品检验、维修时最常用的试验方法。因为它可以直接反映该发动机产品所具有的最大动力性能。

当然，功率特性试验也可用于进行发动机产品在不同调节参数，不同使用条件下的研究对比工作，如为研究不同辛烷值对汽油机性能的影响，可采用功率特性的试验方法。如图 9-40 所示，分析 3 种不同辛烷值汽油在发动机外特性中的动力性表现。从图中可以发现，在 4000 r/min 的转速以下，97 号汽油的动力性要明显好于其他两种标号汽油。接着可进一步比较其经济性和排放性。

在产品开发或研究工作中，有时要了解发动机外特性曲线的具体形状。此时不宜使用较少试验点的曲线拟合方法进行分析。实际发动机中，由于进气管中动态效应（压力波）的作用，外特性曲线往往是波动的，用标准函数拟合成的平滑曲线反而是失真的。

最后要指出，因功率特性试验只是速度特性中的外特性试验，还有油门开度小于 100% 的部分速度特性试验，如油门开度为 15%，25% 和 45% 等时的速度特性试验，其试验方法与外特性试验相同。

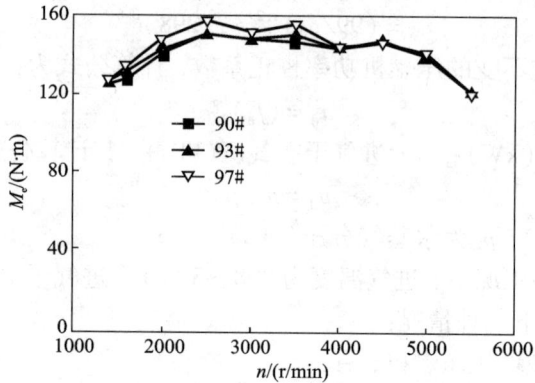

图 9 – 40   使用不同辛烷值汽油发动机外特性曲线

9.4.2   负荷特性试验

1. 负荷特性及其作用

负荷特性是在发动机转速保持不变的条件下，发动机主要性能参数(G_f, g_e, …)随发动机负荷(功率、平均有效压力或油门开度)的改变而变化的关系。

负荷特性试验的目的是评定发动机在规定转速、不同负荷时的经济性和排放情况。它主要表明在同一转速下，各种不同负荷时的燃油消耗率 g_e 随功率尺变化的关系。对于额定转速，可以通过负荷特性曲线找出发动机所能达到的额定功率和额定点的耗油率，判断功率标定的合理性；其他转速下，可以通过负荷特性曲线找到发动机各工况中的最低耗油率 g_{min}，这是评价不同发动机经济性能的一个重要指标。

2. 负荷特性的试验方法

发动机起动后，稍加负荷，使发动机逐步达到规定的稳定热状态(发动机冷却液的出口温度(361 ± 5)K，机油温度(368 ± 5)K，再开始试验。一般试验在发动机 50%~80% 的额定转速(其中应含常用转速和 2000 r/min)下进行，需要时，转速范围可上、下扩展，直至其额定转速。试验从小负荷开始，逐步开大油门进行测量，直至油门全开为止，但转速始终保持不变。应适当分布 8 个以上的测量点，测量点应包括转速为 2000 r/min，平均有效压力为 200 kPa 的工况点。图 9 – 41 表示的是某汽油机在 2800 r/min 时的负荷特性曲线图。

3. 测量参数

在对发动机进行负荷特性试验时，其测量参数的数量和方法与功率试验时测量的参数基本相同，即在每一个工况下，测量发动机进气状态、转速、扭矩、燃油消耗量、燃油消耗率、点火或喷油提前角、空燃比和燃料牌号等。按需要测量 CO，HC，NO_x 排放量等。

4. 负荷特性曲线图及其应用

负荷特性曲线的横坐标可以是功率 R、平均有效压力 p_e 或者油门开度(%)。多个转速的负荷特性曲线画在同一张坐标图上时[图 9 – 42(a)]，以功率为横坐标则各条曲线按转速由低到高的顺序，从左到右分开，分析、观察比较方便。若以平均有效压力久或油门开度(%)为横坐标时[图 9 – 42(b)]，则各曲线处于同一区段，上下略有差别。后一种曲线族图，便于

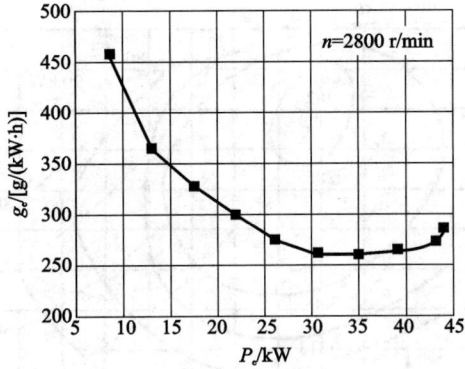

图 9 - 41　某汽油机的负荷特性曲线

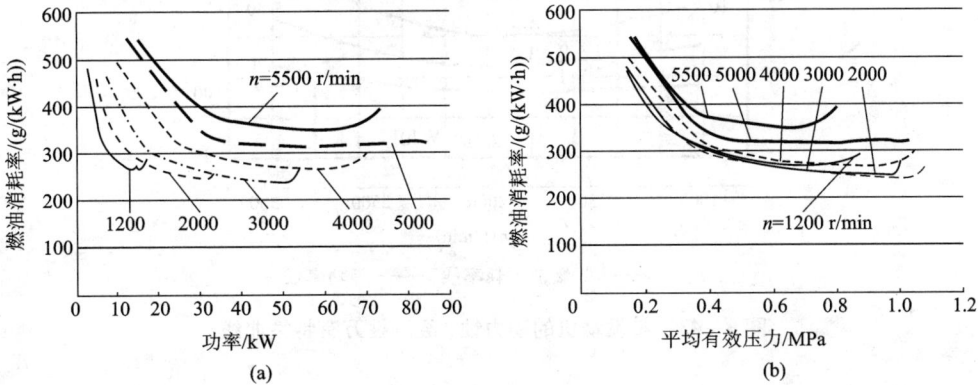

图 9 - 42　某发动机负荷特性曲线

万有特性曲线图的制取(转速横坐标 – 平均有效压力纵坐标),也便于比较各转速负荷特性曲线的差异。

9.4.3　万有特性试验

1. 万有特性及其作用

发动机负荷特性和速度特性分别反映了发动机主要性能参数随负荷和转速变化的规律,从而可以从不同的角度评价发动机的性能。汽车发动机在实际工作中,转速、负荷都在不断地变化,要全面评价发动机的性能,单凭负荷特性或速度特性就有一定的局限性,因此需要一种能同时展示上述两种特性的图形来进行评价。这种图形可以是在三维坐标图上,以工况面(转速和负荷的二维平面)为自变量域的特性曲面;也可以在工况面的二维坐标图上,表示为各种参数的等值线,如等燃油消耗率线、等功率线、等 NO_x 排放线等。后者就是万有特性曲线图,如图 9 – 43 所示。

万有特性曲线实质上是所有负荷特性和速度特性线的合成。它可以表示发动机在整个工作范围内主要参数的变化关系,用它可以确定发动机最经济的工作区域,当然也可以确定某

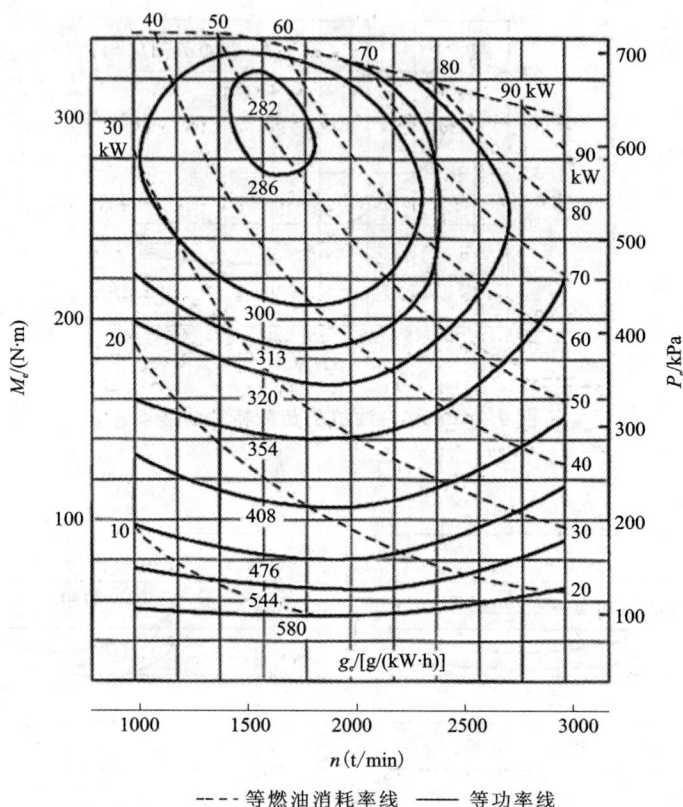

图 9 - 43　某发动机的动力性、经济性万有特性曲线

一排放污染物的最小值区域，等等。在发动机参数匹配过程中，通过参数匹配，使这些最佳性能区域落在最常用的工况范围内，这是发动机性能匹配的重要原则之一。

从使用的角度看，在产品发动机万有特性曲线图上，可以看出全工况范围内，即各种负荷和各种转速时，平均有效压力 p_e、功 P_e、耗油率 g_e 及排放量等参数的变化规律，从而能够全面确定发动机最合理的调整和最有利的使用范围，这对汽车底盘参数的选择和设计是很有意义的。例如，当发动机向汽车输出某一功率时，可以找出该功率的等功率线上对应的最低耗油率点及相应的转速，根据所有输出功率值的最低耗油率转速来设计汽车的传动比，就可以使汽车获得最佳的经济性能，这正是汽车无极传动比设计选择的依据之一。当然通过万有特性曲线也可分析、计算整车各挡位、各种坡度、不同车速下的经济性和动力性等，从而制定出对发动机设计修改、安全寿命、使用、保养等有利的一些参考数据。

通过万有特性曲线可分析发动机的使用经济性。最内层的等油耗曲线的范围是经济性最好的区域。等油耗曲线横坐标方向较宽，表示发动机在转速变化较大而负荷相对变化较小的情况下工作时，经济性较好，这种情况适用于汽车发动机。反之如果等油耗曲线纵坐标方向较长，则表示发动机在负荷变化较大而转速变化较小的情况下工作时，经济性较好，这对于工程机械和拖拉机比较合适。

2. 万有特性曲线的制取方法

万有特性曲线没有独特的试验方法，是由多条负荷特性曲线或多条速度特性曲线的数据绘制而成的，俗称"负荷特性法"或"速度特性法"。这两种方法汽油机都经常采用，而柴油机多采用"负荷特性法"。其绘制方法主要分为两种，即直接绘图法和软件辅助绘图法。下面以"负荷特性法"为例进行介绍。

（1）直接绘图法（以绘等油耗率线为例）

①进行不同转速下的负荷特性试验，得到一组负荷特性曲线。为便于万有特性曲线的制作，应适当多作几条曲线（如 10 条或更多）。每条曲线上多做几个试验点（8～10 个点或更多），可减少试验过程的随机误差，提高综合试验精度。

②将各转速下的负荷特性曲线集中画在 g_e-p_e 坐标图上，见图 9-44。

③在 p_e-n 图上画外特性曲线，等 g_e 曲线不能超出此范围。

④g_e-p_e 图与 p_e-n 图分列于 p_e 坐标轴的左右端且 p_e 的比例尺必须相同。

⑤在 g_e-p_e 图上画多条等 g_e 曲线，每条等 g_e 线与每条负荷特性曲线相交于一点或两点（图上只画出一条等 $g_{e,1}$ 线为例）。从相交点引平行线至图，并从 p_e-n 图上相应的点引垂直线与平行线相交，用光滑曲线连接 p_e-n 图上的这些交点，即为万有特性曲线的等油耗曲线。同理做出其他的等油耗曲线，这样就可得到整个发动机的等油耗万有特性图。

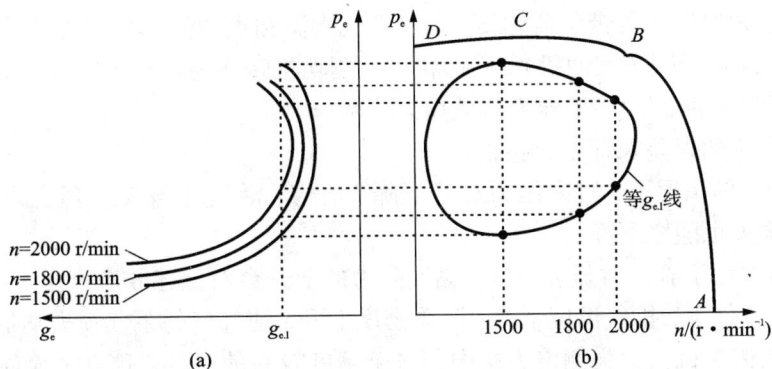

图 9-44　由负荷特性作万用特性图

（a）负荷特性曲线；（b）万有特性曲线

9.4.4　机械损失功率试验

发动机的机械损失功率指的是发动机运行中的机械摩擦功率、附件功率和泵气损失功率之和，它是发动机发展研究中的一个非常重要的领域。机械效率在大功率输出时可以超过80%，中低负荷时较低，急速时则为零。乘用车在混合工况下，发动机指示功率的三分之一到一半是消耗在发动机机械损失上的。由此可知，提高机械效率是提高发动机性能指标不可忽视的因素，所以对于机械损失的精确测量也具有非常重要的意义。然而精确测量机械损失还是一个艰难的课题，至今还没有满意的解决方法。

评价发动机机械损失大小的指标有机械损失功率及机械效率。用公式表示如下：

$$\eta_{mo} = P_{eo}/(P_{eo} + P_m) \times 100\% \tag{9-21}$$

式中：η_{mo} 为机械效率；P_{eo} 为校正有效功率（kW）；P_m 为机械损失功率（kW）。

目前测量机械损失功率的常用方法有以下 4 种。

1. 示功图法

通过示功图测算出发动机的工作过程功（指示功），再根据台架上测算得出的发动机有效功率，可计算出发动机机械损失功和机械效率。这种直接测定方法是在真实的试验工况下进行的，理论上是最合理的，但实际应用时问题很多。

（1）在多缸发动机中，所有气缸都需要绘制示功图，且应同时进行。这是因为所有气缸产生的功率不应简单假设为相同。这在生产上，乃至科研上都很难做到。

（2）缸内压力测量误差很难精确控制。

（3）精确确定真实的上止点位置极为困难。

关于上止点位置测定及示功图制取的问题下节将进行详细说明。测试结果表明，如果传感器测得的上止点处曲轴转动位置比真实值提前了 1°，计算出的指示平均有效压力就将比真实值大 5%；如果测得的上止点滞后了 1°，则计算结果比真实值小 5%。因此，精确地在上止点处产生一个信号是非常必要的，而要做到这一点则十分困难。

2. 倒拖法

倒拖法在具有电力测功机的试验条件下方可进行。电力测功机拖动发动机运转，测功机所测出的功率即为发动机的机械损失功率。

测量方法是先使发动机带负荷运转，当发动机水温和机油温度达到正常状态后迅速切断供油（柴油机）或切断点火（汽油机），立即将电力测功机转换为电动机运行，反拖发动机到同样转速，此时测功机测出的功率即为机械损失功率。

这种测试方法的误差来源主要包括：

（1）在未点火的情况下，缸内压力显著下降，活塞、活塞环与气缸套之间以及转动的齿轮之间的摩擦损失也随之下降。

（2）缸壁温度比不着火时显著下降，黏性阻力的上升会对上述效应产生一定的补偿。

（3）不着火条件下，排气温度下降，工质密度上升，使排气的泵气损失功加大。

这种方法在诸多机械损失测定方法中仍属于精度较高的一种，且方法简便，还可以通过分解发动机，测量每一对摩擦副的摩擦损失功率，为了解发动机摩擦损失的根源和降低摩擦损失提供依据。试验时保证润滑油的温度和水温是非常重要的，这可避免摩擦功率过大的变化。国家标准 GB/T 18297—2001《汽车发动机性能试验方法》中规定机械损失功率试验方法采用倒拖方法，当然这是指可能应用电力测功机的中、小型发动机而言。

3. 灭缸法

灭缸法是发动机在稳定工况下运转，且各缸点火或喷射装置被轮流关断的情况下进行，该技术只适合多缸发动机。

当关断其中某缸后，测功机立刻调整以恢复发动机转速，于是可以测出功率的下降量。在假定整机的总机械损失不变的条件下，该值与不工作的气缸发出的指示功率应相等。对各缸分别进行相同操作，各缸功率下降值之和就被认为是发动机的指示功率。于是再通过发动机的有效功率就可以求出机械效率。

灭缸法本质上仍然是倒拖法，因此，此方法具有与倒拖法相同的误差来源，但由于发动机基本处于正常工作状态，所以理论上误差应比倒拖法小。不过由于多缸机灭一缸后，进、排气压力波动态效应会影响各缸分配均匀性,以及通过灭一缸计算单缸指示功率时是两个大数(不灭缸与灭缸的总功率)相减,其相对误差会加大,所以其精度的高低仍是难以定量说明的问题。汽油机灭缸工作时,存在失火的安全隐患,试验时应加以注意。

4. 油耗线法

油耗线法的英文名称为 Willan's Line method, 此方法仅适用于没有节气门的压燃式发动机。从图 9 - 45 小时燃油消耗量随扭矩或平均有效压力变化的曲线图中可看出,柴油发动机在某一恒定转速下,在 75% 总功率以下部分近似为直线。在特性曲线的直线部分,任意增量的燃料都将产生相同增量的功率。

显然在零功率输出点,发动机消耗的所有燃料都被用于克服机械损失,因此可以推断,油耗线(威廉线)直线段的反向延长线与横坐标相交,交点 Q 到坐标 0 点间的负值即为机械损失值,如图 9 - 45 所示。

严格来说,此方法只适用于空载条件下的摩擦损失测评。因此加载测试时,功率损失无疑会加大。此外,中低负荷段直线性的假设也存在一定的误差。

上述 4 种测量发动机机械损失的方法,均存在一定的误差,如果运用尽可能多的方法测量,并进行结果对比将更具有意义。

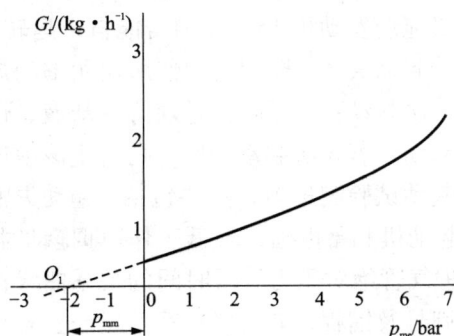

图 9 - 45　柴油机油耗法线

虽然无法得出机械损失的精确绝对值,但是这些方法能够非常有效地监控各种结构和参数的改变对发动机性能的影响。

最后还要指出,增压发动机在反拖或灭缸时,增压器的工作状况会有很大变化,所以不能用此二法测定其机械损失功率。油耗线法也只在低增压机型中应用,且误差难于估算。目前除示功图法外,尚别无良策。

9.4.5　起动试验

要使发动机由静止状态过渡到工作状态,必须先通过外力转动发动机曲轴,使气缸内先吸入(或形成)可燃混合气,并使其燃烧做功,达到能持续自燃的最基本条件后,发动机工作循环才能自动进行。

发动机的起动是指从曲轴在外力作用下开始转动到发动机能维持自动运转的全过程。对于汽车用发动机来说,起动性能是一个非常重要的性能指标,因为汽车必须保证在规定的各种使用环境条件下顺利起动,才能正常的工作。为此, 在 GB/T 18297—2001《汽车发动 机性能试验方法》中规定:对于定型的发动机,汽油机在低温环境温度 255 K、柴油机在 263 K 的条件下,不采用特殊的低温起动措施,应能起动运转,在中温及热机(温度均在 361 K ± 5 K)及规定的条件下,能顺利起动。

发动机在低温条件下,由于机油黏度增高会使起动阻力矩增大,蓄电池的工作能力也会降低而使拖动发动机的起动转速下降。而且低温时汽油机燃油雾化不好,柴油机压缩终了时的温度降低,所以会造成起动困难。为了保证在更低温度下的起动性能,应采取辅助起动措施,例如各种结构的冷却液和机油的加热器、进气空气加热器,以及加注冷起动燃料等。

起动试验的目的是评定发动机的低温、中温及热机起动性能及起动时的排放情况。起动性的优劣主要取决于起动发动机所需要的拖动时间。

在进行起动试验时,被测发动机及其附件可装在一个特制的支架上,或装在汽车上,并置于试验的环境温度中。如果发动机装在实验室,则发动机不与测功机相连。如装在汽车上,其动力系统若是自动变速器,则应置于"停车"状态;若是手动变速器,应置于"空挡",且离合器先后处于结合状态和分离状态,并按制造厂使用说明书的规定程序进行设置和操作。

起动试验要特别注意起动时间的测量,即试验是从按动起动电门接通起动机开始计时,起动机拖动发动机 15 s 以内若能自行运转,并且运转 10 s 以上不熄火,则认为起动成功。

若起动失败,按制造厂使用说明书的规定程序再次进行设置和操作,在 3 min 内继续进行下一次起动;低温起动时须待冷却液、润滑油及电解液达到规定的环境温度,方可进行下一次起动。若 3 次起动失败,则终止该项试验。

起动试验测量项目主要包括:起动失败次数、起动成功的拖动时间、环境温度和进气状态;起动机和蓄电池的最低工作(即拖动时的)电压、拖动及自行运转的发动机转速、起动电流、进气管绝对压力等与时间的关系曲线;起动前冷却液、各种润滑油及电解液的温度以及汽油牌号及馏程,柴油牌号等。

9.4.6 怠速试验

汽车在行驶过程中,需要经常用到发动机的怠速工况(此处所指均为最小油门开度时的低速怠速),例如汽车起步前及短时间内的停车等,都要求发动机处于怠速转速且转速平稳,并能非常圆滑地过渡到汽车的起步、行驶工况。因此在该工况下的发动机性能、排放及整车的驾驶性就显得尤其重要。

考核和评价发动机怠速质量的标准是:发动机处在低温冷机及热机状态下,无负荷时,发动机怠速运转的平顺性(如转速波动量)、运转持续性(不熄火)及排放污染物等。

1. 怠速工况

怠速工况指发动机无负荷运转状态,即离合器处于接合位置,变速器处于空挡位置(对于自动变速箱的车应处于"停车"位置或"P"挡位),采用化油器供油系统的车,其阻风门处于全开位置,油门踏板处于完全松开位置时的稳定运转工况。

2. 试验方法

怠速试验分低温冷机怠速试验及热机怠速试验两项内容。

(1)低温冷机怠速试验

在标准规定的试验条件及规定的低温下,起动机停止拖动,发动机能自行运转时,即开始低温冷机怠速试验。手动变速器先在空挡离合器接合位置,运行 20 s,终了时记录数据;随后在空挡离合器分开位置,运行 20 s,终了时记录数据。若是自动变速器,则在"停车"挡位置,运转 20 s,终了时记录所需测量项目数据。

(2)热机怠速试验

发动机在 40%~80% 的额定转速下运行,待冷却液出口温度达到(361±5)K 时,油门回到怠速工况的位置,环境温度不限,即可开始怠速热机试验。手动变速器在空挡离合器接合位置,运行 20 s,终了时进行数据测量。若是自动变速器,在"停车"挡位置,运转 20 s,终了时进行数据测量。

(3)测量项目及数据整理

试验测量项目主要包括:进气管绝对压力或真空度、怠速(或高怠速)燃料消耗量、点火提前角、喷油(或供油)提前角、瞬时怠速的最高、最低及平均转速、熄火次数、怠速质量的分数(怠速质量评定见表 9 – 4)。根据上述测量数据,按发动机怠速质量(即运转的平顺性及怠速持续能力)给出评分及评语。

表 9 – 4　怠速质量评定表

评语	分数	怠速质量
优秀	9	不太感觉发动机在怠速运转
很好	8	清晰地感觉到在运转,但运转平顺
好	7	运转略有振动,但无反感
尚可	6	运转略微粗暴,但运转稳定
及格	5	运转中度粗暴
不及格	4	运转粗暴、但能维持运转,不熄火
不太可靠	3	运转严重粗暴、维持运行无把握,可能熄火
不可靠	2	熄火一次,在怠速工况难以维持持续 20 s 的运转
很不可靠	1	熄火两次或两次以上,不能维持运转,人为操纵油门才能继续运转

发动机其他性能试验项目的目的分别如下所述。

压燃机调速特性试验:目的是用稳定调速率来评定压燃机的调速性能,适用于非电控的汽车柴油机。由于调速时,转速变化范围小,所以调速特性试验曲线近似于负荷特性曲线,试验方法也大致相同。

各缸工作均匀性试验。多缸机各缸工作均匀性包括进气均匀性、燃料供给均匀性和燃烧均匀性,它与发动机的燃料经济性、爆震强弱、功率输出大小及排气污染都有关联。为此点燃机需进行压缩压力试验及各缸排气中 CO 或空燃比测量,压燃机需进行单缸熄火功率试验。压缩压力试验的目的是评定点燃机各缸进气的分配均匀性;各缸排气中 CO 测量或空燃比测量试验,目的是评定汽油机各缸混合气空燃比的均匀性;单缸熄火功率试验则是评定非增压压燃机的各缸指示功率的均匀性。

机油消耗量试验:目的是评定发动机在规定工况下的机油消耗量。

活塞漏气量试验:目的是评定活塞组与气缸套的气体密封性,亦可用来监护这对摩擦副的工作情况。

9.5　发动机示功图

9.5.1　示功图的测录及误差分析

示功图是研究和判断内燃机工作状况、基本性能参数计算机放热规律分析的重要依据和不可缺少的资料，同时也是燃烧过程数字模型精度程度的评价标准。准确测取示功图并有效减少示功图中的各种误差，是获得准确信息的根本保证。对试验人员来说，示功图是寻求发动机最佳调整的重要辅助手段。

1. 上止点及曲轴角信号的测定

（1）上止点的定位

上止点是指活塞与气缸盖间的最小距离，确定几何上止点位置常用的方法是将缸头或气门去掉，用千分表找出活塞的最高点位置（静态上止点）。但是由于上止点附近的转角和活塞升程曲线比较平坦，故不易正确找出最高点。因此，可先找出上止点前后30°左右曲线变化率较大、升程又相同的两个点，然后过此两点作转角生成曲线切线，其交点即为上止点，如图9－46所示。

（2）上止点信号的获取

上止点信号的获取主要有以下几种方法。

①磁电法。

利用电磁感应原理制成感应式传感器进行测量，此法应用较广，其原理如图9－47所示。首先根据静态上止点将活塞移动到最高点位置，在飞轮的适当位置装上一个导磁材料制成的尖劈（可用小螺钉代替），在尖劈相对应处装上用永久磁铁和线圈绕制而成的感应式传感器，尖劈与传感器磁铁开口之间间隙 d 调到 $0.15\sim0.2$ mm。当飞轮转动时，随着尖劈与磁铁的接近，磁路磁阻逐渐的减小，而磁通量 φ 逐渐增大。当尖劈正好对准磁铁时，线圈中所感应产生的电压 e 等于零，此时电动势曲线中的 C 点就是所要得到的上止点。

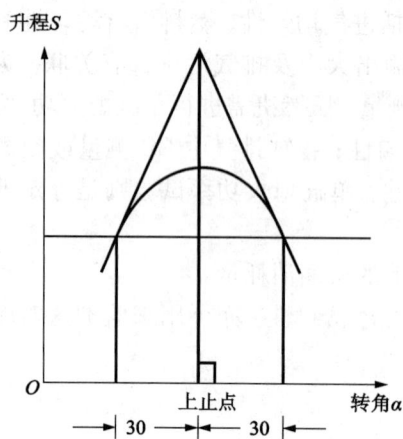

图9－46　上止点的定位示意图

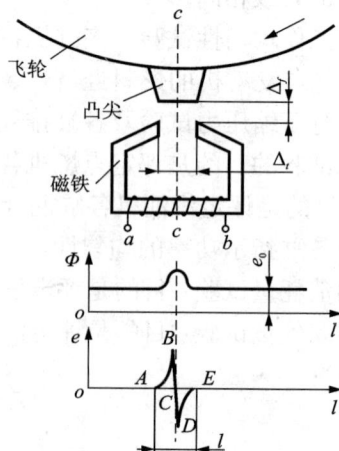

图9－47　磁电法获取上止点信号原理图

②光电法。

光电法有透光法和反光法两种，其上止点测定原理如图 9-48 所示。透光法的工作原理是将带有上止点标记的光栅盘对准飞轮的静态上止点，在光栅盘的一边为光源，另一边为光敏元件制成的受光器。反光法的原理与透光法的类似，区别在于光电元件接收的光束是来自光源经反光条的反射光。

③压缩线法。

压缩线法是测量柴油发动机在被拖动情况下的气缸压力曲线。在多缸机试验中，只有停止其一缸供油，并保持发动机原有转速，记录不供油时的压缩膨胀曲线。单缸机侧停压缩线时则需要电动机拖动。在侧录的压缩线上绘制一组与时间坐标平行的直线，连接各直线的中点即为上止点线，如图 9-49 所示直线 AB，过 A 作大气压力线垂线 AC。由于气缸内被压缩的气体和燃烧室壁之间存在热交换和气体泄漏的缘故，故实际压缩线法不对称，因而所得到的上止点存在着一定的系统误差。尤其对于强冷却的内燃机（如水冷却的低速采油机等）和具有辅助燃烧的柴油机，由于强烈的热交换和燃烧室通道的节流作用，会造成压缩线明显不对称，故不宜采用该法。

以上 3 种方法中，磁电法和光电法都依赖于飞轮上的几何上止点标记，当内燃机在负荷状态下工作时，由于温度的影响各部件受力的结果，必将造成工作中的动态上止点和非工作状态下的静态上止点间存在一定差异；而压缩线法又没有考虑到热力学损失，因此它们均无法反映活塞运动的真实上止点。

④电容法。

电容式传感器是一种测量动态上止点的仪器，其测量原理如图 9-50 所示。在缸盖上装一电极作为电容器的定级板，活塞作为动极板，随着两级间距变化电容量也发生变化。当活塞移动到最高点时，电容量输出最大，此时所对应的即为上正点。这是一种比较理想的测量上止点的方法，但是由于电容传感器装在缸盖上，并在高温高压下工作，往往受到缸盖结构尺寸以及传感器强度及冷却的限制，故此法应用不普遍。

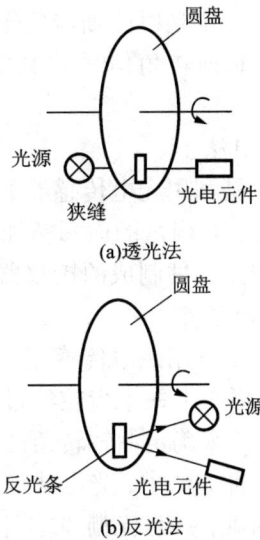

(a)透光法

(b)反光法

图 9-48　光电式上止点测定原理图

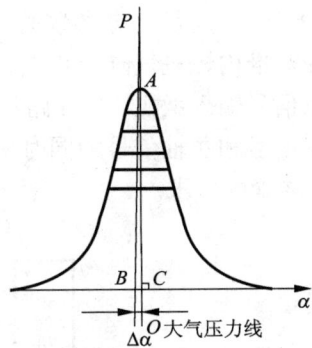

图 9-49　压缩膨胀线法原理示意图

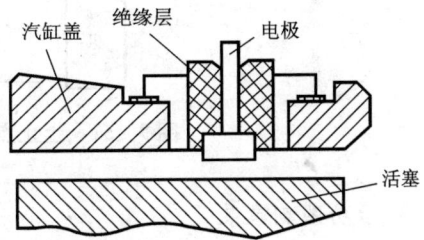

图 9-50　电容式动态上止点测量示意图

2. 曲轴转角信号的测定

示功图通常是以曲轴转角作为时间坐标，并且施工图所体现的各种特征都是和曲轴转角相应的，故曲轴转角信号的测定是示功图测录的重要环节。曲轴转角信号常用以下方法测得。

（1）光电法

光电发是利用光电传感器的原理，通常在光栅盘的外盘按所要求的角分率加工一定数目的转角光栅，光栅盘的内圈精加工一条光栅作为确定上止点信号用。当光源通过光栅达到另一侧由两个光元件制成的接收器时，分别出产生曲轴转角和上止点两组信号。

（2）磁电法

磁电法是利用磁电传感器的原理。测量时曲轴上安装一个齿盘，磁电传感器固定，当曲轴旋转时，齿盘上每个齿轮经过传感器均会产生一个感应电动势脉冲，脉冲数取决于齿盘轮的个数，由此来确定曲轴转角的信号。

上述两种方法中，光电法信号整形、放大较容易实现，但光栅盘在机车上的安装位置存在一定的困难，并且光栅盘本身的加工进度要求较高。磁电法在机车上易于安装，但某些车型(如东风4柴机等)的齿盘齿轮个数为102个，即每隔 $3.52°$ 取一个测量值，显然无法满足动态参数的测量间隔要求。目前出现一种上止点－曲轴转角信号发生器，该发生器采用集成电路实现360倍频，这样内燃机每转一周产生360个脉冲信号，从而实现压力波形采样信号为 $1°$ 的分辨率，满足动态参数的测量间隔要求，其工作原理如图 9－51 所示。其工作时仅用一个磁片对准内燃机气缸上止点，磁电式转速传感器的输出信号整形、放大后，一路作为气缸上止点信号输入微机，另一路径360倍频电路倍频后作为曲轴转角信号输入微机，从而实现上止点信号和曲轴信号的同时采样，并且能够跟踪内燃机的转速变化，可满足动态参数测试简便、准确的要求。

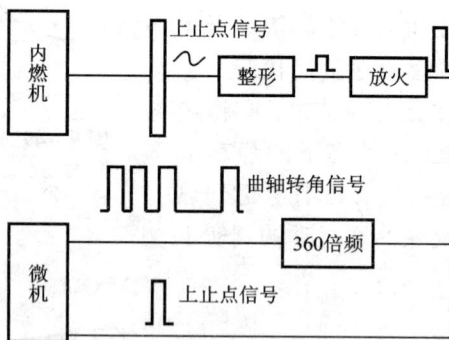

图 9－51　上止点—曲轴转角信号发生器原理框架图

3. 示功图测录装置

示功图的测量装置简称示功器，根据其信号录入方式不同，可分为 3 种：机械式、气电式和电子式。

（1）机械式

机械式示功器是使用最早的示功器，它主要由压力传感机构、转筒机构和记录机构三部分组成,如图9-52所示,其基本原理是利用弹簧的弹力去平衡气体压力。测量时,夹有记录纸的转筒绳索由曲轴或凸轮轴带动,绕其自身转轴偏转,偏转角位移反应内燃机活塞位移,即示功图的横坐标。示功器的小活塞在内燃机缸内气体的压力推动下进行上下移动,并由弹簧力平衡。小活塞的运动由活塞杆带动纪录机构的画笔杆沿纵坐标移动,移动位移量反应气缸压力,即示功图的纵坐标,从而绘出缸内气体压力与活塞位置(即容积变化)的相应关系。示功器的机械惯性大、振动和摩擦均较严重,因此测录的误差较大,不适用于现代高速内燃机示功图的测量,故目前主要与低速和部分中速内燃机。

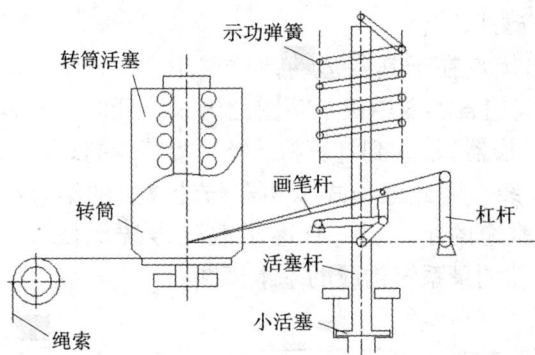

图9-52　机械式示功器结构简图

(2)气电式

气电式示功器,需要有外加气源的参与,它主要由压力传感器、转筒、电火花控制器和压缩气体瓶等组成,如图9-53所示。装有记录纸的转筒由内燃机曲轴带动,压力传感器默片的一面与气缸内的压力通联,另一方面与从气瓶来的可以准确控制器压力值的平衡压力连通。当两面的压力平衡破坏时,磨片即向一方移动并引起电火花控制器产生高压脉冲,在记录纸的相应位置上击穿成小孔。当逐步改变给定的平衡压力时,则在记录纸的相应于不同曲

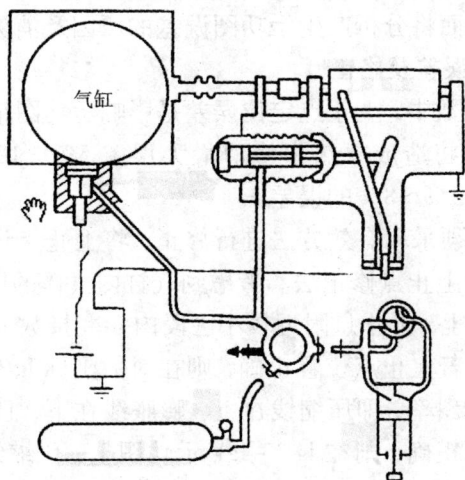

图9-53　气电式示功器结构示意图

轴转角的位置上得到一系列代表不同压力的击穿孔,构成了 $P-\alpha$(压力-曲轴转角)示功图。这种示功器测录标准,适用于高速内燃机,所测录的示功曲线图形较大,便于进行定量分析,使用广泛。此外这种示功器测录的 $P-\alpha$ 示功图还可以根据曲轴转角与气缸容积的几何关系,通过作图法改绘为 $P-V$(压力-工作容积)示功图。

(3)电子式

电子式示功器是利用非电量电测量原理,将气缸内的压力和曲轴转角(或活塞位移)等非电量分别转换为相应的电量,经放大器等中间环节输送到记录显示装置进行记录或打印。电子式示功器主要由传感器、测量电路和记录显示装置构成,其中压力传感器是关键环节,主要有压电式、电容式及压磁式。

电子式示功器的突出优点在于其各运动件质量小、固有频率高,即具有良好的高频特性,因此适用于低、中、高速各类内燃机示功图的测录。同时传感器输出的电模拟量可通过模拟/数字转换器(A/D 转换器)输入到计算机,经运算后由打印机得到压力的数字纪录带或由绘图仪绘制压力变化曲线。因此电子式示功器与计算机的结合可实现全自动化的信号处理,是一种颇具有发展前途的示功器,有逐步取代传统机械式和气电式示功器的趋势。图 9-54 所示为示功图自动测录系统构成的基本框图。

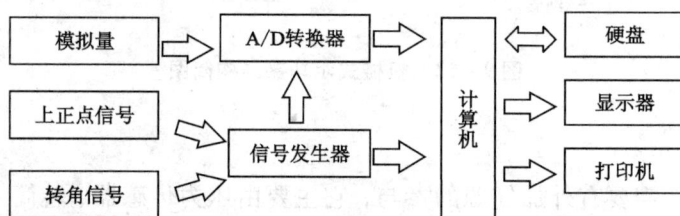

图 9-54 示功器自动测量系统构成的基本框图

4. 示功图的测量误差分析及处理

在实际示功图的测录过程中,常有一系列因素影响示功图本身的准确性,如上止点的偏差、测压通道的腔振等。下面将分析产生示功图误差的原因及消除误差的措施。

(1)上止点定位引起的误差及修正

在影响示功图的诸多因数中,上止点定位误差是影响示功图精度的重要因素。研究结果表明,上止点位置偏差 1°,将造成放热率峰值最大误差 5%~10%、累积的热量产生大约 10% 的误差、指示压力产生 1%~8% 的误差。

为了提高测试精度,必须采取有效方法进行修正,将上止点误差限制在最低范围内,目前常用的修正方法是热力学上止点修正法。考虑到气缸内气体的压缩和膨胀过程为复杂的多变过程,在倒拖压缩施工图上,上止点附近较小区段内多变指数 n 接近于常数。由于膨胀多变指数大于压缩多变指数,若上止点位置正确,则在对数坐标 $\lg P-\lg V$ 示功图上,压缩过程线的斜率小于膨胀过程线的斜率,即压缩线在上,膨胀线在下,且两线在上止点附近显近似直线分开。若上止点位置不正确,则在 $\lg P-\lg V$ 示功图上,压缩线和膨胀线不可能为直线,或出现膨胀线高于压缩线的情况,如图 9-55 所示。根据热力学理论,多变指数和燃烧放热规律之间相互对应,因此通过放热率和多变指数间变化规律来修正上止点,不需要测量纯压缩曲线，只需要测量气缸内压力和转角信号，该方法简易可行、实用性强。燃烧分析仪就是利用这一原理进行转换和绘制 $\lg P - \lg V$ 示功图并进行上止点的修正的。

（2）测量通道引起的误差及消除

测量通道是指压力传感器端部与汽缸盖底面即燃烧时之间的通道，如图 9 - 56 所示。通道效应也是影响示功图测量精度的重要因素之一，具体表现为以下几方面。

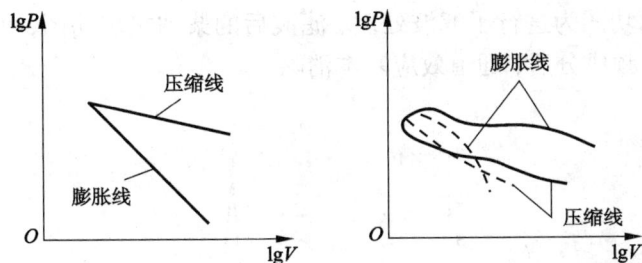

图 9 - 55　上止点的热力学修正方法示意图

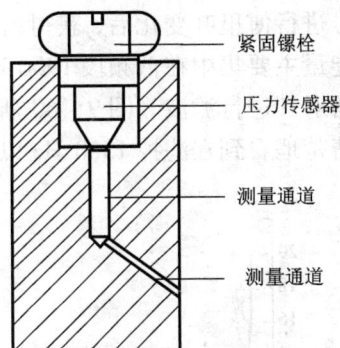

图 9 - 56　测量通道

①由于测量通道的存在，增加了内燃机气缸的压缩容积，使压缩比相应减小，引起示功图的变化。

②汽缸内压力需要通过通道内的弹性气柱传给压力传感器，由于气柱的弹性及阻尼作用，使传感器接收到的压力信号产生相位的滞后，滞后时间相当于压力以燃烧室内声速沿通道传播的时间。如图 9 - 57 所示为压力波相位滞后示意图。

③汽缸内脉冲压力在通道内交替的传递与反射，形成通道内气柱的自振，即产生腔振现象。另外压力波在测压通道内的传播叠加，是测得的压力产生幅值的误差。如图 9 - 58 所示实测的示功图，由图 9 - 58 可看出，在整个压力曲线上分布许多幅值不大的毛刺，峰值部分尤为明显。

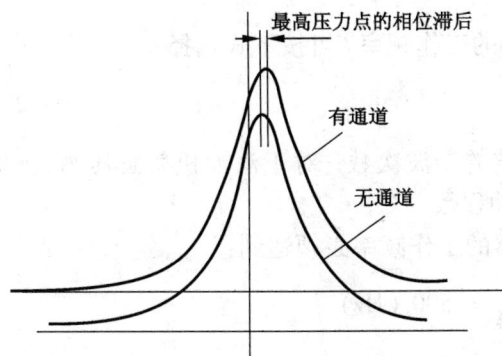

图 9 - 57　通道效应引起的相位滞后示意图

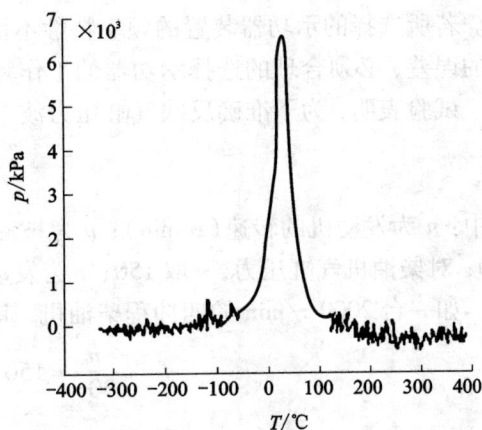

图 9 - 58　实测的示功图

为了避免通道效应，理论上建议将传感器与燃烧室齐平安装，但是由于汽缸盖结构上的原因，给传感器的布置带来了困难。另外，热冲击对传感器的影响严重，直接暴露在高温然其中的传感器在内燃机每一个工作循环中，交替接触热火焰和冷气体，从而引起传感器膜片产生周期性的热感应应变，影响传感器的使用寿命。

为了消除通道效应，目前常用频域滤波器将压力信号进行滤波处理。滤波器是一种选频装置，它能使信号中特定的频率成分通过，而抑制或衰减其他频率成分。对实测示功图压力信号进行傅里叶变化后，获得所测信号的频谱分析图，如图 9 – 59 所示，图 9 – 59 中发现信号能量主要集中在低频段 1900 Hz 左右的一个小范围内。利用 Matlab 工具箱设计低通数字滤波器对其进行滤波。图 9 – 60 所示的示功图为进行了滤波处理、滤波后的柴油机示功图，可以清楚地看到在滤掉 1500 Hz 以上的高频成分后，通道效应基本消除。

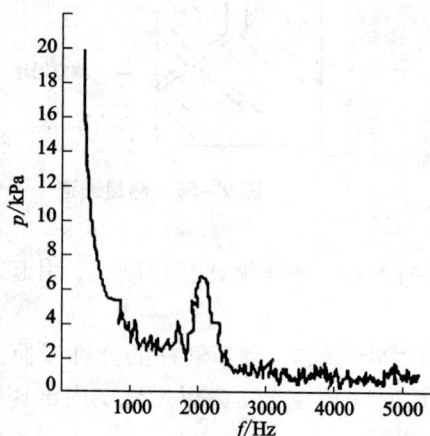

图 9 – 59　实测示功图的频谱分析图

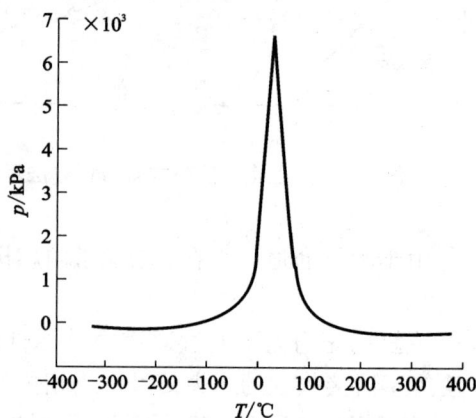

图 9 – 60　进行滤波后的示功图

示功器频率特性引起的误差：

在选择示功器时，除了要考虑其灵敏度和测量范围外，整个装置的频率特性也不容忽视。若所选择的示功器装置的频率特性不恰当，往往导致所录波形严重失真。为了减小这方面的误差，必须合理的选择示功器的工作频率。

试验表明，为了准确反映气缸压力波，示功器的工作频率 f 可按下式选择：

$$f = v\frac{n}{30\tau} \tag{9 – 22}$$

式中：n 为发动机的转速（r/min）；v 为被测压力波的谐波次数，对于汽油机气缸压力，v 取 100，对柴油机气缸压力，v 取 150；τ 为发动机的冲程数。

如一台 2000 r/min 的四冲程柴油机，其示功器的工作频率必须达到：

$$f = v\frac{n}{30\tau} = 150 \times \frac{2000}{30 \times 4} = 2500 \text{（Hz）}$$

9.6 离合器试验

离合器是汽车传动系统直接与发动机相联系的部件。目前汽车上用的离合器大多属于干摩擦式离合器。干摩擦式离合器的台架试验可参见行业标准 QC/T 27—2004。离合器的主要试验项目包括盖总成功能特性试验、从动盘总成功能特性试验和离合器耐久性及可靠性试验。

9.6.1 盖总成功能特性试验

离合器盖总成功能特性试验包括分离指(杆)安装高度及其端面跳动量的测定、盖总成分离特性和负荷特性试验以及盖总成不平衡量的测定共四个试验项目。现对其常规试验项目阐述如下。

1.分离指(杆)安装高度及其端面跳动量测定

该项试验目的是测定分离指(杆)的安装高度及其端面跳动量。测试台架必须能使载荷均匀作用于分离指(杆)端,并与压盘工作面垂直。试验夹具应能使盖总成模拟从动盘总成具有夹紧名义厚度时的安装状态,如图9-61所示。

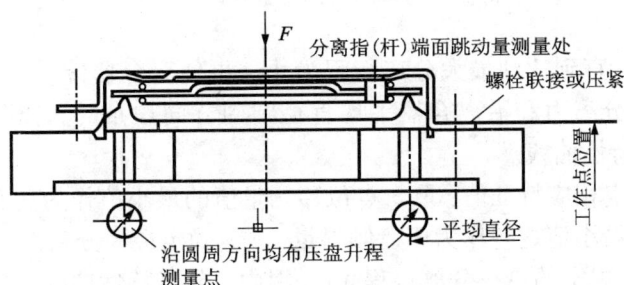

图9-61 分离指(杆)端面跳动量测定示意图

试验时,将离合器盖总成按技术要求固定于试验夹具上,使压盘处于工作点位置。操纵加载装置,使代用分离轴承行程达到规定的分离行程,如此动作3~5次。然后,在安装状态下,测量各分离指(杆)端高度,其最大值与最小值之差即为分离指(杆)端面跳动量。对分离指(杆)端预加载荷100 N,或按相应图样技术要求规定。测量分离指(杆)与分离轴承圆周接触点处至指定基准面的高度值,此高度值即为分离指(杆)安装高度值。

2.盖总成分离特性试验

该项试验目的是测定离合器盖总成的分离特性曲线。盖总成的分离特性是指使离合器处于模拟安装状态,分离和接合离合器时作用于分离指(杆)端的载荷 F_A 及压盘位移 h 随分离指(杆)端行程 λ_A 变化的关系,如图9-62所示。其中 h_a 为压盘升程,Δh_a 为压盘倾斜量。

试验时,将盖总成按技术要求固定于试验夹具上(图9-63),使压盘处于工作点位置。对分离指(杆)端预加载荷100 N,或按相应图纸技术要求规定。定义此状态为位移零位。操纵加载装置,使代用分离轴承行程达到规定的分离行程,如此动作3~5次。然后,操纵加载

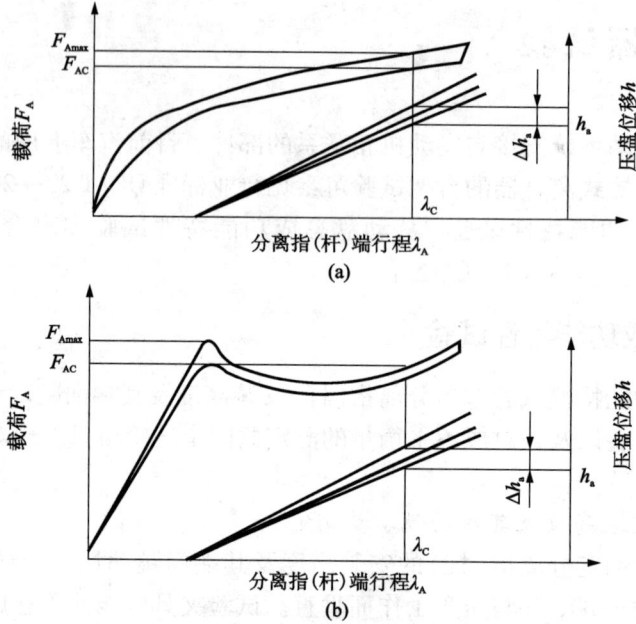

图 9 – 62   离合器盖总成的分离特性

(a)螺旋弹簧离合器；(b)膜片弹簧离合器

装置，使离合器分离，直到达到最大分离行程为止。再使离合器接合，恢复到位移零位，在此过程中测量并记录分离力和沿离合器平均直径圆周方向均布的 3 点处的压盘位移，绘制图 9 – 62所示的分离特性曲线。

根据图 9 – 62确定相应特征值：取 3 点位移测量值的最小值作为压盘升程 h_a；取 3 点位移测量值的最大值和最小值之差作为压盘倾斜量 Δh_a；确定最大分离力 F_{Amax} 和分离点分离力 F_{AC} 最大分离力是指在规定的最小分离行程 λ_C 范围内，分离特性曲线上的最大载荷值；分离点分离力是指分离特性曲线上，对应于规定的最小分离行程 λ_C 的载荷值。

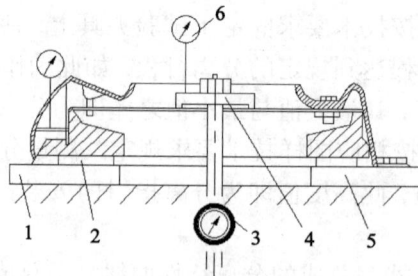

图 9 – 63   盖总成分离特性测定示意图

1—测量台；2—垫块；3—载荷测量装置；

4—代用分离轴承；5—代用飞轮；6—百分表

3. 盖总成负荷特性试验图

该项试验目的是测定离合器盖总成的负荷特性曲线。负荷特性是指对压盘加载和随后减载过程中，作用于压盘上的载荷 F 与压盘位移 λ 之间的关系。负荷特性试验台必须能使载荷均匀作用于压盘表面，并与压盘工作表面垂直。试验夹具应能使盖总成模拟安装状态，如图 9-64 所示。

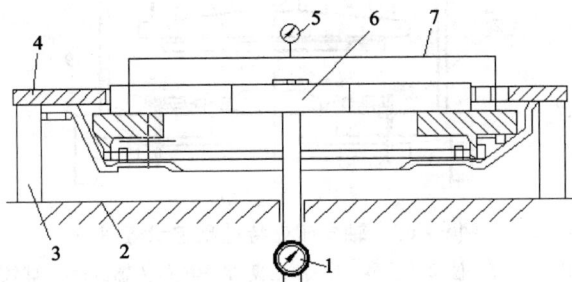

图 9-64　盖总成负荷特性测定示意图
1—载荷测量装置；2—测量台；3—支撑柱；
4—代用飞轮；5—百分表；6—加载器；7—压盘位移测量架

试验时，将盖总成固定于试验夹具上，使压盘处于自由状态；对压盘加载：对于螺旋弹簧离合器，加载使压盘超过工作点位置 2.5 mm 左右；对于膜片弹簧离合器，加载使压盘超过底谷点位移 1 mm 左右。然后减载，直至卸掉全部载荷，记录压盘上载荷随压盘位移变化的数值，绘制负荷特性曲线。

9.6.2　从动盘总成功能特性试验

从动盘总成功能特性试验包括从动盘总成轴向压缩特性、夹紧厚度、平行度的测定，从动盘总成扭转特性的测定，从动盘总成拖曳分离特性的测定，从动盘总成不平衡量的测定，离合器摩擦性能的测定试验和防粘着试验共六项试验。现对其常规试验项目阐述如下。

1. 从动盘总成轴向压缩特性、夹紧厚度、平行度测定

该项试验主要测定从动盘总成在规定的压紧力作用下的夹紧厚度、平行度及轴向缓冲变形量与压紧力之间的关系，并将测得的结果与产品图纸或有关规定的技术要求进行比较，确定被试离合器从动盘总成是否符合要求。

试验时，将从动盘总成装于图 9-65 所示的轴向压缩特性试验装置上。按规定工作压紧力压缩从动盘总成数次，直至轴向压缩量漫数稳定。施加规定的预载荷 70 N（或按技术文件规定的预载荷），然后开始测量。

对从动盘总成加载，直到从动盘总成上的载荷达到规定工作压紧力，记录轴向压缩量和所对应的垂直压力。达到规定工作压紧力时，测量上下夹板间沿外圆周均布 3 点处的距离，其平均值为从动盘总成的夹紧厚度，最大值与最小值之差即为平行度。绘制从动盘总成上的垂直压力与轴向压缩量间的轴向压缩特性曲线。

2. 从动盘总成扭转特性测定

从动盘总成的扭转特性对变速器的"咔哒"声以及"闷鼓"声等振动噪声影响很大。此试

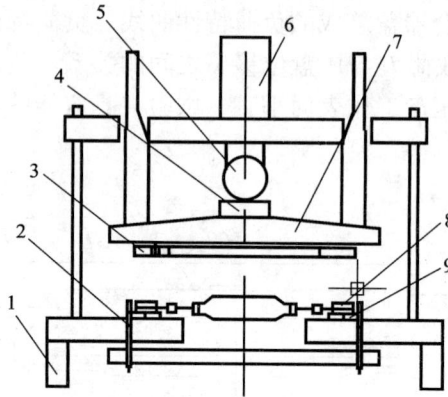

图 9 - 65　轴向压缩特性测定示意图

1—主框架；2—位移传感器；3—预载盘；4—负荷传感器；5—球铰链；

6—液胀缸；7—上压板；8—从动盘总成；9—下压板

验重点确定扭转减振器的扭转刚度及阻尼转矩，以判断其减振性能对车辆振动噪声的影响。

图 9 - 66 为从动盘总成的扭转特性测定示意图。试验时，将从动盘总成安装到试验台的花键轴上，并将摩擦片部分夹紧。安装转角指针或角位移传感器，使之能随盘毂一起转动并处于零位。对盘毂施加转矩，转动盘毂，直到规定转角极限，卸载至零。反向施加转矩，转动盘毂，直到规定转角极限，卸载至零。重复上述加载卸载操作两次。然后，在中间位置检查并调整转角及转矩零位。重复加载卸载操作，并记录转角与转矩的对应数值。绘出扭转特性曲线，并确定减振器极限扭转角、极限转矩、规定转角处的转矩滞后值、规定转角范围的扭转刚度、对应发动机最大转矩时的转角。

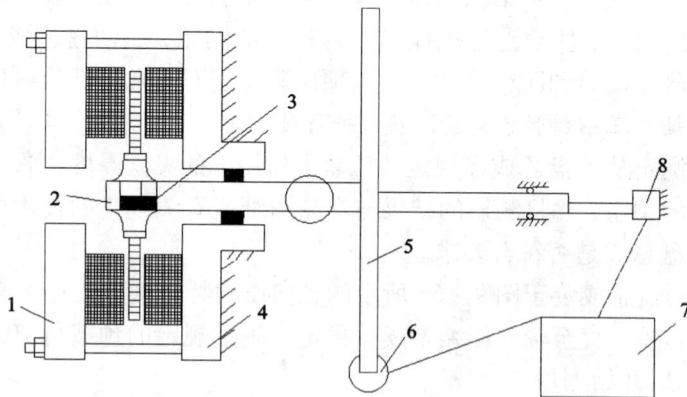

图 9 - 66　扭转特性测定示意图

1—夹紧盘；2—轴；3—花键轴；4—支撑板；5—扭转力臂；

6—拉/压力传感器；7—X－Y 记录仪；8—角位移传感器

3. 离合器摩擦性能测定试验

以新的从动盘总成及盖总成作为试件。试验输入转速为 730 r/min，惯量盘的惯性矩为 5.25 kg·m²，离合器的离合周期为 30 s。在压盘表面中径位置、距工作表面以下 0.2 mm 处测量压盘温度。

试验台架采用如图 9－67 所示的可测定转矩、温度和转速的离合器综合性能试验台架。

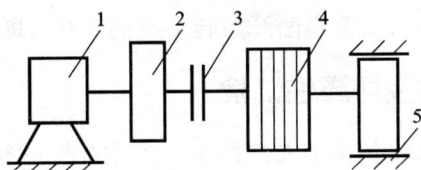

图 9－67　离合器综合性能试验台简图
1—电动机；2—惯性飞轮；3—被试离合器；4—惯性盘；5—制动器

试验前，测量盖总成的工作压紧力并称取从动盘总成质量。然后，将试件安装于试验台上。按上述试验条件接合离合器，待试验台主、从动部分同步之后，分离离合器并制动试验台的从动部分至停止，完成一个循环。如此循环 60 次，记录第 20 次、第 40 次和第 60 次过程中转矩随时间的变化曲线。

固定试验台从动部分，接合离合器使离合器主、从动部分间产生滑动摩擦，直到压盘温度达 320℃，记录此时的转矩值。然后，冷却离合器至室温。按规定的条件再循环 1000 次，记录第 100 次、第 200 次、……、第 1000 次试验过程中转矩随时间的变化曲线。称取从动盘总成质量。

按规定的试验条件再循环 3000 次。记录第 100 次、第 200 次、……、第 3000 次试验过程中转矩随时间的变化曲线。称取从动盘总成质量并测量盖总成的工作压紧力。

试验数据的处理如下：

(1) 各个试验阶段的摩擦系数计算。摩擦系数计算按下式进行。

$$u = \frac{M_d}{2 r_m F_A} \tag{9－23}$$

$$r_m = \frac{2(r_0^3 - r_i^3)}{3(r_0^2 - r_i^2)} \tag{9－24}$$

式中：u 为摩擦系数；M_d 为转矩值（N·m）；r_m 为摩擦片作用半径（m）；r_0 为摩擦片外半径（m）；r_i 为摩擦片内半径（m）；F_A 为盖总成试验前和试验后工作压紧力的平均值（N）。

(2) 转矩 M_d 的确定。60 次、1000 次及 3000 次三个阶段中的转矩值，取每个阶段中记录值的平均值和最小值。

(3) 磨损量的计算。试验前后从动盘总成的质量差即为磨损量。

4. 防黏着试验

该试验用于测定离合器总成在恒温、恒湿环境中放置一定时间后，在压紧元件无作用力的状态下，离合器主、从动部分之间的分离力或分离转矩，以评价离合器的耐锈蚀、抗黏着性能。

试验前，将压盘和飞轮或代用飞轮摩擦面用丙酮或其他清洗剂清洗干净。将离合器置于特定的气候箱中并保证其放置位置能防止摩擦面积水。再经过 3 个周期共 72 h(24 h×3) 的冷凝水气候交变。每周期的气候交变经过两个阶段，即先在温度为 (40 ±3)℃、相对湿度为 100% 的状态下保持 8 h(包括升温时间，但升温时间不超过 1.5 h)，再在温度为 (23 ±5)℃、相对湿度小于 100% 的状态下保持 16 h。

试验时，将离合器总成固定于分离转矩测量装置上，使试件水平放置且使飞轮固定。分离行程为技术文件规定的最小分离行程或按照其他相关技术条件规定。对从动盘毂施加转矩，使从动盘总成相对于压盘和飞轮表面开始转动时的转矩，即为分离转矩。

9.6.3　离合器耐久性及可靠性试验

离合器耐久性及可靠性试验包括盖总成静态分离耐久性试验、盖总成动态分离耐久性试验、盖总成耐高速试验、从动盘总成轴向压缩耐久性试验、从动盘总成扭转耐久性试验和从动盘总成耐高速试验共 6 项试验。现对其常规试验项目进行阐述。

1. 离合器耐高速试验

该试验用于测定在规定的转速下离合器盖总成与从动盘总成工作的可靠性或测定连续加速时盖总成与从动盘总成的破坏转速。试验加速度为 10.47 ~ 31.42 rad/s²(每秒加速度控制在 100 ~ 300 r/min)；试验台如图 9 – 68 所示，最高转速可达 15000 r/min 以上，且加速度可控。

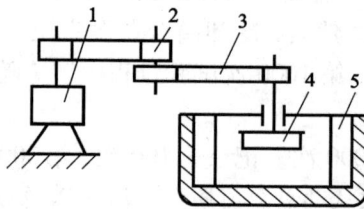

图 9 – 68　离合器高速试验台示意图
1—电动机；2—带轮；3—传动带；4—被试件；5—破坏舱

盖总成耐高速试验在室温下进行。试验要求盖总成不平衡量应满足技术文件规定，盖总成与夹具装配后的不平衡量应满足试验机的要求。试验时，首先在平衡机上检验盖总成的不平衡量。然后，将盖总成按规定装于代用飞轮上，使之处于接合状态，再安装于试验台上。起动并加速试件至规定转速，在该转速下连续运转至按技术文件规定的时间，或者直至发生爆破为止，记录爆破时的转速。

在进行从动盘总成耐高速试验时，首先将待测的新从动盘总成置于 200℃ 的恒温箱中加热保温 20 min。然后，从恒温箱中取出从动盘总成并立即装于试验台芯轴上，以规定加速度使其加速到规定的转速。在规定转速下，连续运转至规定的时间或者一直加速到发生爆破，记录下破坏时的转速。

2. 从动盘总成轴向压缩耐久性试验

该项试验在室温下进行。试验前，先确定盖总成的工作压紧力是否符合要求，并测量从动盘总成轴向压缩特性，确定试验前的轴向压缩量。然后，将被试从动盘总成和盖总成装于试验台上，调整试验台，使之满足试验要求。按规定的分离行程完成离合器分离、接合一次，此为一次循环。接着，使离合器依此循环往复进行至规定的循环次数。最后，从试验台上取出从动盘总成，直观检查有无裂纹、松动或破裂零件，并测量从动盘总成轴向压缩特性，确定试验后的轴向压缩量。

3. 从动盘总成扭转耐久性试验

试验在图 9 – 69 所示的扭转耐久性试验台上进行。加载方式有按转矩加载和按相应扭转角加载两种方式。按转矩加载时，若单向加载，则转矩范围是 $0 \sim 1.2 M_{emax}$；若双向加载，则正向转矩为 $1.0 M_{emax}$，反向转矩为 $0.5 M_{emax}$（M_{emax} 为发动机的最大转矩）。

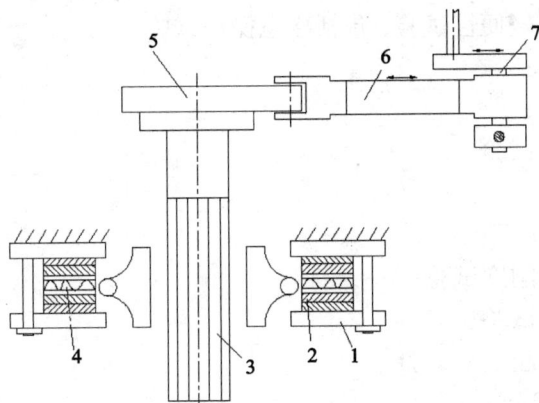

图 9 – 69　扭转耐久性试验台示意图

1—夹紧盛；2—垫板；3—心轴；4—从动盘总成；5—摇杆；6—连杆；7—偏心轴

试验前先测定从动盘总成的扭转特性。然后，将从动盘总成装于试验台的花键轴上，将摩擦片固定。按上述加载方式扭转从动盘总成至规定的次数或试件发生损坏。最后，测定试验后从动盘总成的扭转特性，并检查有无损坏、松动及磨损情况。

9.7　变速器总成试验

变速器是汽车传动系统中的重要总成之一。目前变速器设计工作中许多计算都需经过试验来验证，以判断新产品在可靠性、寿命、性能等方面是否达到预期结果，并找出其薄弱环节，作为改进设计的依据；对于已定型并投入批量生产的产品，在生产过程中也要通过试验来保证产品的质量；对产品进行局部结构改进，重大材料和工艺变更时，同样要通过试验做出是否可行的判断。因此，汽车变速器的产品试验是一项十分重要的工作。

变速器试验中，最接近实际情况的方法是把试验变速器装于汽车上在运输行驶中进行使用试验；其次是试验车在特定行驶条件下进行的道路试验。使用试验和道路试验是必不可少的试验，但其试验周期长、耗费大。

室内台架试验具有试验周期短和不受天气、季节、时间以及交通道路条件等限制的优点，而且可在很大程度上排除人为错误，全部试验条件可准确地复现，方便不同试验的对比。

9.7.1 变速器试验项目

变速器作为汽车的一个重要部件,要求使用可靠,寿命长,易于操作和维修,安全、高效、质量轻和成本低。为验证是否满足以上要求,需进行的变速器试验工作是相当复杂的,其试验项目是全方位的。

1. 变速器性能方面

(1)变速器匹配试验(整车动力性与经济性试验);

(2)变速器噪声及振动试验;

(3)变速器换挡操作轻便性试验,包括冷态操作试验;

(4)同步器性能试验;

(5)变速器脱挡试验;

(6)变速器密封性能试验;

(7)变速器效率试验。

2. 变速器可靠性方面

(1)变速器静强度和刚度试验;

(2)变速器冲击载荷试验;

(3)变速器换挡拨叉超负荷试验。

3. 变速器寿命台架试验

(1)变速器齿轮轮齿弯曲疲劳寿命试验;

(2)变速器齿轮轮齿接触疲劳寿命试验;

(3)变速器轴承寿命试验;

(4)变速器同步器寿命试验;

(5)变速器油封寿命试验。

4. 变速器产品验收质量考核试验

(1)变速器换挡力测定;

(2)变速器噪声测定;

(3)变速器摩擦力矩测定;

(4)变速器密封性测定。

这里对变速器传动效率试验、疲劳寿命试验及噪声试验加以介绍。

9.7.2 变速器传动效率试验

汽车变速器传动效率是评价变速器结构合理性及制造水平的重要指标之一,提高变速器的传动效率对降低汽车的动力消耗、改善汽车变速器本身的工作条件、延长其使用寿命均有一定的价值,特别是目前重视汽车节能的情况下,改善汽车变速器的传动效率日益受到重视。

变速器的传动效率随变速器工作状况的不同而变化,试验时按不同的档位输入扭矩及转速、油的品种及油温进行,国内汽车变速器制造厂家推荐按以下工作情况进行试验。

(1)试验扭矩。取该汽车发动机最大扭矩 M_{emax} 的 20%,40%,60%,80% 和 100% 共 5 种工况。

（2）试验转速。被试变速器第一轴分别按汽车最低稳定车速时的发动机转速和发动机最大功率时的转速进行试验，并在该转速范围内再取3种大体等分的试验转速。

（3）试验用油及油温。试验时按设计规定选定变速器油的品种和油量，油温取40℃，60℃，80℃和100℃。

汽车变速器传动效率用的实验设备通常是开式试验台，也可在封闭功率流式变速器总成试验台上进行，但所用闭式试验台的加载器应能在试验运转过程中随时按要求改变扭矩（如采用液压加载器、行星机构加载器、摇摆箱式加载器等），闭式试验台的驱动部分应能变速。在闭式试验台上进行变速器传动效率试验时，被试变速器的输入轴与输出轴均应接入扭矩转速传感器，下面介绍开式试验台及其试验方法。

测定变速器效率可分为3种测定方式：

（1）测定变速器输入功率 N_1 和输出功率 N_2。N_1 和 N_2 分别由发动机功率的电动机和吸收功率的装置测得，可按公式计算传动功率，即：

$$\eta = \frac{N_2}{N_1} \tag{9-25}$$

（2）测定试验变速器输入扭矩 M_1 和输出扭矩 M_2。它们分别由变速器输入端和输出端的扭转仪测得，用下列公式计算变速器的效率，即：

$$\eta = \frac{M_2}{iM_1} \tag{9-26}$$

式中：i 为变速器传动比。

（3）测定输入扭矩 M_1 和变速器壳体上的反作用力矩 M_p。为了测定被试变速器的反作用力矩 M_p，为了测定被试变速器的反作用力矩 M_p，其壳体必须有轴承支撑并加以平衡，这时变速器效率公式为：

$$\eta = \frac{1}{2}(1 + M_p/M_1) \tag{9-27}$$

将两台相同的被试变速器在第二轴凸缘处连接，装于平衡架上。试验时测定 M_p 以及 M_1（或 M_2）后，按以下方式计算，即：

$$\eta = \sqrt{1 - M_P/M_1} \quad （用于测量 M_1 时） \tag{9-28}$$

$$\eta = \sqrt{\frac{M_2}{M_2 + M_P}} \quad （用于测量 M_2 时） \tag{9-29}$$

这种试验方法所测定的效率是取两台被试变速器的平均值，而两台变速器的质量状况、载荷大小以及回转方向的不一致使测得结果不够精确。

汽车变速器转动效率的实测值，以挡位和车型不同，大致为0.95～0.99。若测定条件不一致，则数据之间无可比性。

9.7.3 变速器疲劳寿命试验

汽车变速器的室内台架疲劳试验是变速器台架试验的主要部分，其试验规范比较接近变速器在汽车上的使用条件，通过疲劳试验可以在较短的时间内确定变速器在台架条件下的工作寿命，在实际生产中应用的比较广泛。

试验台有开式和闭式两种。

开式试验台被测变速器由原动机带动，动力经被试变速器传给功率吸收装置。试验用的原动机即可为汽车发动机或电力测功机，吸收功率装置可用水力测功机、电涡流测功机及机械式制动器等。

由于发动机的震动对变速器试验有影响，故用汽车发动机作为试验原动机最接近实际情况，这是它的优点，其缺点是用汽车发动机的运转费用大，试验操作也不如其他原动机(如电动机或电动测功机等)方便。

1. 闭式试验台

闭式试验台的特点是被试变速器所传递的功率在试验台内部进行循环，而用来克服试验台内摩擦阻力仅占变速器所传动功率的20%～25%，下面简要介绍试验台的封闭功率流系统及加载装置。

(1) 封闭功率流系统

最简单的封闭功率流系统由2个圆柱齿轮箱及3根传动轴组成，如图9-70所示。为保证该系统自运转，应使两对圆柱齿轮的传动比相等。封闭系统产生载荷的最简单方法是将轴1与轴2各存在一方向相反的转角，并把该相对转角用螺栓固定下来，使轴1与轴2各存在一方向相反的扭矩，这时在整个封闭系统中每个截面均存在着方向相反的平衡扭矩，不论系统是否扭转，此扭转始终存在，形成封闭力流。系统由外加原动机驱动，该原动机的功率用来克服系统内的摩擦损失。

封闭系统中的载荷理论上应为固定值，而实际上在传递过程中，系统的载荷因摩擦损失而变化。

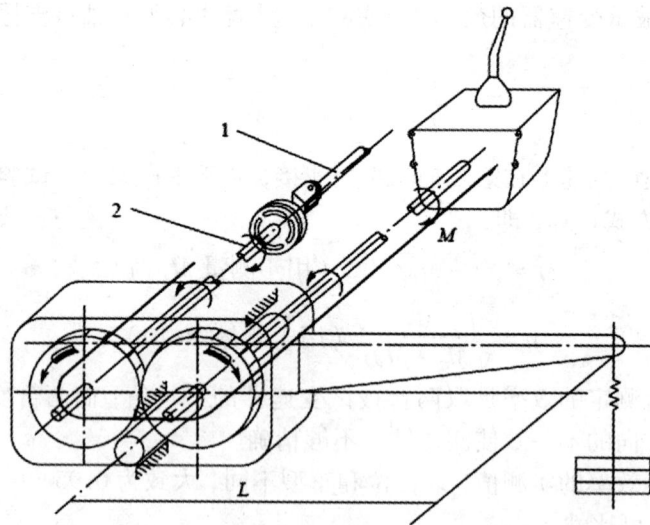

图9-70 封闭功率流系统简图

(2) 加载装置

闭式试验台的加载装置有扭杆式、液压式、摇摆箱式及行星机构式等。

①扭杆式加载器。扭杆式加载器是简单的一种，早期国内汽车变速器实验中应用较多，其缺点是不能在运转过程中加载，且试验台结构环节较多，易出现磨损问题。

308

②液压加载器。液压加载器由液压箱、加载器及控制器构成(图 9 – 71)。加载器的油缸经过凸缘与试验台左轴连成一体，叶片与油缸内壁及内端面的配合间隙应尽量小。叶片数量试验系统刚度大小而定，一般为 2~4 片，刚度大时可增加，当一定压力的液压油进入油缸体的工作腔时，油缸体与叶片轴间便产生相对转动，同时在试验台的两根轴上便产生大小相等方向相反的扭矩，扭矩可由液压调节，油路系统中的换向阀用来控制加载方向。

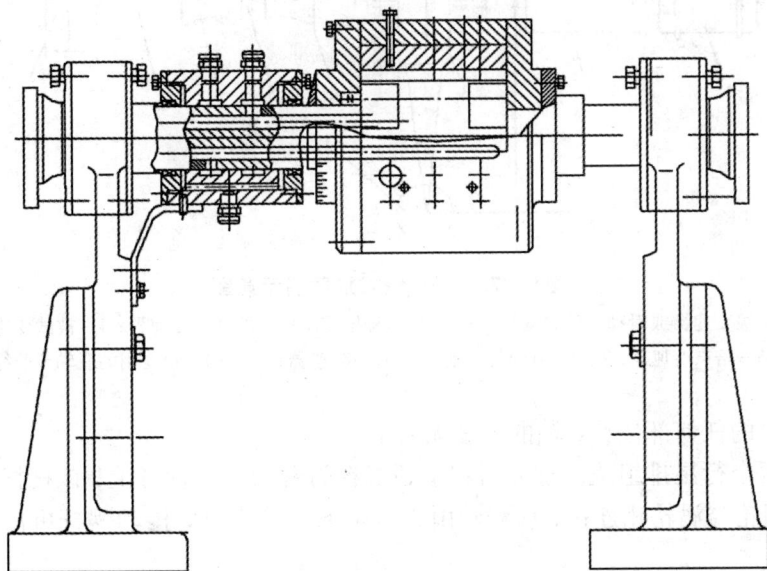

图 9 – 71　液压加载器的结构

加载时输出扭矩为：

$$M = \frac{P \cdot Z \cdot B \cdot (D^2 - d^2)}{80} \qquad (9 - 30)$$

式中：P 为油缸中工作腔与泄压腔间的压力差；Z 为叶片数；B 为叶片宽；D 为叶片外径；d 为叶片轴直径。

液压加载装置扭矩随油压变化的规律比较稳定，运用子程序控制载荷。旋转油缸的结构有多种形式，扭转范围为 500~6000 N·m，转角可达 100°，因此适于高频变化载荷试验。

③摇摆箱式加载器。图 9 – 72 为摇摆箱式加载器示意图。封闭系统中的平衡减速器 3 由支架悬起来并可自由旋转，平衡减速器的杠杆上加重砣，以产生封闭系统的载荷。被试变速器 4 的第一轴顺时针方向旋转，作用于此轴上的扭矩为：

$$M = \frac{GL}{1 + \dfrac{Z_1}{Z_2 \eta}} + M_m \qquad (9 - 31)$$

式中：M_m 为作用于减速器靠近电机侧的扭矩。

为了使平衡器 3 的杠杆在加载后保持水平，在封闭系统中装有能调节角度用的联轴节凸缘 10，轴的刚度不应太小，以免平衡转速箱转角过大。

④行星加载器，该加载器可在运转过程中调节扭矩，加载器本身是一个独立的装置，可

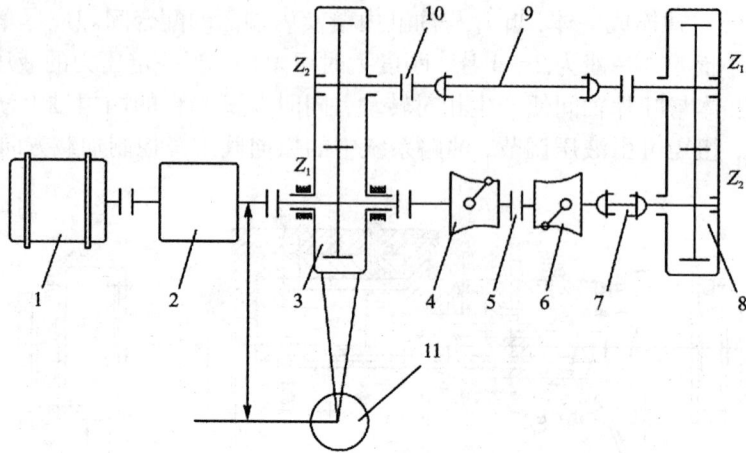

图 9-72　摇摆箱式加载器示意图

1—电动机；2—无级变速器或滑动齿轮式变速器；3—带有悬挂重砣杠杆的平衡减速器；4—被试变速器；5—变速器
二轴联轴节；6—陪试变速器；7、9—万向传动轴；8—平衡减速器；10—调整角度用的联轴节凸缘；11—重砣

以安装在试验台的任何部位，对轴的角度无要求。

加载器由两个行星排组成。加载时将重托加在力臂为 L 的杠杆上，该杠杆与太阳轮刚性连接，另一太阳轮与涡轮相连接，该涡轮由壳体中的窝杆带动，传动蜗杆可使杠杆调到水平位置。

2. 点封闭式试验台

图 9-73 为电封闭实验台示意图。试验台由主传动部分、自动调节系统、数字程控定值器及参数测量系统构成，其中一台电机作为电动机运行，通过升速机构与变速器第二轴相连，吸收功率并将发出的电能输回电动机。在试验过程中消耗的能量由电网荆轲控整流器给以补充。

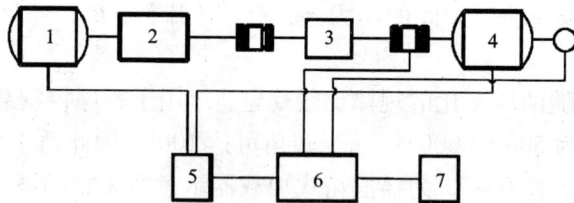

图 9-73　电封闭实验台示意图

1—电动机；2—无级变速器或滑动齿轮示变速器；3—被试变速器；
4—发电机；5—电机调节器；6—控制器；7—显示装置

自动调节系统包括转速和扭矩自动调节系统，程序控制定值器是由 TTL 集成电路逻辑元件制成的数字控制系统，参数测量系统由两台数字式转速扭矩仪及实际运算器组成。

表 9-5 为汽车变速器疲劳寿命试验规范。试验的总转数分两个循环进行，每个循环均从高挡逐渐降到低挡。变速器第一轴转速为：测试一挡及倒挡时为 2000～2500 r/min，测试其余各挡时为 3000～4000 r/min。试验油温为 (80 ± 10)℃，油量允许比规定值高 10%。

表 9 – 5　汽车变速 5B 疲劳寿命试验规范

挡位	轿车		货车	
	载荷	第二轴循环数	载荷	第二轴循环数
Ⅴ（超速）	$90\% M_e$	100 h	$90\% M_e$	100h
Ⅳ	$90\% M_e$	3×10^6	$90\% M_e$	7×10^6
Ⅲ	$90\% M_e$	2×10^6	$90\% M_e$	7×10^6
Ⅱ	$80\% M_e$	1×10^6	$80\% M_e$	3.5×10^6
Ⅰ	$65\% M_e$	0.5×10^6	$75\% M_e$	0.75×10^6
倒	$50\% M_e$	0.25×10^6	$50\% M_e$	0.5×10^6

9.7.4　变速器噪声试验

汽车变速器运转时，由于载荷、摩擦及冲击造成变速器特种零件发生振动而产生噪声。汽车变速器噪声大小决定于变速器的设计结构参数、制造质量、零件材料及润滑油品种、使用条件等闲素，是个相当复杂的问题。

1. 润滑油对噪声的影响

润滑油的使用使噪声减小是由于润滑油使金属不能直接接触，缓和了轮齿啮合时的冲击。润滑油对变速器的其他零件，如轴承、轴、壳体的振动也有阻尼作用，并减低了声音的辐射，是润滑油本身有吸振作用。

润滑油的黏度以及油面高度或油量的多少与变速器噪声有密切关系。根据台架试验结果可绘出变速器噪声声压级与所用润滑油量及油的黏度的关系曲线。当油的黏度减小时噪声明显增大；油量减小同样引起噪声的增加，但其影响不如黏度那么显著。

齿轮油中的添加剂对降低齿轮传动噪声的作用是目前引起重视的问题不能忽视这方面的影响。

2. 背景噪声的影响

背景噪声包括齿轮装置停止运转时周围环境的噪声、发动机或其他驱动装置噪声、载荷及吸收装置（如制动器或测功机等）噪声。理想的测定条件是把齿轮装置安装在消声室内，把驱动装置及功率吸收装置置于室外，使齿轮装置的噪声在不受这些装置噪声影响的条件下进行测定。

当齿轮装置与原动机、功率吸收装置安装在同一室内时，需要测定原动机及功率吸收装置在各种运转条件下的噪声作为背景噪声。

测定背景噪声时，当齿轮噪的实测值大于背景噪声 10 dB 以上时，可以不考虑背景噪声对齿轮装置噪声测定结果的影响，可以用仪器在测量开始时的指示值表示齿轮的噪声级，当齿轮装置的噪声测值与背景噪声相差不到 10 dB 时，可按表 9 – 6 进行测定值的校正，以大致判定齿轮装置的噪声级，指示值相等的，可以判定齿轮装置的噪声比背景噪声小，但不能判定其噪声级，因此差值小于 3 dB 时测量结果无效。

表 9 – 6　噪声修正值

噪声实测值与背景噪声之差	3	4　5	6　7　8
修正值	– 3	– 2	– 1

为了减小背景噪声的影响，可以在齿轮传动装置与原动机及功率吸收装置之间用间隔噪声材料加以简单的屏蔽。这时为避免驻波和反射的影响，测定空间应尽可能加大，室内墙壁辅以简单的吸声材料。

被测变速器以及拾音器附近有较大反射物时，除来自声源的直接声之外，还有来自反射物的反射声影响测定结果的精确性。在室内测定时，要求在足够大的房间内远离墙壁或地面的位置上进行测量，以减小反射声的影响。

3. 噪声级的测量位置

齿轮箱外形轮廓尺寸不到 500 mm 时，拾音器距被测箱体 300 mm；齿轮箱的外形轮廓尺寸超过 500 mm 时，拾音器距被测箱体 1000 mm；测定在齿轮箱的前、后、左、有 4 个位置上进行，根据需要可以在箱体顶部上方加一处。另外，当出现噪声级大部位时应选择靠近该部位处进行测量。

9.7.5　机械式变速器台架试验

对于机械式变速器，标准 QC/T 568《汽车机械式变速器总成台架试验方法》根据变速器输入转矩的不同分为四个部分，即第 1 部分微型、第 2 部分轻型、第 3 部分中型和第 4 部分重型。每种类型变速器的具体试验项目和试验方法都不尽相同，此处仅介绍标准《汽车机械式变速器总成台架试验方法第一部分：微型》中涉及的第 1 部分微型变速器的部分试验项目。

1. 变速器传动效率试验

汽车变速器传动效率是评价变速器结构合理性及制造水平的重要指标之一，提高变速器的传动效率对降低汽车的动力消耗、改善汽车变速器本身的工作条件、延长其使用寿命均有一定的价值。

（1）试验方法

变速器的传动效率随变速器工作状况的不同而变化，试验时按不同的挡位输入转矩、转速及油温等信息。根据标准 QC/T 568.1—2011 的规定，试验输入转矩为发动机最大转矩的 50%、100%，转矩控制精度为 ±2%，测量精度为 ±0.5%；试验转速要求从 1000 r/min 到发动机最高转速范围内均匀取 5 种转速，其中应包括发动机最大转矩点的转速，其控制精度为 ±5 r/min，测量精度为 ±1 r/min；试验油温控制在 $(40 \pm 5)℃$、$(60 \pm 5)℃$、$(80 \pm 5)℃$、$(100 \pm 5)℃$ 范围内，油温测量精度为 ±1℃。试验按从低速挡到高速挡的挡位顺序，结合转速、转矩、油温组合的要求依次测定。

变速器传动效率试验可以用开式试验台（图 9 – 74、图 9 – 75）或闭式试验台（图 9 – 76）。按图 9 – 74 所示方式测定变速器传动效率可有三种测定方式。

①测定变速器的输入功率 P_1 和输出功率 P_2。P_1 和 P_2 分别由发出功率的电动机和吸收功率的装置测得，可按式计算传动效率 η，即

$$\eta = p_2 / p_1 \qquad (9 – 32)$$

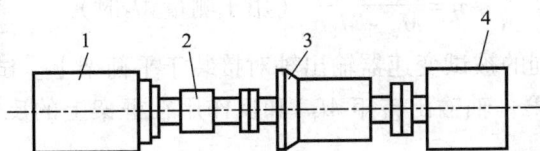

图 9 – 74　试验单台变速器的开式试验台

1—电动机；2—转矩及转速传感器；3—被试变速器；4—测功机图

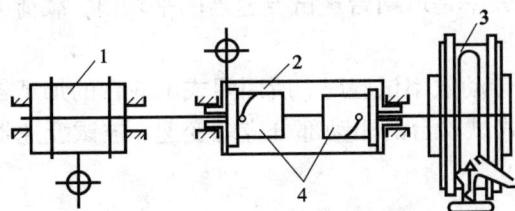

图 9 – 75　试验两台变速器的开式试验台

1—平衡电动机；2—平衡框架；3—测功机；4—被试变速器

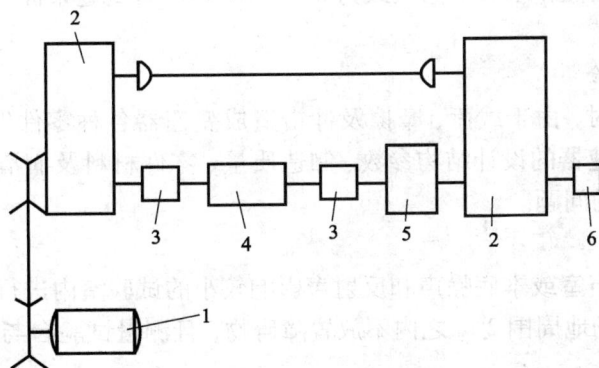

图 9 – 76　变速器闭式试验台

1—电动机；2—辅助齿轮箱；3—转矩传感器；4—被试变速器；5—陪试变速器；6—加载器

②测定试验变速器的输入转矩 M_1 和输出转矩 M_2。M_1 和 M_2 分别由变速器输入端和输出端的转矩仪测得，按式计算传动效率 η，即

$$\eta = \frac{M_2}{i \cdot M_1} \tag{9 – 33}$$

式中：i 为变速器所测挡位的传动比。

③测定变速器的输入转矩 M_1（或输出转矩 M_2）和变速器壳体上的反作用力矩 M_P。为了测定被试变速器的反作用力矩 M_P，其壳体必须由轴承支承并加以平衡，这时变速器效率 η 为：

$$\eta = \frac{1}{i}(1 + M_P/M_1) \quad （用于测量 M_1时） \tag{9 – 34}$$

$$\eta = \frac{M_2}{M_2 - M_{\text{P}}i} \quad （用于测量 M_2时） \tag{9-35}$$

图9-71将两台相同的被试变速器输出轴对接装于平衡架上。试验时测定第一轴输入转矩 M_1（或另一变速器的第一轴输出转矩 M_1）和反作用在框架上的反作用力矩 M_{P}，计算变速器效率 η 为：

$$\eta = \sqrt{1 - M_{\text{P}}/M_1} \quad （用于测量 M_1时） \tag{9-36}$$

$$\eta = \sqrt{\frac{M_1'}{M_1' + M_{\text{P}}}} \quad （用于测量 M_1'时） \tag{9-37}$$

这种试验方法所测的效率是取两台被试变速器的平均值，载荷大小以及回转方向的不一致使测得的结果不够精确。

在闭式试验台上进行传动效率试验时，所用闭式试验台的加载器应能在试验运转过程中随时按要求改变转矩，闭式试验台的驱动部分应能变速，被试变速器的输入轴与输出轴均应接入转矩转速传感器。

（2）试验数据处理

①按所测得的结果绘制成各挡在各温度下效率与转速、转矩的关系曲线。

②变速器3,4,5挡的效率，按温度为80℃时，在发动机最大转矩点转速和最大转矩条件下测得的效率评价，变速器综合效率以试件的3,4,5挡效率平均值表示。汽车变速器传动效率的实测值，依挡位和车型不同大致为0.95～0.99。若测定条件不一致，则数据之间无可比性。

2. 变速器噪声试验

汽车变速器运转时，由于载荷、摩擦及冲击造成变速器各种零件发生振动而产生噪声，其噪声大小取决于变速器的设计结构参数、制造质量、零件材料及润滑油品种、使用条件等因素，是个相当复杂的问题。

（1）试验方法

试验要求在半消声室或本底噪声和反射声影响较小的试验室内进行。在非半消声室内进行试验时，应使测量场地周围2 m之内不放置障碍物，且测量试验台与墙壁之间的距离不小于2 m。

在正式测量变速器噪声之前应先测量本底噪声。按表9-3规定，在变速器的上、左、右、后四处布置声级计或麦克风，试验台按表9-3规定转速测得的噪声即为本底噪声。

然后，待变速器油温升到（60±5）℃时，挂上试验挡位，将转速和转矩设置到表9-7规定值，测量或采集并记录声压级。

表9-7　变速器噪声测量参数

档位	测量距离/mm	输入转速/(r·min⁻¹)	输入转矩/(N·m)
前进挡	1000 ± 10	4000 ± 10	发动机最大转矩的10%，20%，30%，40%±5
倒挡	1000 ± 10	2000 ± 10	发动机最大转矩的10%，20%，30%，40%±5

（2）试验数据处理

①使用"A 计权网络"。

②对于声级计，当使用"快"挡或"慢"挡时，若表头指针摆动小于 3 dB 时，应取上、下限读数的平均值。当使用"慢"挡，指针摆动大于 3 dB 时，应取上、下限读数的均方根值。

③当被测变速器各测点所测的噪声值与该点的本底噪声值之差小于 3 dB 时，该测量值无效；等于 3 dB 到 10 dB 时，按表 9 - 8 修正。

表 9 - 8　变速器噪声修正值　　　　　　　　　　　　　　dB

声级差	3	4	5	6	7	8	9	10
修正值	-3	-2			-1			0

④变速器各挡的噪声以四测点中最大读数并经修正后的值作为各挡的噪声值。

3. 变速器静扭强度试验

（1）试验方法

试验要求：输出轴固定，输入轴扭转转速不超过 15 r/min；输入轴和输出轴只承受转矩，不允许有附加的弯矩作用；变速器的轮齿受载工作面与汽车行驶工况相同。

试验时，将变速器挂入某一挡位，开机加载，直至损坏或达到规定的转矩为止，记录出现损坏时或达到规定的转矩时输入轴的输入转矩及转角。若试验过程中出现轮齿折断，转过 120° 后再试验，一个齿轮测三点，取其平均值。

（2）试验数据处理

计算试验变速器的静扭强度后备系数 K_1 为：

$$K_1 = M/M_{emax} \tag{9-38}$$

式中：M 与 M_{gmax} 分别为试验结束时记录的转矩和发动机最大转矩（N·m）。若静扭强度后备系数 K_1 大于等于规定值，则判定试验合格。

4. 变速器疲劳寿命试验

汽车变速器的室内台架疲劳试验是变速器台架试验的主要部分，其试验规范比较接近变速器在汽车上的使用条件，通过疲劳试验可以在较短的时间内确定变速器在台架条件下的工作寿命，在实际生产中应用比较广泛。

（1）试验方法

试验油温为 (80±5)℃；输入转速为发动机最大转矩点转速 ±10 r/min；输入转矩为发动机最大转矩 ±5 N·m；倒挡转矩为 1/2 的发动机最大转矩 ±5 N·m；各挡试验时间按 QC/T 568.1—2011 中相应要求确定，或根据整车厂的要求确定，若整车厂没有要求，应根据齿轮和轴承的设计寿命进行试验。

试验前，按相应规范对变速器进行磨合。试验按从低速挡开始，向高速挡及倒挡的各挡位顺序进行。整个试验可分为 10 个循环进行。

（2）试验数据处理

在试验期间，若变速器没有漏油等故障，且主要零部件无断裂、齿面严重点蚀（点蚀面积超过 4 mm²，或深度超过 0.5 mm）、剥落、轴承卡滞等现象，则判定试验变速器合格。

5. 同步器寿命试验

（1）试验方法

根据 QC/T 568.1—2011 规定，试验需要如下仪器设备，即可驱动变速器输出轴的驱动装置、离合器从动盘或模拟离合器从动盘的惯性盘、变速器安装支架、力传感器、记录换挡往复次数的计时器、变速器油温计、转速计、换挡执行机构等。同时，要求变速器输出轴转速在换挡过程中的波动不大于设定转速的 5%。

将变速器安装在试验台上，按规定加注润滑油。试验中润滑油的温度不予控制，但不得超过 90℃。从变速器输出端驱动变速器，在相邻两挡间交替换挡，并保证挂上相邻低挡位时输入轴转速为发动机最大功率点转速的 65%~70%。各工况的循环次数按表 9－9 规定执行，也可根据变速器的设计寿命对循环次数进行相应调整。调整换挡力为设计规定值。按10 次/min 的频率进行试验。

表 9－9　各工况的循环次数

换挡挡位	循环次数	换挡挡位	循环次数
1—2—1 挡间	≥40000	3—4—3 挡间	≥100000
2—3—2 挡间	≥75000	4—5—4 挡间	≥100000

注：倒挡带同步器的 1－R－1 挡间循环次数 ≥15000，其中 1 挡不作考核。试验时设置输出轴转速，使输入轴在倒挡时转速为 1000 r/min。输出轴旋转方向与车辆前进时的旋转方向相同。

（2）试验数据处理

试验时应定时检查、监听运转声音，如发生异常（如同步器发生撞击故障，油温过高，换挡时间过长或不能挂挡等），应及时停机。试验过程中，任意一挡不得出现换挡失效和连续 5 次撞击声。

6. 变速器换挡性能试验

（1）试验方法

试验所需仪器设备及相关要求与同步器寿命试验相同。试验前，先对变速器各挡位磨合100 次。

试验时，从变速器输出端驱动变速器；在相邻两挡间交替换挡，并保证挂上相邻低挡位时输入轴转速为发动机最大功率点转速的 65%~70%；换挡力设定为设计规定值，油温设定为 60℃，控制精度为 ±5℃，测量精度为 ±1℃；测量并记录各挡同步力和同步转矩。

（2）试验数据处理

在满足设计同步时间和同步力的情况下，二次冲击力的峰值不应高于同步力的 70%。

9.7.6　自动变速器试验

（1）台架性能试验。

用于评价各变速挡的动力传递性能，试验项目类似于液力变速器试验，包括测定传动状态下各变速挡性能的一般性能试验；测定在发动机节气门全开状态下的转矩性能试验；测定定速行驶时道路负载性能试验；测定逆驱动时的惯性行驶性能试验以及测定输出轴无负载状态时各变速挡损失转矩的无负载损失试验。此外，对装有锁止机构的自动变速器，要在锁止离合器接合状态下进行测定。图 9 - 77 所示为自动变速器台架试验装置。

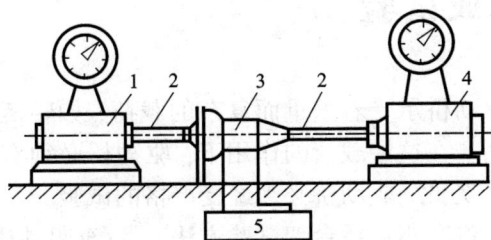

图 9 - 77　自动变速器试验台

1—动力输入测功机；2—传动轴；3—自动变速器；4—动力输出测功机；5—热交换器

除自动变速器总成试验外，还有与此相关的各构成元件的传递性能和损失试验；除变速器的单件性能试验外，还有油泵的驱动转矩、摩擦接合装置的打滑转矩以及润滑油的搅拌阻力的评价试验。

（2）变速性能试验

用于评价变速时和锁止离合器接合与分离时的过渡特性（冲击和迟滞），包括变速器的测功机台架试验和整车行驶试验。前者一般最终还要通过整车进行行驶试验确认。过渡特性一般通过车辆加速用输出转矩（传动轴转矩）以及发动机的转速来判断。但作用于摩擦接合装置的油压及电子控制自动变速器中的各种控制信号对改善特性也起作用。此外，在加速和转矩变化过程中难以明确感觉到的变速以及随着变速产生的异响，要通过感官评价来弥补。

（3）摩擦元件试验

一般在专用试验机上进行试验，试验机和试验方法由厂家自行决定。

（4）油压制动系统性能试验

取出阀本体总成进行试验，使用可控制压力和流量的油压装置，评价阀的静特性、动特性以及油压控制回路稳定性等。另外，在电子控制自动变速器中，作为调节器使用的各种电磁阀，结合使用此驱动装置进行试验。

（5）油泵性能试验

对油泵单件进行试验。通过可控制转矩和转速的转矩仪在其运转中评价喷油性能、脉动和噪声的大小等。

（6）变速杆操纵感觉试验

通过变速杆的操纵力或自动变速器外杆的操纵力来评价变速杆的操纵性等。

（7）停车试验

用于评价停车装置输出轴的固定和松开功能，一般采用整车行驶方式进行试验。

（8）其他性能试验

在自动变速器的性能试验中还有关冷却系统、油量测定系统、润滑性能以及对使用环境的适应性、振动噪声等安静性的评价试验。

9.8　驱动桥总成试验

在汽车行驶过程中，驱动桥承受着繁重而复杂的载荷，如转矩、垂直的或纵向的或横向的静动载荷以及制动力矩等，在这些载荷的作用下，驱动桥必须有足够的强度和刚度，以及足够的寿命和良好的性能。为此，驱动桥必须经受严格的试验。

根据 QC/T 533—1999《汽车驱动桥台架试验方法》，汽车驱动桥需要进行如下试验：驱动桥总成静扭试验、驱动桥桥壳的刚度试验和静强度试验、驱动桥桥壳垂直弯曲疲劳试验、驱动桥总成锥齿轮支承刚性试验、驱动桥总成齿轮疲劳试验和驱动桥总成噪声试验等。

9.8.1　驱动桥总成静扭试验

1. 试验目的

检查驱动桥总成中抗扭的最薄弱零件，计算总成静扭强度后备系数。

2. 试验方法

试验需要 3 件试样。试验装置主要有扭力机、$X-Y$ 记录仪和传感器等。

将装好的驱动桥总成的桥壳牢固地固定在支架上。驱动桥总成输入端与扭力机输出端相连，驱动桥输出端（即半轴输出端或轮毂）固定在支架上。调整扭力机力臂，并校准仪器。开动扭力机缓慢加载，通过 $X-Y$ 记录仪记录转矩 M 与扭角 θ 间的关系曲线（$M-\theta$ 曲线），直至一个零件扭断为止，记录扭断时的转矩和扭角。

3. 试验数据处理与评价

（1）计算静扭强度取 3 件试样的扭断转矩的算术平均值。

（2）计算静扭强度后备系数。静扭强度后备系数的计算公式为：

$$K_K = M_K/M_P \tag{9-39}$$

式中：M_K 为静扭断裂转矩（N.m）；M_P 为 M_{PC}（按发动机最大转矩计算的试验计算转矩）与 $M_{P\varphi}$（按最大附着力算至主减速器主动齿轮的试验计算转矩）之中较小的一个（N·m）。其中

$$M_{PC} = M_{emax} i_{k1} i_{p1}/n_1 \tag{9-40}$$

式中：M_{gmax} 为发动机最大转矩（N·m）；i_{K1} 为变速器 1 挡传动比；i_{P1} 为分动器低速挡传动比；n_1 为使用分动器低速挡时的驱动桥数。

$$M_{P\varphi} = p_{\varphi r_k}/i_0 \tag{9-41}$$

式中：P 为满载轴荷（N）；φ 为附着系数，取为 0.8；r_k 为轮胎滚动半径（m）；i_0 为驱动桥传动比。

（3）分析试验数据。对试验后损坏零件的断口金相和数据进行分析。

（4）试验评价。根据 QC/T 534—1999《汽车驱动桥台架试验评价指标》的规定，驱动桥总成静扭试验最薄弱零件应是半轴，如不是半轴需查明原因。静扭强度后备系数 K_K 应满足 $K_K > 1.8$。

9.8.2　驱动桥桥壳的刚度试验与静强度试验

1. 试验目的

该项试验只适用于非独立悬架、全浮式半轴结构的驱动桥桥壳。

试验目的是检查驱动桥桥壳的垂直弯曲刚性和垂直弯曲强度,计算其抗弯后备系数。

2. 试验方法

试验需要 3 件试样。试验装置主要有液压疲劳试验机或材料试验机、液压千斤顶、百分表或位移传感器、应变仪、应变片等。

试验时,把装有主减速器壳和后盖的桥壳安装在支架上,桥壳必须放平。如果施力点为两钢板弹簧中心,则支点为该桥轮距的相应点。或者将施力点和支点位置互换。安装时加力方向应与桥壳轴管中心线垂直,支点应能滚动,以适应加载变形不致运动干涉。安装之后预加载至满载轴荷 2~3 次,卸载后进行正式测量。卸载至零时,调整百分表或位移传感器至零位,测点位置不应少于 7 点。测点位置如图 9 – 78 所示。

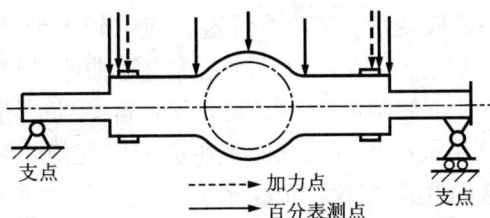

图 9 – 78　驱动桥支点与测点位置示意图

(1)桥壳垂直弯曲刚性试验

在上述施力点缓慢加载,从零开始记录百分表或位移传感器的读数,用应变仪监测负荷。在负荷从零增长至试验最大负荷值的过程中,记录不得少于 3 次,且必须记录满载轴荷与试验最大负荷时各测点的位移量。每根桥壳最少测 3 遍。每次试验开始时都应将百分表或位移传感器调至零位。

桥壳垂直弯曲刚性试验的试验最大负荷选取如下:被试车辆作载货车使用时,按该驱动桥载货的满载轴荷的 2.5 倍计算;作越野车使用时,按该驱动桥的越野满载轴荷的 3 倍计算。试验时按上述两种试验最大负荷下静态所测的应力作为静态和动态的最大负荷的标准。

(2)桥壳垂直弯曲静强度试验。做桥壳垂直弯曲静强度试验时,加载至上述试验最大负荷时,取下百分表或位移传感器,一次加载至破坏,中间不得反复。记录失效(断裂或严重塑性变形)载荷。

3. 试验数据处理与评价

(1)驱动桥桥壳垂直弯曲刚性试验。计算桥壳最大位移点与轮距之比的数值,并画出满载轴荷和试验最大负荷下各测点的位移量,将其连成折线。

(2)驱动桥桥壳垂直弯曲静强度试验。按下式计算失效(断裂或严重塑性变形)后备系数为:

$$K_n = p_n / p \tag{9 – 42}$$

式中：P 为垂直弯曲破坏载荷（N）；P 为满载轴荷（N）。

（3）分析试验数据。对桥壳垂直弯曲静强度试验的样品断口、金相和数据进行分析。

（4）试验评价。根据 QC/T 534—1999 的规定，驱动桥满载轴荷时每米轮距最大变形不得超过 1.5 mm；失效（断裂或严重塑性变形）后备系数 K_n 必须满足 $K_n > 6$。

9.8.3 驱动桥桥壳垂直弯曲疲劳试验

1. 试验目

该项试验只适用于非独立悬架、全浮式半轴结构的驱动桥桥壳。

试验目的是测定驱动桥桥壳垂直弯曲疲劳寿命。

2. 试验方法

试验需要 5 件试样。试验装置为液压疲劳试验机或同类型的油压机、液压千斤顶、应变仪、光线示波器和应变片等。

试验加载的最大负荷选取原则与桥壳垂直弯曲刚性试验一样；最小负荷为应力等于零时的载荷。

试验时，先在桥壳上黏贴应变片，贴片位置选在应力较大处，1～2 片即可（此片起监测作用）。桥壳的安装及力点与支点位置要求与桥壳垂直弯曲刚性试验一样。桥壳安装后，预加载至前述试验最大负荷 3 次，卸载后开始试验。先加静载荷，用测定计、应变仪及光线示波器分别对试验机标定并测出最小和最大载荷所对应的应变值。测试精度要求控制在 ±3% 内。然后加脉动载荷，加载时用应变仪、光线示波器控制最大和最小载荷并监测至桥壳断裂。记录损坏时的循环次数和损坏情况。

3. 试验数据处理与评价

（1）桥壳垂直弯曲疲劳寿命遵循对数正态分布，取其中值疲劳寿命。

（2）根据 QC/T 534—1999 要求，桥壳垂直弯曲疲劳寿命的中值疲劳寿命不应低于 80×10 次，试验样品中最低寿命不得低于 50×10^4 次。

9.9 车轮性能试验

近年来，随着汽车技术水平的提高，汽车车轮对汽车的行驶安全性和操纵稳定性的影响日益受到人们的关注。鉴于此，SAE，JASO 以及 ISO 等标准和我国标准均对汽车车轮做出了详细的技术要求，其中动态弯曲疲劳试验、动态径向疲劳试验、冲击试验是汽车车轮最基本、最主要的性能试验。

我国汽车车轮的性能试验主要参照以下 3 个标准进行，即 GB/T 5334—2005《乘用车车轮性能要求和试验方法》、GB/T 5909—2009《商用车辆车轮性能要求和试验方法》，以及 GB/T 15704—2012《道路车辆轻合金车轮冲击试验方法》。

9.9.1 动态弯曲疲劳试验

1. 试验方法

车轮动态弯曲疲劳试验也称动态横向疲劳试验，该试验是使车轮承受一个旋转的弯矩，

模拟车轮在行车中承受弯矩负荷。试验弯矩 M 为强化了的实车中承受的弯矩,可表达为

$$M = (uR + d)F_{V}S \tag{9-43}$$

式中:M 为弯矩(N·m);u 为轮胎与路面间的设定摩擦系数;R 为轮胎静负荷半径,是汽车制造厂或车轮厂规定的用在该车轮上的最大轮胎静半径(m);d 为车轮内偏距或外偏距(m)(内偏距为正值,外偏距为负值);F_V 为车轮或汽车制造厂规定的车轮上的最大垂直静负荷或车轮的额定负荷(N);S 为强化试验系数。

　　试验在图 9-79 所示的专用试验机上进行。试件为一全新车轮。试验时,按图将车轮(或车轮轮辋)牢固地夹紧在试验夹具上。试验装置的连接面应与被试车轮用在车辆上的车轮安装装置相当。试验连接件安装面和车轮安装面均应光洁、平整。加载臂和连接件用无润滑的双头螺栓和螺母(或螺栓)连接到车轮的安装平面上,安装情况应与装于车辆上的实际使用工况相当。在试验开始时,把车轮螺母(或螺栓)拧紧至汽车制造厂所规定的力矩值。

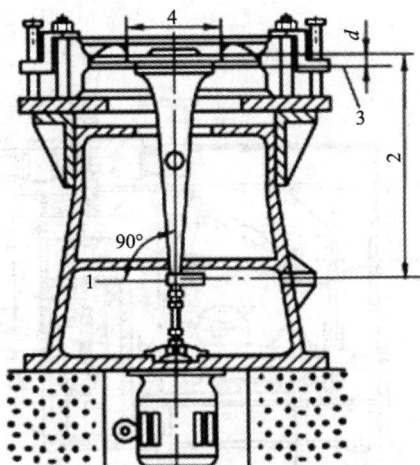

图 9-79　车轮动态弯曲疲劳试验机结构示意图

1—试验载荷;2—力臂;3—轮辋中心线;4—直径

　　为对车轮施加弯矩,在规定距离(力臂)处施加一平行于车轮安装面的力,重复加载至要求的最低循环次数。

　　2. 失效判定依据

　　车轮试验最低循环次数完成后,出现下列情形之一即判定该试验车轮失效:

　　(1)车轮不能继续承受载荷。

　　(2)原始裂纹产生扩展或出现应力导致侵入车轮断面的可见裂纹。

　　(3)在达到规定的循环次数之前,对于乘用车钢制车轮,加载点的偏移量已超过初始全加载偏移量的 10%;对于乘用车轻合金车轮,加载点的偏移量已超过初始全加载偏移量的 20%;对于商用车辐板式车轮和可拆卸式轮辋的车轮,自动传感装置偏移增量超过 15%。

9.9.2　动态径向疲劳试验

1. 试验方法

车轮动态径向疲劳试验是使车轮承受一个径向压力而进行的旋转疲劳试验，模拟车轮在行车中承受车辆垂直负荷。试验负荷 F_r 为强化了的实车中车轮承受的垂直负荷

$$F_r = F_V K \tag{9-44}$$

式中：F_V 为规定的车轮上的最大垂直静负荷或车轮的额定负荷（N）；K 为强化试验系数。

试验在专用的试验机（图 9-80）上进行，试验机应具有在车轮转动时向其传递恒定径向负荷的能力，此功能一般采用转鼓来实现。采用标准转鼓旋转来带动车轮旋转，同时施加规定负荷，如图 9-81 所示。转鼓具有比承载轮胎断面更宽的光滑表面，加载方向垂直于转鼓表面且与车轮和转鼓的中心连线在径向方向上一致，转鼓轴线和车轮轴线应平行，推荐转鼓直径为 1700 mm。

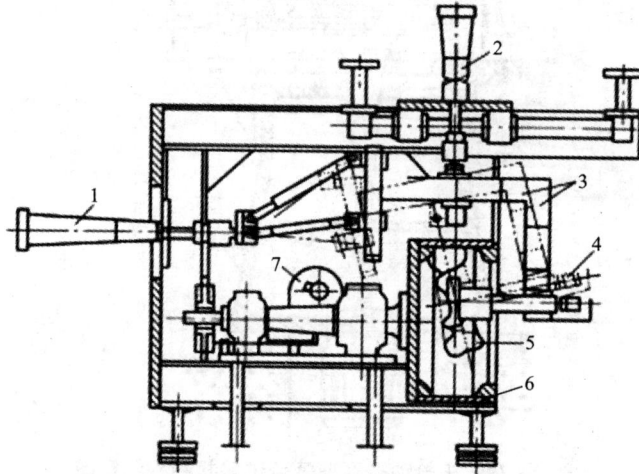

图 9-80　车轮动态径向疲劳试验机结构简图

1—水平载荷液压作动器；2—垂直载荷液压作动器；

3—可自动调节车轮倾斜的加载支架；

4—集流环；5—测试车轮总成；6—转鼓；7—电动机

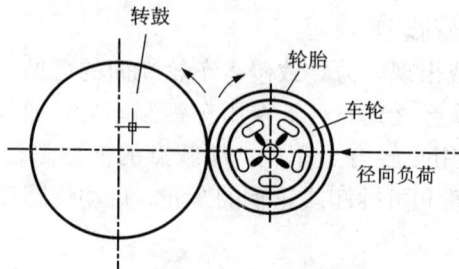

图 9-81　转鼓试验原理图

试验车轮所用的轮胎应能达到车轮的额定负荷或车轮厂或汽车制造厂规定的最大负荷能力。试验轮胎的冷充气气压应符合相关要求。试验期间，轮胎压力将升高，这是正常现象，无需调整轮胎气压。加载系统应保持规定的载荷，误差不超过 ±2.5%。试验准备完毕后，按要求的负荷对车轮加载至规定的最低循环次数。

2. 失效判定依据

车轮试验最低循环次数完成后，出现下列情形之一即判定该试验车轮失效：

(1) 车轮不能继续承受载荷或轮胎压力。

(2) 原始裂纹产生扩展或出现应力导致侵入车轮断面的可见裂纹。

(3) 对于商用车辐板式车轮和可拆卸式轮辋的车轮，自动传感装置偏移增量超 15%。

9.9.3　车轮冲击试验

车轮冲击试验是在车轮上施加一个冲击力，模拟车轮在实车中承受石块等物的侧向冲击。试验将车轮安装在带倾斜角度的冲击试验机上，以一定质量的冲头从规定的高度自由下落冲击车轮。

对于道路车辆轻合金车轮的冲击试验应按 2013 年 7 月实施的 CB/T 15704—2012《道路车辆轻合金车轮冲击试验方法》进行，该标准规定了一种车轮冲击性能检测的实验室试验方法，用以评定用轻合金制造的车轮轴向（横向）撞击路缘的性能。该方法适用于道路车辆轻合金车轮，目的是对车轮进行验证和（或）质量控制。

1. 试验方法

该项试验需在车轮冲击试验机上完成。试验选用的轮胎应为车辆制造厂规定的轮胎，如果没有规定轮胎，应采用车轮适用的最小名义断面宽度的无内胎子午线轮胎。充气压力为车辆制造厂规定的值，若无规定，则应为 (200 ± 10) kPa。在整个试验过程中，环境温度应保持在 10 ~ 30℃。将试验车轮和轮胎总成安装到试验机上时，应使冲击载荷可以施加到车轮轮缘。安装后应保证车轮的轴线与铅直方向成 (13 ± 1)°，车轮最高点正对冲锤。此外，应保证车轮在试验机上的固定装置在尺寸上与车辆上使用的固定装置相当。手动拧紧螺母或螺栓到规定的力矩值，或采用车辆或车轮制造厂推荐的方法拧紧。由于车轮中心部分设计的多样性，因此在车轮轮缘圆周上应选择足够的位置进行冲击试验，以确保中心部分评价的完整性。每次试验都应使用新的车轮。

试验时，保证冲锤在轮胎的上方，并与轮缘重叠 (25 ± 1) mm。提升冲锤到轮缘最高点上方 (230 ± 2) mm 处，然后释放冲锤，进行冲击。

2. 试验评价

车轮冲击试验完成后，检查车轮，如果出现下述任何一种情形，则认为试验车轮失效。

(1) 可见裂纹穿透车轮中心部分的截面。

(2) 车轮中心部分与轮辋分离。

(3) 在 1 min 内，轮胎气压全部泄漏。

如果车轮变形，或者被冲锤直接冲击的轮辋断面出现断裂，则不能认为试验车轮失效。

9.10 减振器特性试验

汽车悬架的减振装置大多数都采用体积小、质量轻、散热快、振动能够迅速衰减的筒式减振器。目前，国内汽车行业筒式减振器试验标准主要有 QC/T 545—1999《汽车筒式减振器台架试验方法》和 QC/T 491—1999《汽车筒式减振器尺寸系列及技术条件》。汽车减振器特性试验主要包括示功特性试验、速度特性试验、温度特性试验和耐久性试验等。

9.10.1 示功特性试验

示功特性试验是指减振器在规定的行程和试验频率下，两端作相对简谐运动，其阻尼力随位移的变化关系的阻力特性试验。该项试验目的是测取试件的示功图和速度图。

1. 试验设备

减振器示功特性试验在示功试验台上进行，示功试验台可采用机械式或液压式。无论采用何种形式，均需满足以下条件：

(1)单动、一端固定、另一端实现谐波(正弦)运动。

(2)行程可调，至少为 100 mm，测量精度高于 1.0%。

(3)有级或无级变速，最大试验频率至少为 5 Hz。

(4)功率足够大，在速度为 1.0 m/s 时，检测减振器速度误差小于 1.0%。

(5)力传感器的精度高于 1.0%。

(6)减振器示功试验台的 3 次检测误差要小于 3.0% 或 40 N。

(7)测量过程自动记录、保存、处理及输出。

2. 测试条件

(1)试件温度为 (20 ± 2) ℃，测试前需将减振器在 (20 ± 2) ℃ 的温度下至少存放 1.5 h。

(2)运动方向：如没有特别说明，为垂直方向。

(3)减振器活塞位置：减振器行程的中间区域。

(4)排气过程：要求 5 个排气过程，行程 100 mm 和试验频率 1.67 Hz$(v = 0.524$ m/s$)$ 或 0.83 Hz$(v = 0.262$ m/s$)$。如减振器行程不够，建议采用行程 50 mm 和试验频率 3.33 Hz。

3. 额定阻力及其测试要求

减振器做示功试验时，额定阻力是指活塞速度为 0.52 m/s 时的阻力。一般定义为行程 100 mm 和试验频率为 1.67 Hz 下的速度。若减振器行程小于 100 mm，则可以选用行程为 50 mm 和试验频率为 3.33 Hz 下的速度。必要时，制造厂可与用户协商确定试验条件。

不同速度下减振器额定阻力的允许值见表 9 - 10。

表 9 - 10 不同速度下额定阻力的允许值

活塞速度 $v/(\mathrm{m} \cdot \mathrm{s}^{-1})$	≤0.131	0.262	≥0.52
复原阻力 F_{df}/N	$\pm (20\% F_{df} + 30)$	$\pm (15\% F_{df} + 30)$	$\pm (12.5\% F_{df} + 30)$
压缩阻力 F_{dy}/N	$\pm (20\% F_{dy} + 40)$	$\pm (17.5\% F_{dy} + 40)$	$\pm (15\% F_{dy} + 40)$

在测量阻力时，为保证测试的正确性，阻力值在行程中点 ±5% 范围内读取。如减振器行程不够，可将行程改为 75 mm，50 mm 或 25 mm，并相应地调整测试条件，以达到所需的测量速度。

4. 数据处理

通过对减振器阻尼特性试验数据的分析处理，利用计算机程序可绘制出减振器的示功图和速度特性曲线，如图 9 - 82(a) 和图 9 - 82(b) 所示。在给定频率和幅值情况下，可根据单个循环情况下所测得的减振器位移和阻尼力，通过计算机程序，绘制减振器示功图和速度特性曲线，其中，减振器在某位移处的速度即为该位移处的导数。

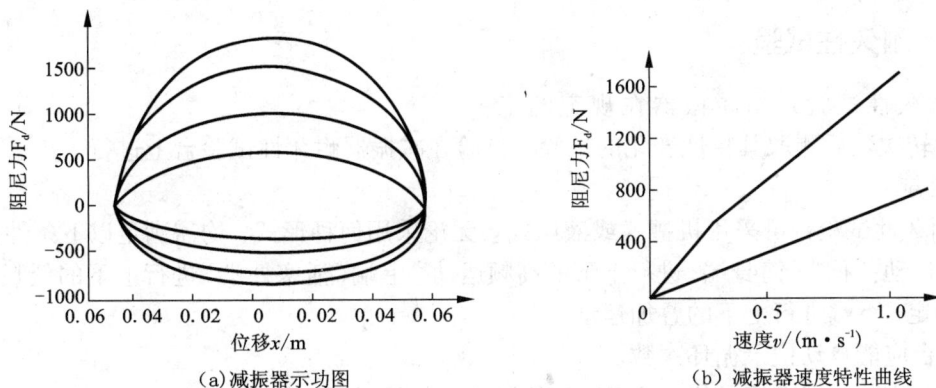

(a)减振器示功图	(b)减振器速度特性曲线

图 9 - 82　减振器示功图和速度特性曲线

9.10.2　温度特性试验

温度特性试验是指减振器在规定的速度下，并在多种温度条件下，测取阻力随温度的变化关系的特性试验。该项试验的目的是测定温度特性 $F_d - T$ 曲线及计算热衰减率。试验在减振器示功试验台上进行，并配以电热鼓风箱及电冰箱或等效的升温、降温装置。

试验温度取以下值： $-30℃$ ，$-20℃$ ，$-15℃$ ，$0℃$ ，$20℃$ ，$40℃$ 和 $80℃$ ，测温允许误差为 ±3℃。在达到所规定温度后，要求保温 1.5 h。试件试验运动方向为铅锤方向，活塞在减振器行程的中间区域运动，试验行程为 100 mm，试验速度为 0.52 m/s，试验频率为 1.67 Hz。若减振器工作行程低于 100 mm，则采用 50 mm 行程，试验频率为 3.33 Hz。

试验时，先将试件升温至试验温度并保温 1.5 h，然后取出试件，立即按示功特性试验方法进行试验。记录各温度下的复原阻力 F_{df} 和压缩阻力 F_{dy} 值，并处理生成图 9 - 83 所示温度特性曲线。

按 0.52 m/s 速度的试验结果计算复原(或压缩)工况的热衰减率为：

$$\varepsilon_{F(y)} = \frac{F_{d20} - F_{d80}}{F_{d20}} \times 100\% \qquad (9 - 45)$$

式中：$\xi_{F(y)}$ 表示复原或压缩工况下的热衰减率，下标 F 和 y 分别表示复原工况和压缩工况；F_{d20} 与 F_{d80} 分别表示减振器在试验温度 20℃ 和 80℃ 时的阻尼力(N)。

对减振器的油温升降引起的阻尼力的变化要求是：当速度为 0.52 m/s、$-30℃$ 时，其衰

减率不小于 – 200%；在 80℃时，其衰减率不大于 20%。第一次和最后一次（ + 20℃）测量所得的阻尼力差值应小于 100 N 或 7%。

减振器的动态低温密封性试验，可用冬季行车试验代替。具体条件为在室外晚上最低温度为 – 40℃以下，白天最高温度不超过 – 20℃，行车试验至少 3 天。每天至少起动汽车 1 次，每次连续行驶里程超过 100 km。减振器应工作正常，无泄漏。

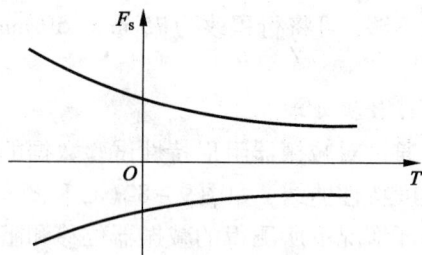

图 9 – 83　减振器温度特性曲线

9.10.3　耐久性试验

减振器耐久性试验是指减振器在规定的工况、规定的运转次数后测取其特性变化的试验。试验在减振器耐久性试验台上进行。

1. 试验设备

减振器耐久性试验台可采用机械式或液压式。无论采用何种形式，均需满足以下条件：

（1）叠加运动：下端（筒身端）进行上下的高频运动，上端（活塞杆端）进行上下的低频运动；或上端固定，下端进行上下的叠加运动。

（2）试验台应能自动记录循环次数。

（3）试验台应装有温度测量仪，且当温度超过特定数值时，可自动关闭。

（4）试验台应装有强制冷却装置，一般为水冷，对试件进行冷却。

2. 试验准备

试验前应尽可能地去除连接件（如防尘罩），以增大冷却面积。按照阻力测量方法，测量试件的阻力特性，并称重量，作为耐久特性试验前的数据保存。试件的活塞位置位于减振器工作行程的中间区域；上下位置应对中良好，垂直方向安装。安装强制冷却装置及温度测量仪。

3. 减振器耐久性测试方法

（1）测试时温度控制

为控制温度，必须在储液缸外径导向器的高度安置一个温度探头，并与外部隔绝。以强制冷却方式控制减振器温度在 65～80℃。当阻尼值较高，温度超过 80℃时必须设定持续冷却的停顿时间。在油被快速混合和冷却时，活塞运动可在低速状态下进行，此类循环次数，不记入耐久性试验循环次数。如减振器温度未达 65℃，按自然状态进行耐久特性试验。

（2）叠加运动

叠加运动可按以下两种方式进行叠加：

①低频为 $f_1 = 1$ Hz，$A_1 = 80$ mm；高频为 $f_2 = 12$ Hz，$A_2 = 20$ mm；工作循环次数为 5×10^5 次。

②低频为 $f_1 = 1.67$ Hz，$A_1 = 100$ mm；高频为 $f_2 = 10.33$ Hz，$A_2 = 16$ mm；工作循环次数为 5×10^5 次。

（3）加载侧向力

如果减振器在工作时要承受较大的侧向力，则可以根据客户要求，在耐久特性试验时，加载侧向力,其大小由双方协商。

4.测试结果评判

(1)耐久特性试验前后的阻尼力变化不得超过 20% F_d + 50 N。

(2)示功图应保持正常,当 $v \leq 0.524$ m/s 时,波动不得超过 20%;当 $v = 1.048$ m/s 时,波动不得超过 40%。

(3)减振器无可视的泄漏,减振器油雾化不超过加油量的 15%。

(4)试验后,拆开试件进行目测检查,各零件不能出现影响减振器功能的损坏。

复习思考题

9-1 简述发动机功率的测量方法。

9-2 简述发动机机械损失功率的常用测量方法。

9-3 简述汽车离合器的主要试验项目,各个试验项目用于测定离合器的什么特性?

9-4 简述汽车变速器传动效率的测定方法。

9-5 简述驱动桥桥壳的刚度试验与静强度试验方法。

9-6 简述驱动桥桥壳的垂直弯曲疲劳试验方法。

9-7 简述汽车车轮的动态弯曲疲劳试验方法。

9-8 汽车筒式减振器的试验项目有哪些? 简述其试验方法。

第 10 章 汽车虚拟试验技术

10.1 概述

随着计算机技术的不断发展，特别是现代仿真技术虚拟现实技术的兴起和应用，使得汽车虚拟试验技术在汽车的开发、研制和试验过程中得到了越来越广泛的应用。汽车虚拟试验是一种先进的计算机试验仿真技术，利用它可以在虚拟试验环境条件下，借助交互式技术和试验分析技术，使设计者在汽车设计阶段就能对产品的性能进行评价或试验验证。汽车虚拟试验以其低成本、高效能、灵活可靠等特点，使汽车的试验方法突破了传统的三类试验方法：室内台架试验、室外道路与田间试验以及试验场试验，这种基于虚拟现实技术的新兴汽车试验方法正在逐渐成为汽车试验的重要组成部分。

10.1.1 虚拟试验的定义

虚拟现实(virtual reality，VR)是一种可以创建和体验虚拟世界的计算机系统，虚拟世界是虚拟环境或给定仿真对象的全体，虚拟环境是由计算机生成的，通过视、听、触觉等作用于用户，使之产生身临其境的感觉，是高级形式的交互式视景仿真技术。虚拟现实的三大特征是：交互性、沉浸性和想象性。虚拟现实技术是一种集计算机图形技术、人工智能、网络技术、数据库技术、多媒体技术等于一体的综合系统技术，被广泛应用于军事、医疗、航空、汽车、机械等多个领域。

虚拟现实技术利用计算机创建一种虚拟环境，人可以通过视觉、听觉和触觉与虚拟环境进行交互，产生和真实世界一样身临其境的感觉。通过该技术，以对象的数学模型为基础，用软件替代硬件来建立虚拟试验环境，求得对实物原型系统的规律性认识。虚拟试验可在虚拟环境中完成多种试验，甚至可以完成在真实环境中无法进行的项目，并取得接近于真实试验的数据结果。

虚拟试验从广义上讲，是指任何不使用或部分使用实际硬件来构造试验环境，完成实际物理试验的方法和技术。通俗地讲，虚拟试验就是在虚拟环境中进行的试验。虚拟试验基于仿真试验系统，使设计者在设计阶段就能对产品的运动、性能进行评价或体验。具体来讲，就是在计算机系统中采用软件代替部分硬件或全部硬件来建设各种虚拟的试验环境，使试验者可以如同在真实的环境中一样完成各项预定的试验项目，使所取得的试验效果接近或等于在真实环境中所取得的效果。

汽车虚拟试验技术是在 CAD/CAM/CAE 技术及多体系统动力学基础上发展起来的，以高性能计算机系统为支撑平台的针对车辆测试的系统及产品建模、仿真分析和试验技术。它是随着计算机图形学、多媒体技术、人工智能、人机接口技术、并行技术、传感器技术、网络技术等一系列技术的迅速发展而建立起来的新技术，可将汽车的数学模型导入到虚拟试验场景中，对汽车的各种性能进行仿真，可视化、真实地再现汽车的试验过程。

虚拟试验系统包括软件型和硬件在环型(半实物)两种。纯软件型系统将试验环境、对象全部抽象为数学模型，将抽象的数学模型和软件技术作为重点，仅利用软件完成整个系统的仿真，可以采用 Matlab/Simulink 或一些专用开发工具进行开发。硬件在环型是在计算机软硬件技术发展到一定阶段之后才出现的一种集多种技术于一体的综合系统，是指将硬件实物嵌入仿真系统的实时动态仿真技术，需要同时完成大量运算、数据处理和执行多任务，强调了软硬件技术以及电子技术的结合，通过真实硬件发出一些关键信号，其可信度比纯软件方式高，可把一些通用开发工具或 ADI, DSpace 等开发的仿真软件作为开发工具。

在新车型的论证和规划阶段，利用虚拟试验技术对所论证汽车的性能进行预测，可以使制定出的汽车技术指标更加科学、合理；在新车型设计开发阶段，利用虚拟试验技术能保留设计方案中存在的问题，及时进行虚拟验证改进，可以缩短设计开发周期；在汽车设计定型试验阶段，利用虚拟试验技术可以预测车型满足设计任务书情况，辅助验证实车试验结果，提高试验可信度。

10.1.2　虚拟试验的特点

虚拟试验不仅可以作为真实试验的周期准备工作，而且可以在一定程度上替代传统的试验。与传统试验相比它具有许多特点：

(1)可重复性

采用虚拟样机代替实物试验，可以非常灵活地改变试验参数和试验条件反复试验，试验不受场地、时间和次数的限制，可对试验过程进行回放、再现和重复。

(2)节省经费

虚拟试验只需在可重复使用的模型上进行，可以大幅度减少样车制造试验次数，缩短产品试验周期，提高试验效率，降低实际试验的成本。

(3)安全可靠

虚拟试验可以避免真实试验的危险陛和危害性，科学试验中很多试验不仅是花费大，也存在很大的潜在危险，尤其是探索性的试验，比如汽车碰撞试验等。

(4)可控性好

现实中一些高难度试验，涉及的参数多、环境复杂、费时费力、试验条件不容易控制，采用虚拟试验可以人为的设计和灵活的改变复杂的环境和众多的参数进行重复试验。

(5)可重现性

对于虚拟试验而言，只要条件一样，就完全可以重现整个过程和结果，因此，对于一些危害性和危险性大的试验，可以反复进行并观察分析每一细节。

(6)获取信息的多样性

一次虚拟试验，可以把系统各个部位及环节的各种信息采集下来，并以多种形式(文字、数据、曲线、图形、动画等)展现出来，而实际试验由于数据采集记录和测试条件的限制，一次试验所获得的信息量十分有限。

10.1.3 虚拟试验常用软件

1. Adams 软件

Adams 即机械系统动力学自动分析(automatic dynamic analysis of mechanical systems),是由美国 MDI 公司开发的虚拟试验软件。Adams 除用于机械系统静力学、运动学和动力学分析外,还可作为虚拟样机分析的二次开发平台,以供用户进行特殊功能样机的开发。Adams 软件提供零件库、约束库和力库等建模模块,将拉格朗日乘子法作为其求解器,由基本模块(即 Adams/View 模块)、接口模块(如 Pro/E,Catia 接口模块和图形接口模块等)、扩展模块(如振动分析模块、耐久性分析模块和液压系统模块等)、专业领域模块(如轿车模块、驾驶入模块、轮胎模块和发动机模块等)和工具箱(如虚拟试验工具箱、虚拟试验模态分析工具箱和齿轮传动工具箱等)组成,可对虚拟机械系统进行静力学、运动学和动力学分析,输出位移、速度、加速度和反作用力曲线。Adams 软件是进行汽车虚拟试验最常用的工具平台之一,用户利用该软件可以预测分析汽车的静力学、运动学和动力学特性。

2. Matlab 软件

Matlab 是由美国 Mathworks 公司于 1982 年开发的一款用于数值分析、矩阵计算、算法开发、数据分析、非线性动态系统的建模与仿真等诸多功能集成在一起的软件,主要包括 Matlab 和 Simulink 两大部分。在数学类科技应用软件中,Matlab 与 Mathematica 和 Maple 并称为三大数学软件。

Matlab 主要应用于工程计算;数学、统计与优化;测试与测量;图像与声音处理;信号检测、处理与通信;控制系统设计与分析;模型预测和金融分析等领域。此外,Matlab 对许多专门领域开发了功能强大的工具箱,用户可直接通过工具箱解决自己的实际问题,而无需编写相应的程序代码。

Simulink 模块是 Matlab 软件的扩展,它是一个能实现系统可视化建模、动态仿真和分析的软件包,用户只需用鼠标将相应的模块拖放到建模窗口中,并采用合适的连接方式将各模块连接起来,就可建立起直观的系统模型,并可利用鼠标点击来启动仿真。Simulink 模块与 Matlab 联合使用,可实现连续系统、离散系统以及连续和离散混合系统的动态仿真与分析。

3. Advisor 软件

Advisor 即高级车辆仿真器(advanced vehicle simulator),是由美国能源部(DOE)为管理混合动力驱动系统子合同项目所开发的,是一种基于 Matlab/Simulink 环境的可用于分析传统汽车、纯电动汽车和混合动力汽车的动力性、燃油经济性以及排放性等性能的虚拟试验软件。该软件采用模块化的设计思想,提供了整车、离合器、发动机、变速器、主减速器、车轴、车轮、变速器、道路循环和机械负载等模块,各模块间都有相应的数据输入和输出接口,以在模块间进行数据传递。Advisor 软件采用了后向仿真和前向仿真相结合的混合仿真方法,并以后向仿真为主,前向仿真为辅;其仿真模型和源代码实行全部开发,用户可以免费使用。此外,Advisor 软件还提供了与 Simplorer,Sinda/Fluint 和 Saber 等软件的接口,便于实现联合仿真。

Advisor 的仿真操作可分为汽车参数的输入、仿真参数的设置和仿真结果查看三步,它们分别由三个相应的界面来实现。Advisor 软件提供图形用户操作界面(GUI),用户可点击 CUI

中显示的汽车各部件图标，点击后弹出相应的源文件（即 Matlab 格式的 .m 文件），可在源文件中修改各部件参数，也可直接通过参数对话框修改，这为用户定义不同的整车车型进行仿真带来极大的方便。

4. Cruise 软件

Cruise 软件是由奥地利 AVL 李斯特内燃机及测试设备公司开发的一款研究汽车动力性、燃油经济性、排放性能及制动性能的仿真软件，该软件采用模块化的建模方法，可以搭建和仿真任何一种配置的汽车系统。Cruise 软件可用于汽车开发过程中的动力系统、控制系统、传动系统、排放系统开发，汽车性能预测、整车仿真计算以及控制参数和驾驶性能的优化；可实现发动机、轮胎、电动机、变速箱等部件的选型及其与车辆的匹配优化。

汽车上的所有零部件（例如整车、发动机、变速器、离合器、分动器、制动器、轮胎、主减速器、电动机和差速器等）在 Cruise 软件中都有相应的元件与之对应，建模时用户无需建立各部件的模型，只需从模型库中将相应的元件拖动到建模窗口。每个部件都有动力输入和动力输出两个接口，要按序连接各部件间的动力传输路线，为实现对车辆的控制还需要添加驾驶室模块。此外，Cruise 软件还留有与 Matlab/Simulink 模块的接口，可以实现 Cruise 与 Matlab/Simulink 的联合仿真。

5. MSC. Fatigue 软件

MSC. Fatigue 是由 nCode 和 MSC 公司合作开发的疲劳寿命有限元分析软件，在产品生产制造之前使用 MSC. Fatigue 进行疲劳寿命分析，可极大地降低生产原型机和进行疲劳寿命测试所带来的巨额费用。MSC. Fatigue 可用于结构的初始裂纹分析、裂纹扩展分析、振动疲劳分析、焊接疲劳分析、疲劳优化设计、多轴疲劳分析和应力寿命分析等。MSC. Fatigue 具有约 200 种材料的材料数据库，带有图形显示、输入和编辑以及检索功能；拥有多轴载荷鉴别及显示工具；与 nSoft 软件兼容，支持多种计算机平台；还可对材料进行表面加工和修正表面处理等。

6. nSoft 软件

nSoft 是由 nCode 公司开发的一套专门为解决工程系统疲劳问题的软件，主要由数据分析、数据显示、疲劳分析等模块组成，其功能涵盖了数据采集、疲劳分析以及实验室疲劳模拟三个工程疲劳设计的主要领域。nSoft 主要由核心模块 nSoft-E、nSoft-E 扩充模块、疲劳分析模块 Fatimas 和疲劳实验室数据分析系统 TestLab 组成。nSoft 软件主要应用于汽车、铁路、能源、国防等工业领域。

10.2　虚拟试验在汽车工程领域的应用

汽车试验是汽车设计与开发过程中最为关键环节之一，是检验汽车设计合格与否的最佳途径。先进有效的汽车试验手段可以大大降低汽车开发费用、缩短开发周期。由于制造样车和样车的修正会消耗大量的人力、物力和财力，在竞争异常激烈的汽车工业中立于不败之地就必须不断取得突破，而虚拟试验正是诸多国内外汽车企业所瞄准的目标。

虚拟试验技术为汽车的设计开发开辟了一个新途径，汽车虚拟试验必将成为未来汽车试验的一个重要组成部分。日本的丰田、本田、五十铃，美国的通用，欧洲的大众等大型汽车企业对汽车虚拟试验技术的应用研究极为重视，投入相当大的人力、物力和财力。与西方发达国家相比，我国在汽车虚拟试验领域还刚刚起步，研究单位主要集中在高校。

目前，虚拟试验技术在汽车试验中的应用主要集中在以下几方面：

(1)汽车主要使用性能虚拟试验。

(2)汽车碰撞安全性虚拟试验。

(3)汽车零部件疲劳寿命虚拟试验。

10.2.1 汽车主要使用性能虚拟试验

汽车主要使用性能虚拟试验就是用汽车动力学分析数据驱动虚拟环境中的汽车模型，将其在试验过程中各种状态变化映射到计算机屏幕上，借助于虚拟现实技术的交互手段，使研究人员产生"身临其境"的感觉，体验车辆在各种工况下的性能，并对其进行评价；在此基础上，改变诸如车辆参数、道路条件、驾驶员控制机理等试验的条件和参数，分析、验证理论和假设的正确性，实现设计人员在设计早期评价汽车的各项主要使用性能，修改设计缺陷。

1. 动力性与经济性虚拟实验

汽车的动力性和燃油经济性对汽车的运输效率和运输成本具有直接的影响。传统试验方法受外界因素影响较大。采用虚拟试验技术模拟汽车的动力性和燃油经济性，具有使用方便、快捷、重复性强等优点，而且能消除实车试验中驾驶人、气候条件和道路环境等外界因素对试验的影响。

基于 Cruise 软件的动力性与经济性虚拟试验的基本步骤如下：

(1)整车仿真模型的建立

① 结构模型的建立。将整车模块(vehicle)、发动机模块(engine)、传动轴模块(shaft)、主减速器模块(single ratio)、离合器模块(clutch)、制动器模块(brake)、变速器模块(gear box)、驾驶室模块(cockpit)、差速器模块(differential)及车轮模块(wheel)等从 Cruise 模型库中拖到建模窗口，并建立各模块间的连接关系，就可建立整车仿真所需模型。

② 各模块参数的输入。为提高整车仿真模型的精度，需在输入模板中输入各模块参数。需要输入的各模块参数主要有整车的迎风面积、空载质量和阻力系数；主减速器的传动比及传动效率；发动机的外特性曲线；变速箱各挡速比及传动效率；旋转部件的转动惯量；燃油消耗量 MAP 图；轮胎的滚动阻力系数以及离合器结合过程规律等。实际上，要使仿真结果准确可靠，需要在相应的模块中输入大量的试验数据，并通过仿真计算及相关性分析对输入数据进行修正。

③仿真计算模式的选择。在 Cruise 软件中，有多种计算模式可供用户选择。就算法来说有稳态计算、准稳态计算和瞬态计算三种类别；就计算种类而言有简单计算、组件计算、矩阵复合计算和批处理计算四种分类。每种计算模式都有各自的运算范围和计算特点，使用者可根据计算需要选择相应的计算模式。

(2)动力性与经济性

虚拟试验实现在整车仿真模型建立后，要按照自己的仿真需要对该车型的动力性和经济性计算任务进行定义，Cruise 软件提供的计算任务主要有最高车速、加速性能、爬坡性能、最大牵引力、循环工况、制动/滑行性能等。

在 Cruise 软件中，对所建立的仿真模型进行动力性能虚拟试验，就可完成装备车辆的最高车速、加速性能和爬坡性能仿真。通过燃油经济性虚拟试验就可获取一定工况下汽车行驶百公里的燃油消耗量或一定燃油消耗量能使汽车行驶的里程等参数。为了避免单一工况下燃油消耗量的仿真结果不全面的弊端，还可获得由等速、加速、减速和怠速工况组成的多工况循环行驶百公里的燃油消耗量。

（3）试验验证

做整车动力性和燃油经济性实测试验，对比试验结果与仿真结果，以验证所建仿真模型的合理性和仿真结果的正确性。

2. 制动性虚拟试验

目前，汽车制动性能虚拟试验主要是由 Adams 软件和 Matlab 软件联合仿真来实现。通常在 Adams/View 模块或在 Adams/Car 模块中建立多自由度的整车仿真模型，而在 Matlab/Simulink 模块中建立防抱死制动系统（ABS）的控制模型，然后将防抱死制动系统（ABS）控制模型的仿真数据文件导入到 Adams 软件中进行整车多体系统动力学仿真。

（1）整车仿真模型的建立

在多体动力学软件 Adams/View 模块中建立多自由度的多体动力学整车仿真模型，该模型主要由车身、轮胎、前后悬架、转向机构、横向拉杆和传动系等子系统组成。在对各子系统建立几何模型时，还要依据各零部件的实际约束状况建立各子系统间的约束。进行整车模型制动性能虚拟试验时，需要输入的参数主要有质量参数、几何定位参数、路谱文件、轮胎特性参数以及驱动力矩和制动力矩等力学特性参数，这些参数的准确与否直接影响整车仿真模拟的精度，最好是从汽车生产厂家或通过实验来获取。

（2）制动性能虚拟试验实现

①直线制动和转弯制动虚拟试验。汽车的制动性可按直线制动和转弯制动两类进行研究，其中，直线制动可分为起步加速、匀速行驶和制动三个试验研究阶段；转弯制动又可分为起步加速、转弯、匀速行驶和制动四个试验研究阶段。

直线制动虚拟试验的实现过程如下：起步加速阶段虚拟试验是通过在变速箱输入轴及主减速齿上施加驱动或转矩，或者在传动轴输入端的旋转副上加载驱动或转矩来实现；匀速行驶阶段可利用驱动力矩、驱动函数和 MPACT 函数来控制汽车匀速行驶，进而进行虚拟试验；制动阶段虚拟试验的实现通过两种途径来进行：一种是通过在主减速齿上施加反力矩来抑制主减速齿轮转动的方式，另一种方式是分别对前后轮施加制动力矩来达到停车的目的。转弯制动虚拟试验几个阶段的试验方法都可以按照直线制动虚拟试验相应阶段的方法进行。

②防抱死制动系统（ABS）虚拟试验。通过 Adams 软件的 Controls 模块，可对 Adams 模型施加复杂的控制，可实现 Adams 软件中的系统动力学模型和 Matlab/Simulink 模块中的控制模型的联合仿真。在与 Adams 软件结合以前，需要先在 Matlab/Simulink 模块中建立以滑移率为参数的控制系统，然后将 Matlab/Simulink 模块中输出的文件导入到 Adams 软件中，最后在 Adams 软件中进行防抱死制动系统与系统动力学模型的联合仿真，以实现 ABS 的实时控制功能。

目前，在防抱死制动系统（ABS）虚拟试验方面主要是进行车速与制动距离的仿真、ABS控制系统的通道数对汽车制动方向稳定性和制动距离的影响。

（3）试验验证

做整车制动性能实车试验，并将试验结果与仿真结果进行比较，以实现对所建仿真模型和仿真结果的验证。

3. 操纵稳定性虚拟试验

汽车操纵稳定性虚拟试验就是用汽车动力学分析数据驱动虚拟环境中的汽车模型，将其在试验过程中各种状态变化映射到计算机屏幕上，借助于虚拟现实技术的交互手段，使研究人员产生"身临其境"的感觉，体验车辆在各种工况下的性能，并对其进行评价。在此基础上，可通过改变车辆参数、道路条件、驾驶人控制机理等试验条件和参数，分析、验证理论和假设的正确性，实现设计人员在设计早期评价汽车的操纵稳定性能，修改设计缺陷。

（1）操纵稳定性虚拟试验系统的构成

图 10 - 1 所示为汽车操纵稳定性虚拟试验系统的流程。输入模块包括转向盘转角输入和加速、制动踏板的输入，其输入信号经过计算机接口、数据采集，进入虚拟试验模块。虚拟试验模块包括汽车动力学模型和虚拟试验场景两部分，虚拟试验场景又由虚拟路面模型和虚拟汽车模型构成。汽车动力学模型是进行汽车虚拟试验的主体，而虚拟试验场景是进行汽车虚拟试验的载体。后处理模块的主要功能是对虚拟试验过程进行回放、再现，以及对试验结果的评价和分析处理。

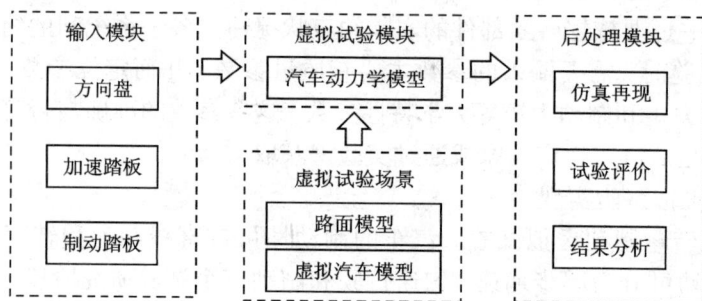

图 10 - 1　汽车操纵稳定性虚拟试验系统流程

（2）汽车动力学模型

汽车动力学模型是虚拟试验系统中的关键部分。为更好地反映真实的汽车状态，要求考虑用尽可能多的自由度去建立整车模型。但整车模型自由度越多，动力学微分方程就越复杂，计算机的工作量就越大，这对计算机硬件的性能提出了更高的要求。在建立整车动力学模型时，可利用多体系统动力学软件 Adams/Car，采用参数化建模方法建立汽车操纵稳定性的动力学模型。将整车分为前悬架、后悬架、转向系统、轮胎等模块，分别建立各个子模块的虚拟样机模型，再将各子模块装配成整车模型，从而建立起整车动力学分析模型。

（3）汽车实体模型

实体结构建模就是赋予汽车模型三维实体结构、材质、颜色等外观特征。采用 3DS Max 或其他 CAD 软件建立汽车整车和部件的三维实体模型。

（4）虚拟试验场模型

虚拟试验场是与用户最直接的接触部分。逼真的虚拟试验场景能真实地反映实际的实车状态，更容易使用户产生"身临其境"的感觉，有助于沉浸感。对场景进行光照、雾化、纹理映射等描述，可以形成较好的视觉感受。人机交互界面可以根据需要改变光、雾信息，获得不同光照、雾化条件下的场景。虚拟场景主要包括两部分：一是虚拟汽车模型；二是路面模型。

（5）汽车操纵稳定性虚拟试验

汽车操纵稳定性虚拟试验的基本原理和数据的映射如图 10－2 所示。模型的输入信号主要有汽车的转向轮转角、驱动与制动信号，需要处理的数据有转向盘转角、横摆角速度、侧向加速度、侧倾角、侧向位移等。在虚拟试验过程中，由汽车动力学仿真产生的结果数据驱动虚拟试验场景中的虚拟汽车模型，使汽车作出在该输入信号下的响应而实现汽车的运动。系统既要根据试验过程的变化不断刷新场景，又要根据仿真分析数据实时地改变虚拟场景中汽车的状态，协调好汽车各部件之间的运动，场景与汽车的变化要保持同步才能为驾驶人提供一个逼真的试验过程，产生与真实试验运动相同的效果。

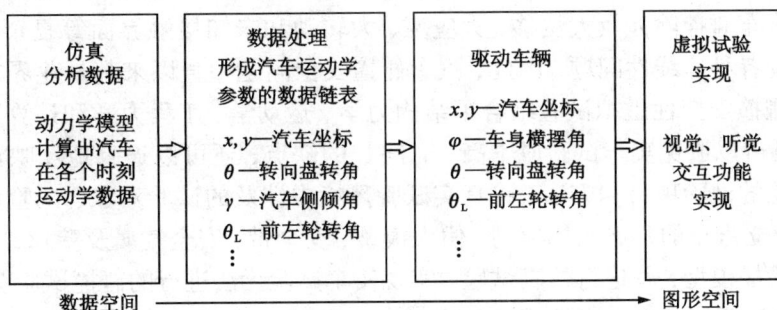

图 10－2　操纵稳定性虚拟试验原理以及数据映射流程

4. 平顺性虚拟试验

汽车平顺性虚拟试验主要包括以下几个步骤：①建立包括乘员在内的试验汽车的三维实体模型；②建立虚拟试验场的场景模型，场景模型范围的大小要满足试验车辆行驶距离的要求，不同的道路应有不同的道路场景，如随机路面道路场景、波形路面道路场景、比利时路面道路场景等，以及凹陷、凸起等；③获取平顺性的动力学数据，可以采用实车道路试验和平顺性动力学模型两种方法获得汽车平顺性动力学的数据；④在虚拟试验开发平台上对虚拟试验的各种资源进行编程调用，实现车辆在虚拟试验场中的运动，实现车辆平顺性的虚拟再现；⑤进行汽车平顺性试验数据的显示，考察其平顺性指标，评价汽车的平顺性能。

（1）虚拟试验场的建立

虚拟试验场的建立是平顺性虚拟试验中重要的组成部分。虚拟试验场景只有具有真实感才能体现虚拟试验的本质意义。汽车平顺性的道路试验就是让汽车以一定的速度在道路上行驶，检测驾驶人座椅、车身、车轮等处的振动加速度和固有频率。所以，平顺性虚拟试验需要建立适用于道路试验的虚拟试验场。试验道路为随机路面或其他各种等级的公路。虚拟试验场景主要由道路、汽车、天空、山脉、农田、交通标志、路旁建筑和树木等构成。

（2）平顺性动力学模型

汽车的动力学分析数据是进行平顺性试验的前提条件。汽车平顺性的动力学主要研究汽车的垂直运动、侧倾运动及俯仰运动，这三种运动涉及了汽车的乘坐舒适性、行驶安全性和悬架动行程。建立平顺性动力学模型的方法有三种：第一种是基于微分方程的平顺性动力学模型；第二种是建立整车的数字化样机模型，通过仿真分析得到平顺性动力学数据；第三种是通过实车道路试验测试获得动力学数据。

(3)汽车平顺性模拟

汽车平顺性的道路试验就是让汽车以一定的速度在道路上行驶，检测驾驶人座椅、车身、车轮等处的振动加速度和固有频率，使用场景漫游来表现其平顺性，就是观察驾驶人、车身、车轮等处振动位移的大小。

10.2.2 碰撞安全性虚拟试验

汽车碰撞安全技术的研究主要采用两种方法：一是实车碰撞试验法，二是计算机仿真法（即虚拟碰撞试验法）。虽然实车碰撞试验结果最有说服力，但是其试验周期较长，费用昂贵且重复性差。采用计算机仿真技术进行汽车虚拟碰撞试验，已成为汽车碰撞安全性研究的重要发展趋势。汽车碰撞除涉及大位移、大应变、大转动和未知接触界面等复杂现象外，还会涉及由此产生的各种非线性问题，因此，汽车碰撞安全问题一直以来都是业界非常关注的研究课题。汽车碰撞安全性虚拟试验结合了结构力学、运动学、工程力学和计算数学等学科的先进技术，它既可以避免实车试验成本高、时间长的缺点，还可以逼真地反映试验过程。依据实车碰撞试验的试验项目和方法，将真实试验环境中涉及的试验对象、试验设备以及试验条件虚拟化，建立汽车的几何实体模型、假人模型、安全带、安全气囊及壁障等模型；建立虚拟汽车碰撞试验场模型，并进行仿真试验，实现实车试验无法进行的碰撞试验。

在国外，汽车碰撞安全性虚拟试验的发展非常迅速。法国的 ESI 集团于 1985 年率先实现了整车的碰撞安全性虚拟试验，成功地应用于德国大众 POLO 的设计和生产，并在 1986 年推出了完整的碰撞模拟软件包——PAM-CRASH。随后，欧美国家相继发布了各种商业化软件包，如 MADYMO，LS-DYNA3D 等。2001 年美国 ETA 公司在动力学分析软件 LS-DYNA 平台上开发出了虚拟试验场软件 VPC(Virtual Proving Ground)，该软件由 VPC/PrePost、VPG/Structure 和 VPG/Safety 三个主要模块构成，其中，VPG/Safety 模块提供了各种法规试验的仿真程序及仿真工具，是典型的汽车碰撞安全性虚拟试验软件包。

1.碰撞安全性虚拟试验研究内容

(1)汽车零部件碰撞模拟

需要进行零部件碰撞模拟的部件主要包括车内饰件(仪表板等)、座椅头枕、安全带、安全气囊和转向系统(如转向盘、转向柱)等。在碰撞过程中，车内饰件、头枕极有可能与乘员身体的某个部位发生冲撞，尤其是头部和颈部，如果设计不合理，就有可能造成致命后果。

(2)汽车结构耐撞性模拟

对汽车的局部(主要结构件)或整体结构进行正碰、侧碰、翻滚等多种形式的碰撞模拟，计算得出各个部件的变形、吸能等情况，以此改进或筛选结构设计方案。汽车结构的耐撞性是汽车碰撞研究中的重中之重，因为车是碰撞中的主体，不仅要保证碰撞发生后车内乘员有足够的逃生空间，还要具有优越的吸能性，避免加速度过大对人体造成伤害。因此，汽车的强度、刚度要和其吸能特性综合考虑，把汽车碰撞时的压溃区域控制在一定范围之内，既可有效减少乘员区域的变形量，又可在一定程度上降低碰撞的剧烈性，尽量提高乘员安全的可能性。

（3）整车碰撞安全性模拟

将假人、乘员安全系统装配到整车模型中，然后加入壁障，构成一个接近实际的碰撞环境，最终分析评价汽车的整体碰撞安全性，其中包括汽车结构的变形特性，安全带、气囊的匹配性，人体的各项伤害指标等。这是对汽车碰撞安全性的一个综合评价，其更接近实际，也更具有说服力，是汽车碰撞模拟分析中不可缺少的一环。

（4）行人保护

在日常的道路交通中，行人是弱者，即使在碰撞车速较低的情况下，车体对行人产生的碰撞载荷也可能超过人体的承受极限，造成比较严重的伤害。通过多次的车撞行人的碰撞模拟，改进汽车前部的外形、结构及其刚度，降低车体对行人的进攻性，比如增加保险杠宽度、降低发动机盖及其前缘刚度、增大发动机盖与动力总成之间的空间、降低翼子板及风挡框的刚度等，这样均可以有效降低车撞行人事故中对行人所造成的伤害。

2. 碰撞安全性虚拟试验的实施

要进行汽车的碰撞安全性虚拟试验，必须依据实车碰撞试验的试验项目和方法，将真实试验环境中涉及的试验对象、试验设备以及试验条件虚拟化，建立相应的几何模型、物理模型等，然后将参数化的虚拟原型导入计算机，建立一个虚拟的试验场，这样试验者就可以和计算机进行交互，操纵试验进程并获得最终的试验结果。实施汽车碰撞安全性虚拟试验需要以下几个步骤。

（1）开发虚拟原型

创建被测汽车的有限元模型是进行碰撞虚拟试验的主要任务。为此必须熟悉总质量、总体尺寸和车辆类型等基本信息，然后根据零部件的外形尺寸建立汽车的几何模型并划分相应的网格。对整个碰撞变形模式起决定性作用的重要部件，要建立精确的几何模型和细化的网格尺寸；对于像发动机这样的部件，可以采用简化的模型。最后，要定义汽车各个部分的材料、各部件之间的连接关系，如焊接、铆接等。

乘员保护碰撞虚拟试验还需要建立假人的有限元模型，但因为假人的种类、形式相对固定，所以有很多软件可提供备选的数字化假人模型，而不需要研究人员重新建立。另外，根据试验项目的不同，可能还要分别建立安全带、安全气囊以及壁障等模型。

（2）建立汽车碰撞虚拟试验场

虚拟试验的各个对象的模型都建立以后，还要建立一个软件试验平台。在这个平台上，可以设置试验的项目、导入试验对象、输出试验结果等。试验人员正是依靠和这个平台的交互操作来控制试验的进程。

（3）在虚拟试验场中调用各种虚拟原型

建立了虚拟试验场之后，就可以调用各种虚拟模型，将它们呈现在同一个虚拟环境中。然后定义诸如汽车的速度、碰撞的位置和接触条件等碰撞试验条件，并实施虚拟试验。

（4）试验结果的存储、分析和回放

通过分析碰撞试验过程中的车身应力分布、车身变形云图以及能量和加速度曲线等汽车碰撞性能的评价指标，对试验汽车的安全性进行评价。

10.2.3 　汽车零部件疲劳寿命虚拟试验

预测汽车零部件的疲劳寿命是汽车生产设计中的重要环节。目前，用于评价汽车零部件疲劳寿命的方法主要是台架试验和道路耐久性试验，这些传统试验方法周期长、耗费大、安全性低且易受试验方案影响。虚拟试验技术的出现使得汽车零部件疲劳寿命虚拟试验成为可能，现已发展为在样车制造前就对零部件进行疲劳寿命分析并以此来修正设计方案，从而大大缩短了产品的研制周期，避免了因设计不合理而引起的浪费。

汽车零部件的结构疲劳破坏是其主要失效形式，结构的疲劳寿命和疲劳强度是实现结构强度校核和抗疲劳设计的重要内容。随着有限元理论、疲劳损伤理论和计算机技术的发展，结构疲劳分析方法在汽车业界得到了广泛的应用，出现了多种适用于汽车零部件疲劳寿命的虚拟试验软件，如前述的 MSC. Fatigue 软件、nSoft 软件和 Ansys/FE - safe 模块。

任何一个疲劳寿命分析都是由材料疲劳行为的描述、循环载荷下的结构响应和疲劳累计损伤法则三部分组成的。要完成这些工作不可能通过一个软件来实现，采用有限元模态分析可以得到材料疲劳行为的描述；应用动力学分析可以得到循环载荷下的结构响应；要进行疲劳损伤方面的分析就要用到疲劳分析软件。

汽车零部件疲劳寿命虚拟试验流程如下：首先根据设计图建立零部件的三维实体模型，将其导入到有限元前处理软件中进行有限元网格划分，生成模态分析软件所识别的数据文件；然后采用模态分析软件计算得到模态模型；接着在多体动力学软件中对模型进行动力学仿真；最后在疲劳分析软件中读取多体动力学软件导出的文件，对零部件进行疲劳寿命分析。

（1）三维实体建模

三维实体建模是零部件疲劳寿命虚拟试验研究的起点。对于结构比较简单的三维实体模型，可以直接在有限元分析软件中完成建模，如 Ansys 的前处理模块及 MSC patran 等；对于结构非常复杂的三维实体模型，通常采用诸如 UG, Catia, SolidWorks 和 Pro/E 等专业的 CAD 三维建模软件来实现，然后将建立的模型导入到有限元分析软件或有限元前处理软件中建立相应的有限元模型。

（2）有限元模型

虽然有限元分析的前处理过程和要分析的具体问题有关，但其主要由有限元模型的建立、边界条件和初始条件的施加、载荷的施加三部分组成。其中，有限元模型是将几何模型划分为有限个单元，单元间通过节点相连接，为后续求解器在每个节点求解物理问题的近似解服务，即进行网格划分。对于结构比较简单的几何模型，或几何模型虽复杂但要处理的问题对网格要求不高时，可以在相应 CAE 分析软件的前处理模块中进行网格划分；而对于几何模型比较复杂，或要处理的问题对网格要求较高时，可以在专业的有限元前处理软件（如 Hypermesh, Truegrid, Pro - m, MSC patran 等）中完成网格划分。在网格划分时，根据仿真问题的需要，通常在铆接孔、局部小圆角、小凹槽等计算数据变化梯度较大的区域（即应力集中处）采用比较密集的网格（假如这些区域对计算结果的影响不大，就可忽略这些特征，以简化模型，提高仿真运算的速度）；而对计算数据变化梯度较小的区域，可以采用较稀疏的网格，以降低仿真工作量；对于形状不规则的结构，可调整网格单元的扭曲角度，以保证网格各边或各个内角相差不大，以提高仿真精度。

（3）模态分析

模态分析是研究结构动力特性的一种近似方法，是系统辨别方法在工程振动领域中的应用。模态是机械结构的固有振动特性，每一个模态具有特定的固有频率、阻尼比和模态振型。模态分析是瞬态动力学、谐应力分析和随机振动分析的起点，通过模态分析可以获得结构的固有频率、阻尼比和相应的振型。提取主模态主要是为了研究估算结构寿命中模态的影响以及进行频域应力应变的计算，以确定模型中需要关注的危险点位置。模态分析主要应用于现有结构系统的动态特性评价、新产品结构动态特性的预估和优化、诊断及预报结构系统的故障、控制结构的辐射噪声以及识别结构系统的载荷五个方面。进行模态分析的软件主要有 Nastran，Ansys，Abaqus 等。

（4）多体动力学分析

多体动力学是研究多体系统（一般由若干个柔性体和刚性体相互连接所组成）运动规律的学科，其根本目的是应用有限元理论和计算机技术进行复杂机械系统的动力学分析与仿真，包括多柔体动力学和多刚体动力学两个分支。对于人 – 车 – 环境相互作用的汽车多体系统而言，只有采用多体系统动力学分析方法才能解决汽车系统的动力学问题。多体动力学的仿真软件主要有 Adams，Simpack，Ls – dyna，MotionView，Ansys/Workbench 模块和 DADS 等，使用这些软件可以建立悬架系统、制动系统、整车等模型。

（5）疲劳分析

结构的疲劳分析一般是把有限元的仿真结果导入到疲劳分析软件中进行分析，这就需要疲劳分析软件必须和目前广泛使用的有限元软件建立良好的接口。结构疲劳寿命预测的任务就是得到循环次数和损伤预测与累积。循环计数的目的就是将不规则的应力或应变的历程转换为等效的常幅循环，其中雨流循环计数是获得精确结果的计数法；而采用较多的累积损伤准则是 Palmgren – Miner 准则。疲劳分析的仿真软件主要有 MSC – fatigue，nSoft，Ansys/FE – safe，Franc3D 等。

复习思考题

10 – 1　汽车虚拟实验的目的和意义是什么？

10 – 2　虚拟实验的特点是什么？

10 – 3　虚拟实验技术在汽车工程领域有哪些应用？

10 – 4　碰撞安全性虚拟试验研究内容主要是什么？

第 11 章　新能源汽车相关试验

11.1　动力电池特性与电池管理系统

作为缓解能源和环境问题的重要举措之一，国家出台了一系列鼓励政策支持我国新能源汽车的发展，使得电动汽车在我国实现了快速产业化。电池、电机和电控技术作为电动汽车的三大关键技术，决定着未来电动汽车的发展前景。其中，车用动力电池直接关系到电动汽车的功率和续航里程等重要技术指标，一直是世界各国研究的热点。电池组与电池管理系统（battery management system，BMS）的成熟与否，决定着电动汽车动力电池的性能发挥，因此针对成组后动力电池包的试验十分必要。

因为现在电动汽车以及混合动力汽车上的电池组选用的是锂离子电池，在本书中，我们着重探讨对于锂离子电池组的试验方案。在分析电动汽车锂离子动力电池结构原理和特点的基础上，参考现有的试验标准和方法，我们提出一套适合于锂离子动力电池包的系统试验方案，把动力电池的试验内容细分为电性能试验、机械滥用试验、电气保护试验、环境试验、工况模拟试验五类，并对锂离子动力电池进行了不同温度下的能量与容量、功率和内阻、快充能效和恒功率实验，研究动力电池包的基本特性，为了解动力电池成组后的整包性能，电池的选型，BMS 的开发设计提供了参考和依据。其次，本书提出了动力电池包跌落伤害评估试验的方案，对电池包跌落前后的能量与容量、功率和内阻、循环特性进行对比试验，对跌落后电池包在过充、过放、过温、短路条件下的安全性进行试验验证，探究跌落对动力电池包各方面的影响。

11.1.1　电池的基本参数以及作为动力电池的要求

动力电池的基本参数有：电池容量、电池电压、内阻、充放电倍率、放电深度、功率与比功率、能量与比能量、使用寿命、自放电率、电池组参数。在实际使用中，动力电池是电动汽车重要甚至是唯一的能量来源。为保证电动汽车具有和传统燃油汽车一样的驾驶感受并实现快速产业化，动力电池必须具有良好的使用性能和安全性能。例如动力电池的容量要足够电动汽车具有合适的行驶里程；在环境温度较恶劣的条件下行车时，电动汽车性能不会受到较大的影响；在涉水、颠簸路面上行驶时，动力电池能正常工作而不会出现意外情况等。所以就需要动力电池具有以下几方面的能力：

（1）电池容量要足够大，并且在不同的充放电温度下电池容量不会变化过大。对于纯电动汽车来说，动力电池是其唯一的能量来源，如果电池容量过小，其续驶里程势必不会太长，这会大大影响人们对电动汽车的接受程度。

（2）不同的环境温度下良好的工作能力。温度过高或过低都会对电池的充放电特性产生影响，特别是温度过低时，由于电池内部活性物质减少，其容量和充放电能力都会受到较大影响。

（3）大功率充放电能力。电动汽车在启动、急加速或高速行驶时，需要电池具有快速大电流放电的能力。而大电流充电则可以极大缩短电动汽车充满电所花费的时间，在一定程度上可以补齐电动汽车续驶里程的短板，这也是电动汽车能否快速推广普及的关键因素之一。

（4）安全性好。电动汽车动力电池包电压都较高，因此如果电池包发生短路或绝缘故障，很可能会造成很严重的后果。如发生跌落、挤压甚至碰撞时，动力电池不能发生着火或者爆炸等危及人身财产安全的情况。

（5）更低的成本。这包括生产制造和使用成本两方面。较高的生产成本会造成电动汽车整车成本居高不下，而使用成本过高则会大大打击用户购买电动汽车的信心，这些都会限制电动汽车的产业化发展。

（6）较长的使用寿命。动力电池的寿命直接影响着电动汽车的生产和使用成本。目前锂离子动力电池的循环寿命可达到 2000 次左右，据日本丰田汽车公司报告，其镍氢动力电池使用寿命已可达 10 年以上。如果动力电池的寿命能和电动汽车的寿命周期同步，那无疑会极大地促进电动汽车市场的快速发展。

（7）有先进的电池管理系统。由于动力电池的固有特性，它不可能独自完成电动汽车对其的要求，比如某些超过自身承受能力之外的保护功能。电池管理系统对动力电池进行良好的均衡管理和热管理，从而延长电池的使用寿命。另外，可以与整车控制器和其他控制单元通讯，平衡车辆需求和电池组自身条件的限制，更好地保护动力电池的安全。

11.1.2　电动汽车对于 BMS 的要求

一般而言，电池管理系统必须具备以下电路保护功能：过压和欠压保护、过流和短路保护、过高温和过低温保护、为电池提供多重保护以提高保护和管理系统的可靠性。这些功能可以满足大部分手机电池、电动工具和电动自行车应用的需要。

除了上述所说的功能之外，电动汽车对电池管理系统提出了更高的要求，电动汽车动力电池系统是一个开放的能源供给系统，它通过汽车 CAN 总线进行整车通信，和整车控制器、电机控制器、充电机等协同工作，以满足车辆行驶需要，最大程度保证车辆具有良好的动力性和优异的安全性能。具体来说电动汽车对电池管理系统还有如下的要求：

（1）电池电压、电流、温度等信息的高速采集和显示，以便估算电池 SOC 和整车控制管理，让使用者更加直观地了解当前电池的使用状态；

（2）实现电池高效率的均衡，充分发挥动力电池系统的容量，减小动力电池使用过程中热量的产生，从而提高动力电池的整体寿命；

（3）电池荷电状态和健康状况的估算与显示，提供车辆剩余电量状态和生命周期状态可为控制系统提供依据，并让驾驶者提前做好行程安排，掌握电池的寿命状态；

（4）高可靠的通讯（汽车级 CAN 通讯网络），快速稳定地与其他几个重要整车控制单元（如整车控制器、电机控制器）实现高效通讯；

（5）在保证动力电池使用安全的前提下，充分发挥电池的潜力，保证电池的各方面性能，提高动力电池的寿命；

（6）绝缘检测，在电动汽车发生绝缘故障时能够及时检测出来并发出报警信息，如故障等级会对车辆或用户安全造成严重威胁，应能及时进行处理。

（7）自检测功能，系统每次开机都要进行初始化检测，如发现问题及时传输给其他控制器并做处理。动力电池在工作过程中定期巡检，如发现问题能自动做出提示或处理。

11.2　电池试验的设计

从锂离子电池的基本参数与电动汽车对于动力电池以及电池管理系统的要求出发，依据现有的试验标准和方法，设计了较为合理的电池试验方案，本方案把动力电池保的试验细分为电性能试验、机械滥用试验、电器保护试验、环境试验和工况模拟试验。

其中电性能测试中涉及充放电性能的试验项除了在常温25℃进行外，还要有高温和低温环境下的测试，分别是高温40℃，低温0℃，－10℃，－20℃根据动力电池包所处的研发阶段和动力电池特性，还可以进行不同充放电倍率下的电池性能测试，组合不同的环境温度和放电倍率测试电池包这样才能充分考察成组后动力电池包的性能。

11.2.1　试验对象

本书选择的试验对象是牟匡纯电动汽车用三元里离子动力电池包，电池组单体电池电压为3.65 V，容量为5300 mA·h，最大允许放电电流168 A。单体串并联组成电池模块，最后以20串32并的形式组成被测电池组。BMS位于电池包箱体内部，通过USB－CAN模块与上位机通讯，实时监测电池包状态具体参数如表11－1所示。

表11－1　试验电池包相关参数

技术指标	数值及单位
额定电压	73 V
额定容量	168 A
充电终止电压	82 V
放电终止电压	60 V
充电式单体保护电压	4.15 V
放电时单体保护电压	3.0 V
外形尺寸（长×宽×高）	1000 mm×620 mm×200 mm
质量	135 kg

11.2.2　实验设备

电性能测试阶段，使用Aero Vironment公司生产的AV－900动力电池检测设备对被测电池包进行充放电,此系统具有较高的电压、电流和电源功能,很适合电压和放电电流都较高的车用动力电池的测试。由于电动汽车动力电池包的体积一般都较大,使用太仓步入式高低温环境仓来模拟高低温环境。

图 11 - 1　AV900 动力电池检测设备

图 11 - 2　太仓步入式高低温环境仓

11.2.3　动力电池包电性能试验与分析

1. 不同温度下的能量与容量测试

试验方法:常温能量与容量测试时,将动力电池包静置一段时间,在达到室温(25 ±2)℃

后，以 C/3 的放电倍率将电池电量耗尽，即 SOC 为 0。然后以 C/3 的充电倍率将电池 SOC 充至 100%，接着再以 C/3 的放电倍率放电至终止电压高温和低温测试时，先在室温下以 C/3 充电倍率将动力电池充满，静置一段时间待电池恢复常温后以 C/3 的放电倍率放电至终止电压，充电和放电进行后均静置半小时，最后一次放电结束后则要静置 5 h 以上直至电池包恢复室温试验数据由充放电设备和 BMS 上位机来记录和监控。试验数据如表 11 - 2 所示。不同温度下的容量、能量曲线如图 11 - 3、图 11 - 4 所示。

表 11 - 2　不同温度下的能量与容量

温度/℃	-20	-10	0	25	40
容量/A·h	132.6	137.1	142.1	156.1	156.5
能量/kW·h	9.09	9.59	10.05	11.19	11.20

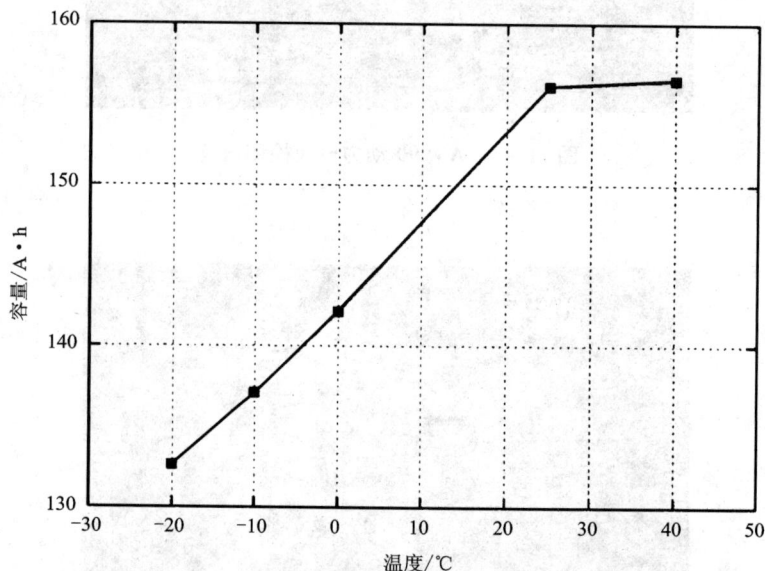

图 11 - 3　不同温度下的容量曲线

由上述试验数据和曲线可以看出，动力电池在温度降低时，实际容量和能量都明显下降，-20℃时的容量与能量比 25℃时分别下降了 15.1% 和 18.8%，即使在 0℃时，其容量和能量也比 25℃时下降了 9% 和 10.2%，低温环境造成了动力电池包放电性能的明显下降。而在高温 40℃ 时，动力电池包容量与能量不但没有下降，反而小幅升高了 0.3% 和 0.9%，这是因为温度较高时，动力电池内活性物质利用率有所提高，但这并不意味着温度越高越好，过高的温度会对电池寿命产生不良影响，应通过试验找出所开发电池包的最佳工作温度范围，这样才能最大限度的发挥动力电池性能并延长其使用寿命。

2. 不同温度下的功率和内阻测试

试验方法：分别在 40℃，25℃，0℃，-20℃ 四种温度下，对 90%，50% 和 20% 三个 SOC

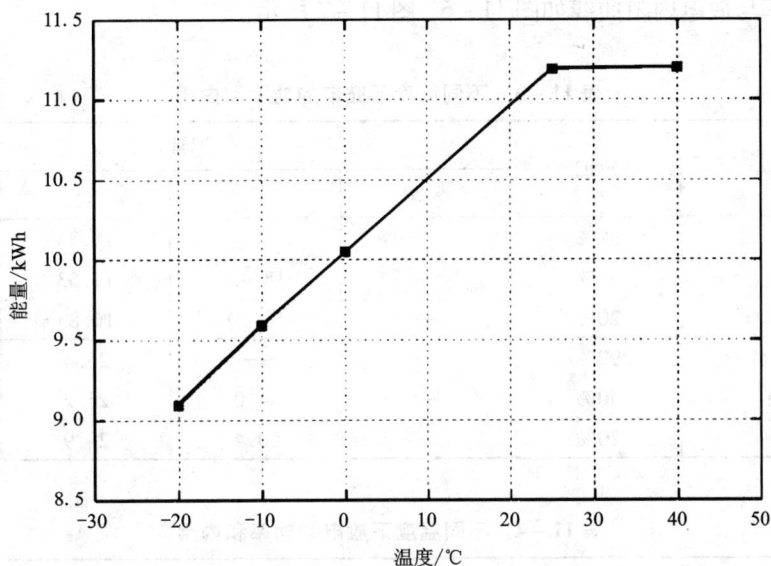

图 11 - 4　不同温度下的能量曲线

状态的电池包进行测试。常温状态下，将动力电池包静置达到室温后，以 C/3 的充电倍率将电池 SOC 充至 100%，然后再以 C/3 的放电倍率放电至第一个待测的 SOC 点，放入步入式环境仓进行环境适应，待电池包内部温度达到测试温度时，运行功率与内阻测试工况(如图 11 - 5，放电时电流为正，充电时电流为负。)。测试工况结束后以 C/3 放电倍率将电池 SOC 调至下个测

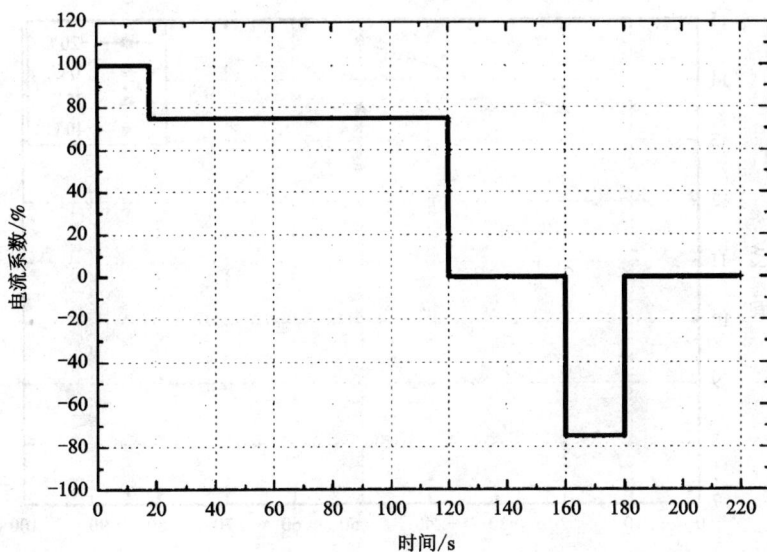

图 11 - 5　脉冲功率特性电流曲线

试点，进行功率与内阻测试工况测试，依此类推。试验数据如表 11 - 3、表 11 - 4 所示。不同温度下的放电功率与放电内阻曲线如图 11 - 6、图 11 - 7 所示。

表 11 - 3　不同温度下充电的功率和内阻

	SOC	温度/℃			
		- 20	0	25	40
功率/kW	90%	—	—	10.33	10.36
	50%	—	18.43	17.53	17.55
	20%	—	18.30	16.83	16.77
内阻/mΩ	90%		—	25.4	25.8
	50%		44.0	26.2	26.4
	20%		50.4	28.9	28.4

表 11 - 4　不同温度下放电的功率和内阻

	SOC	温度/℃			
		- 20	0	25	40
功率/kW	90%	- 7.95	- 8.39	- 9.42	- 9.41
	50%	—	- 13.51	- 14.63	- 14.63
	20%			- 13.50	- 13.50
内阻/mΩ	90%	100.4	48.0	26.2	27.0
	50%		49.3	27.3	27.8
	20%		—	32.0	31.6

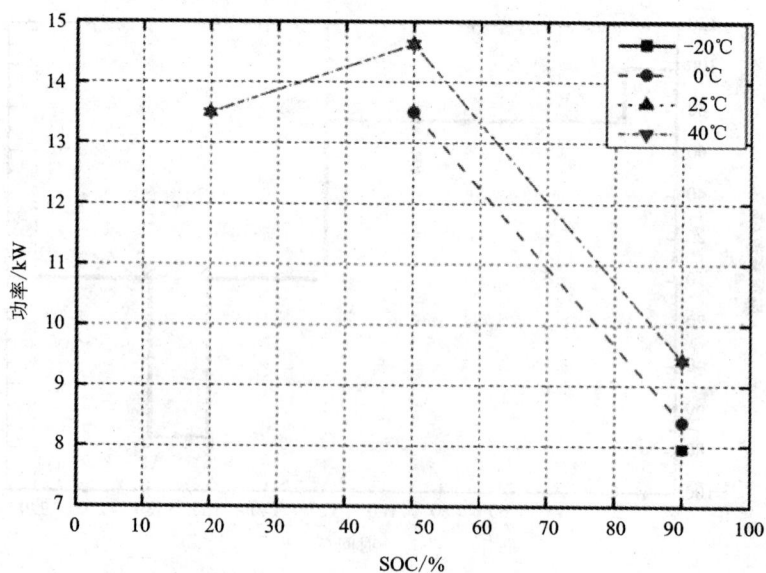

图 11 - 6　不同温度下的放电功率

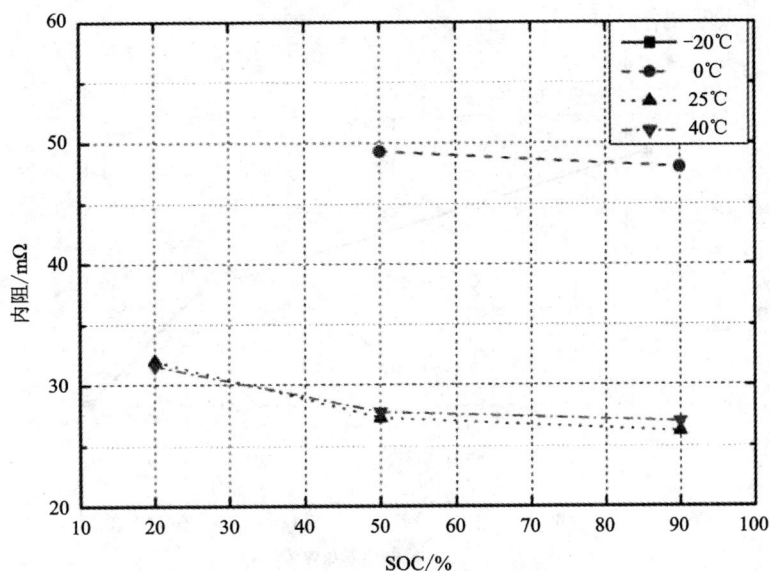

图 11 –7 不同温度下的放电内阻

由试验数据和曲线可以得出以下几点结论：

①常温 20℃ 和 40℃ 下的充放电功率及直流内阻相差很小，基本不会对该动力电池包的性能造成影响。

②充电功率随温度的降低而升高，而放电功率则随温度的降低而下降，且低温对电池的功率特性影响较大，–20℃ 时只有 SOC 为 90% 时才能进行放电。因此，要尽量避免动力电池工作在低温度范围，才能使其具有良好的功率特性。

③动力电池充放电内阻随温度值的降低而增加，特别是在低温阶段充放电内阻值增加更为明显，动力电池性能也随之显著下降。

④动力电池充放电内阻随 SOC 值的降低而增加，在低 SOC 状态内阻增加更为迅速。

3. 恒功率测试

试验方法：室温下，将以 C/3 的充电倍率将电池包 SOC 调整至 100% 然后分别以最大功率 20 kW 的 3/4、2/3、1/3 3 种不同的功率进行放电，三个功率等级各做一次，放电截止条件为达到电池包或单体电池放电终止电压。试验数据如表 11 – 5 所示。不同放电功率下的放电容量曲线如图 11 – 8 所示。

表 11 – 5 不同功率水平下的放电容量

放电功率/kW	放电容量/Ah
15	140.16
13.33	145.98
6.67	153.07

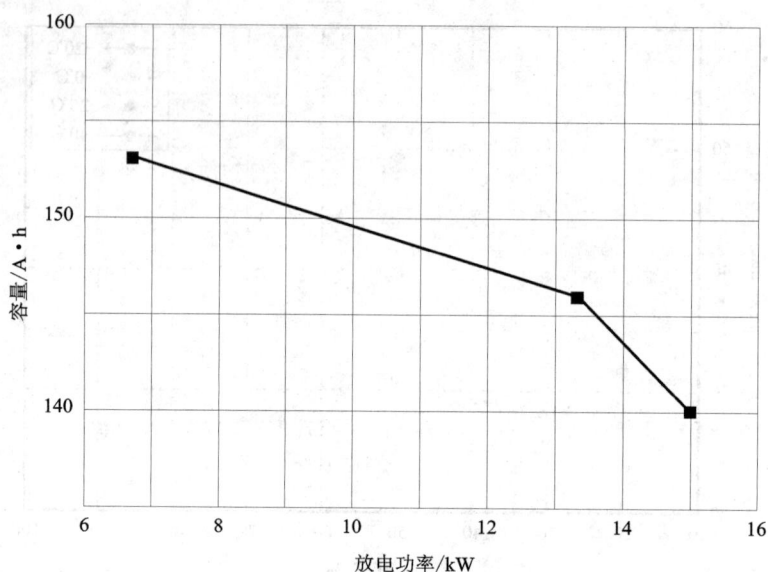

图 11-8 不同放电功率下的放电容量

由上述试验数据可以看出,随着放电功率的增大动力电池包的放电容量逐渐减小,其中 15 kW 放电功率比 6.67 kW 放电功率等级下的放电容量减少了 8.4%。与常温放电时 C/3 倍率放电容量相比三个功率水平放电容量分别减少了 10.2%、6.5% 和 1.9%,可见其不同放电功率下的放电能力不太稳定,此款动力电池包更适合在中低速度下行驶,基本符合其市场定位。

4. 快充能效测试

试验方法:快充能量效率测试分别在 0℃,25℃,40℃ 三个不同温度点下开展。常温测试时,先进行两轮 C/3 倍率的放电和充电循环,然后静置一段时间,在电池包再次达到热平衡后,再进行一轮 C/3 倍率的放电和充电标准循环,接着继续以 C/3 倍率放电,最后以 1C 倍率充电至充电终止电压静置 2 h,试验完成。

在环境温度为 0℃ 和 40℃ 测试时,首先在室温下进行一轮 C/3 倍率的放电和充电循环,然后启动环境舱将电池包内部温度调至 0℃ 或 40℃,再进行一轮 C/3 倍率放电和充电循环,充电完成后关闭环境仓,待电池包温度再次达到室温后进行新一轮 C/3 倍率的放电和充电循环。充放电循环结束后再次启动环境仓将环境温度降至 0℃ 或 40℃,先以 C/3 倍率放电,然后以 1C 倍率进行充电,充至电池包或电池单体充电终止电压后,在当前环境下静置 30 min,关闭环境仓,试验终止。试验数据表 11-6 所示。

表 11-6 不同功率水平下的放电容量

温度/℃	56 A 效率/%	168 A 效率/%
0	94.2	69.7
25	96.3	76.7
40	96.9	75.9

由试验数据可以看出，在三种温度下，1C 倍率充电的能量效率明显要小于以 C/3 倍率充电的能量效率；随着温度的降低充电时的能量效率呈逐渐下降的趋势；1C 充电时，25℃状态下能量效率最高，40℃时略微下降，低温 0℃时下降较明显。因此，环境温度较低时，充电之前可考虑借助电网的电能对电池包进行预热，等电池包温度上升到其最佳工作温度范围内后再对电池包充电，这样就可以提高电池的充电能量效率。

5. 能量效率试验

实验目的：能量效率旨在测试电池系统在不同温度不同倍率充电时的性能以及能量循环效率。

实验步骤：实验步骤如下所示。

（1）常温

常温下能量效率试验步骤如表 11－7 所示。

表 11－7　常温下能量效率试验步骤表

序号	步骤	环境温度
1	静置 30 s	室温（RT）
2	标准循环	室温（RT）
3	标准放电	室温（RT）
4	C/3 充电	室温（RT）
5	静置 1 h	室温（RT）
6	标准循环	室温（RT）
7	标准放电	室温（RT）
9	静置 1 h	室温（RT）

常温下能量效率试验，将动力电池静置一段时间，在到达室温（25±2）℃后，进行一个标准循环，然后以标准放电的方式将电池电量耗尽，即 SOC 为 0，然后以 C/3 的充电倍率将电池 SOC 充至 100%，静置 1 h 待电池冷却至室温时，进行一个标准循环放电充电，然后以标准放电的方式将电池电量耗尽，然后将动力电池静置 1 h。试验数据由充放电设备和 BMS 上位机来记录和监控。

（2）环境温度为 0℃

环境温度 0℃下能量效率试验步骤如表 11－8 所示。

0℃下的能量效率试验，将动力电池静置一段时间，在到达室温（25±2）℃后，进行一个标准循环，然后将环境温度降至 0℃，待动力电池降至 0℃时。然后以标准放电的方式将电池电量耗尽，即 SOC 为 0，然后以 C/3 的充电倍率将电池 SOC 充至 100%，然后将环境温度降至 0℃，待动力电池降至 0℃时。进行一个标准循环放电充电，然后将环境温度降至 0℃，待动力电池降至 0℃时。然后以标准放电的方式将电池电量耗尽，然后以 1C 充电倍率将电池充电至 100%，然后将动力电池静置 30 min。试验数据由充放电设备和 BMS 上位机来记录和监控。

表 11 - 8　环境温度 0℃下能量效率试验步骤

序号	步骤	环境温度
1	静置 30 s	室温(RT)
2	标准循环	室温(RT)
3	环境适应	0℃
4	标准放电	0℃
5	C/3 充电	0℃
6	环境适应	室温(RT)
7	标准循环	室温(RT)
8	环境适应	0℃
9	标准放电	0℃
10	1C 充电	0℃
11	静置 30 min	0℃

（3）环境温度为 40℃

环境温度 40℃下能量效率试验步骤表如表 11 - 9 所示。

表 11 - 9　环境温度 40℃下能量效率试验步骤表

序号	步骤	环境温度
1	静置 30 s	室温(RT)
2	标准循环	室温(RT)
3	环境适应	40℃
4	标准放电	40℃
5	C/3 充电	40℃
6	环境适应	室温(RT)
7	标准循环	室温(RT)
8	环境适应	40℃
9	标准放电	40℃
10	1C 充电	40℃
11	静置 30 min	40℃

40℃下能量效率试验，将动力电池静置一段时间，在到达室温(25±2)℃后，进行一个标准循环，然后将环境温度升至 40℃，待动力电池温度升至 40℃时。然后以标准放电的方式将电池电量耗尽，即 SOC 为 0，然后以 C/3 的充电倍率将电池 SOC 充至 100%，然后将环境温度升至 40℃，待动力电池温度升为 40℃时。进行一个标准循环放电充电，然后将环境温度升

至 40℃，待动力电池温度升至 40℃时。然后以标准放电的方式将电池电量耗尽，然后以 1C 充电倍率将电池充电至 100%，然后将动力电池静置 30 min。试验数据由充放电设备和 BMS 上位机来记录和监控。

（4）试验要求

①该测试仅适用于蓄电池系统。

②能量效率测试在三种不同温度下进行，分别为室温、0℃和 T（由供应商和客户商定）。

③能量效率测试以两种不同倍率进行，分别为 1C 和 T（由供应商和客户商定）。

6. 电池包振动试验

（1）试验目的：模拟车辆通过起伏路颠簸路的状态，测试电池包抵抗三个方向随机振动的能力。

（2）试验标准：参考 ISO 12405 – 2《Electrically propelled road vehicles – Test specification for Lithium – Ion traction battery systems》和《电动汽车用锂离子动力蓄电池系统测试规程》

试验参数：SOC 状态：50%。

振动方向：X 轴，Y 轴，Z 轴三个方向。

振动次序：Z，Y，X。

振动时间：各 8 h，共 24 h。

各方向 PSD 值：如表 11 – 10、表 11 – 11、表 11 – 12 所示。

表 11 – 10　Z 轴 PSD 值

频率 Hz	功率谱密度（PSD）/（$g^2 \cdot Hz^{-1}$）	功率谱密度（PSD）/[（$m \cdot s^{-2}$）$^2 \cdot Hz^{-1}$]
5	0.05	4.81
10	0.06	5.77
20	0.06	5.77
200	0.0008	0.08
RMS	1.44 g	14.13 m/s^2

表 11 – 11　Y 轴 PSD 值

频率 Hz	功率谱密度（PSD）/（$g^2 \cdot Hz^{-1}$）	功率谱密度（PSD）/[（$m \cdot s^{-2}$）$^2 \cdot Hz^{-1}$]
5	0.01	0.96
10	0.015	1.44
20	0.015	1.44
50	0.01	0.96
200	0.0004	0.04
RMS	0.95 g	9.32 m/s^2

表 11－12　**X 轴 PSD 值**

频率 Hz	功率谱密度（PSD）/（g² · Hz⁻¹）	功率谱密度（PSD）/[（m · s⁻²）² · Hz⁻¹]
5	0.0125	1.20
10	0.03	2.89
20	0.03	2.89
200	0.00025	0.02
RMS	0.96 g	9.42 m/s²

（3）试验步骤。如表 11－13 所示。

表 11－13　**动力电池振动试验步骤表**

序号	步骤	环境温度
1	静置 30 s	室温（RT）
2	C/3 放电	室温（RT）
3	静置 30 min	室温（RT）
4	C/3 充电	室温（RT）
5	静置 30 min	室温（RT）
6	C/3 放电至 SOC = 50%	室温（RT）
7	静置 30 min	室温（RT）
8	Z 轴振动	室温（RT）
	观察 2 h	室温（RT）
9	Y 轴振动	室温（RT）
	观察 2 h	室温（RT）
10	X 轴振动	室温（RT）
	观察 2 h	室温（RT）

　　先在室温下以 C/3 的放电倍率将动力电池能量耗尽，静置一段时间待电池恢复常温后以 C/3，的充电倍率充电至 100%，充电和放电进行后均静置半小时，室温下以 C/3 的放电倍率将动力电池能量放电至 50%，静置 30 min，给电池箱施加 Z 轴振动，观察 2 h，然后给电池箱施加 Y 轴振动，观察 2 h，给电池箱施加 X 轴振动，观察 2 h。

　　每次振动前后都要检测电池包的绝缘电阻并开盖检查电池包状态。

　　（4）实验结果：应满足在测试过程中，蓄电池包或系统的最小监控单元无电压锐变，无蓄电池壳变形、电解液溢出等现象，蓄电池包或系统保持连接可靠、结构完好，蓄电池系统无泄漏、外壳破裂、着火、或爆炸等现象。试验后，进行绝缘电阻测试时，交流电阻值不小于 500 Ω/V，或直流电阻值不小于 100 Ω/V。

7. 无负载容量损失

（1）试验目的：该试验是为了测量电池系统在长时间不使用 SOC 损耗。测试源于车辆长时间不使用，因此电池系统不能充电。无载 SOC 损耗，如果发生，可能是由于自身放电原因，这通常是暂时的，也可能产生永久或半永久 SOC 损耗的其他机制引起的。

（2）试验步骤：试验步骤如表 11 - 14 所示。

表 11 - 14　无负载容量损失实验步骤表

序号	步骤	环境温度
1	环境适应	室温（RT）
2	标准循环	室温（RT）
3	静置 168 h（7 天）	室温（RT）
4	标准循环	室温（RT）
5	静置 720 h（30 天）	室温（RT）
6	标准循环	室温（RT）
7	C/3 放电	室温（RT）

（3）试验要求：

①该测试仅适用于蓄电池系统。

②无负载容量损失测试中被测电池系统处于供应商规定的满电状态。

③测试周期为 168 h（7 d），720 h（30 d）。

④每次空闲时间后能量损耗和 SOC 将用占初始 100% SOC 的百分比的形式表达。

11.3　整车安全试验

新能源汽车不仅要做传统车要做的碰撞试验等安全试验，还因为自身驱动系统的变化，以及高压系统的安全问题，就要被纳入到整车的安全试验了。新能源汽车要做动力电池以及整车运行的相关试验。动力电池的试验主要是动力电池的跌落试验，整车运行包括涉水、高温、低温试验。

11.3.1　跌落伤害评估试验方法

动力电池包在生产、运输、使用及发生意外的情况下，都可能会受到来自外界的冲击或振动。跌落测试后，动力电池的性能是否受到影响，却很少有关于这方面的研究。本试验在 GB/T 31467.3—2015 中跌落测试的基础上，对跌落前后的电池包进行了室温下能量与容量、功率和内阻、循环工况的测试，并对跌落后的电池包进行了过充电保护、过放电保护、过温保护和短路保护测试，通过对比跌落前后的电池性能变化，说明跌落对动力电池结构和性能的影响。最后对电池包进行拆解和 X 射线探伤，考察跌落本身对动力电池包内外部结构的损伤。如图 11 - 9 所示为动力电池跌落测试方案。

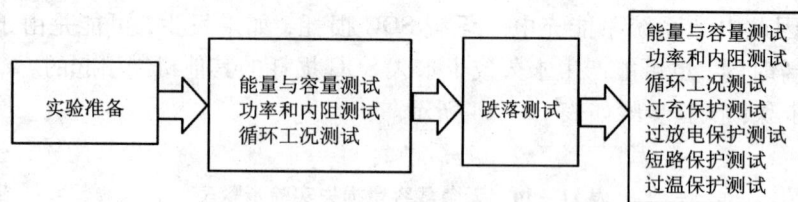

图 11 - 9　动力电池跌落测试方案图

11.3.2　跌落伤害评估试验及分析

试验对象为一款纯电动车用磷酸铁锂动力电池包，具体参数见表 11 - 15。

表 11 - 15　动力电池技术指标

技术指标	数值及单位
额定电压	307.2 V
额定容量	72 A·h
充电终止电压	365 V
放电终止电压	220 V
充电时单体保护电压	3.8 V
放电时单体保护电压	2.3 V
最大可持续充放电电流	72 A
最大脉冲充放电电流	216 A(20 s)
工作温度范围	-20℃～55℃
外形尺寸(长×宽×高)	1700 mm×1080 mm×290 mm
质量	270 kg

1. 跌落测试

(1)试验方法

将测试动力电池包以实车安装状态水平吊挂于离水泥地面 1.2 m 处，上位机通过 USB - CAN 模块与电池管理系统进行通讯，跌落过程中实时监控动力电池包的电压、电流、温度及报警信息(图 11 - 10)。完成后续的电性能和安全性测试后，拆解跌落测试的电池包，并对箱体进行 X 射线探伤检测。

(2)试验分析

跌落后的动力电池包没有出现电解液泄露、冒烟、着火或爆炸等现象，用交流绝缘电阻检测仪测得正极绝缘电阻值为 4247 Ω/V，负极绝缘电阻值为 6575 Ω/V。在上下箱体密封胶黏合的地方出现明显缝隙，电池包后方弯处有明显裂痕，防水试验证明跌落后的电池包密封

图 11 – 10　动力电池包跌落测试

性已被破坏。拆解后发现电池包内部结构无明显变形和断裂，单体和模块也未出现明显位移，X 射线探伤发现铸铝材质下箱体部分区域有裂纹和砂眼存在。因此，电池包外部结构设计仍有需要改进之处，如加强电池包后部折弯过渡处的机械强度，改进电池包下箱体的制作工艺和密封等。

2. 跌落前后电性能测试

（1）能量与容量测试

试验方法：对跌落前后的动力电池，先放于室内静置 2 h。连接上位机与电池管理系统直接的通讯线路，以便能实时监控动力电池包的状态。按照电池设计参数设定充放电截止条件，以 C/3 的充电倍率恒流充电至电池荷电状态（SOC）达到 100%，接着进行两轮标准循环，试验结束后，电池静置 1 h。

试验分析：如图 11 – 11 所示，跌落后电池包在充电过程中平台电压没有发生变化，充电曲线形状在充电开始后和结束前几乎没有差别，充电能量和容量减少都小于 1%，跌落后的电池充电结束电压略高于跌落前放电的曲线前半段差别较大，放电过程中平台电压有明显差别。放电容量由 68.3 A·h 降为 67.67 A·h，放电 21.7 kW·h 降为 21.1 kW·h，容量和能量分别衰减了 0.92% 和 3.17%。

（2）功率和内阻测试

试验方法：室温下，将完成热平衡后的动力电池进行一轮标准循环，然后 C/3 的放电倍率放电至 SOC 为 80%，静置 30 min 后开始功率与内阻测试工况。在 SOC 为 50% 和 30% 时，以相同的方式进行测试，此处的功率与内阻测试工况与前面电性能测试时相同。

试验分析：通过功率和内阻工况充放电试验，计算电池包在跌落前后三种荷电状态下的放电功率和放电内阻如表 11 – 16 和表 11 – 17 所示。跌落后电池内阻较跌落前有增加，在 SOC 为 80%、50%、30% 时，放电内阻分别增加了 3.57%，3.2% 和 2.55%。放电功率未见明显减小，半电状态下放电功率跌落前后并无差别。

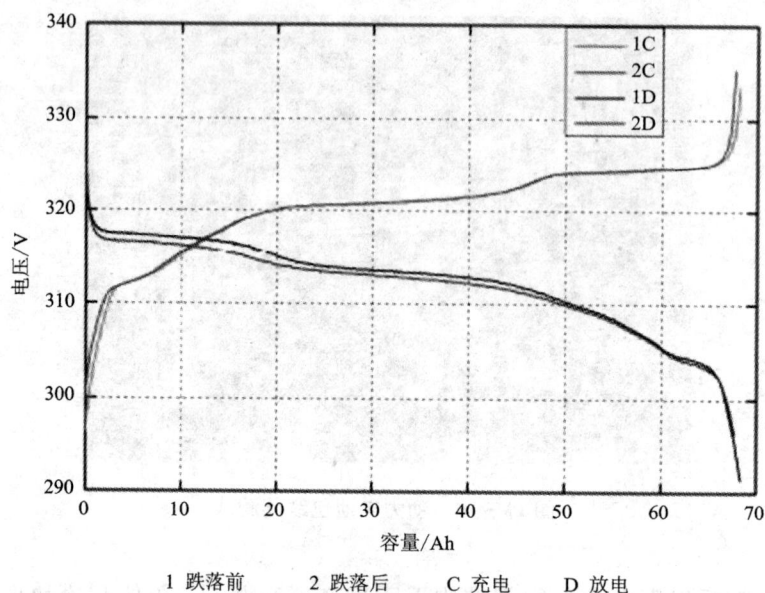

1 跌落前　　　2 跌落后　　　C 充电　　　D 放电

图 11-11　跌落前后电池充放电曲线

表 11-16　跌落前电池包的功率和内阻表

SOC	80%	50%	30%
充电功率/kW	53.3	52.9	52.5
放电功率/kW	49.3	48.8	48.3
充电内阻/mΩ	67.7	68.6	68.4
放电内阻/mΩ	75.7	78.1	78.3

表 11-17　跌落后电池包的功率和内阻

SOC	80%	50%	30%
充电功率/kW	53.3	52.9	52.5
放电功率/kW	49.2	48.8	48.2
充电内阻/mΩ	69.4	69.9	69.7
放电内阻/mΩ	78.4	80.6	80.3

（3）循环工况

试验方法：室温下，将完成热平衡后的动力电池以 C/3 充放电倍率完成一次放电和充电循环，静置 30 min 后进行一轮标准循环将电池包 SOC 充至 100%。满电状态下，首先开始运行动态放电功率曲线 Ⅰ，接着运行动态放电功率曲线 Ⅱ，交替运行两种动态放电功率曲线直至电池 SOC 变为 20%。

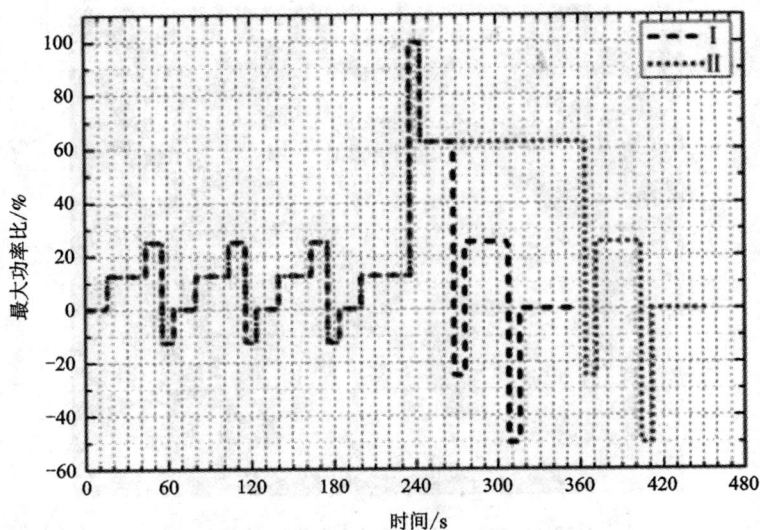

图 11 - 12　动态放电功率曲线

试验分析：如图 11 - 12 所示，跌落后电池顺利完成了 6 周循环工况，跌落对电池在此种工况下正常充放电并未产生明显影响，但其放电能量与跌落前相比减少了 0.1 kW·h。跌落前、后电池包放电能量与温升如表 11 - 18 所示。电池包温升比跌落前有所下降，这很大程度上是因为跌落后电池包密封性变差，电池散热情况得到一定程度改善。

表 11 - 18　跌落前、后电池包放电能量与温升

	放电能量/kW·h	最高温升/℃	最低温升/℃	平均温升/℃
跌落前	18.8	15	9	12
跌落后	18.9	13	8	11

3. 跌落后安全性测试

(1)过充电保护测试

室温下，上位机向电池管理系统发送吸合接触器指令，在电池管理系统正常工作的情况下，以 1C 的充电倍率充电至电池管理系统起作用(图 11 - 13)。设置试验截止条件为：电池包电压达到最高允许电压的 1.2 倍或荷电状态达到 130% 。

(2)过放电保护测试

室温下，以 1C 的放电倍率放电至放电截止条件，然后继续以相同倍率放电，直到电池管理系统起作用。设置试验截止条件为：电池包总电压低于额定电压 25% 或过放电时间超过 30 min。试验结束后，观察 2 h。

(3)过温保护测试

将动力电池包放入步入式环境仓，以 2℃/min 的升温速率对环境仓进行升温，同时以 1C 的充放电倍率对电池包进行充放电，直到电池管理系统起作用(图 11 - 13)。设置试验的截

图 11−13　动力电池包过温保护测试

止条件为：电池包温度超过其最高允许温度10℃或1小时最高温度变化小于4℃时。

（4）短路保护测试

室温下，将充满电后的动力电池包置于具有防爆功能的短路试验间，用短路试验机对其进行外短路测试，选择短路电阻值为 10 mΩ。试验截止条件为短路时间超过 10 min 或保险丝熔断。

安全性测试试验分析：跌落后的电池包在过充电和过放电保护测试中，电池管理系统均在一定时间内切断继电器。动力电池包无外壳破裂，冒烟、着火或爆炸等现象，试验后绝缘电阻都在 4000 Ω/V 以上。过充电保护测试时，单体电池最高电压大于 3.8 V 约 1.1 s 后继电器断开，充电停止。过放电保护测试时，单体电池最低电压小于 2.3 V，约 0.7 s 后继电器断开，放电停止。

过温保护测试中，电池包的最高温度连续 200 ms 超过 650℃后，电池管理系统切断了继电器，电池包无喷气、外壳破裂、着火、或爆炸等现象，试验后绝缘电阻值也符合要求满电状态对电池包进行硬短路，熔断器在 15 ms 时熔断，对电池组起到了很好的保护作用。同时高压继电器无故障，电池未出现其他异常情况，再次验证了跌落并未对电池包内部线路造成伤害。

11.3.3　电动车辆传导充电系统及与电源的连接要求

1. 绝缘特性

（1）介电强度

将所有电动车辆控制信号电路所有外部连接点接地，在电动车辆的交流/直流输入端和接地端之间加 $2U+1000$ 的试验电压（U 是 50 Hz 的交流输入电压，至 1500 V），持续时间 1 min，在试验期间，测试端子间不应该出现电晕、电离、飞弧、或击穿现象。试验后，检查连到电源设备上的电动车辆电路，基本性能完好。如果车上有附加的安全低压电路，应在所有交流或直流电压的输入端和安全低压电路之间进行 4 kV 耐压试验。

（2）电动车辆绝缘电阻

将所有连接在一起的输入/输出端（包括主电源）和外露导电部分之间加上 500 V 直流电压，持续 1 min。对于新车，绝缘电阻 $R \geqslant 1$ MΩ。为了达到这个数值，车上所用独立车载部件绝缘电阻应该大于这个数值。

2. 漏电流

当电动车辆连到交流电源上充电时，应当检测漏电流（图 11 - 14）。整套系统应工作在额定容量下，并通过隔离变压器供电。电动车辆上任何可接触的金属部分或绝缘部分（使用金属箔紧贴测试表面）与任何一个交流输入端之间的漏电流不应超过 3.5 mA。

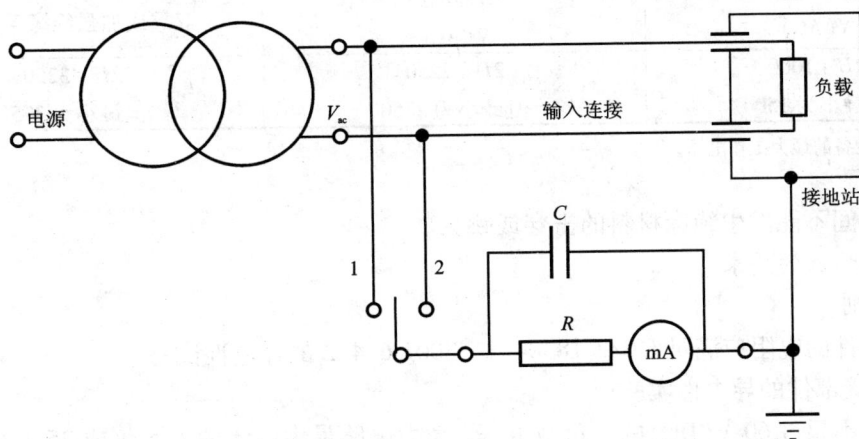

图 11 - 14　测电流电路图

11.3.4　人员触电防护

1. 绝缘电阻的测量

在下列带电部件之间使用适当的测量仪器（例如：兆欧表）进行测量：

（1）动力系统和车辆底盘；

（2）动力系统和辅助电路。

使用一个至少为动力系统标称电压 1.5 倍的试验电压或 500 V（DC）电压，两者取较高值，施加电压的时间应足够长，以便获得稳定的读数。动力蓄电池和辅助蓄电池应断开，辅助电路的两端应与车辆底盘相连。见 GB/T 18384.1 动力电池的绝缘电阻。动力系统的绝缘电阻应符合表 11 - 19 的要求。

表 11 - 19　绝缘电阻的要求

设备	测量阶段最小瞬间绝缘电阻	测量阶段计算的最小绝缘电阻
Ⅰ 类	0.1 kΩ/V	1 kΩ/V
Ⅱ 类	0.5 kΩ/V	5 kΩ/V

注：绝缘电阻按照设备的标称电压计算。

2.耐压试验

试验前应断开动力电池,并把其他电路与电底盘连接。在电路的不同区段和外露可导电部件之间加频率为 50 ~ 60 Hz 的交流电压,历时 1 min。

如果电底盘和带电部件之间,有的电子元件不能承受试验电压,见表 11 - 20,则可以将它们从试验电路中取下。

表 11 - 20　试验电压/V

对于 I 类设备 (基本绝缘) V(AC)	对于 I 类设备	
	附加绝缘 V(AC)	双重或加强绝缘 V(AC)
$2U + 1000$ 但最小为 1500	$2U + 2250$ 但最小为 2750	$2U + 3250$ 但最小为 3750

注:U 是设备的最大工作电压。

试验期间不能发生绝缘材料的击穿或跳火。

3.电位均衡的要求

(1)总则

连接部件的电阻应满足 GB/T 18384.3—2001 6.4.2 的导电性试验。

(2)连接部件的导电性实验

用一个不超过 60 V(DC)的无负载电压,动力电路最大电流的 1.5 倍或 25 A 的电流(取其较大值)通过任何两个外露可导电部件,至少 5 s,测量其电压降,根据电流和电压降计算得到的电阻值不超过 0.1 Ω。注意测量时应避免测量试具的触点与外部可导电部件之间的接触电阻和导线电阻,都会影响试验结果。

国际标准 ISO 6469.3:2011 测试电流不小于 1 A

欧洲标准 UNECE R100 要求测量电流不下于 200 mA

11.3.5　混合动力电动汽车安全要求

(1)动力电池

动力蓄电池的绝缘电阻、爬坡距离要求符合 GB/T 18384.1 的要求。

(2)绝缘电阻

混合动力电动汽车的高电压电路系统和电平台应绝缘,绝缘电阻值的要求应符 GB/T 18384.3—2001 中 6.2.2 的规定。

(3)电位均衡

电位均衡应符合 GB/T 18384.3—2001 中 6.4 的规定。

(4)绝缘电阻测量

碰撞试验结束后,按照 GB/T 18384.3—2001 中 6.2.2 的要求(不需要进行准备阶段)进行绝缘电阻的测量,并满足绝缘电阻要求。

11.4　小结

新能源汽车试验过程中应注意与传统车相同之处和不同之处，以及不同种类的新能源车的要求也不一样，根据它们的特点设计不同的试验项目是我们要考虑到事。

复习思考题

1. 简述电动汽车动力电池主要要做哪些试验，以及该试验对于电动汽车的意义。
2. 简述电动汽车与传统的汽车在汽车安全试验上不同之处和相同之处。
3. 简述电动汽车试验中应注意的事项。
4. 简述动力电池系统的组成部分，以及动力电池特性。
5. 简述电池管理系统的主要作用。

参考文献

[1] 黄海燕. 汽车发动机试验学教程[M]. 北京：清华大学出版社，2009.

[2] 喻晓和. 虚拟现实技术基础教程[M]. 北京：清华大学出版社，2015.

[3] 徐晓美，万亦强. 汽车试验学[M]. 北京：机械工业出版社，2013.

[4] 苗志宏，马金强. 虚拟现实技术基础与应用[M]. 北京：清华大学出版社，2014.

[5] 钱良国，郝永超，肖亚玲. 锂离子等新型动力蓄电池成组应用技术和设备研究最新进展[J]. 机械工程学报，2009，45(2)：21.

[6] 黄万友. 纯电动汽车动力总成系统匹配技术研究[D]. 济南：山东大学，2012：4 – 5.

[7] QC/T743 – 2006, 电动汽车用锂离子蓄电池[S]. 北京：中国计划出版社，2006.

[8] 黄睿. 锂离子动力电池关键材料对低温性能影响的研究[D]. 长沙：湖南大学，2012：32 – 34.

[9] 杨杰，夏晴，史瑞祥，等. 电动汽车动力电池公告检测中存在的问题及建议[J]. 客车技术与研究，2011(2)：23.

[10] 叶贞. 锂离子电池模型的建立及电池管理系统的研究[D]. 武汉：武汉理工大学，2013.

[11] 南金瑞，孙逢春，王建群. 纯电动汽车电池管理系统的设计及应用[J]. 清华大学学报(自然科学版)，2007，47(S2)：26 – 26.

[12] 毛子通. 动力电池系统的仿真测试及研究[D]. 杭州：浙江大学，2015：1.

[13] 黄万友. 纯电动汽车动力总成系统匹配技术研究[D]. 济南：山东大学，2012：4 – 5.

[14] 李涛. 电动汽车锂离子动力电池包测试研究[D]. 洛阳：河南科技大学，2015，12.

[15] 赵立军，白欣. 汽车试验学[M]. 北京：北京大学出版社，2008.

图书在版编目(CIP)数据

汽车试验学/邓宝清,杨卓主编 . —长沙:中南大学出版社,2016.12
ISBN 978 - 7 - 5487 - 2426 - 1

Ⅰ.汽... Ⅱ.①邓...②杨... Ⅲ.汽车试验 - 高等学校 - 教材
Ⅳ. U467

中国版本图书馆 CIP 数据核字(2016)第 189816 号

汽车试验学

邓宝清　杨　卓　主编

□责任编辑	韩　雪	
□责任印制	易红卫	
□出版发行	中南大学出版社	
	社址:长沙市麓山南路	邮编:410083
	发行科电话:0731-88876770	传真:0731-88710482
□印　　装	长沙印通印刷有限公司	

□开　　本	787×1092　1/16	□印张 23.5	□字数 595 千字	
□版　　次	2016 年 12 月第 1 版	□印次	2016 年 12 月第 1 次印刷	
□书　　号	ISBN 978 - 7 - 5487 - 2426 - 1			
□定　　价	54.00 元			